大人の園芸

庭木 Garden Tree
花木 Flower Tree
果樹 Fruit Tree

[監修] 濱野周泰
東京農業大学助教授
樹木医学会理事

小学館

樹木を知ると育てたくなる

本書は、自分の庭で、あるいはベランダで、自由に木を育て、楽しむための実用書です。

庭の木には、樹形や、緑葉、紅葉などを愛でる「庭木」、四季おりおりに花が咲く「花木」、果物がなる「果樹」などがあります。

これらの木々の基本的な知識はもちろん、どんな木を植えるかのヒントと選び方、選んだ木のそれぞれの育て方、手入れの仕方などを1冊にまとめた、とても欲張りな本です。

この本で今よりちょっとだけ木に詳しくなると、自分の庭で育てたくなっている自分に気がつきます。

庭づくりは心を落ち着かせ、自分が自然の中で生きているということを実感させてくれるでしょう。

これを「生きがい」という人もいます。ヘルマン・ヘッセをはじめ、多くの著名人が、庭で過ごす時間を大切にしてきました。

「年齢を重ねたからこそ、わかる」その思いを込めて、この本を『大人の園芸』と名づけました。

日々の生活の新しい友として、本書を活用していただき、充実した時間をお過ごしください。

大人の園芸

庭木 Garden Tree
花木 Flower Tree
果樹 Fruit Tree

目次

樹木を知ると育てたくなる ... 2
本書の使い方 ... 8

11 木と庭の基礎知識

木を育てる
1 木のことを知る ... 12
2 木のサイクルを知る ... 14
3 木のふやし方 ... 16
4 木の苗を植える ... 18
5 木の植えかえ ... 20
6 木を思いどおりの形にする技 ... 22
7 剪定刃物の使い方 ... 24
8 剪定の技術と方法 ... 26
9 木を健康に育てる ... 28

■ 苗や植え木の選び方 ... 17

庭をつくる
1 木で楽しむ四季の庭 ... 30
2 少ない手間で楽しめる庭 ... 32
3 木のある庭をつくる ... 34
4 シンボルツリーをまず選ぶ ... 36
5 玄関で木を見せる ... 38
6 路地で木を見せる ... 40
7 主庭、広い庭に木を見せる ... 42
8 ベランダに木を植えて庭にする ... 44
9 上手な人に助けてもらうのも技術 ... 46

庭の道具カタログ ... 48

55 シンボルツリーを選ぼう

シンボルツリーを選ぶ ... 56
木の高さで選ぶ ... 58
木の形で選ぶ ... 59
葉の形で選ぶ ... 60
木の皮で選ぶ ... 61
花の色で選ぶ ... 62
鳥を呼ぶ木を選ぶ ... 64
生け垣にできる木を選ぶ／トピアリーにできる木を選ぶ ... 66
日陰に強い木を選ぶ ... 67
ローメンテナンスの木を選ぶ ... 68
病害虫に強い木を選ぶ ... 69
コンテナに向く木を選ぶ ... 70
物語のある木を選ぶ ... 71
香りで木を選ぶ ... 72

樹木の基礎知識
1 針葉樹と広葉樹がある ... 58
2 枝のつき方には種類がある ... 59
3 葉の部分と呼び方ほか ... 60
4 6つある葉の基本形／単葉と複葉がある ... 61
5 花の部分と呼び方／花のつき方 ... 62

庭木 [Niwaki]

庭木の基礎知識
1 庭木の姿にはふたつある … 74
2 自然樹形でも枝や葉の管理をする … 76
3 外観をつくり込む仕立て物 … 77
4 刈り込みは庭いじりの醍醐味 … 78
■ トピアリーのつくり方 … 78
■ 生け垣のつくり方 … 79

常緑針葉樹
- イチイ／セイヨウイチイ … 80
- キャラボク／キンメキャラノキ … 82
- ハイビャクシン／ミヤマビャクシン … 83
- カイヅカイブキ … 84
- ヒノキ … 86
- サワラ … 87
- ヒヨクヒバ … 88
- ニオイヒバ … 89
- イヌマキ／ラカンマキ … 90
- コウヤマキ … 92
- ダイオウショウ … 93
- ヒマラヤスギ … 94
- ゴヨウマツ … 95
- アカマツ／クロマツ … 96
- コニファー … 98

常緑広葉樹
- アオキ … 103
- イヌツゲ … 104
- クロガネモチ … 106
- ソヨゴ … 108
- モチノキ … 109
- セイヨウヒイラギ … 110
- ヒイラギ … 110
- オリーブ … 111
- カナメモチ … 112
- ゲッケイジュ … 114
- テンダイウヤク … 115
- サンゴジュ … 116
- サカキ … 118
- チャノキ … 119
- モッコク … 120
- シイ … 121
- シラカシ … 122
- タイサンボク … 122
- カクレミノ … 123
- ヤツデ … 123
- シキミ … 124
- マサキ … 124
- ヤマモモ … 125

落葉広葉樹
- カエデ類 … 126
- ヒメシャラ／ナツツバキ … 130
- アカシデ … 132
- シラカバ … 133
- ウメモドキ … 134
- アズキナシ … 135
- ウラジロノキ … 135
- エゴノキ／ハクウンボク … 136
- カツラ … 137
- クロモジ … 138
- ダンコウバイ … 139
- ヤマコウバシ … 139
- ククコ … 140
- ケヤキ … 141
- コナラ … 142
- ブナ … 143
- サンショウ … 144
- シダレヤナギ … 145
- セイヨウシナノキ … 146
- ニセアカシア … 147
- ナツハゼ … 148
- ヒトツバタゴ … 149
- マユミ … 150
- マルバノキ … 151

つるもの／タケ&ササ
- フジ … 152
- ノウゼンカズラ … 154
- アイビー類 … 156
- クレマチス類 … 158
- スイカズラ … 159
- トケイソウ … 160
- ムベ … 161
- アケビ … 161
- タケ類 … 162
- ササ類 … 164

花木
[Kaboku]

※春の花木、夏の花木、秋の花木、冬の花木は、基本的に花の美しい季節で分類しましたが、秋や冬に実が魅力的な木も、花木として秋や冬の花木にしました。たとえば、ピラカンサの開花は春ですが、冬の実が美しいので、冬の花木に分類しています。

花木の基礎知識
- 花木を楽しむには花芽を知る ... 166

春の花木
- ウメ ... 168
- サクラ類 ... 172
- ハナカイドウ ... 176
- ツルバラ ... 178
- コデマリ ... 180
- サンザシ ... 181
- アメリカザイフリボク ... 182
- ハマナス ... 183
- ボケ ... 184
- モモ ... 185
- ヤマブキ／シロヤマブキ ... 186
- ユキヤナギ ... 187
- ユスラウメ ... 188
- アセビ ... 189
- ツツジ類 ... 190
- シャクナゲ ... 194
- ドウダンツツジ／サラサドウダン ... 196
- エニシダ ... 197
- ギンヨウアカシア ... 198
- ハナズオウ ... 199
- オオデマリ／ヤブデマリ ... 200
- ジンチョウゲ ... 201
- トサミズキ ... 202
- ヒュウガミズキ ... 203
- マンサク ... 204
- サンシュユ ... 205
- ハナミズキ ... 206
- ボローニア類 ... 208

夏の花木
- ビヨウヤナギ ... 248
- ハイビスカス ... 249
- ムクゲ ... 250
- キョウチクトウ ... 251
- ブッドレア ... 252
- ブラッシノキ ... 253
- ユーカリノキ ... 254
- ギンバイカ ... 255
- ヤマボウシ ... 256
- リョウブ ... 257
- アメリカリョウブ ... 257
- レンギョウ ... 217
- ライラック ... 216
- ネコヤナギ ... 215
- ミツマタ ... 215
- ヒイラギナンテン ... 214
- ボタン ... 214
- ハンカチノキ ... 213
- キブシ ... 212
- カラタネオガタマ ... 212
- モクレン／ハクモクレン ... 210
- コブシ ... 209
- アジサイ ... 218
- ウツギ ... 222
- バイカウツギ ... 224
- カシワバアジサイ ... 226
- ハナゾノツクバネウツギ ... 227
- タニウツギ ... 228
- カルミア ... 229
- サツキ ... 230
- ゼノビア ... 232
- キングサリ ... 233
- サルスベリ ... 234
- クチナシ ... 236
- シマトネリコ ... 237
- バラ ... 238
- モッコウバラ ... 242
- シモツケ ... 243
- スモークツリー ... 244
- トチノキ ... 245
- トキワマンサク ... 246

秋の花木
- キンモクセイ ... 258
- サザンカ ... 260
- ツバキ ... 262
- ニシキギ／コマユミ ... 265
- ツリバナ ... 265
- ハギ ... 266
- ムラサキシキブ ... 267
- コバノガマズミ ... 268
- ガマズミ ... 269
- オトコヨウゾメ ... 269

冬の花木
- ピラカンサ ... 270
- カンツバキ ... 271
- エリカ ... 272
- センリョウ ... 273
- ナンテン ... 274
- マンリョウ／カラタチバナ／ヤブコウジ ... 275
- ロウバイ ... 276

『大人の園芸　庭木 花木 果樹』の 全体の構成

- 11 木と庭の基礎知識
  - 目次
  - 12〜29 ●木を育てる
  - 30〜47 ●庭をつくる
  - 48〜54 ●庭の道具カタログ
- 55 シンボルツリーを選ぼう
  - 55〜72 ●シンボルツリーを選ぼう
- 73 庭木
  - 74〜79 ●庭木の基礎知識
  - 80〜102 ●常緑針葉樹
  - 103〜125 ●常緑広葉樹
  - 126〜151 ●落葉広葉樹
- 165 花木
  - 152〜164 ●つるもの／タケ&ササ
  - 166〜167 ●花木の基礎知識
  - 168〜217 ●春の花木
  - 218〜257 ●夏の花木
  - 258〜269 ●秋の花木
  - 270〜276 ●冬の花木
- 277 果樹
  - 278〜285 ●果樹の基礎知識
  - 286〜320 ●果樹
- 321 大人の園芸ノート
  - 322〜326 ●病害虫の種類と対策
  - 327〜329 ●知っておきたい基本用語
  - 330〜334 ●索引

果樹
[Kajyu] 277

果樹

果樹の基礎知識
- 1 果実になる花芽を知る　278
- 2 花芽と剪定の関係を知る　280
- 3 果樹の剪定樹形を知る　282
- コンテナ果樹園　284

- ウメ　286
- アンズ　288
- セイヨウミザクラ　289
- スモモ　290
- カリン　292
- ビワ　293
- ナシ／セイヨウナシ　294
- モモ　296
- ラズベリー　297
- リンゴ　298
- カキ　300
- ブドウ類　302
- イチジク　304
- イチョウ　305
- クルミ　306
- クリ　307
- カンキツ類　308
- キーウィフルーツ　312
- グミ類　314
- ザクロ　315
- グーズベリー　316
- ナツメ　317
- フェイジョア　318
- ブルーベリー　319
- ポポー　320
- バナナ　320

321 大人の園芸ノート
- 病害虫の種類と対策　322
- 知っておきたい基本用語　327
- 樹木名索引　334

本書の使い方

この本は園芸初心者の方に、できるだけわかりやすくお使いいただけるように留意しました。また中・上級者の方にとって、新しい知識や技術を発見したり、すでに会得している知識を再確認できるバイブル書、と考えていただけるよう編集しています。構成は大きく分けると以下の4つになります。

❶ 木と庭の基礎知識
園芸が楽しくなる知識や基本作業を、わかりやすく、詳しく解説しているページです。「木を育てる」では主に樹木の部位名称や性質、木の取り扱い方を特集しています。「庭をつくる」では、限られたスペースのご自宅の庭をどのようにデザインすればもっと楽しくなるか、そのためにはどんな木が適しているか、などを解説しました。また園芸作業に必要な道具を「庭の道具カタログ」で特集しました。

❷ シンボルツリーを選ぼう
自分好みの樹木をすぐに見つけるため、また植えたい木をすぐ選ぶためのページです。キーワードから検索できるように構成しています。

❸ 庭木　花木　果樹
本書のメインとなる項目です。美しい写真と、正確なイラストとともに、各樹木について詳しく解説しています。図鑑の要素ばかりでなく、写真を見ているだけでも、本文を読むだけでも、楽しんでいただけるように留意しました。

❹ 大人の園芸ノート
「病害虫の種類と対策」と「知っておきたい基本用語」を特集しています。

剪定図
剪定方法を「切り戻し剪定（→P.26）」と「間引き剪定（→P.26）」のふたつに色分けし、わかりやすいキャプションをつけて説明しています。

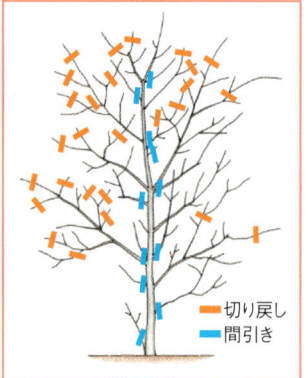

■ 切り戻し
■ 間引き

タイトル欄 9ページをご覧ください。

作業カレンダー
10ページをご覧ください。

［楽しみ方］
2ページ以上で扱う種類で、特徴的な楽しみ方がある場合に示しました。

［作業］
初心者にもわかりやすいように、下の6つに分けて説明しました。
- ■ 植えつけ&移植
- ■ 手入れ
- ■ 肥料
- ■ 病害虫
- ■ 整枝・剪定のコツ
- ■ 生長にあわせた作業ポイント

［木の特徴と性質］
庭に出られない雨の日にも楽しんでいただけるように、それぞれの木の特徴、性質とともに、その木に関する物語やエピソード、歴史などをわかりやすく解説してあります。

本文の構成
各樹木について、大きく［木の特徴と性質］と［作業］に分けて解説しています。2ページ以上で扱う人気樹種では、［楽しみ方］の情報をできるだけ掲載しました。

タイトル欄の見方

タイトル欄は、[タイトル][この木どんな木][基礎データ]の3つに分けて、見やすく示しています。

タイトル

植物名の漢字表記
昔から知られている木には漢字での表記があります。

学名
世界に通用する名前で、ラテン語で書かれています。

科名・属名
植物学で分類された植物のグループです。

形態分類
下の5つに分類してあります。
- ■ 常緑針葉樹
- ■ 常緑広葉樹
- ■ 落葉広葉樹
- ■ つるもの*
- ■ 常緑多年性植物

＊つるものを藤本(とうほん)といいます。藤本には、常緑藤本と落葉藤本があります。

樹高
成木時の高さと性質を示しています(樹高の説明は58ページにあります)。
- ■ 高木＝10m以上
- ■ 小高木＝3～10m
- ■ 低木＝3m以下
- ■ 小低木＝1m以下
- ■ つるもの＝Free(巻きつくもので変化)

木を選ぶヒント
木の特徴を下の11項目で示しています。
- ■ シンボルツリー
- ■ 香り
- ■ 鳥を呼ぶ
- ■ 生け垣
- ■ トピアリー
- ■ コンテナ
- ■ 剪定 少
- ■ 日陰OK
- ■ 病害虫に強い
- ■ フェンス
- ■ 棚仕立て

植物名
日本で使われている一般的な名前です。

別名
その木のほかの呼び方や、『万葉集』などにある古い表現も示しています。

例示タイトル
ハナカイドウ
花海棠
Malus halliana
バラ科リンゴ属
落葉広葉樹
小高木～低木
■ シンボルツリー
■ 剪定 少
【別名】カイドウ、スイシカイドウ(垂糸海棠)

この木どんな木

取り上げた樹種の特徴や性質、エピソードを簡潔にまとめ、キャッチフレーズにしました。

> サクラの花期の後に咲く小ぶりの淡紅色の花、楊貴妃の眠る姿にたとえられる美しさ

基礎データ

原産地
原産地には、原産地と特定できる場合はその場所や地域、原産地では消滅あるいは特定できず、分布地で自生している場合は、その場所を示しています。

日当たり
樹木のなかには、幼木と成木で日当たりの好みが違うものがあります。本書では成木を基準にしてあります。下は目安です。この分け方以外にも、「乾燥をきらう」など、樹種ごとの特徴を加えました。
- ■ 日陰を好む／ほとんど直射日光が当たらなくてOK。
- ■ 半日陰を好む／日向でも耐えられるが、西日は大きらい。
- ■ 日陰に耐える／日向が好きだが、西日はきらい。
- ■ 日向を好む／午前中に日当たりがあり、午後に日陰が好ましい。
- ■ 日向が好き／1日中の日向でも生育できる。西日もOK。

土壌・土質
それぞれの木が好む、水分の状態、養分の状態、土の質を簡潔に示しています。

用途
木の利用方法は自由ですが、ここでは代表的な使われ方を下のおよそ13項目で示しています。
- ■ シンボルツリー
- ■ 生け垣
- ■ 目隠し
- ■ トピアリー
- ■ コンテナ
- ■ フェンス
- ■ アーチ
- ■ グラウンドカバー
- ■ 根締め
- ■ 防風樹
- ■ 並木
- ■ 緑陰樹
- ■ 添景樹

観賞ポイント
それぞれの木の魅力を簡潔に示しました。

樹形
下の11の樹形に分類し、樹高と幅と人間との大きさ比較も示しました(樹形の説明は59ページにあります)。
- ■ 円錐形(えんすいけい)
- ■ 円蓋形(えんがいけい)
- ■ 枝垂れ形(しだれけい)
- ■ 傘形(かさがた)
- ■ 盃形(さかずきがた)
- ■ 伏生形(ふくせいけい)
- ■ 卵形(らんけい)
- ■ 株立ち(かぶだち)
- ■ つる状形
- ■ 楕円形(だえんけい)
- ■ 不整形(ふせいけい)

例示基礎データ
- 【原産地】中国
- 【日当たり】日向を好むが、乾燥はきらう
- 【土壌・土質】水はけのよい肥沃な土壌を好む
- 【用途】シンボルツリー、生け垣、コンテナ
- 【観賞ポイント】淡紅色の花、暗赤色の実
- 【樹形】3～7m／3～7m
- 【植栽範囲】北海道南部～九州

植栽範囲
庭に植えられる地域の範囲の目安を示しました。地形、標高等の条件で多少違ってきます。

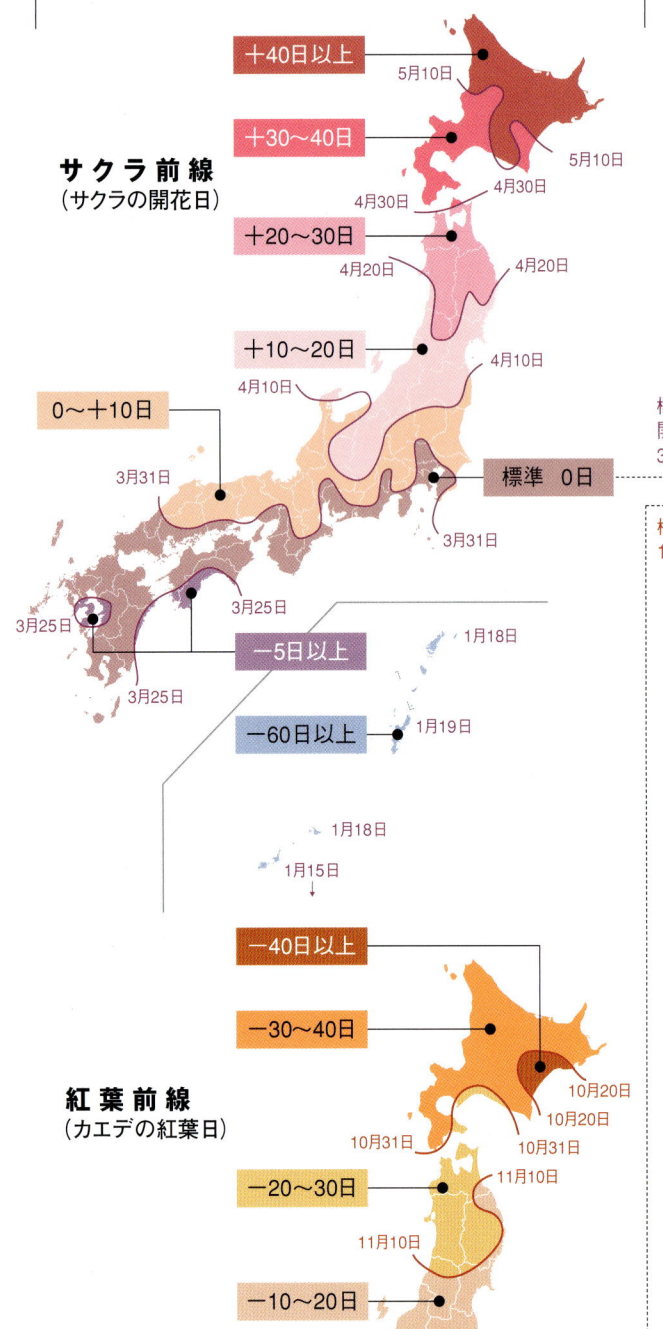

作業カレンダーの見方

作業カレンダーの時期は、関東地方以西を基準につくっていますが、サクラの開花日(サクラ前線)とカエデの紅葉日(紅葉前線)を参考にすれば、どこにお住まいでも活用できます。

四季の変化
木のライフサイクル。

開花 花の咲く時期。

芽吹き 木が休眠期から萌芽して生育期にはいる時期。

花芽分化 翌年咲く花芽ができる時期。

果実 実のつく時期。今年の花に翌年できる果実の場合でも熟す時期を示しました。

紅葉(黄葉) 葉が色づく時期。

剪定
剪定をする目安の時期を示しています。

肥料
肥料を施す目安の時期を示しています。

寒肥 冬の時期に施す肥料。

お礼肥 花後に施す肥料。

追肥 植えつけ、移植後に施す肥料。

※作業カレンダーの時期は目安です。標準の地域でも年度により変化します。
※作業カレンダーの剪定と施肥の表示は目安です。本文で剪定不要、肥料不要との記述があっても、カレンダーに剪定時期を記した場合があります。

自分の地域にあわせるには

作業カレンダーの時期は標準地域のものです。春〜夏の作業はサクラの開花日の「サクラ前線」、秋〜冬の作業はカエデの紅葉日の「紅葉前線」を参考にすると、ご自分の地域に作業カレンダーをあわせることができます。

例：仙台にお住まいの方の場合
その年の標準地域のサクラの開花日が4月1日で、仙台市の開花が4月15日だった場合は、作業カレンダーに15日プラスした時期が、その年の春〜夏の作業の目安になります。秋は「紅葉前線」を参考にすると、標準地域よりも10〜20日早めに作業時期がくることがわかります。
このように、「サクラ前線」と「紅葉前線」を参考にすることで、作業カレンダーが全国対応になります。

※「サクラ前線」「紅葉前線」はともに、気象庁の過去30年間のデータをもとに作成。

本書の表記について

植物名
植物名の最後に「類」とある場合は、樹種を特定せず、仲間を広く示す場合に使いました。

学名
学名はイタリック体、発見者などをゴチック体で示しますが、本書ではすべてをイタリック体で見やすく表記しました。
・学名の最後に「*spp.*」とある場合は、植物名の類という意味で、樹種を特定できないときに使っています。

園芸品種の表記
園芸品種は、通常、'ソメイヨシノ'のように、' 'をつけて表記しますが、本書では「ソメイヨシノ」とかぎ括弧で表記して、見やすくしました。

コンテナ
コンテナと表記してある場合は、鉢、プランターなどの植栽容器も含みます。

10

これから木と庭を楽しみたい方へ
木と庭の基礎知識

12 木を育てる
30 庭をつくる
48 庭の道具カタログ

木のことを知る

木を育てる 1

木を植えたり、庭の木を育てるために覚えておきたい基礎知識

樹木の分類とは？

樹木は、さまざまに分類できます。

【裸子植物・被子植物】 植物学の分類です。今から約6400万年前に終わる中生代に繁栄したのが裸子植物です。種子（たね）をつくる器官、胚珠が心皮でおおわれてなく、胚珠が裸なので裸子といわれます。種子のぎんなんが果肉で保護されていますが、胚珠が心皮に直接着生して、むきだしになっていることから、裸子植物に分類されます。中生代の次の新生代に繁栄したのが被子植物です。種子になる部分の胚珠が心皮でおおわれている植物のことで四季のある日本での庭づくりでは、庭に植える木の場合は植物学とは違い、次の3つで分けます。

1 常緑樹と落葉樹

1年中、葉がついているものと、冬に落葉するものに分けられます。

【常緑樹】 1年中、葉がついている木のことです。しかしずっと葉が落ちないものばかりではなく、秋にそれまでの葉が落ちるもの、春に新芽が出てから葉が落ちるもの、秋と春の両方に落ちるものなどもあります。針葉樹以外の常緑樹には耐陰性をもつものが多く、日陰にもよく用いられますが、葉が濃い緑色のもので暗く感じてしまうので、使い方には注意が必要です。また、常緑樹で花の美しい木は、ツバキ類、サザンカ、オガタマノキ類などで、あまり多くはありません。

【落葉樹】 休眠期になるとすべての葉が落ち、生育期になると新しい葉が出てくる木です。花木の大半がこれに属し、秋の紅葉が美しいものも多くあります。夏の日陰をつくり、冬は太陽の光を取り入れられるので、多くの庭で、シンボルツリーとして使われています。特に人気のある樹種としては、ナツツバキ、ヒメシャラ、エゴノキ、ハナミズキ、ヤマボウシなどがあげられます。

日光を好むものが多いので、日陰に植えると、衰弱して、花が咲かなかったり、美しく紅葉しないことがあります。また、ほとんどの木が冬に落葉し、枝や幹がむき出しになる

木の各部の呼び方

- **樹冠**：葉と枝の先を結んで描いた輪郭
- **樹高**：地面から木の一番高い部分までの高さ
- **主枝**：主幹から出ている太い枝。一番太い枝を力枝という
- **主幹**：中心になる太い幹
- **葉張り**：葉の広がる幅

樹木の分類

- 樹木
  - 常緑樹
    - 針葉樹：スギ、ヒノキ、マツなど
    - 広葉樹：アオキ、サザンカ、ツバキなど
  - 落葉樹
    - 針葉樹：カラマツ、メタセコイアなど
    - 広葉樹：カエデ、サクラ、ナラなど

2 高木と低木

成木になったときの木の高さで分けます。せまい庭の場合は特に重要です。

欧米ではこういう分け方はあまりしませんが、日本では一般的です。しかし、はっきりした定義はありません。低木は1〜3m、高木は10m以上が目安です。ただし、低木に分類されるものでも、生育環境によって大きくなります。たとえば、低木のサツキツツジは最大2mくらいですが、ドウダンツツジは4m、アセビは6mにもなります。高木のナツツバキ、ハクウンボクの場合、環境によっては15mにもなります。ここまで大きくしてしまっては、せまい庭にはおさまりません。庭木の大きさにあわせた管理が重要です。

植物学的には、幼木時の光の要求度によって決めています。日陰でよく育つカクレミノ、アオキ、ヤツデといった樹木は、日向に出すとがっちりと締まった樹形になり、葉も小さくなります（アオキの斑入り品種などは、日当たりが強すぎると葉色が悪くなることもあります）。日陰に植えている多くの陰樹は、日向でも生育できる樹木といってよいでしょう。

本書では取り上げていませんが、アスナロやツガのように、日当たりを好まない、厳密な意味での陰樹もあります。また、モミノキなどのように、苗のときには陰樹で、育つにしたがって陽樹にかわるものもあります。

3 陽樹と陰樹

日当たりを好むか、または日陰に耐えられるかどうかで分けます。住宅地の庭は日陰の場所が多いので、陽樹と陰樹を知っておくことは、木を配植するときに重要です。

明確に「1日何時間以上日が当たれば育つ」という基準があるわけではなく、自生地の環境や、栽培上の経験則によって分類されています。

常緑樹のアオキ。

陽樹のオリーブ。

陰樹のヤツデ。

落葉樹のカエデ。

木のサイクルを知る

木を育てる 2

春から冬までの1年間の変化や若木から成木への生育の姿を覚えることは大切

春から冬へのサイクル

木には1年を通しての生育サイクルがあり、大きくふたつに分かれます。木が活動して生長する時期が「生育期」、反対に活動を休止して休んでいる時期が「休眠期」です。多くの木は春になると生育を開始し、新芽が展開して新しい枝や葉になります。続いて花が咲いたり実がなったりします。寒さに向かうと生長が止まり、葉を落とし休眠期にはいっていきます。この時期に古い葉を落とす常緑樹もありますが、多くの常緑樹は、新葉の展開期に一番古い葉を落とします。

冬は休眠期と考えてよいのですが、樹種により、休眠にはいる時期と期間、部位は異なります。たとえばカエデ類は、年明けとともに根が活動を開始しますが、葉はまだ展開しません。キーウィフルーツは2月中旬ごろから根が活動します。

若木から成木へ

それぞれの木の生育サイクルはかわってきても、生活サイクルは大きさだけでなく、花が咲いたり、実がなったりという、その植物のもつ特徴が見られるかどうかというところにもあります。ここでは、モモを例にとって説明します（15ページ参照）。

【1年目】11～3月の落葉期に苗木を植えつけます。春に新芽がのびますが、植え傷みによるストレスが加わることで、1年生の苗木でも花が咲くこともあります。その後、生長して、秋遅くに落葉します。

【2年目】春には、ほとんど花が咲きません。そのまま新芽がのびて展開・生長して、秋遅くに落葉します。それらの体を生長させるため、しばらくは花や実をつけません。それぞれの生育段階をふまえたうえで、その段階にあった手入れをすることが、よい庭木を育てるコツになります。

【3年目】春には花が咲き、新芽がのび、展開して、実もいくつかなります。3年目は本格的にのびるため、秋にはかなりの高さになります。

モモは寿命が短く、成熟するのも早いので、3年でほぼ成木になって、実をつけるまでに生長します。

木は種類によって、成木になるまでの時間は異なります。成木とは、幹や枝の生長期から、花を咲かせ実をつける生殖期にはいった木のことです。ヤブツバキは、実生（たね）から育てると花が咲くまでに約8年、さし木苗なら春に苗木を植えて花が咲くまで5年ほどかかります。花が咲いている苗を植えても、庭植えで実がつくまで18年程度かかります。ユズは、実生苗で実がつくまで18年程度かかります。木には、厳しい環境では生存のため、子孫を残そうとして、幼い段階から花や実をつける性質があります。売っている苗木で花や実をつけているものは、この性質を利用して、鉢に植えたり根切りをしたりすることで、無理やり花や実をつけさせたものです。庭植えにすると本来の生育を再開し、子孫のためではなく、自らの体を生長させるため、しばらくは花や実をつけません。それぞれの生育段階をふまえたうえで、その段階にあった手入れをすることが、よい庭木を育てるコツになります。

生育サイクルにあわせた手入れ

若木と成木では、必要な管理もそれぞれ違います。

【若木の場合】なるべく早く大きくさせることが目的です。よくのびる勢いの強い枝を出させたいので、発芽前の強剪定と、その後の初夏の剪定を忘れずに行います。

肥料は、枝葉をのばすチッ素分を主体としたものを施し、実や花をつけさせるリン酸分は控えるようにします。

【成木の場合】花、実を楽しむのが目的です。勢いの強い枝を出さずに、枝の長さが揃うような剪定を行います。初夏の剪定で細かい枝を出すようにします。花木、果樹は夏に花芽を形成するものが多いので、夏期の剪定はあまりしません。冬の剪定では花芽に注意して、必ずいくつか残すようにします。花木、果樹以外は、夏に剪定をする木もあります。

肥料は、チッ素分が強すぎると花が咲かなくなるので、必ずチッ素、リン酸、カリの3要素混合のものを施します。特にリン酸分を多くすると花と実がよくつきます。

モモに実がつくまでの3年間

モモは寿命が短く、成熟するのも早い。3年で成木になり実をつけはじめる。

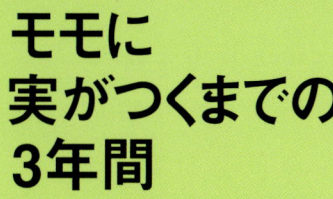

モモのサイクル

植えつけ
厳寒期を除く落葉期が適期。11月～3月に苗木を植えつける。

【1年目】春
新芽がのびるが、植えられたストレスから、苗木でも花が咲くこともある。

【1年目】夏
生長して枝がのびる。

【1年目】秋
秋遅くに落葉する。

【1年目】冬
葉が落ちて休眠する。

【2年目】春
ほとんど花が咲かない。そのまま新芽がのびる。

【2年目】夏
どんどん生長して、葉に光を多く受ける。

【2年目】秋
黄色く黄葉して、秋遅くに落葉。

【2年目】冬
前年の冬と同じように、葉が落ちて休眠。

【3年目】初春
初春になると芽がのびて準備をはじめる。

【3年目】春
ついに花がいくつか咲き、成木になったことがわかる。

【3年目】夏
新芽がのび、展開して実がつく。3年目は本格的にのびるため、このあと秋にはかなりの高さになる。

木のふやし方

木は自分でふやすことができる。
目的や樹種にあった木のふやし方を知ると便利

目的にあわせて方法を選ぶ

さし木、接ぎ木が一般的です。取り木は、できた苗が初めから成木といういう利点があるので、盆栽などに適しています。株分けも同様ですが、根伏せ、株立ちの種類でしかできません。根伏せは、さし木と同様に行いますが、樹種はかなり限られます。

樹木の個体をふやすなら実生（みしょう）（たね）が一番簡単で数も多くつくれます。交配でできた品種は、よほど遺伝的に安定していなければ、同じものを実生でふやすことはできません。

さし木

「春ざし」は、3月ごろ、前年にのびた枝をさし木します。「夏秋ざし」は、6〜9月に今年のびた枝をさし木します。どちらでもよいのですが、なるべく新しい枝を使うほうが活着しやすくなります。用土は、肥料分のない水はけのよいものを使用します。さし木にする穂木（ほぎ）は10〜15cmに切り、葉のあるものは葉身の1/2〜1/3を残して切ります。さらに葉つきのさし木の2〜3枚にして、さし木は1時間ほど水あげしてからさし木します。なるべく明るい半日陰の場所に置き、乾いたら水をたっぷり与えます。

[夏秋ざし]
- 間隔は葉が当たるくらい
- 穂木
- 穂木は約1時間水につける

[春ざし]
- 間隔は4〜5cm
- 細土
- 中玉土
- ごろ土
- 用土は赤玉土、鹿沼土、砂を混ぜる

実生

「とりまき」は、熟した種子をとってすぐにまく方法です。種子を乾燥させることが少ないので、発芽の確率が高くなります。冬に凍ったり、霜で持ち上がったりしないように注意します。

秋に採取した種子を春まで貯蔵し、春にまく方法もあります。マツのように乾燥させてもよい種子と、ナンテン、ガマズミのように果肉を取り除いてから乾燥させないようにして冷蔵庫に貯蔵しておく種子があります。ほとんどの種子の果肉は発芽を阻害するので、果肉がついたままくと発芽が困難となります。

[小粒のたねの場合]
- ビニールやガラス板
- たね
- 細かくした水苔7 細かくした鹿沼土3

[大粒のたねの場合]
- 水苔やわら
- たね
- 防虫網
- 赤玉土7 砂3

接ぎ木

春に接ぐ方法は「切り接ぎ」が多く、1〜2月上旬に穂木を切りとり、貯蔵しておきます。その穂木を3月に台木に接ぎ木します。8月上旬〜9月上旬には「芽接ぎ」が行えます。他の方法もありますが、このふたつが代表的なものです。どちらも樹皮を鋭利なナイフで切ぎ、互いの形成層を密着させ、接ぎ木用テープで固定します。なるべく接ぎ口に水がはいらないようにします。切り接ぎの苗は湿度を高めるため、ビニール袋をかぶせておくとさらによいでしょう。

- 形成層
- ○
- ○
- ×
- 上から見たところ

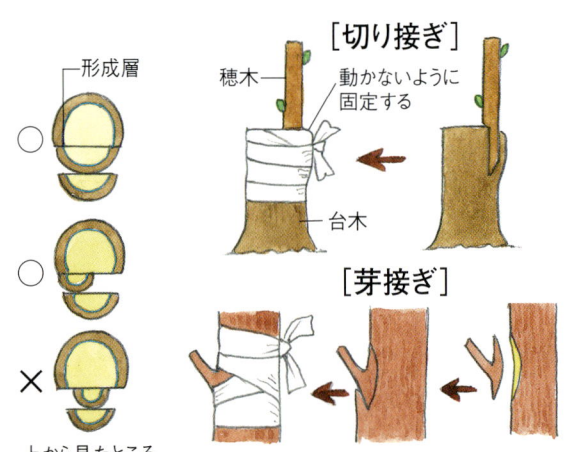

[切り接ぎ]
- 穂木
- 動かないように固定する
- 台木

[芽接ぎ]

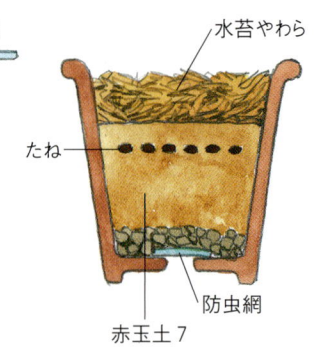

苗や植え木の選び方

苗を選ぶには、葉、全体の感じ、根の3つがポイントになります。

[葉]葉はなるべく多くついていて、しおれていないものを選びます。病気はないほうがよいのですが、虫食いの穴はそれほど気にしなくても大丈夫です。

[全体の感じ]つまった感じに育っているものがよく、節と節が間のびして、ひょろっとしているものや、不自然に曲がってのびているものは避けます。ある程度大きく育てたいならば、なるべく全体がまっすぐなものがよいでしょう。幹に小さな穴があるものは、カミキリムシが進入している可能性があるので避けます。

[根]裸苗以外、一般の人には根鉢の中は見えないので、信頼のおける専門店で買います。

【生長した大きさを考える】

苗を選ぶときには、どうしても現在の大きさや自分のイメージを重視してしまいますが、選ぼうとする木が将来どのくらいまで大きくなるかを考えることが大切です。3mの木が、それ以降ほとんどのびなかったり、50cmだった苗が3mになったりすることはよくあることです。また、ナツツバキ、ヒメシャラなどのように、強く刈り込むと枯れてしまうおそれがあり、生長してからでは小さくしにくいものも多いので、その木の性質を事前に調べておきましょう。

苗の売られ方は、大きく3つに分かれます。

[根巻き苗]根をわらや麻布などで巻いてある苗で、比較的大きな苗に使われます。

[裸苗]根がむき出しになっている苗で、果樹苗に多くみられます。フルイ苗ともいわれます。

[ポット苗]鉢やビニールポットに植えてある苗です。1年中取り扱え、枯れにくいことなどから、ポット苗が多く出まわっています。しかし、苗の生長に一番大事な時期にポットに植えることで、根が十分に発育せず、他の苗に比べて植えつけ後の生長が劣ることがあります。また、長い間ポットで栽培した苗は、根が輪のようにルーピングしていることがあります。

【ポット苗】
鉢やビニールポットに植えてある苗。枯れにくく、一番多く出まわっている。

【裸苗】
根がむき出しになっている苗。直接、根を見ることができる。果樹苗に多く使われる。

【根巻き苗】
根を麻布で巻いてある苗。比較的大きな苗に使われる。

取り木

高取り法、圧条法などがあります。

高取り法は、苗をつくりたい部分の下の箇所を、幅2〜3cmぐらい、形成層まで樹皮をむく、そこに水で湿らせた水苔を巻き、ビニールでおおい上下をひもでしばっておく方法です。

また圧条法は、同様に樹皮をむくか、針金できつくしばり、その部分を土に埋めておく方法です。発根するまでに、早い種類は1か月、遅い種類では半年以上かかります。根の部分での切り離しは、発根を確認してから行い、すぐ植えつけないで、同じ場所に半年ぐらい少し深めに植え、養生させます。

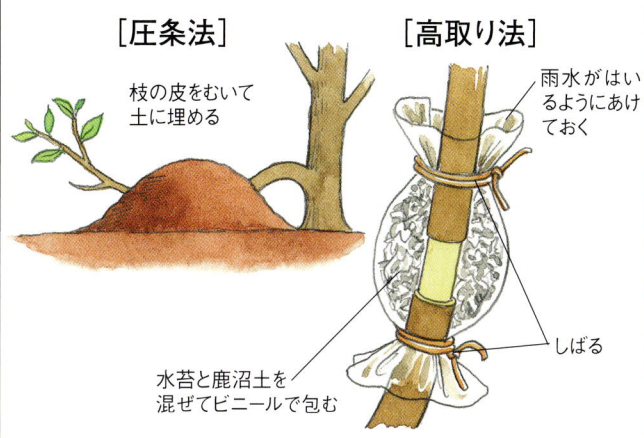

[圧条法]
枝の皮をむいて土に埋める

[高取り法]
雨水がはいるようにあけておく
しばる
水苔と鹿沼土を混ぜてビニールで包む

株分け／根伏せ

株分けは、株を掘り上げてから土を落として、ノコギリやハサミなどの鋭利な刃物で切り分けます。落葉樹は落葉期に、常緑樹は3月下旬や、5月中旬〜6月下旬に行います。根が均等につくように分け、分けたあとは乾かさないようになるべく早く植えつけます。

根伏せは、ナツメなど、できる樹種が決まっています。鉛筆以上の太さの根を切りとり、切り口を上にして、斜めに、切り口が地上に見えるくらいに埋めます。根のさし木と考えればよいでしょう。根の上下が反対だと腐ってしまいます。

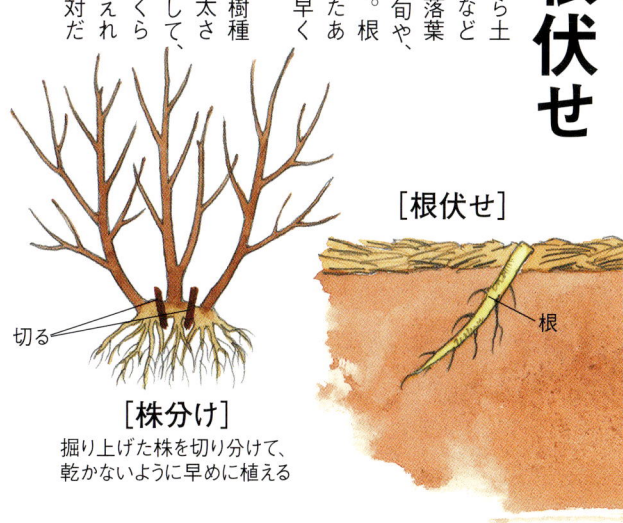

[株分け]
掘り上げた株を切り分けて、乾かないように早めに植える
切る

[根伏せ]
根

木の苗を植える

大きく成長したときを考えながら植える

穴の大きさと深さが大切

植える場所の土がやわらかくないと、木は根をのばすことができません。ですから、植えるときは、できれば直径・深さともに根鉢の大きさの2〜3まわりぐらい大きめに穴を掘って埋めるようにします。また、腐葉土などが適度に混ざっていると土がやわらかくなり、土中の空気も多くなって、植物にはよい状態になります。

植えたときの深さは、幹が地上に出て上根（根の上部）が見えるくらいがよく、幹の部分が深く土中にいるのはよくありません。

植え終わったら水鉢をつくり、十分に水をやります。このとき、根鉢に水をやるのではなく、根鉢の外側と植え穴にやるつもりで、根と土が密着するように与えてください。植えつけ時の水は非常に大切で、たとえ雨の中で植えつけたとしても水は十分に与えます。十分水やりをしたら、半日後に水鉢を埋めて、根鉢の外側をよく踏み固めておきます。

その次の水やりは1週間後です。決して毎日与えてはいけません。

庭への植え方

1 穴を掘る
植える場所を決め、根鉢よりも2〜3まわりの広さと深さの穴を掘る。

2 穴の大きさをみる
苗を入れてみて、大きさ、深さを確かめる。特に深さは、用土が入る分をみておく。

3 元肥（もとごえ）を入れる
掘り上げた土に腐葉土を3割ほど混ぜた元肥を、植え穴の底に入れる。

4 苗を入れる
元肥の上に苗を置き、植える深さを確かめる。

5 苗を埋めていく
根鉢のまわりに埋め戻し用土を入れて、苗を埋めていく。

6 水鉢をつくる
植え穴の縁に沿って、苗のまわりを囲むように土を盛り上げて、水鉢をつくる。

7 根を土になじませる
水鉢に水を入れたら、苗をゆすって、細かい根の間にも、水がはいるようにする。

植え穴の大きさと深さ
直径・深さともに根鉢の2〜3まわりぐらい大きめの穴を掘る。植えつけの深さは、地面と根鉢の上部が同じ高さになるようにする。根巻き材料は、暖かい場所では取り除き、関東以北の寒い地方では、つけたまま植えることが多い。

鉢やコンテナに植える

基本的には庭に植えるときと同じです。コツは水はけのよい土を使うことが大切です。写真のようなホワイトロームや赤玉土と黒土、腐葉土を混ぜて使うとよくなります。

植えつけたら、庭の場合と同じようにたっぷり水をやります。水が鉢の底から抜けてしまうので、鉢の土の状態を見て、表面が乾いたら十分に水をやるようにします。

鉢への植え方

5 排水層の上に腐葉土を混ぜた元肥を入れる。

1 鉢と苗を用意する。

6 元肥の上に苗を置く。

2 根を出して、ひとまわりくずす。

7 根鉢の上まで土を入れ、割りばしなどでつついて、根に土をなじませる。

3 鉢の底に網を敷く。

8 たっぷりと水をやる。

4 排水層として、ホワイトロームや赤玉土を入れる。

8 水鉢に水をはる
水は1回ではなく、様子をみながら何回かに分けて入れる。

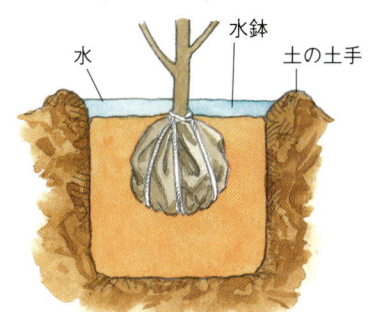

9 土手の高さまで入れる
水がしみこんだら注ぎたして、水鉢の土手の高さまで、水をたっぷりと入れる。

10 水鉢を埋め戻す
十分水やりをしたら、半日後に水鉢の部分を埋め戻す。

11 根鉢の外側を踏み固める
縁に沿って踏み固め、安定させる。幹もとの上根は、見えるくらいでよい。

木を育てる 5

木の植えかえ

庭のレイアウトをかえるときに必要な技術

移植には適期がある

移植で大事なことは、植えかえる時期です。

常緑樹は3月下旬～4月上旬が一番適期で、次いで5月中旬～6月下旬、9月中旬～10月上旬になります。避けなければいけないのは新芽の展開時期の4月中旬～5月上旬と、冬の寒い時期です。

落葉樹は落葉期の11～3月が一番適期で、ほかの時期は移植をしないほうがよいでしょう。

針葉樹は寒さに弱いイヌマキなど、常緑樹と同様の時期がよいものと、カイヅカイブキなどのように春近くの冬がよいものがあります。植えかえる樹木の性質を知らないと枯らしてしまうこともあります。

ふつう根鉢の直径は幹の直径の4～5倍といわれます。プロがやる掘り上げは根にちゃんと土がつく根鉢になりますが、一般の人ではほど根がよいか、小さい苗でないと土が落ちてしまいます。そこで大事なことは、掘り上げてから植えつけ、水やりまでの時間をなるべく短くし、根を絶対に乾かさないことです。うまく掘り上げることよりも、素早い作業を心がけましょう。また、移植の前に根まわし（21ページ参照）などの処置も必要です。

木にとっては大手術と同じ

掘り上げは、木にとっては大手術のようなもので、非常に「体力（勢い）」を消耗します。植え込んだ植物がその後何年かの間、弱ったように見えるのはこのためです。1～2年生の苗木なら植えたあと2年目から、成木なら3年目から、古木にいたっては10年以上もしてから本来ののびが出てくるのがふつうです。

また、植えつけてすぐに多量の肥料分があると植物は傷みます。肥料をやるなら、小さい苗木では2週間、ふつうの大きさなら2週間～1か月後にします。植えつけた年は肥料をやらなくても問題はありません。

木の掘り上げ

1　根鉢の大きさを考えて、どのくらいのところから掘るかの見当をつける。

2　根を傷つけないように、上根のところまでやさしく掘って、上根を出す。

3　根のまわりをスコップの背で切りながら、根鉢の大きさに掘っていく。

4　まわりを掘り終わったら、根の下にスコップを差し込んで、下の根を切る。

5　土が落ちないように注意して、根と土を一緒に掘り上げて、根巻き材（麻布など）の上に置く。

6　根が乾かないように、すばやく根巻きをする。このあとなるべく早く植える。

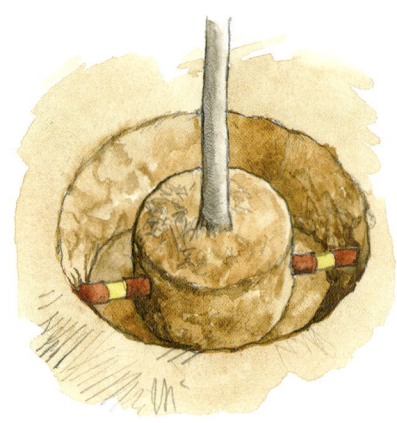

⑤ 同じように、ほかの太い根もむく。掘る深さは、根鉢の直径の3分の2を目安とする。

③ 太い根は木を支える根。この根の皮の部分だけをよく切れる刃物でむく。

① 幹の直径の4〜5倍の大きさで、幹のまわりを根に注意しながら丸く掘る。

⑥ 埋め戻して、水を十分に与えれば作業は終了。約半年後、皮をむいた部分から上の部分(幹側)に細根が出る。

④ 約4〜5cmの幅で根のまわりの皮から木部にかけて筒状に全部むく。

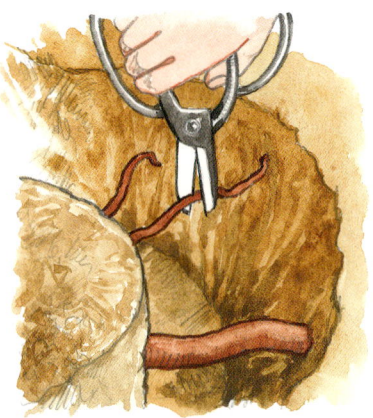

② 出てきた太い根は傷つけないように注意して、細い根はハサミで切る。

根まわしの方法

根まわしとは、移植をする前に根鉢より大きいところで根を切っておき、その内側に細根を出させることをいいます。ふつう樹木の根は地上部の枝幅と同じ程度の広がりをもっています。移植の際、その根の先端まで全部掘り上げることはできないので、根を途中で切ることになりますが、それでいきなり掘り上げると、水や養分を吸い上げている根の先端の細根がなくなり、植えつけても水を吸収できずに枯れてしまいます。それを防ぐために行うのが根まわしです。

植えつけて3年目ぐらいまでの樹木は、そのまま掘り上げても大丈夫ですが、3年以上植えてあったものは根まわしをしてから移植します。根まわし後、半年たたないと(基本的に夏を越して)細根は出ないので、それを見越して最低でも移植の半年前には根まわしを行います。しかし、たとえば秋に移植しないほうがよいカンキツ類などは、3月に根まわしをしても、もう1年待ってから移植するようにするなど、樹種によってそれぞれ根まわしと移植に適切な時期があります。

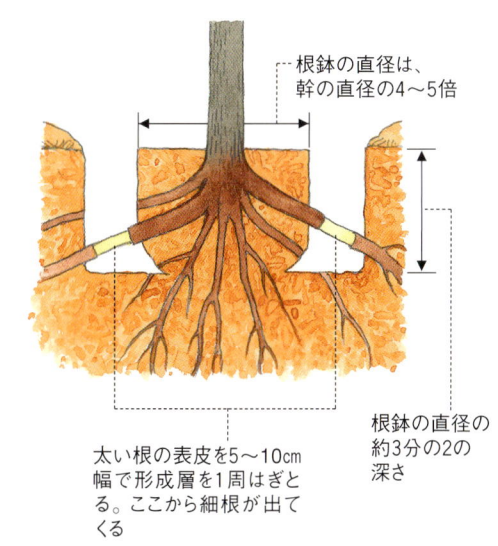

根鉢の直径は、幹の直径の4〜5倍

根鉢の直径の約3分の2の深さ

太い根の表皮を5〜10cm幅で形成層を1周はぎとる。ここから細根が出てくる

木を思いどおりの形にする技

木を育てる 6

剪定は、切ってよい枝を知ることから始まる

元気にする

枝をすかして中に光を入れる

元気に生育する

樹木は枝が多すぎると、光が当たらなかったり、風通しが悪くなったりして、病害虫の温床になってしまいます。枝を適度に抜くことで、それらを解消して、元気にすることができます。

姿を美しくする

樹冠にあわせて切る

整った姿になる

自然のままではむやみにのびるので、のびすぎた枝や、飛び出している枝などを樹冠（じゅかん）線にあわせて切っていきます。

大きさを決める

ここで切る

生長しても、あまり高くならない

これが剪定の一番の目的です。なるべく小さくしたい場合がほとんどです。大切なことは、それぞれの樹種の強い枝や太い枝を切るのに適切な時期を知ることです。

果実を大きくする

1／3ほど残して実をとってしまう

大きな実ができる

剪定というより、摘果になります。毎年実（み）をならせるためには、1／3ほど残して、あとの実をとってしまいます。ミカンの場合は、葉30枚に対して実1個が、残す実の数の目安になります。

枝ののびをよくする

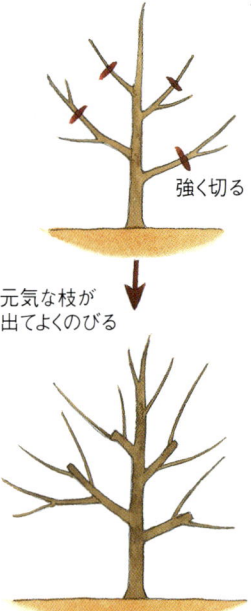

強く切る

元気な枝が出てよくのびる

何もしないよりも、切ったほうが次に出てきた芽がのびるので、強くのばしたいときは強く切るようにします。3月下旬〜4月上旬の発芽前に剪定すると、もっとよく枝がのびます。

枝の数をふやす

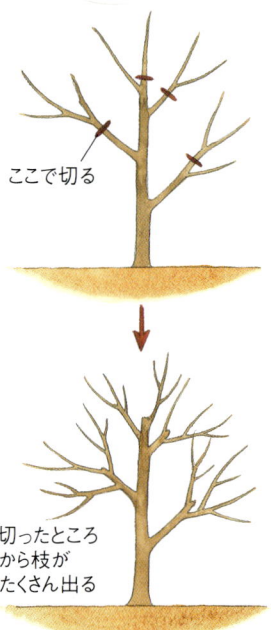

ここで切る

切ったところから枝がたくさん出る

剪定することによって枝数をふやすことができます。剪定しないと、枝の先端の芽はほとんどひとつしかのびませんが、剪定によって、複数の芽ができてのび、枝がふえます。

木の下を明るくする

不要な枝を多めに切る

木の下の草花が元気になる

あまり枝が込んでいると、当然その下は暗くなり、半日陰から、まったくの日陰に変化してしまいます。枝がすいていれば、適度に光がはいり、庭が明るくなります。山野草や宿根草も元気に育つので、一石二鳥です。

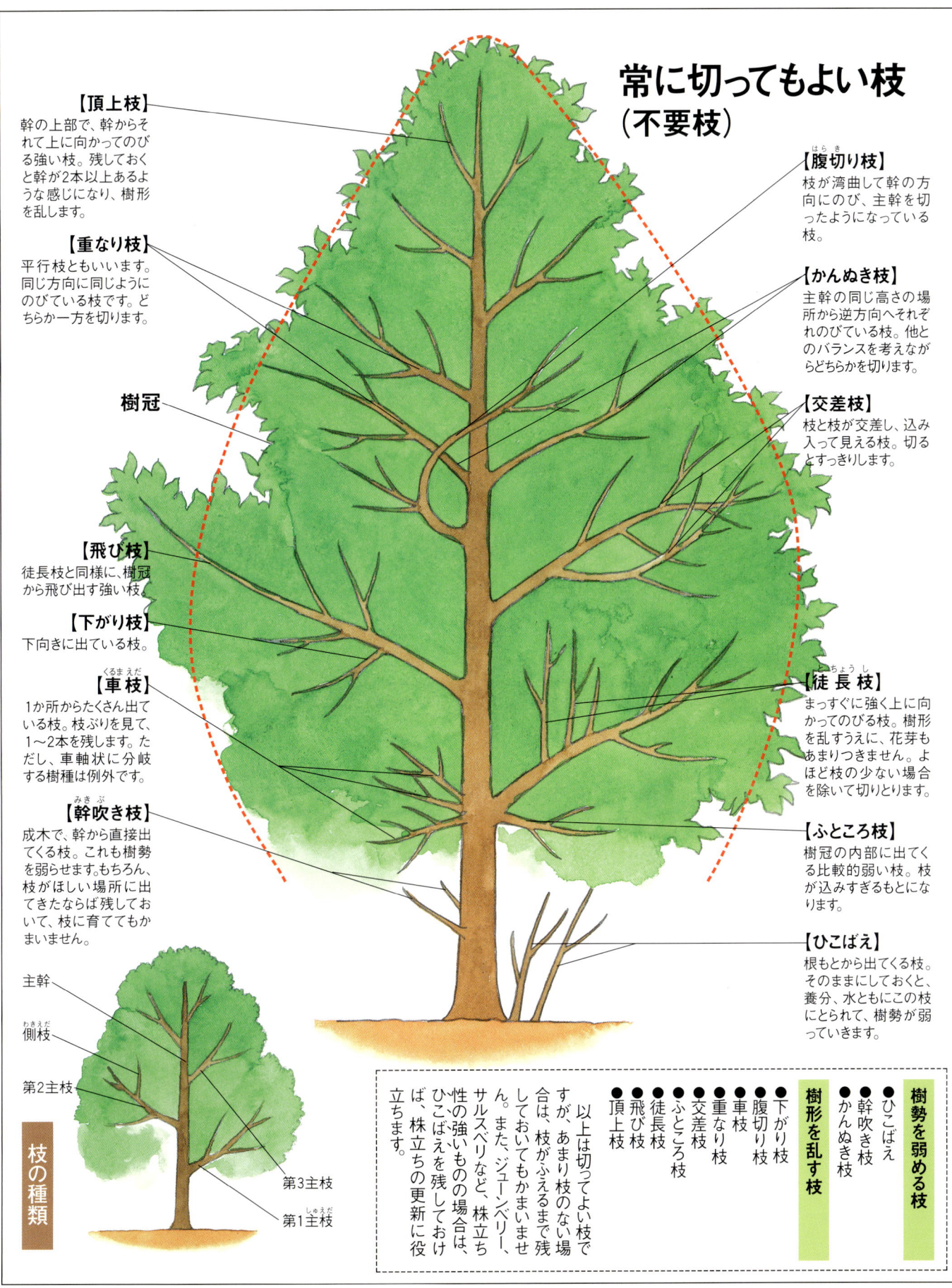

剪定刃物の使い方

ハサミとノコギリだけ、道具はいたってシンプル。でも使い方にはコツがある

木を育てる 7

木バサミ
刃が細く、ふたつの刃が切り刃になっているので、コニファーなど、葉の込んだ木の中に差し込んで、細い枝を切るのに使う。(詳しくは49ページ)

刈り込みバサミ
木を刈り込んで、形をつくるときに使う。太い枝には不向きだが、細かく、やわらかい枝には効果的。初心者もすぐに使えるようになる。(詳しくは49ページ)

ノコギリ
太い枝を切るときに使う。用途によって、刃の目の大きさ、深さなどの違いがある。1本のものとふたつに折れるコンパクトなタイプがある。(詳しくは50ページ)

剪定バサミ
剪定では、もっとも使う道具。「小は大を制す」といわれるほど、小さいほうが使いやすい。受け刃で受けて、切り刃で切る。(詳しくは48ページ)

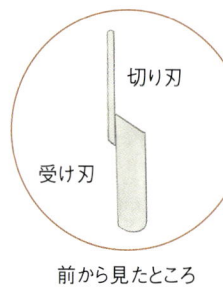

前から見たところ

剪定の道具は4つ

剪定は、次の4つの刃物があれば、ほとんどの作業が可能です。

【剪定バサミ】 ある程度太い枝から細い枝まで切ることができるので、もっともよく使用します。受け刃と切り刃があり、受け刃で受けて、切り刃で切るという仕組みです。

【木バサミ】 細い枝を切るときに使います。切り刃2枚でできていて、先は鋭くとがっています。樹冠の中に差し込んで切るマツやコニファー類には必需品です。

【ノコギリ】 太い枝を切るときに使います。剪定バサミでもかなり太い枝まで切れますが、ノコギリを使うほうが安全です。海外では、押して切るノコギリもありますが、日本では、ほとんどが引いて切るようになっています。

【刈り込みバサミ】 生け垣、玉物、仕立て物などを刈り込むときに使います。細かいやわらかい枝を切るのに役立ちます。

使い方を覚える

【剪定バサミの使い方】 なるべく枝のつけ根から切ります。枝が残っていると植物が傷みやすいだけでなく、そこからむやみに強い枝が出てきて、

刈り込みバサミの使い方	ノコギリの使い方	木バサミの使い方	剪定バサミの使い方
[刈り込み]	[太い枝を切る]	[枝を切る]	[枝を切る]
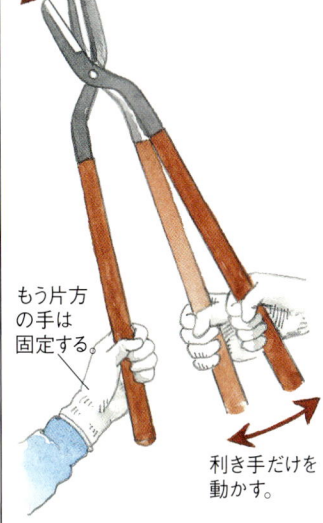利き手だけ動かすと、安定して刈り込むことができるが、両手を動かすと、刃先が上下に動いて、刈り込み面がきれいにならない。	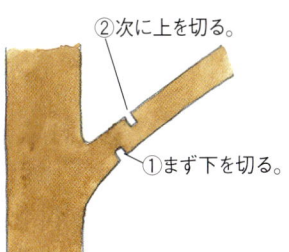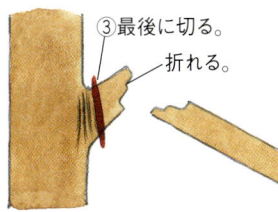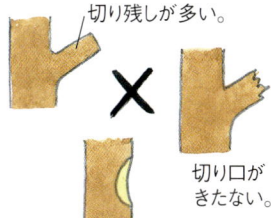切り残しが多いと強い枝がそこから出てくる。切り口がきたなかったり、樹皮が傷つくと、そこから枯れてしまうことがある。	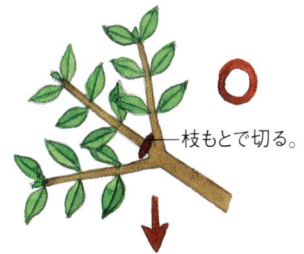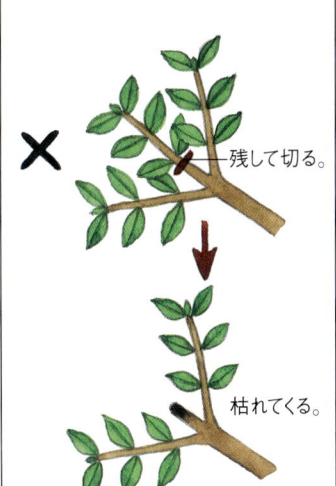枝の切り残しが多いと、そこから枯れてきたり、害虫がつくことがある。	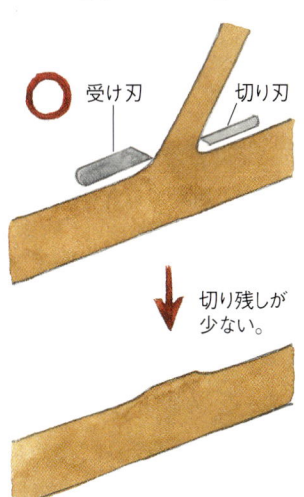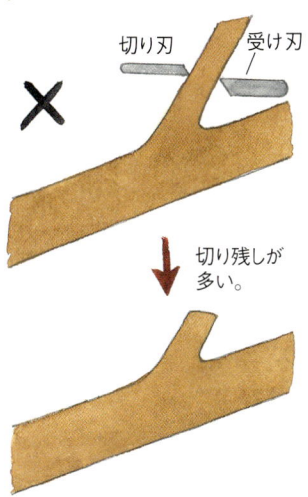切り刃と受け刃の枝への差し込み方で、切り残しの長さが違ってくる。

樹形を乱す原因にもなります。切るコツは、力まかせではなく、使わない手で枝を、刃を当てた反対側の受け刃の方向に押すようにすると楽に切れます。刃をあわせた場所で「こじる（ねじる）」ようにハサミを上下に動かすと刃こぼれするので、ハサミは左右に水平に動かして切ります。

【木バサミの使い方】針葉樹の場合はこれに限らず、なるべく葉を横から切らないように、葉のつけ根から切ります。特に針葉樹は常緑樹が多いので、横に切ると切り口がいつまでも残り、目立ちます。剪定バサミとは異なり、刃先に向かって枝を押し上げて切るのがよく、左右に動かして切ると刃こぼれします。

【ノコギリの使い方】太い枝を切る場合は3回に分けて切ります。まず切る枝のつけ根から10cmくらい上部を下から切ります。枝の太さの1/4〜1/3ぐらい切ったら、次はその少し上を上から切ります。枝の重みで切り口が裂けてしまいます。切り口が平らに切れないと植物は弱り、最悪の場合、それが原因で枯れることもあります。

【刈り込みバサミの使い方】このハサミは必ずどちらかの腕を止めて切ります。両腕を動かして使うと刃先が上下して平らに切れず、切り口が波打ってしまいます。

剪定の技術と方法

木を育てる 8

剪定には樹種にあった時期と方法がある

剪定にはふさわしい時期があります。基本的には、次の3つの時期が目安となります。

【3月下旬～4月上旬】 新芽の出る前で、寒さも一段落した時期です。強く切っても傷みがなく、早く形を完成させたい生け垣には最適です。

【5月中旬～6月下旬】 新芽が展開し終わってかたまった時期で、傷まないことと、次の芽がかなり揃って出てくるという利点があります。さらに、多くの花木では、この時期の剪定で次の花芽をつくる芽を完成させます。なお、花が終わった直後の剪定を花後剪定といいます。

【9月中旬～10月上旬】 寒さが来る前で、傷まないことと、最後の仕上げの剪定の意味で、徒長している枝のみを切るようにします。

また、落葉樹、常緑樹、針葉樹には、それぞれ適した時期があります。

【落葉樹】 11～3月の落葉期は、冬期剪定といい、太い枝を切るのに最適です。樹種により休眠の時期が多少異なります。サクラやカエデのように、必ず年内に剪定を終わらせるものもあるので、それぞれの性質を把握することが必要です。

【常緑樹】 落葉樹とは逆に、寒さによって傷むものが多いので、冬の剪定はせず、前述の5月中旬～6月下旬を中心に3つの時期に行います。

【針葉樹】 冬期に行うほうがよいものと、常緑樹と同様に行うほうがよい時期とがあります。植えている樹木の特徴を確認して行います。

【剪定してはいけない時期】 4月中旬～5月上旬、新芽が出て展開し、かたまるまでの時期は、木は樹液の流動を盛んにして生長に力を使っています。剪定は大きなダメージを与えるので、この時期は避けます。

剪定カレンダー （関東地方以西基準）

月	1	2	3	4	5	6	7	8	9	10	11	12
生け垣					刈り込み							
多くの花木						花後剪定						
最後の仕上げ										(徒長枝など)		
落葉広葉樹	冬期剪定											冬期剪定
常緑広葉樹												
常緑針葉樹			冬期剪定		―マツのみどり摘み							冬期剪定

間引き剪定

込んでいる場所を中心に大きな枝を切りとり、枝の数を減らすもので、「枝抜き」ともいいます。切ってもよい不要な枝（23ページ参照）を中心に分岐したもとから切ります。古くは「枝づめ」ともいいました。

剪定の基本は、どんな場合でも、上を強く、下を弱く切ります（上の枝がよくのびるからです）。急ぐ必要のない作業ですから、不要な枝をよく見極めます。

切り戻し剪定

目的の大きさにあわせるために切る剪定です。

樹冠の内側に向く内芽と外に向く外芽があるので、必ず外芽のすぐ上で切ります。芽は先端が特にのびるので、内芽の上で切ると、次の枝が内側に向かってしまい、いわゆる不要な枝になってしまいます。また芯を切る場合、なるべく芽のすぐ上で切ります。そうでないと、次の芽は一度横にのびてから上に向かうことになるので、芯がうまく立たなくなります。

芯も枝も、芽のすぐ上から切ることが大切です。芽のないところで切ると、たいてい切り口の下の芽のところまで枯れ込みます。特に針葉樹は、葉のないところで切ると、その枝はすべて枯れてしまうので、必ず葉を少し残して切ります。

株更新の剪定

枝を切り戻して、株を若返らせる剪定を株の更新といいます。必ず全部切ります。何本か残すと、切った場所から芽吹かないこともあります。

刈り込み

生け垣、仕立て物などの形を整えるためのものです。生け垣は、上をややせばめて切っておくと長く美しさが保てます。上は強く刈り、下にいくにしたがって弱く刈り込みます。

剪定のやり方

［芯になる枝の切り方］

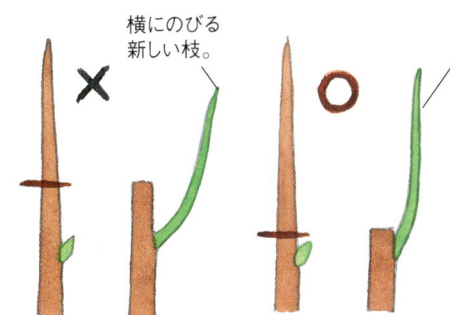

横にのびる新しい枝。
まっすぐ上にのびる新しい枝。

芽のすぐ上で切ると、新しい枝はまっすぐ上にのびる。芽の上を残して切ると、新しい枝はまっすぐ上にはのびない。

［芽の上の切り方］

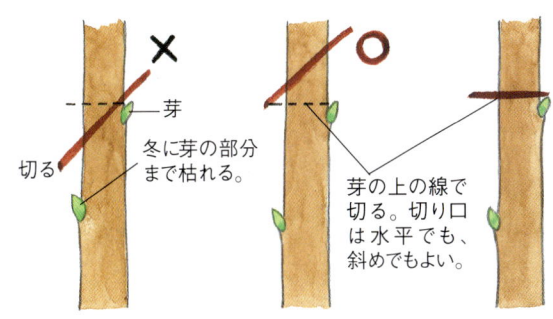

芽
切る
冬に芽の部分まで枯れる。
芽の上の線で切る。切り口は水平でも、斜めでもよい。

［株の更新の剪定］ 株立ちの樹木

地面のすぐ上で、すべての枝を切る。何本か残すと、切ったところから芽吹かないことがある。

［刈り込み］

平らな面の刈り込み。

丸い面の刈り込み。

刈り込みは、樹形を一定に保つことも目的にしている。そのためには、のびることを考慮して、深く刈り込むことが大切。また、刈り込みバサミには、少しカーブがつけられているので、これを使いこなすと、形がつくりやすい。

［切ってよい場所と悪い場所］

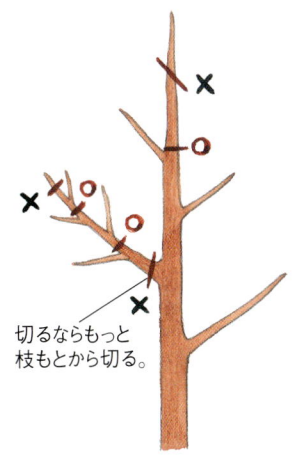

切るならもっと枝もとから切る。

枝の途中から切ると弱るので、必ず、分枝している上のところで切る。

［枝を切る位置］

枝もとの少し出っ張ったところは残す。

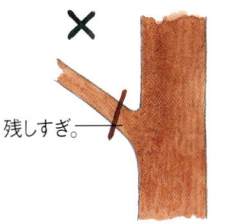

残しすぎ。

間引き剪定も、切り戻し剪定も、切る部分は同じで、枝もとや芽の上で切る。

［芽がのびる方向］

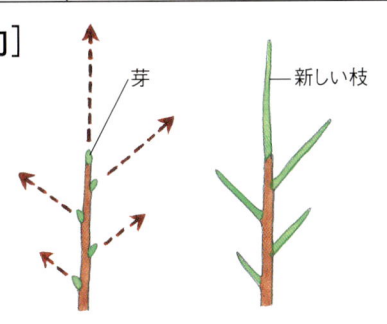

芽
新しい枝

芽がのびて枝になる。のびる方向で、枝や樹形がコントロールできる。

［内芽と外芽］

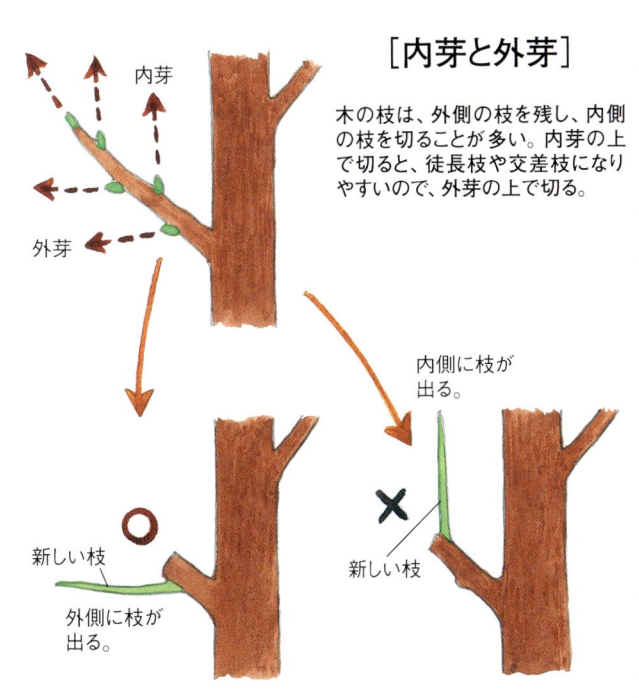

内芽
外芽
内側に枝が出る。
新しい枝
外側に枝が出る。
新しい枝

木の枝は、外側の枝を残し、内側の枝を切ることが多い。内芽の上で切ると、徒長枝や交差枝になりやすいので、外芽の上で切る。

木を健康に育てる

木の生長にあわせて栄養を与え、病気や害虫から木を守る技術

施肥の方法

つぼ肥法
幹を中心に、樹冠線の下に、つぼ状の穴を掘る。追肥などで早く吸収させたいときに行う。

輪肥法
樹冠線の下に深さ20～30cmの穴を円形に掘って行う。春の施肥など、緩効性肥料に使う。

表面施肥法
根もと周辺に、全面的に散布する。主に化学肥料を追肥として与えるときに行う。

放射状施肥法
木が混雑しているときには、放射状に穴を掘って行う。緩効性肥料に使う。

肥料の種類

[化学肥料]
人工的につくった肥料。ゆっくり効くものから、すぐ効くものまで、種類が多い。

速効性化成肥料
速効性で、追肥（おいごえ）に使用。

緩効性化成肥料
ゆっくり溶け出して効く。元肥（もとごえ）などに使う。

液体肥料
水溶性の化学肥料。速効性があり、追肥などに使われる。写真は、コンテナの土に差し込んで使うアンプルタイプ。

[有機質肥料]
自然素材のものからつくった肥料。植物にやさしく、ゆっくりと効くものが多い。

堆肥
葉などの植物を材料にしたものと、動物の鶏糞、牛糞を材料にした糞尿堆肥（ふんにょうたいひ）、魚かすなどがある。

油かす
大豆や菜種などから油を絞ったあとの残りを材料にした肥料。置肥（おきごえ）などに使われる。

施肥

木には肥料が必要

自然の土の中にも肥料分は含まれていますが、十分ではありません。そこで人工的に肥料を施すことになりますが、施肥には適期があります。

【12月上旬～2月上旬】1年間の生育の基礎になる「寒肥」といわれるもので、おもに有機質肥料を施します。果樹の多くは11月、ただしカンキツ類は3月と、時期のずれるものもあります。若木ではチッ素肥料を中心に施し、花木ではリン酸肥料を混合します。できれば樹冠線の下の地面に穴を掘るつぼ肥法でその中に施し、下草などがあって掘れない場合は、上からまくようにします。

【5月中旬～6月下旬】花のお礼肥をかねて寒肥より少なめに施します。このときは地面を掘らず、上からばらまきます。

ふつうの樹種は、秋口に施しすぎるとふたたび生長を始めて、冬の寒さで枝や幹が割れることがあるので、肥料のやりすぎは禁物です。

肥料には種類がある

肥料には、有機質肥料と化学肥料があります。有機質肥料は堆肥、油かすなど、自然素材のものからつく

施肥カレンダー （関東地方以西基準）

月	1	2	3	4	5	6	7	8	9	10	11	12
多くの花木		寒肥			お礼肥							寒肥
果樹					カンキツ類						寒肥	
落葉樹		寒肥									寒肥	
常緑広葉樹				緩効性肥料（2回とも）					緩効性肥料			
針葉樹			緩効性肥料（3回とも、少ない量）									

病害虫のすみか

病害虫退治は休眠期が最適

木の活動が休眠期にはいると、病害虫の活動も弱まる。この時期に越冬病害虫や病原菌が潜んでいそうなところを消毒すると効果がある。

- 枝の股
- 樹皮の割れ目
- 落ち葉の葉裏

薬剤のタイプ

	名称	使い方
水に溶かす	乳剤・液剤	液状の薬剤を水で薄めて使用する。
	水和剤	粉末の薬剤を水に溶かして使う。
そのまま使用	エアゾール剤スプレー剤	液剤をそのまま噴霧する。
	粒剤	粒状の薬剤を株もとなどに散布する。
	粉剤	粉状の薬剤を散布する。
	ペレット剤	株もとに置き、ナメクジなどに食べさせて殺す。

樹木の共通病害虫

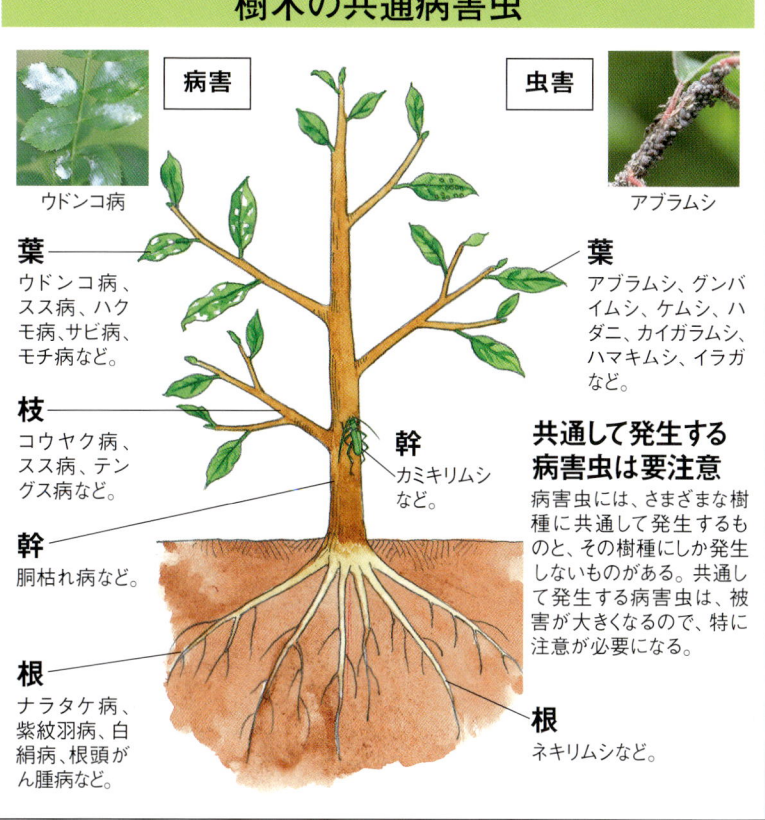

病害 — ウドンコ病
虫害 — アブラムシ

葉　ウドンコ病、スス病、ハクモ病、サビ病、モチ病など。

枝　コウヤク病、スス病、テングス病など。

幹　胴枯れ病など。

根　ナラタケ病、紫紋羽病、白絹病、根頭がん腫病など。

葉　アブラムシ、グンバイムシ、ケムシ、ハダニ、カイガラムシ、ハマキムシ、イラガなど。

幹　カミキリムシなど。

根　ネキリムシなど。

共通して発生する病害虫は要注意

病害虫には、さまざまな樹種に共通して発生するものと、その樹種にしか発生しないものがある。共通して発生する病害虫は、被害が大きくなるので、特に注意が必要になる。

病害虫予防

異常の原因を見極める

樹木の異常を見つけたら、まず、その原因が病気か害虫かを調べることから始めます。原因に応じ、病気には殺菌剤、害虫には殺虫剤を使いますが、基本的には使わないようにしたいものです。

[病気] 葉が白くなる、黒色や褐色の斑点がついている、葉がふくらむ、葉が落ちる、実がしぼむ、カビ状のものがつくなどの症状が出ます。

[害虫] 下に糞が落ちている、葉に穴があく、葉に斑点がつく、幹から木くずが出る、白いかたまりがつくなどの状態が観察できます。葉がしおれるなど、病気でも害虫でも同じような症状が出ることもあります。判断がつかないときは、近所の信頼できる園芸の専門店で木を見てもらったほうが安心です。枝を持っていく場合は、切ったばかりの長い1枝を持っていきます。葉1枚だけでは判断できないからです。

素早い処置が大切

病気でも害虫でも、処置が早ければ早いほど効果的です。早期であれば、害虫も小さく、数も少なかったり、まとまっていたりするので、捕殺できます。また、薬剤の散布の回数も少なくすみます。

アブラムシは葉の裏にいることが多いので、葉の裏に薬がかからないと効きません。カミキリムシなどの幼虫のテッポウムシは木くずを除き、穴に殺虫剤をつめますが、幹の中を食害するので、対処が遅れると枯れることもあります。

病気は害虫とはまったく違う処置をします。ウドンコ病は葉が落ちたらすべて集めて焼却し、4〜5月に殺菌剤を散布します。秋に散布するだけでは効果がありません。害虫は致死量の殺虫剤が虫にかかれば退治できます。しかし病気は、その種類で使う殺菌剤もかわり、散布する時期も違ってきます。それを間違えると、薬剤を散布しても効果がありません（322ページ参照）。

った肥料で、植物にやさしくゆっくり効くものが多く、化学肥料は人工的につくった肥料で、遅効性のものから即効性のものまでいろいろあります。寒肥以外は化学肥料でもよいのですが、遅効性か即効性か知らずにむやみに施すと、最悪の場合は枯れることもあるので注意します。

【肥料の3要素】 チッ素、リン酸、カリウムのことです。チッ素は葉や茎、根を育て、リン酸は花や実をつけ、カリウムは植物を丈夫にしたり、葉につやを出す、といった働きをします。目的にあわせて肥料成分の配合をかえて使います。

庭をつくる 1

木で楽しむ四季の庭

それぞれの木々の特徴を上手に生かせば季節ごとに楽しめる庭ができる

日本だから味わえる

日本には、はっきりした四季があり、その変化は庭の楽しみのひとつです。なかでも落葉樹は、葉をすべて落とした冬枯れの姿から、春の新芽の芽吹き、つぼみから花、新緑、夏の緑陰、秋の紅葉と姿をかえ、季節ごとの庭の印象を鮮やかに形づくります。

たとえばカエデ類は新芽の美しさ、夏の濃い緑、秋の紅葉、そして落葉と、葉だけで四季を感じさせてくれる樹木の代表です。カエデの秋の紅葉を知らない人はいませんが、春の新芽（春もみじという）は紅葉以上に美しく、緑、白、ピンク、赤、橙、濃紫、それらの複色と、目を見張ります。

カキも紅葉が美しく、実が色づいたさまは、秋から初冬の風物詩として四季を感じさせてくれるでしょう。

もちろん花が季節を感じさせてくれることはいうまでもありません。春のウメやサクラ、夏のフジやサルスベリ、ノウゼンカズラ、秋のキンモクセイ、ハギ、サザンカなど、枚挙にいとまがありません。

日陰が魅力の庭

夏には庭に樹木で日陰をつくり、涼しく過ごしたいものです。冬の明るさを考えると、常緑樹よりも落葉樹で考えたほうがよいでしょう。日陰をつくるには、大きくなるものがよいのですが、ケヤキ、カツラなどでは大木になりすぎるので、株立ち仕立てにしたり、ケヤキならば花木を使うなら、まずは人気のハナミズキ、ヤマボウシ、ナツツバキ、ヒメシャラ、エゴノキなど。またサクラ類、ベニバナトチノキ、サルスベリなどもよいでしょう。新しい樹種では、オリーブ、シマトネリコなどがあります。

フジやキーウィフルーツを棚仕立てにし、日陰をつくるのも楽しいものです。最近人気のキングサリも棚仕立てで楽しめます。

間引きと切り戻し剪定を行うと、樹高を比較的小さめにおさえられます。

冬でも緑の庭にする

落葉樹は葉が落ちて、日の光がいるので冬の庭を明るくしますが、それだけでは寒々しい感じを与えてしまいます。常緑樹はそれをカバーするためにも必要です。針葉樹は樹種によって、緑以外にも青や黄色の葉を楽しむことができます。高さのある針葉樹では、葉が込みすぎると暗くなってしまうので、適宜枝抜きなどの剪定をすることが大切です。

サザンカ、ツバキには冬に花を咲

紅葉、黄葉を楽しむ秋の庭。夏に日陰をつくってくれた落葉樹は、冬には葉が落ち、暖かい日差しが庭にこぼれる。

中央のサルスベリの花を楽しむ夏の庭。

花や実が楽しめる庭

花木の人気には根強いものがあります。年明け早々のロウバイに始まり、マンサク、モクレン、そしてサクラと続きます。サクラは個人の庭にも植えやすい園芸品種の「おかめ」「天の川」が人気です。春の花木では、ハナミズキが一番人気となっています。夏にはムクゲ、サルスベリが好まれています。低木の花木なら、ヒュウガミズキ、ユキヤナギ、シモツケ、レンギョウ、アジサイも高い人気があります。

最近は、果実が楽しめる庭も注目されています。ウメやモモは古くからの人気種で、アンズ、スモモ、セイヨウミザクラ（サクランボ）が続きます。また冬が暖かくなり、ミカン、ユズ、レモンなどのカンキツ類も植えられる地域が北に拡大しつつあります。

かせる品種もあるので、冬の庭も華やかにしてくれます。あまり知られていませんが、ビワの花は冬に咲き、香りもよいので、冬の花木にもなります。ヒイラギナンテンの「チャリティー」という園芸品種は冬に開花し、欧米ではクリスマスの飾りとして欠かせません。これらのように、常緑樹には冬に花を咲かせるものも数多くあるので、添景木として植えるとよいでしょう。

庭をつくる ②

少ない手間で楽しめる庭

「ローメンテナンス」という考え方でつくる庭をご存じですか？

秘訣は最適の木を選ぶこと

美しい庭を維持するためには、それぞれの庭の状況に応じた手入れが必要になります。非常に広い庭に、巨樹になるケヤキが1本だけ植えてあるのであれば、手入れはほとんど必要ありません。しかし、1坪ほどの庭では、たとえ成長の遅いハナミズキなどを植えたとしても、毎年剪定をしなければ、すぐに枝がのびて庭がいっぱいになってしまいます。

また、植えられた樹木は3年目ころから本来の生長をするようになります。植えたときに樹高2mのヤマボウシは、植えてから1〜2年目は年に20cmくらいのびますが、3年目からは年に1mくらいのびます。これが数年たった場合は、かなりの剪定が必要になってきます。

庭をつくる段階で、このように将来の維持管理の手間を見通して樹種選択をしておくと、少ない労力で庭を美しく保つことができるのです。

手入れの手間を少なくした庭。地面には雑草よけとして、枕木とレンガを敷き、左の地面をおおうのは、管理しやすいヘデラ。木も生長が遅い樹種を選んでいる。

ローメンテナンスとは？

ローメンテナンスとは、維持管理のための手間が少なくてすむということです。樹木の場合、手間の大半は剪定です。枝や幹ののびが少ないとか、のびる方向が一定で樹形が乱れにくいものは、ローメンテナンスな木であると考えられます。

たとえば、通常低木とされているアセビは、時間はかかりますが、放置すれば4m程度まで大きくなります。ですから、アセビを高くして使う計画にすれば、完成までに時間はかかっても、その間、高さを低く保つための剪定は必要ないので、手間はそんなにかからないということになります（ただし、横にものびるので、それに対する剪定は必要です）。

また、一般に土壌がよくないことは歓迎されませんが、肥沃な土壌では樹木の生長が旺盛になり、大きくなる樹木は頻繁に剪定する必要が出てきます。ローメンテナンスを重視するなら、生長を抑制するやせた土壌も、メリットと考えることができます。

木の選び方は？

ローメンテナンスの庭をつくるなら、手間のかからない樹種を選ぶことが一番重要になります。

【大きくならないものを選ぶ】

大きくならないもの、あるいは生長の遅いものを選ぶと、高さを抑えるための剪定が必要ないので、手間がかかりません。本来大木になる樹木でも、品種によっては、あまり大きくならないものや、大きくなるのに時間がかかるものもあります。

カナダトウヒの「コニカ」という園芸品種は生長が遅く、1年に10cmくらいしかのびません。2m生長するのに20年かかる計算です。また、針葉樹に多い、学名や品種名にグロボーサ（globosa、「玉状の」の意）とつくものは樹形が球状になり、あ

路地には生長が遅く、管理しやすいソヨゴなどの樹種が植えられている。

ローメンテナンスの樹種
手間の少ない木はこれ

大きくならない木や幅のせまい木は、ほったらかしでも大丈夫。

大きくならないもの（ドワーフ）

カナダトウヒ「コニカ」（→p.101）

枝が直立するもの（ファスティギアタ）

ジュニペルス「スカイロケット」（→p.101）

枝垂れ性のもの（ペンデュラ）

サクラ「紅枝垂（べにしだれ）」（→p.175）

【扱いやすい樹形のものを選ぶ】

樹形が乱れにくいものや横に広がらないものを選ぶと、樹形を維持する手間がかかりません。

ファスティギアタ（fastigiate、「数枝同高」の意）とつくものは、枝がすべて上に向かってのびるもので、高さの割に幅がせまいので、ほとんど手入れはいりません。「スカイロケット」など、針葉樹の園芸品種に多く見られますが、ほかにもサクラの「天の川」など、さまざまな園芸品種があります。庭に植える木として、今後注目されるグループです。

ペンデュラ（pendula、「枝垂れた」の意）にも、原種に比べると樹形が乱れず、あまり生長しないものが見られます。

まり大きくなりません。ナナ（nana、「小さい」の意）とつくものも、その品種が大きくならないことを示しています。また、ドワーフ（dwarf）とついているものも、大きくなりません。

木のある庭をつくる

10年後を考えた計画が大切。
木は生育すると動かしにくい

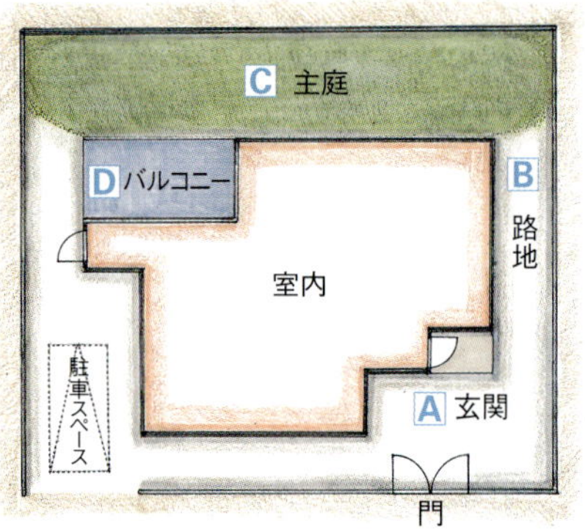

庭のつくれる場所はここ

4つの場所がある

住宅で庭にする場所は、敷地を大きく分けて次の4つの部分から考えます。それぞれの場所によって庭のもつ機能や見せ方、あるいは見え方がかわります。それらを考慮し、その場所の環境と雰囲気にふさわしい木を選び配置するようにします。

A 玄関まわり部分
アプローチガーデン
p.38 参照

道路に面した部分（接道部）や門扉まわりと、建物の扉に続く通路周辺の部分です。家の顔になるところです。ふつうは、せまく限られた空間となるので、高い木と小ぶりの木の配列の仕方や距離感を出すように、奥行き感や樹種の選び方で、す。また、訪れる人を心地よく迎え、その家の住人の人柄がわかるような植栽であることも大切です。

B 通路を主にした部分
路地、サービスヤード
p.40 参照

昔でいう勝手口に続く道と、主庭に向かっていく空間です。庭に続く道は、その先にある庭を感じさせる雰囲気を醸し出したり、庭と一体化して落ち着いた雰囲気をつくります。勝手口への出入りや庭を手入れする

C 大きく庭としてとられた部分
主庭
p.42 参照

その家で一番大きな、あるいはメインの空間です。伝統的な日本庭園のように、室内や縁側から、あるいは歩きながら見ることを意識した庭（観賞の庭）の場合と、ベンチを置いて読書や休憩をしたり、バーベキューパーティーをしたりする戸外リビング的な場、ガーデニングや菜園などの植物を育てる場など、使うことを目的とした庭（実用の庭）にする場合とがあります。

ときの動線がここに重なる場合も多く、その場合は、機能性もあわせもつデザインになるように考えます。

D 地上部の土壌がない部分
ベランダ、バルコニー
p.44 参照

一戸建ての住宅では、庭は1階に接した土地につくられますが、マンションなどの集合住宅では、地面に接していない部分で木を育てることになります。部屋から近く、見ることを意識した庭になることが多いですが、つくり方しだいでは、地上の庭のように植物が豊富な庭や、乾燥しやすいことを利用した果樹栽培の庭、コンテナを組み合わせた軽快な庭にすることもできます。

庭の場所を診断しよう
庭の場所を点検する7つのポイント

庭をつくるとき、その場所や植える樹木の性質を考えず、むやみに自分の好きなものだけを植えるのでは、木は健全に育ちません。またイメージどおりの庭にすることもできません。まず、庭をつくろうとしている場所の性質をきちんと把握して計画を立てましょう。

1 日当たり

樹木の生育に太陽の光は重要な要素ですが、日当たりが非常に好きな木もあれば、それほど好きではない木もあります。その場所に1日中日が当たるのか、朝だけなのか、夕方だけなのかを把握しておきましょう。西日をきらう木は意外に多いものです。西日をきらう木と樹木が枯れてしまいます。そのような場所では、人が水やりをしないと樹木が枯れてしまいます。できればそのような場所には、最初から木を植えないほうが賢明です。

[西日をきらう代表的なもの] エゴノキ、ナツツバキ、ハナミズキ、ヒメシャラ、セイヨウトチノキ（マロニエ）、ヤマボウシ、カエデ類など

2 風通し

見落としがちなのが風です。風通しが悪い場所では病気になりやすく、虫もつきやすくなります。また逆に、風が強いところでは葉が乾燥しやすく、木全体も水不足になりがちで、特に冬の北風が強く当たるところでは寒さと乾燥で著しく衰弱したり、枯れたりしてしまうものもあります。夏の高温乾燥風も要注意です。風当たりの強いところでは、樹木も傷みます。

[寒風に強いもの] シラカシなど
[風に弱いもの] イロハモミジ、ヒメシャラなど

3 雨の当たり方

屋外だからといって、必ず雨が当たるとはかぎりません。軒や建物の張り出し部分の下になり、雨が当たらないところもあります。そのような場所では、人が水やりをしないと樹木が枯れてしまいます。できればそのような場所には、最初から木を植えないほうが賢明です。

4 排水性・保水性

樹木が植えられていない状態で、地面が湿っているか、乾燥しているかを少し掘って調べます。湿っている場合は、湿気を好む樹木を植える方法もありますが、水はけをよくするよう、土壌改良や排水設備を設置するほうがよいかもしれません。乾燥がひどいときは、水やりの仕組みや保水状態を高めるような土壌改良が必要になります。すでに樹木が植えてある場合でも、雨水の排水状態を知っておくことは大切です。

5 土壌の性質

土壌の肥沃さの度合いや、pH（酸度）、土壌の種類も問題になります。砂っぽいのか、細かい砂粘土のようなのか、自然の山野では、土壌の性質によって生える植物の種類がかわります。pHに関しては、日本の植物は通常、酸性を好むのですが、ガーデニングで最近よく使われるオリーブなどの外国産の樹木にはアルカリ性を好むものもあります。自分の庭の土の性質をよく知り、それにあったものを植えるのが基本です。植えたい植物にあわせた土壌の改良を行うこともあります。

6 土の厚さ・土中の状態

大きくなる木を植えようと思っても、土の中に排水管や地下室があっては、根が張らずに地上に飛び出してしまい、健全に育ちません。樹木の地上部とほぼ同じくらい、根を張るための広さが必要です。植える場所を検討してください。

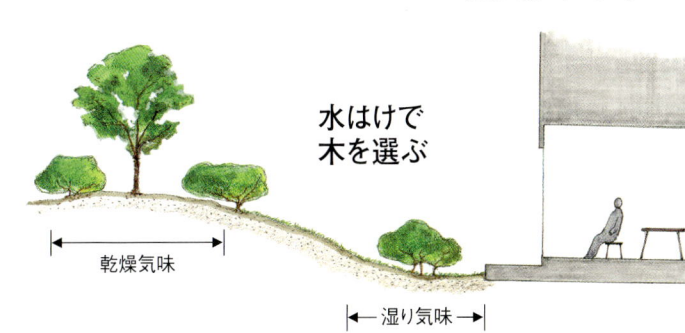

7 生き物への配慮

犬を飼っているのなら、その犬が植物を掘り返したりしないかなど、ペットの癖や行動の把握が必要です。また野良猫も、その尿が植物に重大なダメージを与えます。そのほか、せっかく育てたリンゴなどの実が熟すと、カラスにとられるということもよくあります。ふだん見えない庭の敵にも注意してください。

日当たりで木を選ぶ

日陰に耐える木／西日に耐える木／建物／朝日の好きな木／日向を好む木

雨の当たり方で木を選ぶ

軒
この部分の木は、雨が当たらず枯れやすいので、乾燥に強い木がよい。

水はけで木を選ぶ

乾燥気味／湿り気味

庭をつくる ④

シンボルツリーをまず選ぶ

失敗しないポイントは、木の性質を知ること。
それから自分の庭の楽しみ方を考える

初夏に花が咲くフジをシンボルツリーにした庭。

どんな庭にしようかな？

自宅の庭で花見がしたくて、ソメイヨシノを庭の中心に植えたとします。数年たって、「位置が気に入らない」「思ったより大きくなって邪魔だ」「他の木とバランスが悪くなってきた」「1年のうちに花を楽しめる時期が少ない」……などの理由で、大きくなった木を動かそうとしても、すぐに移動できないのが樹木です。移植するにはそれなりの準備と時間が必要です。また、せっかく育った木を傷めたり、樹形がかわってしまったり、ストレスで枯らしてしまうこともあります。

このようなことにならないためには、最初の計画が大切です。秘訣は、全体の雰囲気を考えて、個々の木にとらわれないことです。庭を楽しむために庭全体のイメージをまずかためて、その後にどの位置に、どのような雰囲気の木を植えるのかを考え、そのイメージにあった性質をもつシンボルツリーを決めることから庭づくりが始まります。

季節の変化を庭で楽しむ

日本の庭で木を楽しむ醍醐味は、やはり春、夏、秋、冬という四季の変化ではないでしょうか。季節の変化を顕著にあらわすのは、花、緑の葉、実、紅葉です。これらの季節変化をうまく組み合わせれば、1年を通して楽しめる庭になります。「春の庭」というように、ひとつの季節にテーマを絞って楽しむこともできます。

1年を通して緑を楽しむ癒しの庭もつくれる

1年を通して緑が提供される庭は、手入れがあまりいらない庭をつくる

季節変化が楽しめるシンボルツリー

	春	夏	秋	冬
花を楽しむ	ウメ、コブシ、サクラ類、ツツジ類、ハナミズキ	アジサイ、キョウチクトウ、サルスベリ、ムクゲ	キンモクセイ、サザンカ、ツバキ	ツバキ、サザンカ、ロウバイ
緑を楽しむ	カエデ類	カツラ、ケヤキ		アカマツ、クロマツ、シラカシ
実を楽しむ	アメリカザイフリボク、ウメ	サンゴジュ、ビワ、ナツミカン	ウメモドキ、カリン、カキ、ハナミズキ、ヤマボウシ	アオキ、クロガネモチ、センリョウ、ソヨゴ
紅葉を楽しむ	カナメモチ、アセビ、カエデ類		ハゼノキ、カエデ類、ドウダンツツジ、ニシキギ、ハナミズキ	コニファー類

1年中緑を楽しめる癒しの庭

コニファーの庭 自然に、いろいろな形になる。それぞれの木の特性と形を確認しながら、2年くらいかけて植栽する。

高原のようなイメージの庭

風を感じる庭 中くらいの高さ(人間の身長程度)の木はあまり植えないで、少し高めの木をすかし気味に植えると開放感が出る。

シンボルツリーとは?

本書で提案しているシンボルツリーとは、その庭の性格を、一番はっきりと表現している樹木のことです。必ずしも庭の中央にある大きな木ではありませんし、1本だけともかぎりません。持ち主の考え方ひとつで、どんな木でもシンボルツリーにすることができます。詳しくは、55〜72ページの「シンボルツリーを選ぼう」をご覧ください。

ことにもなるので、よいテーマです。前述の「季節の変化を楽しむ庭」は、季節ごとに庭の雰囲気をかえるために、花が終わったら花がらをとったり、花や実は虫や病気がつきやすいので消毒をしたり、秋の紅葉のあとは大量の落ち葉の処理をしたりと、それなりの手間を必要とします。その点、常緑樹の庭は手間の少ない庭といえます。しかし、その反面、四季の変化も少なくなります。

1年を通して緑を楽しむ方法としては、次のふたつのパターンがあります。

■**常緑の庭** いわゆる刈り込みタイプの日本庭園は、添景にカエデやウメ、サクラなどの落葉樹を使いますが、庭の骨格は常緑樹です。しっかりとした常緑樹があることで、添景の落葉樹が映えるようになっています。

[常緑の庭のシンボルツリー]ゴヨウマツ、イヌマキ、クロマツ、チャボヒバ、モチノキ、モッコクなど

■**コニファーの庭** マツ類のように、まつぼっくりのような実(球果、cone)とマツのような針葉(fir)をもつ樹木をコニファー(conifer)といいます。しかし広義には針葉樹(裸子植物)全般のことを指します。比較的寒さに強い反面、夏の暑さには弱いものが多くあります。また、肥沃な土壌では、手に負えないほど大きくなる種類もあるので、木の性質をよく把握してから植えます。

1年中同じような緑をしているようですが、青っぽい緑になったり、葉の先が黄色味がかったり、冬には銅色になったりと、意外と季節に応じて変化があります。また、枝が枝垂れるもの、樹形がほうきや筆状になるもの、丸く玉状になるものなど、いろいろな形態があるので、組み合わせて、変化のある庭をつくることができます。

[コニファーの庭のシンボルツリー]カイヅカイブキ、ニオイヒバ「ヨーロッパゴールド」など

風を感じる庭も人気

清々しい感じ、透明感のある、高原の別荘のようなイメージの庭も人気があります。ただし、亜熱帯系の気候だったり、海に近いところにつくるには難しいタイプの庭といえます。

落葉樹主体の明るい雑木の庭が基本になります。雑木林にある樹木がシンボルツリーになるわけです。

[風を感じる庭のシンボルツリー]ヤマボウシ、オオモミジ、コナラ、ナツツバキ、ヒメシャラ、リョウブなど

落葉樹主体では冬の景色が寂しくなってしまうと感じる場合は、次のような、比較的さらっとした感じのする常緑樹で、風を感じる雰囲気をつくることができます。

[風を感じる常緑樹のシンボルツリー]シマトネリコ、ソヨゴなど

鳥の声を聞く庭

緑がたくさんあるとほかの生き物も喜びます。特に樹木の実や花(蜜)は鳥にとってはごちそうです。身近に見ることが少なくなった鳥を呼び寄せるように、鳥の好きな実のなる樹木を庭に植えることもできます。

[鳥を呼ぶシンボルツリー]ウメ、カキ、ガマズミ、サクラ類、ウメモドキなど

庭をつくる 5

玄関で木を見せる

家主の人柄や好みを表現することが、玄関のシンボルツリーの大きな役目

なくなってきました。いまでは構えというより、ゲートツリーや、アクセントツリー、テーマツリーという形で、その家の家族や来客を迎え入れるという考えで木を使います。

1 家のイメージをつくる

玄関の構え（つくり）の木といえば、門冠のマツやマキが和風の家での定番でしたが、洋風の家がふえ、なかなか門冠のマツが似合う家は少なくなってきました。

■ 大きな木1本で構えをつくる

1本で形よくまとまり、全方向からよく見えるようなものを植えます。通るのに邪魔にならないよう、下枝がなく、形がよく見える木にします。植える空間が広い場合は、ひとつの根もとから数本生えている株立ち物を植えると形が決まります。

[1本の構え] ケヤキ、カツラ、コブシなど

■ 2本や数本組み合わせて門のようにつくる

樹木で門をつくるように、両側に同じ木を植えます。横に枝が張るタイプは本当の門のようにつくることもできます。1本ではボリュームの出ない木も、このような形で植えると見た目が安定します。

[2本や複数の構え] ニオイヒバ「スマラグ」、イロハモミジ、サルスベリ、ハナミズキ、ツツジ類など

---

1 家のイメージをつくる

大きな木を1本だけ植えた場合

▲横から
▼上から

スペースがせまい場合
形よくまとまり、下枝がないタイプの木がよい。

スペースが広い場合
根もとから数本生えている株立ちタイプの木が適している。

大きな木を2本植えた場合

針葉樹は洋風の雰囲気をつくる。

枝が広がる性質の木は効果的。

2 アプローチという考え方

門から玄関までのアプローチに、同じものを並木状に植えると西洋風になります。種類をかえて植えると自然風や和風になります。どちらの場合も大きな木の間隔は最低1.5mにします。これ以下にくっつけると込み合い、剪定（せんてい）が必要になります。

2 アプローチのつくり方

等間隔に植えると西洋風になる。

アトランダムに植えると和風や自然風になる。木の大小を生かして広さも演出できる。

長いアプローチでないかぎり木の大小を生かすだけで、多くの種類を植えないほうが広さや奥行きが出ます。手前に低い木を植え、奥に行くほど大きいものにするのがコツです。

3 目線の移動を考える

門を開けてまず目にはいるところが大事です。アイストップといいます。季節ごとにはっとさせるような特徴のある木（花、実（み）、紅葉）を植えます。逆に見せたくないものがあれば、それを隠すように、常緑樹や枝の多いものを植えます。

まっすぐな道より曲がり道

門をはいったら、最短コースで、早く玄関の扉まで行きたいのがふつうの感覚です。しかし、門から玄関までが直線で結ばれていると、せまく感じるものです。ほんの少し余計に時間がかかるように、通路を蛇行させ、植物を十分楽しむようにつくると、広く、奥行きを感じさせる玄関となります。また、建物の扉が門から直接見えないようにするのも、広さを感じさせるひとつの方法です。

玄関まわりには
イメージのよい樹木を

玄関にはカエデやヤツデを好んで植えることがあります。カエデ、ヤツデは、葉の形が手のひらのようで、まるで人を招くように見えることから、人が訪れる楽しい家をつくるにはよいとされているようです。また、カンノンチクは、名前も葉の形もよいことから、鉢に仕立てて、扉の脇（わき）によく置かれています。タケはお正月の松竹梅にも使われるように、縁起のよい木のひとつです。このように、古くから縁起がよいとされているものを玄関まわりに配置することも多いようです。しかし、まわりから浮かないように、周辺の家との構成を考えてバランスを整える必要があります。

逆に、イメージが悪いものもあります。トゲのあるものは通るのに不便ですし、人を拒否しているような感じを受けるので避けます。ただし防犯的な効果があるので、道路と家の境界や隣地との境に植えることがあります。

[トゲのある木、触ると痛い木] サンショウ、ニセアカシア、バラ類（モッコウバラを除く）、ヒイラギ、ヒイラギモクセイ、ヒイラギナンテンなど

3 目線の移動

門を開けるとすぐ壁が目に飛び込んでこないように木の緑で和らげる。

アイストップ
玄関ホール
アプローチ
門

▼横から　▼上から
玄関扉
門
玄関の扉が直接見えるとせまく感じる。

▼横から　▼上から
玄関扉
門
玄関の扉が少し隠れて見えると奥行きを感じる。

庭をつくる 6

路地で木を見せる

主庭に続く路地は庭の一部として考える。
もちろん通路としての機能性も重要なポイント

左の木が通路にはみ出して歩きにくい路地。

木の選定がポイント

玄関から主庭に通じる「路地（側道）」の植栽には、2つのことに留意するといいでしょう。ひとつは主庭に向かって歩いている最中も、そこにある樹木を楽しむことができるつくりにすること。もうひとつは通路として機能的であること、つまり歩きやすいスペースにすることです。どちらの場合でも共通する点は、樹種はボリュームのあまり出ないもの、触れても痛くないもの、虫がつきにくいものを選ぶということです。

そして日当たりがよくないときには、日陰に耐える性質の木を選びます。通路機能に重点を置く場合は、コンクリート平板や石で歩きやすくした小道をつくり、その両脇に、あまり横に張り出さない樹木を植えます。樹木を生け垣状に仕立てることもあります。長い道のりになるようであれば、樹木をかえて変化をつければ楽しくなります。また、数種類の高さの樹木を組み合わせて、足元への配慮もします。

雰囲気のある空間にする場合は、その先にある庭のイメージにあった樹種を配置するようにします。

1 和風の庭に続く路地

主庭が和風の庭の場合は、歩行面に石や砂利を使い、和風の趣を感じさせる樹種を選びます。せまい空間になることが多いため、樹木は枝がまばらな、葉の数が少ない軽快な樹形の

ものを選び、足元には低木や低いササ、草ものを使ってさっぱりと仕上げます。

やや広くつくれる場合は両脇に同じものを並べて植えるのではなく、片側にボリュームがあり、少し高さのあるもの、反対側に低く、ボリュームが出ないものを組み合わせると、庭にはいる直前の部分をわざとせまい空間にすると、庭に出たときに、より広さを感じさせる効果が得られます。

[ポイントとなる樹木] カエデ類（小ぶりな仕立てのもの）、ツバキ類、ソヨゴ、モウソウチク、マダケなど
[横に張り出しのないもの、生け垣にできるもの] クロチク、カイヅカイブキ、カナメモチ、マンサク、アラカシ、シラカシ、ウバメガシ、キンモクセイなど
[低く、ボリュームのあまり出ないもの] ウツギ、ドウダンツツジ、ヒメウツギ、サツキツツジ、ガマズミ、ササ類など

2 芝生の庭や洋風の庭に続く路地

芝生広場を囲むような庭や、整形式西洋庭園風の庭に続く路地の場合、芝生の小道もよさそうに思いますが、せまくて日当たりが悪いと芝生の生育はよくありません。また、雨上がりや朝露、夜露が出たときには、湿っぽくて必ずしも快適な空間にはなりません。レンガや石でつくった小道に整然と樹木を並べるほうがよいでしょう。メリハリをつけすぎるとうるさくなるので、両側を同じ樹木、同じパターンで繰り返すようにすると雰囲気が出ます。

[小型のコニファー類] セイヨウイチイ、ニオイヒバ、レイランドサイプレスなど
[常緑でかっちりとした印象になる低木] イヌツゲ、セイヨウヒイラギなど

通路の機能を大切にする路地のポイント

生け垣 40～60cm
建物
グラウンドカバー
60～90cm
1.5～2m

路地には人が動く空間の確保が大切。
最低でも幅60cm、余裕をもって90cm
あると使いやすい。

[路地の庭の4つのタイプ]

▼平面イメージ　　　　　　　　　　▼立体イメージ

1 和風の庭に続く路地

- 建物
- ポイントの木
- フェンス
- 道を少し曲げる。
- 生け垣
- 左右対称にならないように。

2 芝生の庭や洋風の庭に続く路地

- 建物
- レンガ風の壁
- コニファーなどを等間隔に植える。

3 洋風の庭など樹木と草花の庭に続く路地

- 建物
- ボリュームを同じにしない。
- 砂利など
- 葉の広がりと草木の高さを違え、並べて植える。

4 雑木の庭に続く路地

- 建物
- 土の上に木のチップなどで仕上げる。
- 圧迫感のない風通しのよいデザインのフェンス。
- 木の高さをかえて、ランダムに植える。

3 洋風の庭など樹木と草花の庭に続く路地

草花が主役のように感じる洋風の庭も、骨格は樹木でつくります。そこに続く路地は、庭への期待をいだかせるように、何種類もの樹木や草花を少しずつ植え込みます。これはボーダーガーデンという手法です。壁や生け垣、建物に沿って、いろいろな種類の樹木や草花をそれぞれ1㎡前後ずつ、ボリュームや花の色、葉の色、形などを計算して植え込むものです。道に砂利などを敷くと雨の日も歩きやすくなります。

[ボーダーガーデンに向く樹木] イタヤカエデ、エニシダ、西洋シャクナゲ、スモークツリー、バラ類（ブッシュローズ）、オオデマリ、ヤマブキ、ユキヤナギなど

4 雑木の庭に続く路地

雑木の庭に続く路地には、落葉広葉樹（雑木）を植えるようにしますが、大きくなるものは、幹の生長を止めて樹高をおさえるか、大きくなりにくい樹種を選ぶようにします。植え方は整然とではなく、あくまでも真ん中が高く、両脇が低くなる三角植えを基本にして植えます。せまくて距離があまりないときは、樹高や葉の形で変化をつけます。小道に木のチップを敷くと雰囲気が出ます。

[雑木の庭の小道に向く樹木] エゴノキ、キブシ、クロモジ、ツリバナ、ダンコウバイ、ムラサキシキブ、ヤマボウシ、リョウブなど

主庭、広い庭に木を植える

家の中や縁側から見て楽しむ庭と、読書や休憩、パーティーなどに使う庭がある

整形式庭園風の庭。四隅を等間隔できっちりとつくる。

主庭は8畳くらいから

ここでは、庭を活用することも考えて、リビングのイメージから間口が3.6m（2間）以上、13㎡（8畳）程度以上の庭を想定します。それくらいの広さがあれば、観賞する部分と利用する部分をイメージどおりにつくることができます。

これよりせまい場合には、活動範囲を小さくしたり、植栽部分をコンパクトにするなどして対応することができます。

シンボルツリーの大きさは？

広さがあるからといって、大きくなりすぎる樹種は避けます。住宅の高さは、2階建てで7〜8mですから、木の緑陰で家全体を涼しくするとしても、家の高さの7〜8mをめ

庭を広く見せたいとき、空間の広がりを見せるための配置

中央に大きな木があると、実際よりもせまく見えてしまう。

中央に空間をつくると広く感じる。

手前の花などを見せるため、背景としての緑を工夫する

空間があると手前の花が目立たない。

背景の緑が手前の花を目立たせる。

整形式庭園の配置パターン

芝生か花
樹形が三角形のコニファー
中心にポイント
低木の刈り込み（ツゲなど）

左右対称に配置する。

奥行きを出すための配置

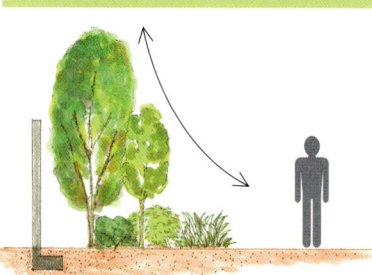

手前を低く、奥のほうを高くする。

庭をつくる 7

42

歩きながら見る「散策の庭」の配置

密な植栽　開放的な植栽　常緑の植栽

テラス

植栽のゾーンをつくって散策にメリハリをつける。

さまざまな用途に使える「実用の庭」の配置

高さ1.8〜2mあるとブラインドになる。

緑地帯は、幅1.5m以上あると層がつくれるので目隠しには効果的。

実用の庭。子どもと自由に遊ぶことを目的にしている。

観賞の庭をつくる

おもに部屋の中から窓越しに、一方向だけから見る庭と、散策しながら全方向から見る庭とがあります。雰囲気での分け方であれば和風、雑木風、洋風(イングリッシュガーデン)などになります。

■部屋から眺める庭
真ん中に大きな樹木を置くのではなく、7対3や6対4の位置に植えると、空間が分かれて、広さを感じさせます。
植える樹種は、玄関の庭、路地の庭で紹介したものも使えますが、路地の庭にはおもに日陰に耐え、あまり大きくならないものを選んできたので、ここでは日当たりのよいことを意識して、やや大きくなるものを選びます。

[和風の庭をつくるシンボルツリー(樹高3〜6m)] イチイ、イヌマキ、コウヤマキ、ヒノキ、クロガネモチ、モッコク、モチノキなど
[シンボルツリーを引き立てるバックツリー(背景になる樹木。樹高2〜5m)] スダジイ、シラカシなど
[雑木風の庭をつくるシンボルツリー(樹高3〜6m)] エゴノキ、イタヤカエデ、コナラ、ナツツバキ、リョウブなど
[洋風の庭(イングリッシュガーデン)のシンボルツリー] セイヨウシナノキ(シナノキ)、ハナミズキ、ベニバナトチノキ、ハクモクレンなど

これらの樹木を、左右対称にならないようにバランスをとりながら、それでいて間隔もランダムになるように植えていきます。

■散策の庭
移動しながら見る庭は、和風でいうと回遊式庭園となります。動く視線にあわせた効果を考えながら植えるようにします。表と裏ができないように樹木を組み合わせ、視線の移動とともに、樹木群の景色が変化するように樹木の高さ、色彩などを考えます。手前を低く、奥を高くするのが基本のパターンで、手前の花を見せるためには奥に緑の濃い木を配置します。

同じく散策の庭にも、整形式庭園

があります。洋風庭園のひとつの形式です。中心を決めて、左右対称に樹木を配置した、かっちりとしたイメージの庭です。洋風の家に似合いますが、樹種を多用しません。

[整形式庭園をつくる樹木] セイヨウイチイ、ニオイヒバなど
[四隅や等間隔に植えてリズム、ポイントをつくる樹木] イチイ、ニオイヒバなど
[模様や区画をつくる樹木] イヌツゲ、イチイ、ゲッケイジュ、ピラカンサなど
[彩りを添える樹木] バラ類など

使える庭をつくる

バーベキューやホームパーティーを行う庭なら、植える樹木を選ぶよりも、利用するための空間を確保することが大事です。人が集まってにぎやかになることから、隣の家への配慮も含めて、しっかりとした緑の壁をつくることも必要になります。

[料理に使える樹木] ゲッケイジュ、サンショウ、カンキツ類(ナツミカン、ユズ、キンカンが扱いやすい)など
[葉をお皿にできる樹木] ツバキ、バナナ(大きくなるので注意)など

庭で読書をしたいのなら、木陰をつくってくれる樹木もあります。図鑑などで緑陰樹と書いてあるものがそれに適していますが、大体は大きくなってしまいます。しかし、剪定によって幹の生長を止めて、形をつくることができます。

[木陰をつくってくれる低めの樹木] エゴノキ、ナツツバキ、アメリカザイフリボク、ハナミズキ、ヤマボウシなど

庭をつくる 8

ベランダに木を植えて庭にする

地面の庭がなくても大丈夫。コンテナを利用して、花や緑、果樹を楽しむ

意外な盲点、ベランダには荷重制限がある

集合住宅の2階以上のベランダに、あるいは一戸建て住宅でも2階に緑が欲しいというニーズが高まっています。土はかなり重量があるもので、木が育っている空間を切りとったとしたら、土と樹木をあわせて、簡単に1㎡当たり1t（1000kg）を超えてしまいます。新築で、階上に庭をしっかりつくることを前提にして建てた場合でなければ、このような重さのものをそっくり載せたら、家がつぶれてしまいます。

そのため、樹木は大きさが控えめなもの、土壌も軽いタイプ（軽い土は乾きやすいので、注意が必要です）を使います。集合住宅や一戸建て住宅のベランダやテラスは、通常は1㎡当たり100〜200kgの荷重を上限としてつくられています。ベランダの庭をつくる場合は、荷重制限の確認が必要です。

せまい空間に庭をつくるという面では、路地の庭に近いつくり方になりますが、大きく違うのは、かなり日当たりがよいことと、雨が当たりにくく乾燥しやすいことです。マンションなどでは、ベランダの高さが上がることによって、気象条件がかわりますが、このような場所でも樹木は、水さえ切らすことなく管理すれば、どんどん大きく育っていきます。そこで、木を大きくしない剪定を考えておくことが重要です。

和風の庭園を手本に縮景の庭をつくる

風雪に耐えたような古木を鉢植えにつくる盆栽のように、和の庭園には景色を縮めてつくった庭（縮景の庭）があります。縮景の庭というのは、せまい庭の空間に、雄大な自然の景色を縮めて表現した庭のことです。奥行きを出すための石や草木の配置など、日本の庭園技術が凝縮されています。

これをお手本にして、樹種を選び、雰囲気をつくります。ツツジ類を刈

木と土は意外と重い

●これで約200kgになる

2mのハナミズキ
グラウンドカバーのヘデラ
60cm
60cm
30cm
木のボックス

これくらいの*コンテナで、普通土は約160kg、人工土壌は約110kg。

土の重さ

タイプ	1㎡当たりの重量（湿潤時）
自然土壌（普通土）	1380kg
人工土壌	600〜900kg

樹木の重さ（標準的な大きさの場合）

樹木名	1本当たりの重量
サツキツツジ（高さ0.3m）	2.9kg
キンモクセイ（高さ2.0m）	40kg
イロハモミジ（高さ4.0m）	70kg

樹木が育つ土の容積（コンテナの大きさの目安）

	樹高	コンテナ直径	コンテナの深さ
高木	3m前後	75cm以上	60cm以上
	4m前後	90cm以上	75cm以上
	5m前後	120cm以上	90cm以上
	6m前後	150cm以上	120cm以上
中木	1.5m〜2.0m	60cm以上	50cm以上
低木	0.3m〜1.2m	40cm以上	40cm以上
地被類	0.3m以下	20cm以上	30cm以上
芝生	0.2m以下	10cm以上	20cm以上

---

*コンテナ：植木鉢、プランターなど、植栽に用いられる容器を総称してコンテナという。

り込んだり、小さく育つクロチクを添えたりすれば雰囲気が出ます。また景石やつくばい*には、本物の石ではない強化プラスチック製の軽いものもありますから、それらを利用することもできます。

果樹を育てよう

日当たりがよく、乾燥しやすいベランダは、果樹を植えるのに適しています。特にカンキツ類は日向を好み、やや乾燥気味でもよく育ちます。これらの果樹をシンボルツリーにすると、花や実を眺めることも、実を収穫することもできて何度も楽しめます。キンカンなどのカンキツ類は小さく刈り込んでも大丈夫なので、初心者には最適です。

[ベランダやテラスに向く果樹] ブルーベリー、オリーブ、キンカンやユズなどのカンキツ類

コンテナの配置を工夫する

好きでつい買ってしまった植木の鉢が、ベランダを埋めていませんか? これらの鉢をバランスよくそろえて並べるだけでも立派なガーデンになります。草花を添えたり、ワイヤースタンドを使うなどして高さの変化を出すのがコツです。右ページの表のように、樹木の高さによって、必要な鉢の大きさが違います。どこまで成長させるかをイメージして鉢を選んでください。鉢の際から枝が出るような樹種を入れると豪華になります。組み合わせを考えれば、和でも洋でも、とりあえずコニファー類をバック(背景)にすると失敗が少ないようです。

[ベランダに適したコニファー類] カナダトウヒ「コニカ」、ニオイヒバ、ニオイヒバ「スマラグ」など

建物の3階部分につくられた和風の庭。大きな鉢植えと行灯(あんどん)が雰囲気をつくっている。

風の通るベランダは要注意。木や草花は風で乾燥する

格子のフェンス / コンクリートの壁

フェンスが風を通すタイプは乾燥しやすい。 → 乾燥は少ない。

鉢やコンテナの置き方でイメージが大きくかわる

鉢やコンテナを床に直接置く場合は、目線が下へ行き、平板な感じがする。

スタンドなどを使って立体的にすると、空間が広く感じる。

*つくばい:茶庭の手水鉢(ちょうずばち)。

親子2世帯住宅の庭の施工例。左は親が住む和風の庭。右は息子の家族が住む洋風の庭。プロに相談することで、このような庭づくりも可能になる。

庭をつくる 9

上手な人に助けてもらうのも技術

樹木や庭をつくるプロにも得意分野がある。それぞれの特技を知ったうえで、相談したいもの

合理的で有効な方法

木を植えるときや、植えたあとの管理のことなどを誰に聞いたら最適な判断が得られるのか、わからない場合がよくあります。

たとえば、商店街にあるような花屋さんはバラやキクなどの切り花や、パンジー、マリーゴールドなどのポット苗の園芸植物のことは知っていますが、大きなマツは扱いませんし、その手入れの仕方を知る人は多くありません。また、近所の植木職人さんはマツの手入れはできても、パンジーの調子が悪くなったときにどうしたらよいかは意外に知らないことが多いものです。それぞれに得意な分野があるので、それを知ったうえで、さまざまな樹木のプロに手伝ってもらうのは、合理的で有効な方法です。

設計段階でのプロの技術

樹木の特性を把握したうえで、依頼者の描いている庭のイメージを実際につくり出してくれるのがデザイナーです。完成イメージを図にしたり、場合によっては模型をつくり、施工費用を計算したり、施工のときには立ち会って指示を出したりというように、計画から完成まで、依頼者の要望にあわせて動いてくれます。費用はデザイナーの経験年数によって違ってきますが、この計画に関わった時間や日数から計算するのが一般的です。

同じデザイナーでも、ランドスケープ・デザイナーは地域風景や公園、大きな庭を扱うことが多く、おもに大きな環境の下での景色をつくり出すタイプのデザイナーで、植物の細かい園芸品種までは熟知していない

施工段階でのプロの技術

木を植栽する場合には、次の4つの業者に頼むことができます。

① ゴルフ場や公園など、大きな工事を得意とする土木・建設会社。

② その土木・建設会社と組んで植栽工事を行ったり、公園や大きな庭園の工事を得意とする造園会社。

③ 造園会社を手伝ったり、小規模の個人の庭の手入れをする植木屋。

④ JA（農協）やガーデンセンターの相談コーナー。

これら4つの組織とも、頼めば木の植栽をしてくれますが、大きな組織を動かすほど経費がかかります。植木を育てて販売している造園会社や植木屋さんは、木の購入から頼めば割安になります。植木屋さんのなかには、設計チームを抱えているところや、親方らが設計するところもあるので、計画の段階から相談できる場合もあります。

管理段階でのプロの技術

大きな庭園工事で木を多く植えた場合は、「枯れ保障」といい、1年以内に依頼者の落ち度以外で木が枯れたときには植えかえてくれます。数本を植えた程度では保障されない場合もありますから、最初に確認することが必要です。また、木を購入しただけでは枯れ保障はつきません。以上のような保障があるのは1年間なので、それ以降は自分できちんとした管理を行う必要があります。

なぜか枯れた、と生き物である木にはいろいろな現象が出てきます。ところが病気が出た、虫がついた、のまま枯れてしまうのか、薬をまけばよいのかと思案する場合は、近所の植木屋さんや、その庭を施工した会社に相談することが無難です。工事費がかかってしまうのではないかと思われるときには、その地方の植物園や緑化センターに相談してもいいでしょう。近所に樹木医という資格をもった人がいることもあります。インターネットで調べたり、日本緑化センターに問い合わせる方法もあります。

販売段階でのプロの技術

木は植木屋、花は花屋というように単純に考えることができます。両方を備えているのは、JA（農協）の緑化センターなどです。

地方の植木市場では苗木が安く売られている場合がありますが、自分が欲しいものが常時あるわけではありません。ホームセンターでは、不定期に樹木の苗が扱われています。非常に安い場合は、植木屋さんに頼んでおくというのが一番早い入手方法でしょう。先月はあったのに今月はない、在庫に波があって、皆が欲しがるものは多くあるがそれ以外はない、ということが多いようです。手入れが行き届いてないこともあるので、買う際には、苗木の状態をよく見極める必要があります。

欲しい木がホームセンターなどにない場合は、植木屋さんに頼んでおくのが一番早い入手方法でしょう。木を頼むときは、希望する高さ、葉張り、幹まわり（幹の周囲長）を伝え、樹形にこだわりがある場合は、その旨を伝えておくことが大事です。

ガーデン・デザイナーはランドスケープ・デザイナーより小さな、個人の庭のような空間を設計します。樹木や草花の組み合わせに対して本領を発揮します。

これが木と庭のプロの特性と傾向

（※）の標準は、設計・施工・管理・販売の分類のなかでの目安。

分類	プロ	価格	木の手入れのアドバイス	苗木購入	管理	設計
設計	ランドスケープ・デザイナー	相談日数による	弱い	できない	しない	する
	ガーデン・デザイナー	相談日数による	弱い	できない	しない	する
施工	造園会社	やや高め	ふつう	できるがやや高め	得意	する
	土木・建設会社	高め	弱い	できるがやや高め	ふつう	する
	植木屋（施工が主）	標準（※）	やや得意	できる	得意	する
管理	樹木医	相談日数による	得意	できない	しない	しない
	地方公共団体の緑化センター・植物園	無料	得意	できない	しない	しない
	シルバー人材	日数による	弱い	できない	ふつう（人により差がある）	しない
販売	花屋・園芸店	標準（※）	弱い	できないものが多い	しない	しない
	ホームセンター	安い	弱い	できないものが多い	しない	しない
	植木市場	やや安い	やや弱い	できる	しない	しない
	植木屋（樹木販売が主）	やや安い	やや得意	できる種類も多い	しない	しない

木を育て楽しむための大人の園芸道具

道具を選ぶことも庭をつくるための技術。初心者ほど、仕上がりが道具に影響されやすい。

庭の道具カタログ

スイス製の剪定バサミ
クラシックモデルというタイプで、プロの剪定職人からも高い評価を得ている一品。全長215mm。

剪定バサミ
左が全長180mmで、右が200mmある。店では、大きいほうが売れているが、プロは小さいほうが使いやすいという。

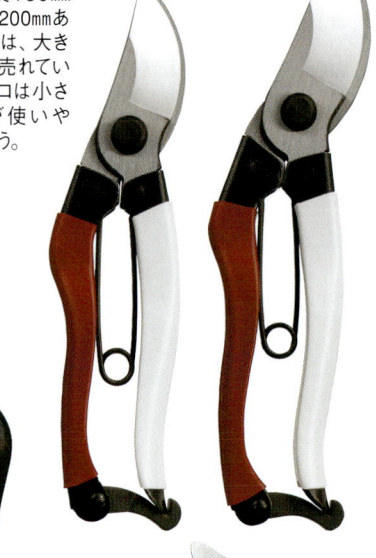

炭火鍛造の剪定バサミ
刃を炭火で鍛錬して、ねばりのある刃物に仕上げてある。全長180mm。

剪定バサミの選び方
大きめと小さめのものがあります。小さくて軽いものは長時間使っても疲れにくく、大きいものは太い枝が切れます。ただし、プロの多くが「小は大を兼ねる」「小さいほうが使いやすい」といっています。

2種入りの剪定皮サック
剪定バサミと折りたたみ型のノコギリが並んではいる。

剪定皮サック2段式
剪定バサミと折りたたみ型のノコギリが前後2段にはいる。

剪定バサミのサック
剪定バサミ1丁がはいるだけのシンプルなサック。

スイス製の電動剪定バサミ
軽くトリガー（スイッチ）を引くだけで、直径3cmまでの枝が切れる。右利き用と左利き用があり、1回の充電で最大16時間使える。本体重量820g。

[ハサミ]

■ハサミが一番大切

植物の管理で、もっともよく使う道具といえばハサミです。細かい枝や葉を切る木バサミ、小枝や少し太い枝を切る剪定バサミ、太い枝を切る太枝切りバサミ、刈り込みに使う刈り込みバサミ、高い場所の枝を切る高枝バサミなど、目的によって種類もさまざまです。

■よいハサミは樹木にやさしい

道具選びのコツは「プロ用の道具を選ぶ」ことです。よいハサミで切った枝の切り口は滑らかですが、悪いものだと切り口が押しつぶされてでこぼこになってしまいます。切り口が滑らかでないとなかなか切ったあとがふさがらず、それによって植物の抵抗力が弱り、病害虫の被害にあう原因にもなります。

よい道具は値段も多少高くなりますが、使用頻度の高い剪定バサミともかく、木バサミや刈り込みバサミは、生涯に1丁あれば十分に使うことができます。初心者ならなおさら、できるだけよい道具を選ぶことをおすすめします。

炭火鍛造の木バサミ
ねばりのある刃物に仕上げるため炭火で鍛錬してある。全長210mm。

木バサミ
左がA型、右がD型。全長は同じ210mmだが、微妙に形が違う。違いをメーカーに聞くと、握った感触とバランスが違うという。ちなみにA型のほうが売れているが、D型のほうが10g軽い。

木バサミの選び方
柄の材質や形、重さ、大きさなどが微妙に違うものが数多くあります。最大のポイントは、自分の手の大きさ、使う時間などを考えたうえで、使いやすいものを選ぶことです。

松葉バサミ
マツの樹冠（じゅかん）の中に差し込んで、マツの剪定をするための専用のハサミ。全長190mm。

木バサミ皮サック
クリップがついているので、ベルトやズボンに簡単にぶら下げられる。

刈り込みバサミの選び方
柄の長さや材質、重さの違うものがあります。庭の樹木の高さや種類、自分の使いやすさを考えて選びます。重いものは太い枝まで刈り込めますが、長時間使うには、軽いものが望ましいでしょう。

軽量刈り込みバサミ
アルミの柄で軽量にしたタイプ。全長630mm、重さ約700g。

刈り込みバサミ
木製の柄で、昔からあり、いちばん使われているタイプの刈り込みバサミ。全長740mm、重さ1000g。

高枝バサミ
手の届かない、高い枝の剪定をするときのハサミ。伸縮できるものが多く、3mまでのばした場合、身長を入れると約4.5mの高さにある枝を切ることができる。

太枝切りバサミ
太い枝を切るためのハサミで、ロッパーともいう。全長635mm、重さ1000g。

【ハサミの手入れ】
よい道具を手に入れても、汚れて錆びていたり、刃こぼれしていては意味がありません。使ったあとは、汚れを落としてから、よく水分をとり、錆び止めに食用油などを塗っておきます。どのハサミも研ぎ方は難しく、刃の表を研ぎ、裏は軽く汚れを落とす程度にします。

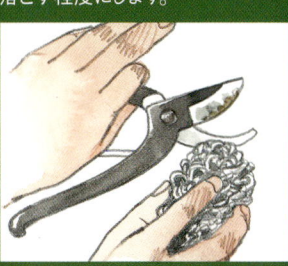

①木のヤニや樹液を水で洗いながら、金属タワシでこすって落とす。

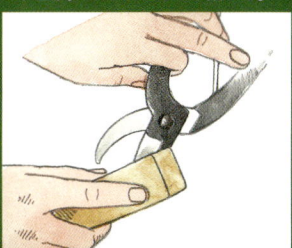

②落ちにくい汚れは、砥石（といし）でこすると落ちやすい。

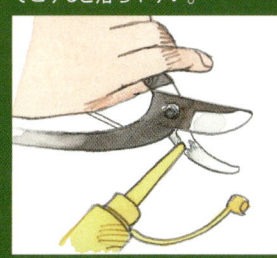

③汚れを落としたら水気をふきとり、乾燥させ、食用油などを塗っておく。

ノコギリ

■ノコギリの種類

ノコギリの歯は、横びき用と縦びき用があります。横びき用は木目に対して直角に切るときに使い、縦びき用は木目に沿って切るときに使います。枝を切るのは、木目に対して直角に切ることになるので、園芸用に使うのは横びき用になります。

【ピストル型】園芸で使うノコギリの一般的な形のもので、片手で取り扱えます。太い枝や幹を切る場合は、粗い歯のノコギリが、切りくずがつまらずに便利です。歯の粗さもいろいろあるので、使う樹木によって選ぶとよいでしょう。入り組んだところの枝を切るには、刃先が細くなっているものが向いています。

【折りたたみ型】携帯に便利ですが、ピストル型のものよりも切れ味や丈夫さに劣りますので、使用時間が多い場合には向きません。

【タケ切り用】歯が小さく、たくさんついていて、ささくれが立ちにくく、切り口が美しくなるようにできています。樹木とタケの両方に使える中間型のものもあります。

【果樹用】切り口がきれいで、しかも切りやすくなっています。

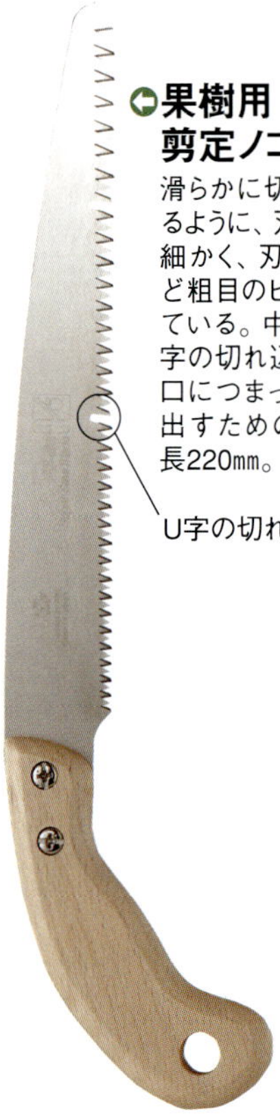

【ノコギリの手入れ】

使っているうちにヤニや木くずがつき、切れ味が悪くなります。タワシなどで汚れをこすり落とし、とれないものはアルコールや石油を含ませた布でふきとり、ハサミと同じように食用油などを塗っておきます。ノコギリの歯を研ぐことを目立てといいますが、目立ては素人には難しいので、おすすめできません。自分で行う場合は、専用の目立ての道具で、歯を広げ、1枚1枚やすりで研ぎ、終わったら食用油を塗っておきます。

①木のヤニや樹液をタワシで落とす。ノコギリは錆びやすいので、アルコールで湿らせた布でふきとる。

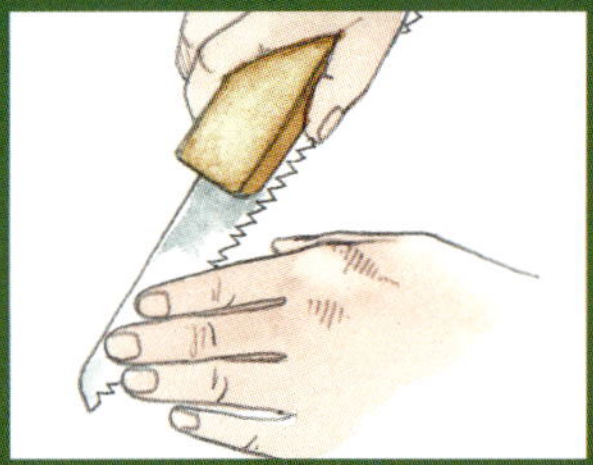

②落ちない汚れや錆びは砥石(といし)で落とす。刃こぼれの原因になるので、刃には当てないようにする。

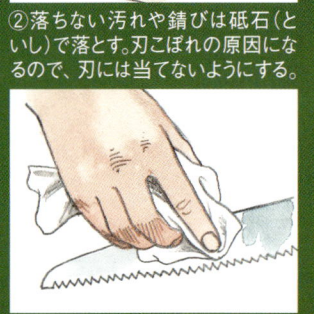

③乾いた布でふいて仕上げ、最後に食用油などを塗るか、錆び止めを吹きつけておく。

◐**果樹用剪定ノコギリ**
滑らかに切り始められるように、刃もとの目が細かく、刃先になるほど粗目のピッチになっている。中央にあるU字の切れ込みは、切り口につまった木くずを出すための工夫。刃長220mm。

U字の切れ込み

◐**剪定ノコギリ**
拳銃のような柄がついているので、ピストル型といわれる。片手で引きやすい。腰にぶら下げるために、ケースがついているタイプもある。刃長220mm。

タケ切り用ノコギリ◑
切り口がきれいになるように、小さな刃がたくさんついている。刃長270mm。

◐**折りたたみ型の剪定ノコギリ**
使わないときはコンパクトになるのが特徴。刃長175mm。(48ページの剪定バサミのサックにはいるタイプ)

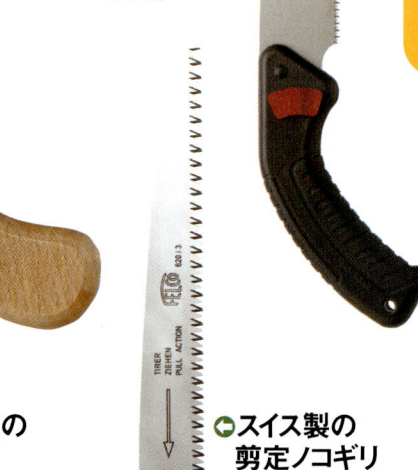

◐**スイス製の剪定ノコギリ**
大きな手でも持ちやすいように、柄の部分が日本のものより長い。刃長240mm。

庭の道具カタログ

[電動トリマー]

トリマーとは、動力式の刈り込みバリカンのことです。電動式とエンジン式がありますが、一般には電動式で十分です。ただし、電動式は使用中にコードを巻き込んで切ってしまうことがあるので注意します。比較的軽いので、ハサミを使うよりも楽に刈り込みができます。電動式より切れ味はよいのですが、つくりがしっかりしている分、重さがあります。エンジン式はプロが使います。

どちらも便利な道具ですが、ハサミに比べて切り口がつぶれたり、乱れたりするので、切り口治癒力の弱い樹種には使用しないほうがよいでしょう。

↱ **芝生用バリカン**
芝生の刈り込み用につくられたものだが、新芽の刈り込みなど、生け垣にも利用できる。電気コードのない充電式なので使いやすい。重さ1.1kg。

↑ **スイングカット方式 電動バリカン**
ハサミが横に並んで、いっぺんに切るように、刃が動く。切り口がきれいに仕上がる。重さ2.5kg。

↱ **生け垣用バリカン**
刃が前後にスライドして刈り込む電動式バリカン。1cm以上の太い枝は、剪定バサミではじめに切っておくのがコツ。重さ1.6kg。

【電動トリマーの手入れ】
ヤニ、木くずがつくので、タワシなどでこすり落とします。落ちないものはアルコールや石油を含ませた布でよくふきとり、錆び止め、機械油を塗っておきます。エンジン式のものは、さらに燃料も抜いておきます。

[チェーンソー]

一般家庭ではほとんど使用しないと思いますが、大木を切るときや太い枝を切るときには威力を発揮します。これも電動式とエンジン式がありますが、ふつうは電動式で十分です。どちらも歯が焼けないように専用オイルを入れて使用します。歯は使っているうちに切れなくなるので、ときどき専用のやすりで研ぎながら使います。きちんと研がないと、切れなくなる場合があります。

↱ **エンジン式チェーンソー**
小型軽量タイプのエンジン式。電気コードがなく、機動性がよい。重さ2.5kg。

↱ **電動式チェーンソー**
燃料の給油が不要で、エンジンをスタートさせる必要がなく、使いやすい。重さ3.8kg。

【チェーンソーの手入れ】
歯についたヤニ、木くずをやわらかいワイヤーブラシなどでこすり落とします。落ちないものはアルコールや石油を含ませたブラシで汚れを落とし、その後、布でよくふきとります。歯は専用やすりで研ぎ、錆び止め、または機械油を塗っておきます。エンジン式のものは使用後、燃料を抜きます。

「大人の園芸」を楽しむための便利な道具がほかにもいっぱい！

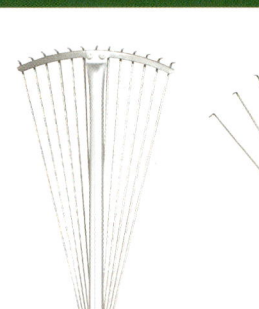

庭の道具カタログ

閉じたとき 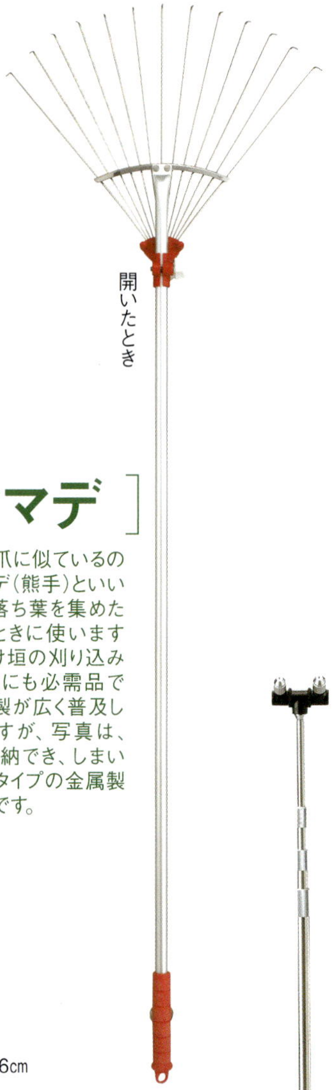　開いたとき

［クマデ］

クマの爪に似ているのでクマデ（熊手）といいます。落ち葉を集めたりするときに使いますが、生け垣の刈り込みの掃除にも必需品です。竹製が広く普及していますが、写真は、爪が収納でき、しまいやすいタイプの金属製クマデです。

全長116cm

［スコップ、シャベル］

土をすくうためや、掘るために使う道具です。先のとがった「剣スコ」と、平らな「角スコ」があります。ちなみに、スコップはオランダ語、シャベルは英語です。

↑ 角型スコップ　全長96.5cm

↑ 剣型スコップ　全長96.5cm

［噴霧器］

薬剤の散布などに使います。蓄圧式噴霧器は、手押しポンプでタンク内の圧力を高め、ノズルに薬液を送り、散布します。タンク式噴霧器は、モーターやエンジンでポンプを動かして薬液を吸い上げ、ノズルに送り出します。

蓄圧式噴霧器 ➡
プレッシャー式ともいう。写真は、ノズルが2m10cmまでのびるので、身長を入れると、3m以上の位置まで噴霧できる。タンク容量5ℓ。

タンク式噴霧器 ➡
単1乾電池を4本使い、モーターで圧送するタイプで、電気コードも充電の必要もないのが特徴。タンク容量5ℓ。

水やりの道具

ジョウロ、ホース（ホースリール）、ホースノズル、スプリンクラー、自動水やり装置などがあります。樹木が小さかったり、少ない場合には、ジョウロがあれば十分ですが、庭が大きい場合には、ホースがないと不便です。ホースリールはしまうときに便利で、ホースノズルがあれば水のいきおいを加減できます。スプリンクラー、自動水やり装置は、機械が水をまいてくれるので、乾燥する地域や広い芝生の場合に威力を発揮します。またタイマーつきなので、コンテナ栽培が多い家、長期外出をする家などで活躍します。

屋外用の自動水やりタイマー
右の「点滴ノズル」と組み合わせてセットすれば、自動的に水をやってくれる。

点滴ノズル
ノズルの先端を木の根もとや、コンテナに差し込んでおき、左の「自動水やりタイマー」と組み合わせて使う。

ホースノズル
ノズルを調節して、水をいきおいよく出したり、霧にしたりと、4つの出し方ができる。

ホースリール
20mのホースを巻くことができる。

形状記憶ホース
使い終わったあと、手をはなすと、12mのホースが80cmになる。

身体を守る道具

園芸では、剪定バサミをはじめ、さまざまな刃物や危険な道具を使います。特に電動やエンジンなどの動力で動く道具を使うときは、切れはしから、目や顔を守るためのゴーグルやフェイスシールドが必要です。また、噴霧器を使う場合は、薬品を吸い込まないように、マスクをつけるようにします。

フェイスシールド
チェーンソーなどを使うときは、必ずつけるようにしたい。

ゴーグル
眼鏡をかけたまま使えるものもある。

農薬用マスク
さまざまな形やタイプがある。

枝処理粉砕機

枝を細かくチップにする道具です。一般家庭ではさほど必要ではありませんが、樹木の本数が多く、剪定で切った枝がたくさん出る場合には便利です。チップは通路に敷き詰めたり、堆肥に利用したりして、リサイクルします。

園芸用電動枝粉砕機
枝をチップにできるほど強力なので、扱い方には十分な注意が必要。重さ25kg。

身につける小物や服装も道具のひとつです。

[ファッション]

ゴム手袋
土いじりや水やりのときに使うと手が荒れない。

革手袋
軍手より手になじみ使いやすい。長く使うほど自分の手になじむのがよい。

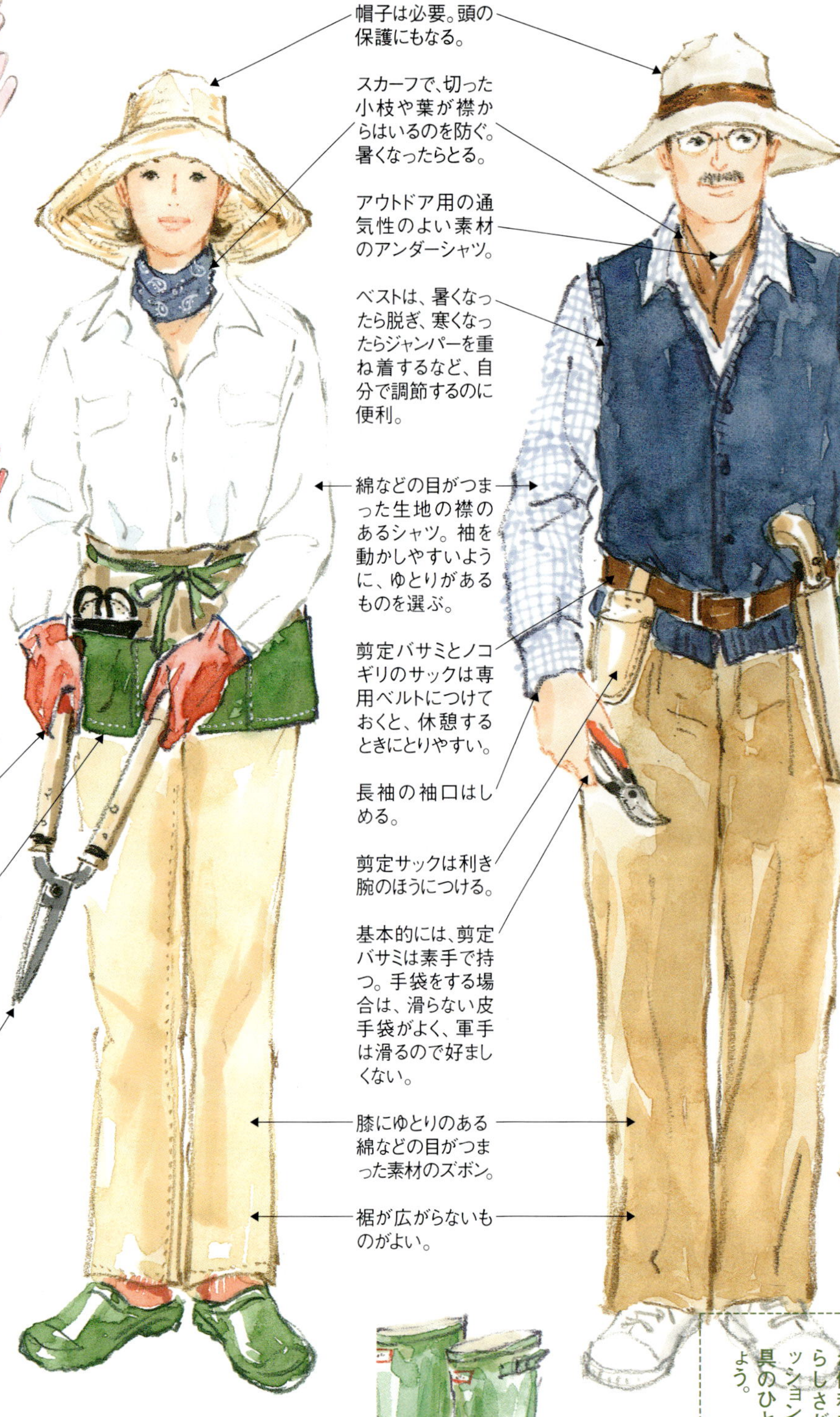

手袋をする

木バサミはサックに入れて、ベルトでつり下げるかポケットに入れる。エプロンは短く、ポケットの多いものがベスト。

刈り込みバサミ。

- 帽子は必要。頭の保護にもなる。
- スカーフで、切った小枝や葉が襟からはいるのを防ぐ。暑くなったらとる。
- アウトドア用の通気性のよい素材のアンダーシャツ。
- ベストは、暑くなったら脱ぎ、寒くなったらジャンパーを重ね着するなど、自分で調節するのに便利。
- 綿などの目がつまった生地の襟のあるシャツ。袖を動かしやすいように、ゆとりがあるものを選ぶ。
- 剪定バサミとノコギリのサックは専用ベルトにつけておくと、休憩するときにとりやすい。
- 長袖の袖口はしめる。
- 剪定サックは利き腕のほうにつける。
- 基本的には、剪定バサミは素手で持つ。手袋をする場合は、滑らない皮手袋がよく、軍手は滑るので好ましくない。
- 膝にゆとりのある綿などの目がつまった素材のズボン。
- 裾が広がらないものがよい。
- 利き手の反対側に手袋をつける。
- ノコギリは、利き腕の反対側につけると抜きやすい。

ガーデングローブ
革と布が組み合わせてあり、使いやすい。

ガーデンサボ
足先がぬれず、脱ぎやすく、はきやすい。家の中と庭の行き来には便利。

長靴
土いじり作業や水やりにはあると便利。

作業をするときには、必要に応じた身支度をします。作業がしやすく、汚れてもよく安全性を考慮したものを選びましょう。日除けの帽子や、手袋などの小物類も忘れずに用意しましょう。水やりや、植えつけ・移植の作業には、長靴が便利です。機能的で、自分らしさがあらわれているファッションがベストです。服も道具のひとつとして楽しみましょう。

庭の道具カタログ

庭にふさわしいシンボルツリーの選び方
シンボルツリーを選ぼう

シンボルツリーを選ぶ

シンボルツリーとは、その庭の性格や役割、楽しみ方の象徴となる木のことで、必ずしも庭の中央にある木ではありません。1本だけともかぎらず、春の主役、秋のシンボルというように、季節ごとにかえても楽しめます。ここでは自分好みのシンボルツリーを選ぶお手伝いをします。

美しい形の木
成木になったときの樹形を知ることが必要です。
木の形で選ぶ → 59 page

大きな木、小さな木
庭の木は高さが大切です。
木の高さで選ぶ → 58 page

好きな色の花が咲く木
黄色、赤色、ピンク、紫色、橙色（だいだい）の5色に分けました。
花の色で選ぶ → 62 page

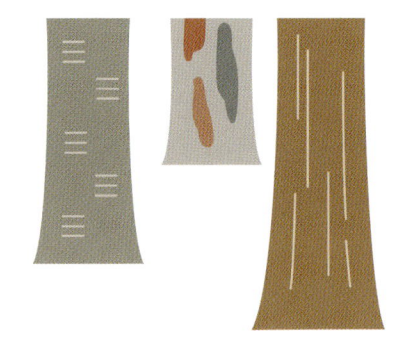

肌に特徴のある木
ここではザラザラ、すべすべ、ガタガタといった感触や模様に注目してみました。
木の皮で選ぶ → 61 page

葉の美しい木
葉の形を知って木を選ぶのもひとつの方法です。
葉の形で選ぶ → 60 page

日陰でも元気な木
日陰にも比較的強い木や耐える木を集めました。
日陰に強い木を選ぶ → 67 page

形を自由にできる木
生け垣やトピアリーなど、刈り込んで好きな形にできる木があります。
生け垣にできる木を選ぶ → 66 page
トピアリーにできる木を選ぶ → 66 page

鳥を呼ぶ木
どんな木を植えると、何という鳥が集まるのかを調べてみました。
鳥を呼ぶ木を選ぶ → 64 page

56

人に自慢したくなる木
縁起がよい木や
おもしろい物語のある木です。
物語のある木を選ぶ選ぶ → **71** page

ベランダや室内に向く木
ベランダや室内でも育てやすい
樹種を集めました。
コンテナに向く木を選ぶ → **70** page

手入れが簡単な木
病害虫に強い木や
手間の少ない木をまとめました。
ローメンテナンスの木を選ぶ → **68** page
病害虫に強い木を選ぶ → **69** page

夏は日陰、冬は日差しがはいる木
四季によって姿をかえ、
季節感が味わえる木です。
落葉広葉樹 → **126**〜**151** page

いつも緑の木
冬でも緑のある庭を
つくることができます。
常緑針葉樹 → **80**〜**102** page
常緑広葉樹 → **103**〜**125** page

香りのよい木
木の花や葉、実や幹、樹皮には
さまざまな香りがあります。
香りで木を選ぶ → **72** page

果実のなる木
自分の庭で採れた果物は格別です。
人気のある樹種を選びました。
果樹 → **286**〜**320** page

花が咲く木
咲く時期や色、形、匂いなど、
木の花にも個性があります。
花木 → **168**〜**276** page

つるでのびる木
壁や棚で楽しめる
人気のある木です。
つるもの → **152**〜**161** page

木の高さで選ぶ

地面からの木の高さを樹高といいます。一般に樹高10m以上の木を高木、10〜3mくらいまでを小高木、約3m以下のものは低木、約1m以下のものを小低木と呼びます。これ以外に、地面をはうふくと、つるがあります。

樹高の高い木は、横幅もあるので植える場所のスペースが必要になります。通常の住宅の場合、1階で木を楽しむなら2〜4m、2階から楽しむなら4〜6m、緑陰（木陰）が欲しい場合は、7〜8mが目安になります。

オーストラリアでは高さが60m以上にもなるユーカリノキ。（→p.254）

つる
- フジ ——— p.152
- ノウゼンカズラ — p.154
- アイビー類 ——— p.156
- クレマチス類 — p.158
- スイカズラ ——— p.159
- トケイソウ ——— p.160
- ほか

ほふく
- ハイビャクシン ——— p.83
- ミヤマビャクシン — p.83
- ほか

小低木
- エリカ ——— p.272
- センリョウ — p.273
- マンリョウ — p.275
- ほか

低木
- クコ ——— p.140
- サンショウ — p.144
- ナツハゼ ——— p.148
- コデマリ ——— p.180
- サンザシ ——— p.181
- アセビ ——— p.189
- ツツジ類 ——— p.190
- ナンテン ——— p.274
- ほか

小高木
- ソヨゴ ——— p.108
- ヒイラギ ——— p.110
- カナメモチ — p.112
- サンゴジュ — p.116
- ハナミズキ — p.206
- サルスベリ — p.234
- ヤマボウシ — p.256
- キンモクセイ p.258
- ほか

高木
- ヒノキ ——— p.86
- サワラ ——— p.87
- ヒマラヤスギ — p.94
- ゴヨウマツ ——— p.95
- アカマツ／クロマツ — p.96
- シイ ——— p.121
- タイサンボク — p.122
- ヤマモモ ——— p.125
- ケヤキ ——— p.141
- ブナ ——— p.143
- ユーカリノキ — p.254
- ほか

15m / 10m / 5m / 1m

樹木の基礎知識 1

針葉樹と広葉樹がある

樹木には、マツなど、針のように細い葉の針葉樹と、サクラのように広くて平たい葉をもつ広葉樹があります。このふたつは、葉の形だけでなく、木の形も違います。まっすぐな幹で、クリスマスツリーのような三角形の樹形が針葉樹で、ほとんどが常緑樹です。やや曲がった幹で、丸い形に広がる樹形が広葉樹で、常緑樹と落葉樹の両方があります。

一般的には、針葉樹を裸子植物、広葉樹を被子植物と呼びますが、イチョウなどは、葉が広く、落葉しますが、裸子植物に分類されます。

針葉樹
- 樹形：三角
- 幹：まっすぐにのびる
- 性質：ほとんどが常緑樹
- 葉：針のように細い

広葉樹
- 樹形：丸い
- 幹：少し曲がる
- 性質：常緑樹と落葉樹がある
- 葉：広い

木の形で選ぶ

樹木が本来もっている、根、幹、枝、葉などから総合的につくりだされる全体的な形（生育形）を樹形といいます。実際には、代表的な11の形に分類しました。実際には、同じ樹木であっても、本書では、代表的な11の形に分類しました。実際には、同じ樹木であっても、風が強い、積雪が多いなどの環境条件によって、大きく違ってきます。また、幼木、成木、老木といった木の生長過程でも樹形は変化します。

針葉樹は円錐形が多かったり、広葉樹は卵形や不整形が多かったり、低木は株立ちが多いなど、いくつかの特徴がありますが、将来、どのような形になるかを知ることは大切なことです。

つる状形
- フジ ——— p.152
- ノウゼンカズラ ——— p.154
- アイビー類 ——— p.156
- クレマチス類 ——— p.158
- ほか

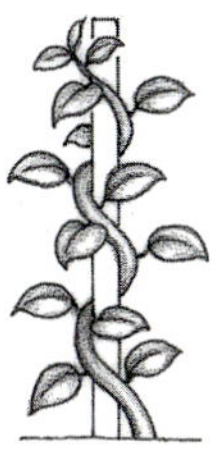

伏生形
- ハイビャクシン ——— p.83
- ミヤマビャクシン ——— p.83
- ほか

円錐形
- ヒノキ ——— p.86
- ニオイヒバ ——— p.89
- コウヤマキ ——— p.92
- ほか

傘形
- イチイ ——— p.80
- ゴヨウマツ ——— p.95
- カツラ ——— p.137
- ほか

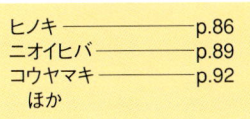

卵形
- オリーブ ——— p.111
- カナメモチ ——— p.112
- コナラ ——— p.142
- ほか

楕円形
- ソヨゴ ——— p.108
- モチノキ ——— p.109
- ゲッケイジュ ——— p.114
- ほか

枝垂れ形
- シダレヤナギ ——— p.145
- ほか

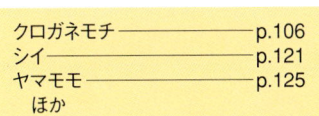

円蓋形
- クロガネモチ ——— p.106
- シイ ——— p.121
- ヤマモモ ——— p.125
- ほか

盃形
- ケヤキ ——— p.141
- サンシュユ ——— p.205
- サルスベリ ——— p.234
- ほか

株立ち
- アオキ ——— p.103
- チャノキ ——— p.119
- ウメモドキ ——— p.134
- ほか

不整形
- カエデ類 ——— p.126
- マユミ ——— p.150
- ピラカンサ ——— p.270
- ほか

樹木の基礎知識 2

枝のつき方には種類がある

■ 針葉樹の場合

多くの針葉樹には、幹が最上部まで、まっすぐ通ってのびていて、その幹から整然と枝がのびる特徴があります。クリスマスツリーなどに使われる円錐形、傘形がこの樹形です。

■ 広葉樹の場合

広葉樹の枝のつき方には、針葉樹のような規則性はありません。自然な状態での広葉樹の枝は、葉に光が十分に当たるように、ほかの枝の間の明るいところに向かってのびていきます。そのため、枝ののびる方向や長さ、角度が一定しなくなり、不規則な枝のつき方になってしまいます。しかし、樹形全体をみると、美しい卵形や楕円形の樹形になる場合もあります。

59　シンボルツリーを選ぼう

葉の形で選ぶ

葉の形は、それぞれの木で違い、樹種の数だけ葉の形があるといわれます。また、同じ木でも葉の形がふぞろいだったり、ヒイラギのように、葉の縁にはトゲがあり、老木の葉にはまったくなかったりと、生長の段階でもかわります。

自分の好きな葉の形でシンボルツリーを選ぶのも、ひとつの方法です。まんまるのハクウンボク、赤ちゃんの手のひらのようなイロハモミジ、卵の形のブナなど、知れば知るほど楽しみが広がります。ここでは代表的な葉の形を紹介します。

※それぞれの葉の原寸に対する比率を％であらわしています。

円形 25%
ハクウンボク→p.136

心形 60%
カツラ→p.137

倒卵形 40%
モクレン→p.210

倒披針形 45%
ヤマモモ→p.125

掌状深裂 65%
イロハモミジ→p.128

楕円形 40%
ヤマザクラ→p.174

卵形 60%
ブナ→p.143

狭披針形 40%
シダレヤナギ→p.145

広線形 40%
イヌマキ→p.90

線形 100%
イチイ→p.80

針形 60%
アカマツ→p.96

鱗片形 85%
ヒノキ→p.86

広卵形 30%
タニウツギ→p.228

広楕円形 30%
カキ→p.300

樹木の基礎知識 3

葉の部分と呼び方

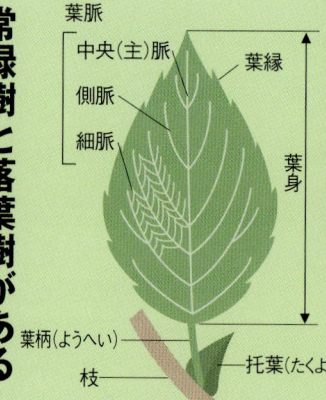

葉脈、中央(主)脈、側脈、細脈、葉縁、葉身、葉柄(ようへい)、枝、托葉(たくよう)

常緑樹と落葉樹がある

1年中、葉をつけている木を常緑樹、全部の葉を1シーズンごとに落とす木を落葉樹といいます。

常緑樹
表面につやがあり、葉身は厚くかたく、緑が濃い

落葉樹
表面のつやが少なく、葉身は薄く、明るい緑色

葉のつき方

葉の枝へのつき方を葉序といい、大きく2種類に分けられます。

互生
1枚ずつ互いちがいにつく

対生
2枚ずつ対になってつく

葉の縁の形

葉縁にあるギザギザを鋸歯といい、鋸歯の有無で2種類に分けられます。

全縁
ギザギザがない

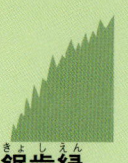

鋸歯縁
ギザギザがある

木の皮で選ぶ

樹皮にもさまざまな特徴があります。樹形や花、葉以外に、木肌でシンボルツリーを選ぶことができます。たとえば、サルスベリは、樹皮がはがれ落ち、そのあとの幹はすべすべと滑らかで、独特の風合いが魅力です。また、モッコクやヤマモモのように染料として利用できる木の皮もあります。

滑らかな木肌

ヒメシャラ→p.130
ハクウンボク→p.136 
ユーカリノキ→p.254 

樹皮がはがれる

サルスベリ→p.234
カツラ→p.137 
リョウブ→p.257 
サンシュユ→p.205 

光沢がある

カリン→p.292

がさがさの木肌

ダイオウショウ→p.93
スダジイ→p.121 

名前の由来となる

クロモジ→p.138

ごわごわの木肌

キンモクセイ→p.258
アカシデ→p.132 

樹木の基礎知識 4

6つある葉の基本形

葉の基本形は、大きく6つにまとめることができます。「針葉」「鱗片葉」のふたつは、ほとんどが針葉樹の葉の形で、残りの4つの形は広葉樹の葉です。

単葉（深裂縁）　複葉（掌状）　針葉
単葉（全縁・鋸歯縁）　複葉（羽状）　鱗片葉

単葉と複葉がある

広葉樹の葉には、単葉と複葉のふたつがあります。単葉は1枚の葉身からできている葉で、切れ込みのある深裂縁と、切れ込みのない全縁・鋸歯縁があります。葉身が複数の葉に全裂したものを複葉といい、羽のようになった羽状複葉と、1か所から出た掌状複葉があります。

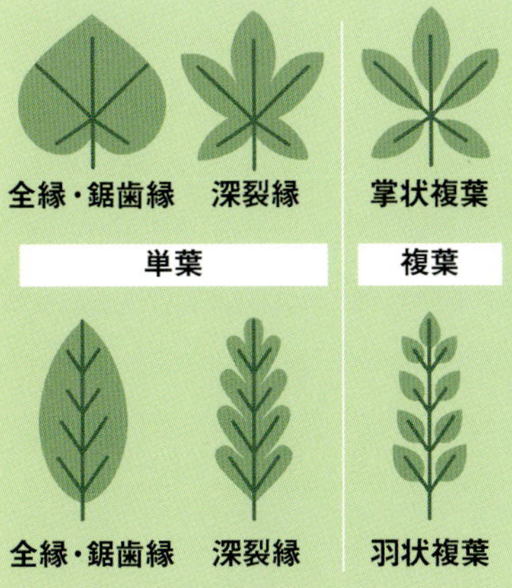

単葉		複葉	
全縁・鋸歯縁	深裂縁	掌状複葉	
全縁・鋸歯縁	深裂縁	羽状複葉	

花の色で選ぶ

花木の花にも、さまざまな色があります。四季折々の花の色で、色のある庭を楽しむことができます。木の花の多くは白色です。ここでは本書に掲載されている白色以外の花を集めました。

黄

- トサミズキ→p.202
- ギンヨウアカシア→p.198 
- エニシダ→p.197 
- カラタネオガタマ→p.212 
- サンシュユ→p.205 
- マンサク→p.204 
- ヒュウガミズキ→p.203 
- ユーカリノキ→p.254 
- ビヨウヤナギ→p.248 
- キングサリ→p.233 
- レンギョウ→p.217 
- ミツマタ→p.215 
- キブシ→p.212 

赤

- ツツジ→p.190
- ベニバナアセビ→p.189 
- ツルバラ→p.178 
- カンヒザクラ→p.174 
- ウメ（紅梅）→p.171 

樹木の基礎知識 5

花の部分と呼び方

- 花弁
- 雌しべ
- 雄しべ
- 托葉（たくよう）
- 花柄（かへい）　小花柄をたばねる枝
- 小花柄　花のつけ根にある細い枝
- 萼筒（がくとう）　萼の筒になっている部分
- 萼片（がくへん）　萼の先端部分で花弁の外側にある

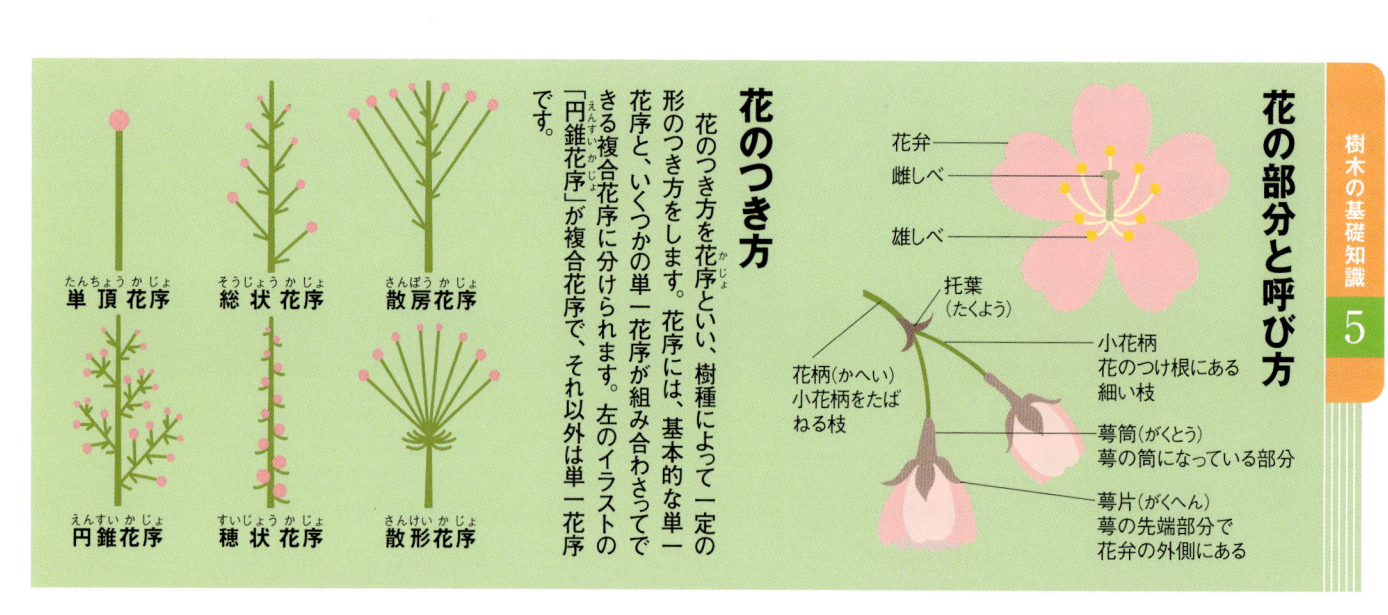

花のつき方

花のつき方を花序といい、樹種によって一定の形のつき方をします。花序には、基本的な単一花序と、いくつかの単一花序が組み合わさってできる複合花序に分けられます。左のイラストの「円錐花序」が複合花序で、それ以外は単一花序です。

- 単頂花序（たんちょうかじょ）
- 総状花序（そうじょうかじょ）
- 散房花序（さんぼうかじょ）
- 円錐花序（えんすいかじょ）
- 穂状花序（すいじょうかじょ）
- 散形花序（さんけいかじょ）

ツバキ→p264	ベニバナトキワマンサク→p247	サルスベリ→p.234	ボタン→p.214	ボロニア→p.208	西洋シャクナゲ→p.194
ミツバツツジ→p.193	ユスラウメ→p.188	モモ→p.185	ハナカイドウ→p.176	サクラ→p.175	桃
シモツケ→p.243	カルミア→p.229	タニウツギ→p.228	ハナゾノツクバネウツギ→p227	ハナミズキ→p.206	シャクナゲ→p.194
クレマチス→p.158	フジ→p.152	クコ→p.140	紫	キョウチクトウ→p.251	ベニバナトチノキ→p.245
ブッドレア→p.252	アジサイ→p.218	ライラック→p.216	モクレン→p.210	ハナズオウ→p.199	ハマナス→p.183
ザクロ→p.315	キンモクセイ→p.258	アメリカノウゼンカズラ→p.154	橙	エリカ→p.272	ハギ→p.266

鳥を呼ぶ木を選ぶ

鳥の好む木を庭に植えることで、野鳥を呼ぶシンボルツリーが実現します。鳥には、それぞれ好きな木の実があるので、植える木によって、呼ぶ鳥を選ぶことができるかもしれません。特にエサの少ない冬には、日本に渡ってくる鳥や、里におりてくる鳥のための樹木が効果的です。

キジバト
ヤマバトとも呼ばれ、都市部でも1年中見ることができる。

〈好む木〉
- クロマツ ―― p.96
- イヌツゲ ―― p.104
- カエデ類 ―― p.126
- サクラ類 ―― p.172
- ほか

コゲラ
日本に住む最小のキツツキで、1年中見られる。写真は、マユミの枝にとまったコゲラ。

〈好む木〉
- アケビ ―― p.161
- ピラカンサ ―― p.270
- ほか

シメ
くちばしが太いことが特徴で、くちばしで木の実を割って食べる。夏に北海道で繁殖し、本州以南には冬鳥としてやってくる。

〈好む木〉
- モチノキ ―― p.109
- ピラカンサ ―― p.270
- ほか

コジュケイ
大正時代に中国から持ち込まれ放鳥された鳥。1年中見られる。

〈好む木〉
- クロマツ ―― p.96
- カエデ類 ―― p.126
- ツタ（アイビー）類 p.156
- ハナミズキ ―― p.206
- ムラサキシキブ ―― p.267
- ほか

オナガ
東日本に多い、カラスの仲間で、1年中見られる。

〈好む木〉
- クロガネモチ ―― p.106
- ナンテン ―― p.274
- カキ ―― p.300
- イチジク ―― p.304
- ほか

シジュウカラ
冬に庭先にやってくることが多い。写真は、ノイバラにとまったシジュウカラ。

〈好む木〉
- クロマツ ―― p.96
- カエデ類 ―― p.126
- カキ ―― p.300
- ほか

カワラヒワ
太いくちばしで木の実を食べる。スズメくらいの大きさで、1年中見られる。

〈好む木〉
- クロマツ ―― p.96
- カエデ類 ―― p.126
- ニシキギ ―― p.265
- ほか

ヤマガラ

山地では秋～春にやってくるが、都市部でも春先にまれに見られる。写真は、エゴノキの実を食べるヤマガラ。

〈好む木〉
イチイ ――――― p.80
エゴノキ ―――― p.136
ピラカンサ ――― p.270
ほか

ジョウビタキ

10月下旬ごろに日本にやってくる。写真は、ガマズミにとまったジョウビタキ。

〈好む木〉
ガマズミ ―――― p.268
センリョウ ――― p.273
ナンテン ―――― p.274
ほか

ムクドリ

1年中見られるが、秋～冬は群れで生活する。

〈好む木〉
イヌツゲ ―――― p.104
クロガネモチ ―― p.106
ヤマモモ ―――― p.125
カキ ――――― p.300
イチジク ―――― p.304
ほか

スズメ

1年中よく見られる。写真は、カキの実を食べるスズメ。

〈好む木〉
クロマツ ―――― p.96
カエデ類 ―――― p.126
カキ ――――― p.300
イチジク ―――― p.304
ほか

メジロ

1年中見られるが、秋～冬に庭先にやってくる。写真は、ピラカンサの実を食べるメジロ。

〈好む木〉
サクラ類 ―――― p.172
ピラカンサ ――― p.270
グミ類 ―――― p.312
ほか

＊サクラの花の蜜を吸う。

ツグミ

秋～春にかけて、冬鳥として渡ってくる。

〈好む木〉
イチイ ――――― p.80
カナメモチ ――― p.112
ヤマモモ ―――― p.125
ハナミズキ ――― p.206
ピラカンサ ――― p.270
ほか

えさ台をつくる

木を植えなくても、えさ台と水場をつくることで鳥を呼ぶこともできます。果物やヒマワリのたね、砕いたピーナッツなど、呼びたい鳥の好物をえさ台に置いて呼びます。ただし、野鳥は警戒心が強いので、ネコなどから守るような工夫が必要になります。

えさ台に集まった鳥。右がツグミ、左がとても珍しいキレンジャク。

ヒヨドリ

冬に都会にやってくる鳥だったが、現在は1年中見られる。写真は、イヌツゲの実を食べるヒヨドリ。

〈好む木〉
イヌツゲ ―――― p.104
ソヨゴ ―――― p.108
ヤマモモ ―――― p.125
アケビ ―――― p.161
ピラカンサ ――― p.270
ほか

生け垣にできる木を選ぶ

木を1列または数列に植えた垣根を生け垣といいます。①家や庭を囲む高さ1.5m程度の外垣 ②目隠しや防風が目的の高さ4〜5mの高垣 ③広い庭園の区画をする高さ30〜60cmの内垣などがあります。萌芽力が強く、枝葉が密生し、下枝が枯れにくい、生命力の旺盛な木が向いています。

イヌマキ→p.90
カイヅカイブキ→p.84 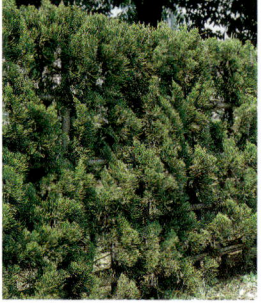
キャラボク→p.82  
チャノキ→p.119 
サンゴジュ→p.116 
カナメモチ→p.112 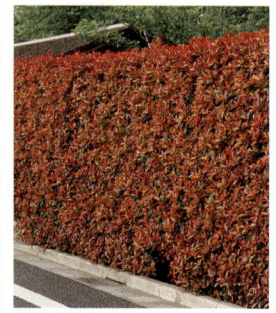

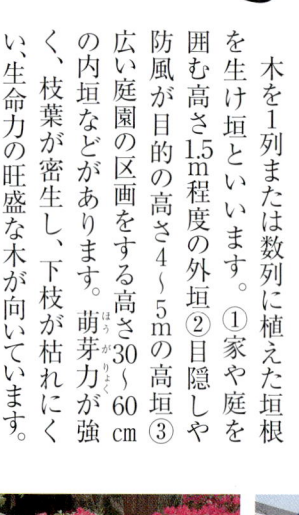

そのほかの生け垣にできる木
- ニオイヒバ―――p.89
- ラカンマキ―――p.90
- コウヤマキ―――p.92
- サカキ―――p.118
- タケ類―――p.162
- サザンカ―――p.260
- ほか

ツバキ→p.262
トキワマンサク→p.246 
ツツジ類→p.190 
マサキ→p.124 

トピアリーにできる木を選ぶ

トピアリーは装飾刈り込みともいわれ、庭木を彫刻的に仕立てたものです。古代ローマでは人工の庭園をトピア、刈り込みを行う庭師をトピアリウスと呼んだことが名の由来です。16世紀後半のイギリスで急速に発展しました。トピアリーに向く樹種は、常緑で葉が細かく密生し、萌芽力の強い木です。

キンメツゲ→p.104
イヌマキ→p.90
イチイ→p.80 

そのほかのトピアリーにできる木
- キャラボク―――p.82
- カイヅカイブキ―――p.84
- ラカンマキ―――p.90
- イヌツゲ―――p.104
- マサキ―――p.124
- サザンカ―――p.260

ピラカンサ→p.270
ゲッケイジュ→p.114

日陰に強い木を選ぶ

日陰に耐える性質をもつ木を陰樹（いんじゅ）といいます。陰樹は日向でも生育できますが、かなりの日陰に耐えることができる木のことです。日向が好きな木は陽樹（ようじゅ）と呼びます。

ほとんどの陰樹は、森の中で生育している木で、建物の北側や、日陰の時間が長い庭、大きな木の下などで育てることができます。ここで紹介する木は、はやりのシェードガーデン（日陰の庭）でも活用できる樹種です。

モチノキ→p.109 　アオキ→p.103 　イチイ→p.80

サカキ→p.118 　ゲッケイジュ→p.114 　ヒイラギ→p.110

シキミ→p.124 　ヤツデ→p.123 　カクレミノ→p.123 　モッコク→p.120 　チャノキ→p.119

ヒイラギナンテン→p.214 　ムベ→p.161 　アイビー類→p.156 　サンショウ→p.144 　マサキ→p.124

そのほかの日陰に強い木
- センリョウ——p.273
- ナンテン——p.274
- マンリョウ——p.275
- ヤブコウジ——p.275
- ほか

カンツバキ→p.271 　ツバキ→p.262 　サザンカ→p.260 　クチナシ→p.236

ローメンテナンスの木を選ぶ

ローメンテナンスの木というのは、庭に植えたあとの維持管理の手間が少なくてすむ樹木のことをいいます。庭木の手間の大半は剪定です。よって木の生長が遅い、枝や幹ののびが小さい、伸長方向が一定で樹形が乱れにくい木を選べば剪定が少なく、手間がかかりません。

そのうえで、病害虫に強く、肥料を施す手間も少ない木を、ローメンテナンスの木と呼んでいます。

ダイオウショウ→p.93
ニオイヒバ→p.89 
ハイビャクシン→p.83  
オリーブ→p.111 
ソヨゴ→p.108 
アオキ→p.103  
ユスラウメ→p.188 
ナツハゼ→p.148 
ウメモドキ→p.134 
カエデ類→p.126 
カクレミノ→p.123 

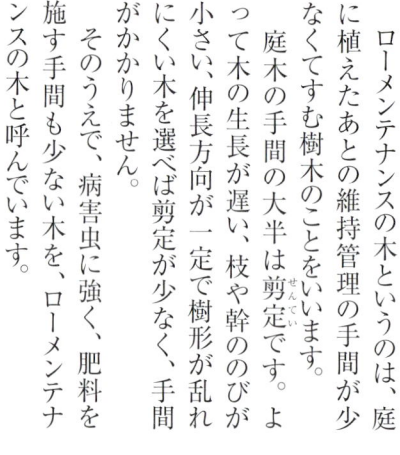

ローメンテナンスの4大条件

1 生長が遅く、すぐに大きくならない
2 放任していても樹形が乱れない
3 手入れをしなくても病害虫に強い
4 肥料をあまり必要としない

ヤマボウシ→p.256
カルミア→p.229 
カシワバアジサイ→p.226
ハナミズキ→p.206

そのほかのローメンテナンスの木

センリョウ ——— p.273
ナンテン ——— p.274
マンリョウ ——— p.275
ほか

エリカ→p.272
ニシキギ→p.265 
リョウブ→p.257 

68

病害虫に強い木を選ぶ

それぞれの木に適している環境で、健康に生育している樹木は、基本的には病害虫に強く、健康を阻害する要素に対して、抵抗力をもっています。ところが、環境の変化などで健康状態が悪くなると、害虫におかされやすくなり、病気にもかかりやすくなります。

病害虫に強い木とは、どんな環境にあっても健康に生育でき、病害虫に対する抵抗力を維持できる木のことです。

カイヅカイブキ→p.84
ハイビャクシン→p.83 
イチイ→p.80 
ヒヨクヒバ→p.88 
サワラ→p.87 
ヒノキ→p.86 
サカキ→p.118 
ダイオウショウ→p.93 
コウヤマキ→p.92 
イヌマキ→p.90 
ニオイヒバ→p.89 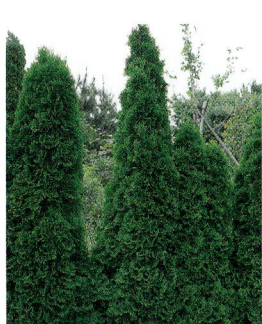

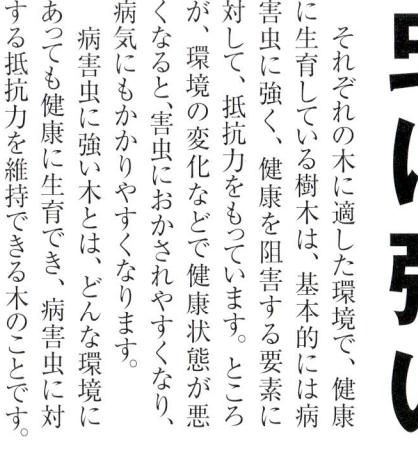

そのほかの病害虫に強い木

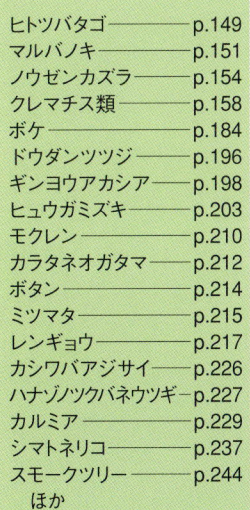

- ヒトツバタゴ ——— p.149
- マルバノキ ——— p.151
- ノウゼンカズラ ——— p.154
- クレマチス類 ——— p.158
- ボケ ——— p.184
- ドウダンツツジ ——— p.196
- ギンヨウアカシア ——— p.198
- ヒュウガミズキ ——— p.203
- モクレン ——— p.210
- カラタネオガタマ ——— p.212
- ボタン ——— p.214
- ミツマタ ——— p.215
- レンギョウ ——— p.217
- カシワバアジサイ ——— p.226
- ハナゾノツクバネウツギ ——— p.227
- カルミア ——— p.229
- シマトネリコ ——— p.237
- スモークツリー ——— p.244
- ほか

アカシデ→p.132
カクレミノ→p.123 
タイサンボク→p.122 
モッコク→p.120 
アジサイ→p.218 
トサミズキ→p.202 
ダンコウバイ→p.139 
カツラ→p.137

コンテナに向く木を選ぶ

コンテナとは、植木鉢やプランターなど、木を栽培する容器のことです。コンテナに向く木とは、直接、庭でなく、ベランダや室内で楽しむことができる木のことで、小さくても樹形が整う必要があります。また室内でも緑が楽しめるなど、コンテナに植えたことで観賞価値が高くなる木もあります。

小さくても形がよい

- コニファー→p.98
- オリーブ→p111 
- キンモクセイ→p.258 
- フェイジョア→p.318 
- サザンカ→p.260 
- カラタネオガタマ→p.212 
- カエデ類→p.126 
- ゲッケイジュ→p114 

室内でもOK

- アイビー類→p.156
- ナツツバキ→p.130 
- カクレミノ→p.123 
- サカキ→p.118 
- アオキ→p.103 
- センリョウ→p.273  
- クチナシ→p.236 
- レンギョウ→p.217 
- ヒイラギナンテン→p.214 
- ユスラウメ→p.188

物語のある木を選ぶ

樹木にはさまざまな伝説や、その木にまつわる話があります。本書では、その物語を各樹木のページで多く掲載しています。その木を植えたら、人に自慢したくなるような物語の一部を、ここで紹介します。

縁起がよい

サカキ→p.118
サカキは玉串（たまぐし）として、昔から神事に使われてきた。「榊」の字は神木からきた日本でつくられた漢字。栄える木が名の由来。

ゲッケイジュ→p.114
葉つきの枝で編んだ月桂冠はギリシャ時代から勝者に贈られたことで有名。日本には1905年にフランスからはいってきた。

イチイ→p.80
昔、宮中で正装の際に貴族が手に持つ笏（しゃく）をこの木でつくったことから、階級の正一位にちなんでイチイの名がつけられた。

ユズ→p.311
ユズの名が「融通」に通じるところから、商売の縁起かつぎに使われる。冬至のユズ湯にも利用される縁起のよい果実。

ナンテン→p.274
ナンテンは名が「難を転ずる」に通じる縁起木（福木）。盗難除け、魔除け、火災除けとして、戸口や玄関先に植えられる。

センリョウ→p.273
センリョウは、「千両」の漢字名がお金につながり、光沢のある緑の葉に真っ赤な実が美しいため、正月に欠かせない縁起ものとなった。

趣がある

ミツマタ→p.215
昔から紙の原料として栽培されてきたのがミツマタ。とても丈夫な紙ができるため、現代でも紙幣や株券などに使われている。

ハナミズキ→p.206
明治時代、日本がアメリカに贈ったサクラの返礼として、日本に贈られたのがハナミズキ。東京の日比谷公園に原木が残っている。

ヒトツバタゴ→p.149
ヒトツバタゴの別名「ナンジャモンジャ」は、その地域であまり見られない珍しい大木を指す、関東地方での名称。

セイヨウシナノキ→p.146
シューベルトの歌曲「菩提樹」で歌われる「リンデンバウム」は、セイヨウシナノキやその仲間のナツボダイジュのことを指す。

クロモジ→p.138
緑の樹皮にある黒い斑点が文字のように見えることが名の由来。枝に芳香があり、爪楊枝の材料になるので、高級爪楊枝を「くろもじ」と呼ぶ。

イチジク→p.304
知恵の実のリンゴを食べたアダムとイブの伝説で、ふたりの裸体を隠していたのがイチジクの葉。知恵の実自体がイチジクという説も。

ムラサキシキブ→p.267
ムラサキシキブと『源氏物語』の紫式部との関係は、まったくない。江戸時代、商売上の理由でつけられ、人気が急上昇したという。

キンモクセイ→p.258
秋の代表花木。オレンジ色の花を咲かせるキンモクセイには、実がならない。散った花は、地面をオレンジ色に染め上げる。

ユーカリノキ→p.254
オーストラリア原産のユーカリは約600種あるが、コアラが食べるのはそのうちのビミナリスユーカリなど35種あまり。

サルスベリ→p.234
漢名の「百日紅」は、赤い花が夏の100日間にわたって咲き続けることからついた。和名はもちろんサルも滑るような滑らかな樹皮から。

香りで木を選ぶ

「香りのする木を選びたい」という人がふえています。よい香りは人を幸せな気分にしてくれます。ここでは家族と、訪れる人を楽しませてくれる香りの木を集めました。好きな香りときらいな香りは個人差があるので、あくまでも参考として、自分好みの香りを見つけてください。

葉が香る

カツラ→p.137
カツラの語源は香出（かず）といわれている。特に落葉が香る。

ゲッケイジュ→p.114
スパイスとしても有名なローリエはこの葉からできる。

ニオイヒバ→p.89
葉を手でもむとパイナップルに似た甘い香りがする。

ギンバイカ→p.255
光沢のある葉から清涼感のある香りが漂う。

ボロニア類→p.208
ミカン科特有のカンキツ系の香りがする。

サンショウ→p.144
料理にも使われ、食卓で活躍する独特な香り。

花が香る

ジンチョウゲ→p.201
強い香りで日本の春の訪れを告げてくれる。

ハマナス→p.183
夏、強く甘い香りの赤い花が咲き誇る。

スイカズラ→p.159
初夏にジャスミンに似た香りを醸し出す。

クロモジ→p.138
花だけでなく、幹、枝、葉も香る。

タイサンボク→p.122
美しい花から甘い高貴な香りがする。

そのほかの香りのする木

- ヒイラギ ——— p.110
- セイヨウシナノキ ——— p.146
- フジ ——— p.152
- ウメ ——— p.168、286
- ツルバラ ——— p.178
- サンザシ ——— p.181
- モモ ——— p.185、296
- ミツマタ ——— p.215
- バイカウツギ ——— p.224
- バラ ——— p.238
- モッコウバラ ——— p.242
- アメリカリョウブ ——— p.257
- カンキツ類 ——— p.308
- ほか

ライラック→p.216
爽やかな香りの代表的な樹木。

カラタネオガタマ→p.212
夏に黄色の花がバナナのような香りを放つ。

モクレン→p.210
モクレン科の植物にはよい香りのする木が多い。

コブシ→p.209
春に白い花がほのかな香りを届けてくれる。

ロウバイ→p.276
ほかの木が休眠する真冬に、黄色い花が香りを発する。

キンモクセイ→p.258
秋の彼岸のころ、橙色の花が強く香る。

ブッドレア→p.252
蜂蜜の香りがする花を、豪華につける。

クチナシ→p.236
初夏の到来を告げる甘い香りがする。

葉の緑や紅葉、樹形や仕立てを楽しむ樹木
庭木

74　庭木の基礎知識
80　常緑針葉樹
103　常緑広葉樹
126　落葉広葉樹
152　つるもの／タケ&ササ

庭木の姿にはふたつある

庭木の基礎知識 1 自然風の庭と仕立て物のある庭

自然風と仕立て物

庭木には、その木が本来もっている樹形を生かす使い方と、人工的に造形（仕立て）して楽しむ方法があります。

自然風の庭は、自然樹形の木や、それに近い形をしたものを使った庭です。人の手で樹形をつくる場合でも、自然樹形に近いイメージに仕上げます。

仕立て物の場合の樹木は、玉づくりなどの日本の伝統的な仕立て方や、スタンダード、トピアリーなどの外国の仕立て方があります。ともに刈り込んで樹形をつくります。当然、樹種は刈り込みに強いものを用いることになります。

ひとつの庭に自然樹形の木と仕立て物を混在させることは、統一感がないので、一般の庭にはおすすめできません。庭木の雰囲気は、統一するほうが賢明です。

自然風の庭

木々が本来もっている樹形を生かして、庭を構成している。しかし、あくまでも自然風であって、放任しているわけではない。それなりの管理は必要になる。

今の家にあう自然風

日本では30年ほど前から、自然風の庭が好まれはじめ、現在でも人気があります。自然回帰志向や、庭づくりをする女性や若い人がふえたことなどによると思われます。

また庭木として花木が好まれるようになり、軽快な樹形や葉のつき方もあまり込みあわない、やわらかい感じの樹種が使用されています。ナツツバキ、ヒメシャラ、エゴノキ、ヤマボウシなどが、多く見られるようになりました。

74

仕立て物でまとめられた庭

日本人が長年の経験とともに生み出した庭文化が生きている庭。樹種の特性を知り尽くし、毎年手入れすることで、木々はいつも同じ大きさに見える。

仕立て物も楽しい

これまで、日本の庭には、庭師の熟練した技術で、マツ類、マキ類、イヌツゲ、キャラボク、チャボヒバといった針葉樹を玉散らし、玉物などに仕立てるという強い固定観念のようなものがありました。

今ではこのような感覚は薄れましたが、この伝統的な技術は、現在の庭にも生かすことができます。マツ類やマキ類の一部、チャボヒバなどや大きな木を除けば、形にあわせてのびた枝葉を刈り込むだけなので、比較的簡単に仕立てられます。仕立てることにより大きさや高さが維持できるので、せまい庭にも使えるという利点もあります。また、刈り込んでもすぐ芽の出る、萌芽力の強い樹種を選べば、初心者でも手入れをすることができます。

伝統的な仕立て物のある庭では、ウメ、ザクロなど、あまり仕立て物にしない樹木も植えられています。本来自然樹形のまま庭に植えられるモミジなども、上手に使われていて参考になります。

今後注目の樹形

海外では、特殊な樹形をしている枝垂れ、ファスティギアタ（枝が同じ高さになるもの。33ページ参照）の樹木が好んで利用されています。日本ではあまり使われていませんが、敷地に限りがある現代の庭事情を考えると、もっと使われてもよいでしょう。ファスティギアタは今後注目される樹形です。

最近人気が出てきたのは、刈り込んでつくるトピアリーです。刈り込んで自由に形をつくれるので、楽しい雰囲気を演出できます。

壁面を利用したエスパリア（283ページ参照）なども、洋風の建築物がふえている今、庭の面積がせまくても緑を楽しむ方法として、今後活用されてもよいでしょう。

庭木の基礎知識 2 美しい庭に保つための剪定

自然樹形でも枝や葉の管理をする

こまめな剪定で自然風を維持

自然樹形の樹木を植えた庭は、自然風に見えるように剪定します。剪定は、基本どおりに剪定バサミ、木バサミ、ノコギリなどを使います。刈り込みと違って、剪定技術の良し悪しによって仕上がりの美しさに大きく差が出ます。

庭師の世界では、剪定技術を見るには「モミジを剪定させるのが、一番だ」といわれます。モミジには特に繊細さ、やわらかさが求められるためです。難しいと思われがちなマツは、意外に上手下手の差が目立たなかったりもします。

年に1回は剪定を

木は生長します。丈が高く、幹が太くなり枝が横に広がります。それを剪定することにより、高さ、枝張りはもちろん、幹の太さも制御できます。

木は植えつけて3年目くらいから本来の生長を始めます。そこで、3年目からは必ず毎年1回程度の剪定が、どうしても必要になります。本来高木である樹種を生け垣にする場合など、あまり大きくしたくないときは、年に2～3回の剪定をすることもあります。

樹冠に沿って切るのが基本

木には、その木本来の樹形がある。葉と枝でつくられた輪郭のシルエットのことを樹冠という（→p.12）。この樹冠に沿って剪定するのが基本。ただし、木は生長するので、生長したときの状態を考慮して剪定する。木は、下部よりも上部の生長が旺盛なので、上部を深く切るようにする。

剪定前
剪定しないで、放任された木。不均等に枝がのびて樹冠を乱している。この木によって庭全体が荒れたイメージになってしまう。

樹冠

剪定後
樹冠が整い、健康的で生き生きとした樹形になる。この木がシンボルツリーの場合、庭全体が整った雰囲気になる。

手入れされている庭
個々の木の特徴が出ており、中心になるカエデの樹冠がきれいに整っているので、庭全体がまとまって見える。年に1回程度の剪定で、庭の美しさが保たれる。

外観をつくり込む仕立て物

庭木の基礎知識 3　仕立て方はさまざま

自由に形をつくる

木を仕立てることで、自由に好きな形がつくれます。スタンダード仕立て、玉散らし仕立て、円筒形、円錐形など、刈り込みによって形をつくります。

「玉散らし」は、枝先の枝葉を玉状に仕立てたもので、バランスをとることがコツです。玉の大きさをかえると遠近感がかわります。横に出る枝を大きくしたものが門冠です。

刈り込み物は、基本的には刈り込みバサミで刈り込みますが、刈り込みバサミだけでなく、剪定バサミ、木バサミで枝抜き剪定をして刈り込むと、さらに美しくなります。風通しもよくなるので、木の健康のためにもなります。

ただし、マツには刈り込みバサミが使えません。葉を途中で切ると枯れてしまうためです。

木の性質を生かす

自然形の木には、1本の幹でのびるものと、「株立ち」になってのびるものがあります。幹が2本のものを「双幹仕立て」といいますが、自然に双幹になる場合と、人工的につくる場合があります。株立ちのものも、自然に株立ちになるものと、人工的に地際から切ってつくる「本株」、苗を寄せてつくる「寄せ株」があります。たとえばアメリカザイフリボク、オトコヨウゾメは自然に株立ちになり、ヤマボウシ、ナツツバキなどの株立ちしたものには、人工的につくったものが多くあります。

「枝垂れ」は、本来上にのびる枝が、自然に下にのびる性質をもったもので、自然樹形です。

木の形をつくる場合には、木バサミなどをさし込んで、葉のついた枝を切ります。

仕立て方カタログ

スタンダード仕立て
下の枝や葉を落とし、幹の先端の枝と葉で球形に仕立てる。ツバキ、ゲッケイジュ、モチノキほか、多くの樹種で仕立てられる。

円筒形仕立て
ある程度の高さで主幹を切って生長を止め、1年に数回刈り込んで、この形を維持する。チャボヒバ、ゲッケイジュ、ツバキ、サザンカなどが適している。

円錐形仕立て
ヒマラヤスギや、クリスマスツリーとして使われるモミノキなどは自然樹形がこの形。そのほかイチイ、カイヅカイブキ、モクセイが適している。

トピアリー
樹形本来の形にとらわれずに、動物や紋章など、好きな形に刈り込んで仕立てる。イヌツゲ、チャボヒバ、ゲッケイジュ、サザンカなどが向く。（→p.78）

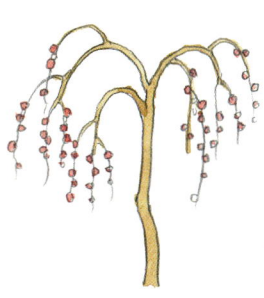

刈り込みされた門まわり
刈り込みは、難しそうに見えるが、実際は、のびた芽だけを刈り込んで、元の形に戻す作業なので、コツをつかめば、意外と簡単にできる。

枝垂れ形仕立て
枝垂れ性の樹種の仕立て方。ある程度の高さまでは支柱を立てて主幹を育てて形をつくる。シダレヤナギなど。

門冠仕立て
斜幹の樹木の枝を横へのばし、門の上にかぶさるように仕立てる。マツが多いが、イヌマキ、サルスベリでもできる。

双幹仕立て
1本の根もとから2本に分かれている樹形に仕立てる。数本に分かれている場合は、「武者立ち」と呼ぶ。

玉散らし仕立て
枝を多く出し、それぞれを大小の玉のように刈り込んで仕立てる。イヌツゲ、イチイ、モチノキなどが適している。

株立ち仕立て
株もとから、何本もの幹が立ち上がる樹種を仕立てる。ヤツデ、ウメモドキのほか、アジサイなどの花木にも向く。

庭木の基礎知識 4

刈り込みは庭いじりの醍醐味

萌芽力の強い樹種を選ぶ

日本での刈り込みの代表は、生け垣です。79ページのように技術的にも簡単で、初心者でも刈り込んで形をつくる醍醐味を味わうことができます。

ヨーロッパに多い、幾何学的な形や動物、人などの形に刈り込んだ仕立て物をトピアリーと呼びます。日本で親しまれてきた円柱形や円錐形の仕立て物もトピアリーの一種といえます。

最近は金網、木などでフレームをつくり、植物を囲い込んだり、はわせたりして仕立てるトピアリーもあります。

刈り込みの代表格 トピアリーと生け垣

刈り込みに強く、枝が細くて多く、よく萌芽（ほうが）する木であればどのような樹種でも使えます。ヨーロッパではイチイとゲッケイジュが特に多く利用され、ツゲもよく使われています。スタンダードにはコニファー類、リンゴ、ナシなど、ツリーはコニファー類が適しています。日本ではイヌツゲ、ピラカンサが多く使用されています。

置き場所、植えつけ場所が日陰では、枝葉の密生した美しいトピアリーはできません。やむをえず日陰のときは、日陰に強い樹種を選んでください。

トピアリーに適した樹種

最近は金網を使うと、動物や人など、刈り込みだけでは難しいものでも簡単につくることができます。動物形のトピアリーはここ数年人気が高く、ますます利用する人がふえています。

いろいろなトピアリー

三日月の形
枝ののばし方と曲げ方で形をつくっていく。

羽を広げたトリの形
横に枝を張らせて、刈り込む。

ツリーのトピアリー
立てた主幹を中心に仕立てる。

ゾウのトピアリー
4本の木を足の位置に植えて形をつくる。

トピアリーのつくり方
金網のフレームでつくるトピアリー

イヌツゲやピラカンサなどの幼木をウサギ型の金網のフレームの中で、生育させる。

生長して金網のフレームから飛び出した枝や葉を刈り込むだけで、ウサギのトピアリーが完成する。

生け垣のつくり方

■生け垣の剪定

剪定の適期に刈り込みを行います。上面を平らに刈り込み、次に表面と裏面、最後に側面を刈ります。一般には「水糸（水平を示す糸）を張る」といいますが、プロは水糸を使わずに、自分の目だけで刈り込みます。糸は邪魔になりますし、背景により、水平であっても、目の錯覚で平らに見えないことがよくあるからです。

木の枝は上部のほうがよくのびるので、横から見て長方形ではなく、上方がややせまい台形になるようにつくっておくと、美しさが長く保てます。

■1年に何回剪定するか

生け垣は、休眠期以外は、剪定後に必ず新しい次の芽が出てのびだし、刈り込んだときの状態が長くは続きません。特に大きくなる種類の場合は、期間をおかずに剪定することで、のびの勢いを弱めることができます。生長期に数回の剪定を行うほうがよいでしょう。花木は、花芽分化の時期を知らずに適当に切っていると、花がつかなくなりますので、時期をよく選んでください。逆に1年以上間をあけると、幹や枝も太くなり、扱いが大変になります。

生け垣の刈り込み方法

④ 表を刈り込む。上がせまい台形になるように刈る。同じように裏も刈り込む。

① 刈り込む前のカナメモチの生け垣。形が乱れているのがわかる。

⑤ 側面を刈り込む。上面と側面が直角になるように刈り込むのがポイント。

② はじめに上面を刈り込む。これで好みの高さを決める。

⑥ 完成。切った枝や葉をきれいに掃除する。

③ 太い枝は剪定バサミで切る。切るときは深く差し込んで切るのがコツ。

常緑針葉樹

イチイ／セイヨウイチイ

- シンボルツリー
- 鳥を呼ぶ
- 生け垣
- トピアリー
- 日陰OK
- 病害虫に強い

一位【別名】オンコ、アララギ／**西洋一位**【別名】ヨーロッパイチイ
Taxus cuspidata／Taxus baccata
イチイ科イチイ属　常緑針葉樹　高木（イチイ）／高木〜低木（セイヨウイチイ）

セイヨウイチイの四角錐仕立て。

イチイの果実。赤い果肉は食べられるが、種子には毒がある。

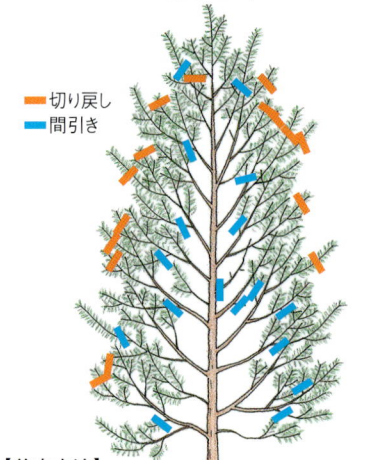

【剪定方法】
- 切り戻し
- 間引き

イチイは大木になるので、注意する。大きさを維持するには、樹冠からのびた分だけ刈りとる。徒長枝は、枝もとから切る。

長い枝は、新芽の出ている小枝の上で切る。

枯れ枝は、こまめに手でとる。

雌雄異株のイチイの雄花。

【原産地】日本、朝鮮半島、中国、ロシア（イチイ）／ヨーロッパ（セイヨウイチイ）
【日当たり】日向を好むが、耐陰性は強い
【土壌・土質】適湿で肥沃な土壌を好む。乾燥に弱い（イチイ）／乾燥にやや耐える（セイヨウイチイ）
【用途】シンボルツリー、生け垣、コンテナ、トピアリー
【観賞ポイント】傘のような自然樹形、1年中緑の葉、赤く熟す実、造形樹形

【樹形】10〜15m／6〜10m

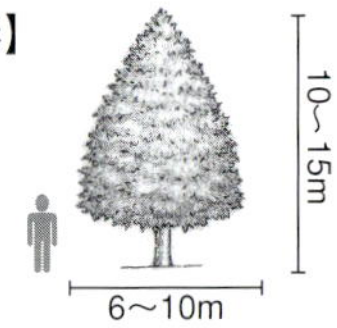

【植栽範囲】北海道〜九州

［木の特徴と性質］

樹形を整える楽しみ
まっすぐな幹から四方に枝をのばして円錐形の樹形に育ちます。生長が遅く、樹形を整えるには数年かかりますが、一度仕立ててしまえば、その維持は比較的容易です。

木部は緻密で良質
木部は建築材や彫刻材、器具材、鉛筆材などに用いられます。また、弓の材料としてもすぐれており、英仏百年戦争でのイギリスの勝利は、セイヨウイチイでつくった強い弓のおかげといわれています。日本では、昔この材で貴族が手に持つ笏をつくったことから、位階の正一位にちなんでイチイの名がつけられたといわれます。

果肉は食べられるが種子は有毒
雌雄異株で、3〜4月に開花し、9〜10月に熟す実は美しく、食用となります。ただし、種子にはタキシンという、痙攣や硬直を引き起こす有毒成分が含まれているので、注意が必要です。

耐陰性が強く、寒冷地でも生育
します。幼木は日陰で育ちますが、成木は日当たりのよい場所のほうが葉がよく茂ります。

寒さに強い

［作業］

◎植えつけ＆移植
イチイの植えつけは春の発芽前が適期です。移植はやや困難なので、根まわしが必要です。セイヨウイチイの植えつけは3月ごろと梅雨入り前、移植は

イチイの植えつけと移植

庭のシンボルツリーとして、装飾的に刈り込まれたイチイ。刈り込みに強いので、初心者でも自由な形をつくれるのが魅力のひとつ。

3月ごろに行います。両種とも、根が張る場所は、少なくとも数㎡を確保します。せまい場所や土壌が薄い場所では、年々衰弱することがあります。

自然樹形では数年に1回不要枝を剪定し、庭植えでは年に1回剪定をします。仕立て物などの人工樹形では、年に2回（6月と9月ごろ）は刈り込みが必要です。

◎手入れ

◎肥料　寒肥として油かすや鶏糞などを施します。9〜10月にチッ素分の少ない化成肥料を少し施すと葉のつやがよくなります。

◎病害虫　ハダニやカイガラムシがつくことがありますが、大きな被害はありません。剪定により通風・採光を促し、発見したら捕殺します。

◎整枝・剪定のコツ　刈り込みに強く、さまざまな形に仕上げることができますが、弱く刈り込んだほうがよいでしょう。時期は、前述のように6月ごろの新梢のややかたまったころと9月が適期です。一度に深く切りつめると、樹勢の衰えを招くので注意します。

◎生長にあわせた作業ポイント　目的とする樹高、枝幅になるまでは、長い枝を切り戻しておきます。一定の形状になったら、刈り込みを行って樹形を整えます。

[楽しみ方]

トピアリーを楽しむ　ガーデニングで、花木や草花、芝生を引き立たせる背景に、あるいはトピアリーのように装飾的に用いても効果的です。

四季の変化	月	剪定	肥料
	1		
	2		寒肥
	3	剪定	
開花	4		
芽吹き	5		
	6	剪定（人工樹形）	
	7		
	8	剪定（人工樹形）	
果実	9		施肥
	10		
	11		
	12		

81　庭木｜常緑針葉樹

キャラボク／キンメキャラノキ

■シンボルツリー　■香り　■生け垣　■トピアリー　■病害虫に強い

伽羅木【別名】キャラ、ダイセンキャラボク／**金芽伽羅木**【別名】オウゴンキャラボク
Taxus caspidata var.nana / *Taxus caspidata var.nana cv. Aurescens*
イチイ科 イチイ属　常緑針葉樹　低木

園芸品種のキンメキャラノキ。

9～10月ごろに熟すキャラボクの実。

雌雄異株のキャラボクの雄花。

キャラボクの段仕立て。生長が遅いので、少ない手間で1年中よい姿を楽しめる。

【剪定方法】
萌芽力があり刈り込みに耐えるので、玉状に刈り込んだり、幹を曲げて仕立てたりすることができる。この作業は2～3月、または6月の樹勢が安定し落ち着いている、水の上がりの少ない時期に行い、夏の暑い時期は避ける。

[木の特徴と性質]

和風にも洋風にも似合う

キャラボクはイチイの変種ですが、株立ち性で、多くの枝に分かれて横に広がります。萌芽力にすぐれ、刈り込みにも耐えるので、和洋どちらの庭にも合う仕立てができます。材にはかすかないい香りがあるので、インド産の香木「伽羅」にちなんでこの名がつきました。

鮮やかな黄色の葉を楽しむ

園芸品種のキンメキャラノキは黄色い葉が映え、特に新葉では、明るく濃い黄色が長い間楽しめます。

[作業]

◎**植えつけ&移植**　植えつけは2～5月ごろと9月末～10月ごろが適期です。移植は困難で、行う場合は十分な根まわしが必要です。

◎**手入れ**　刈り込みによく耐えますが、当年の伸長量が少ないので軽く刈り込みます。夏の水切れには気をつけます。

◎**肥料**　寒肥は堆肥と化成肥料をまぜて2～3月に、追肥は化成肥料を6月に施します。

◎**病害虫**　根を食害するサズカリムシがつきますが、著しい被害はありません。乾燥するとハダニがつきやすくなります。

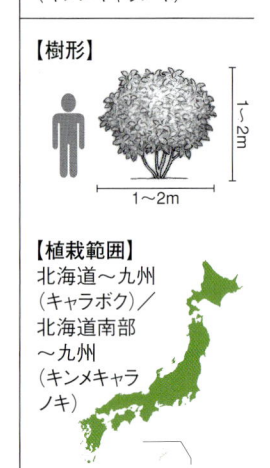

月	四季の変化	剪定	肥料
1			寒肥
2	芽吹き	剪定	寒肥
3	開花	剪定	
4			
5			
6		剪定	追肥
7			
8			
9	果実		
10	果実		
11			
12			

【原産地】鳥取県大山（キャラボク）／キンメキャラノキはキャラボクの園芸品種

【日当たり】日向～半日陰を好む

【土壌・土質】適湿で肥沃な土壌を好む（キャラボク）／やや乾燥気味の土壌を好む（キンメキャラノキ）

【用途】シンボルツリー、生け垣、根締め、トピアリー、コンテナ

【観賞ポイント】仕立てた樹形、赤い実、黄色の葉（キンメキャラノキ）

【樹形】
1～2m（高さ）／1～2m（幅）

【植栽範囲】
北海道～九州（キャラボク）／北海道南部～九州（キンメキャラノキ）

ハイビャクシン／ミヤマビャクシン

- 剪定少
- 病害虫に強い

這柏槇【別名】イソナレ、ソナレ（磯馴）／**深山柏槇**【別名】シンパク（真柏）
Juniperus chinensis var. *procumbens* ／ *Juniperus chinensis* var. *sargentii*

ヒノキ科ネズミサシ属　常緑針葉樹　ほふく

【原産地】両種とも詳細不明。日本、朝鮮半島に分布
【日当たり】日向を好む
【土壌・土質】やや乾燥気味の肥沃な土壌を好む
【用途】グラウンドカバー、根締め
【観賞ポイント】1年中緑の葉、地をはうような枝ぶり

【樹形】40〜60cm　Free

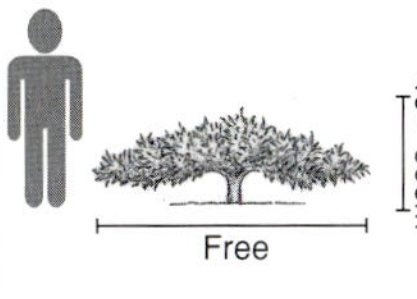

【植栽範囲】九州（ハイビャクシン）／北海道〜九州（ミヤマビャクシン）

築山の斜面に用いられたミヤマビャクシン。

ミヤマビャクシンの葉。

花壇のグラウンドカバーに使われたハイビャクシン。

【剪定方法】
特に必要ない。剪定する場合は、刃物を使用すると、切り口が赤く枯れたように見苦しくなることがあるので、少量であれば、指先で摘みとる。

［木の特徴と性質］

地にはうように生長　ハイビャクシンは、幹や枝が地形に沿ってはうように生長し、マット状に広がります。別名のソナレ（磯馴）は「磯馴れ」の意味で、磯に生え、海風に従って丈が低く育つことによります。

緑の美しいグラウンドカバー　ハイビャクシンの葉は針形で、スギに似ています。グラウンドカバーとして用いると、1年中、緑の豊かな庭を演出できます。

ロックガーデンや盆栽に　ミヤマビャクシンは高山岩地や海岸地に自生し、横臥する主幹から枝が屈曲して斜め上にのびます。ロックガーデンや盆栽にすると枝ぶりを楽しめます。

［作業］

◎**植えつけ＆移植**　植えつけと移植は2〜4月が適期で、9〜10月の植えつけも可能です。

◎**手入れ**　ほとんど必要ありません。

◎**肥料**　寒肥として、油かす、鶏糞、化成肥料を与えます。

◎**病害虫**　まれにサビ病、カイガラムシなどが発生します。両種ともにナシの赤星病の中間寄主となるので植栽地に注意が必要です。

四季の変化	剪定	肥料	月
芽吹き			1
		寒肥	2
	剪定		3
開花			4
			5
	剪定	施肥	6
			7
			8
			9
果実			10
			11
			12

カイヅカイブキ

貝塚伊吹 【別名】カイヅカ
Juniperus chinensis cv. *Pyramidalis*
ヒノキ科 ネズミサシ属　常緑針葉樹　小高木

■シンボルツリー
■生け垣
■トピアリー
■病害虫に強い

この木どんな木
ねじれた枝が葉を炎のように燃え立たせる丈夫で扱いやすい木

葉を刈り込むと傷むことがあるので、木バサミで枝をきれいに切る。

吹き上がる火炎を連想させるカイヅカイブキの葉。

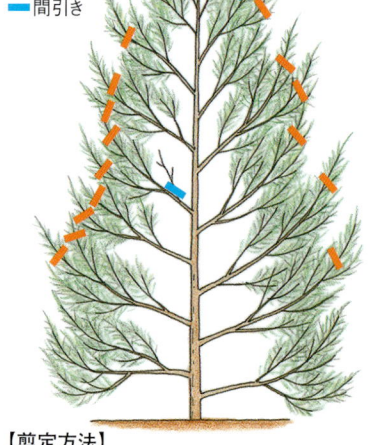

強剪定によって出た枝変わりの葉。

生け垣にも仕立てられる。

■ 切り戻し
■ 間引き

【剪定方法】
下がり枝は、枝が込む原因になるので、つけ根から切る。枝が螺旋状にのびることを考えて、内側を向いた芽は残し、外側を向いた芽を摘むと美しい火炎状になる。

[木の特徴と性質]

ねじれた枝葉が火炎を連想
同属のイブキ（ビャクシン）の園芸品種のうち、特に側枝が螺旋状にねじれて、葉が火炎状になるものがカイヅカイブキと呼ばれます。樹高は8mぐらいで、幹は直立し、樹皮は褐色で、たてに裂け目が入ります。葉は四季を問わず鮮やかな濃緑色を保ち、取り扱いが容易なため、生け垣や寄せ植え、街路樹など、庭園や緑化木として幅広く植栽されています。

バラ科のナシ、ボケ、カイドウなどのそばには植えない
サビ病の菌はカイヅカイブキの葉を寄主として冬越しをし、春になるとボケやカイドウなどバラ科の植物に大きな被害を与えます。特にナシ（バラ科）の赤星病の寄主になるので、ナシ園の近くには植えないようにします。

大気汚染に強い丈夫な木
日の当たるところを好みます。土壌は選ばず、乾燥にも強く、湿気のある土壌でも育ちます。また、大気汚染や公害、塩害にも強いので、都市部や工場の多い地域、海岸付近の植栽にも向きます。

[作業]
◎植えつけ＆移植　苗木の植えつけは3〜5月が適期です。日当たりのよい場所に植えつけます。移植は比較的容易ですが、巨木や老木では難しくなります。特に夏〜秋にかけての移植は避けます。

【原産地】イブキの園芸品種
【日当たり】日向を好む
【土壌・土質】比較的土壌を選ばない
【用途】シンボルツリー、生け垣、トピアリー
【観賞ポイント】樹形（自然、仕立て物）、ねじれた枝葉

【樹形】
8〜10m
3〜4m

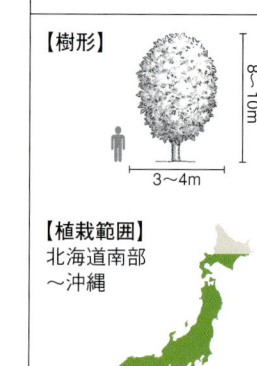

【植栽範囲】
北海道南部〜沖縄

カイヅカイブキやヒノキの刈り込みと剪定の基本

刈り込み

イメージする線にあわせて刈り込む
輪郭線
下から上に刈り込む

下部は生長が弱いので、弱く刈り込み、上部は強い新梢が出るので、強く刈り込む。

剪定

3つに分かれた真ん中を切る
木バサミでの剪定は上から行う
強くのびている枝は、太い枝から切る

上部は生長が早いので、枝葉の密度を薄くする。内部の枯れ枝や込み枝はすべて取り除く。

玉散らし風仕立て。四季を問わず濃い緑を楽しめるので、仕立て物の庭木として人気が高い。

◎手入れ　樹形は乱れないので手入れは容易です。萌芽力が強いので1年を通しての手入れが可能です。

◎肥料　寒肥として、2～3月に緩効性化成肥料を施します。追肥は6月ごろにやや少なめに施します。

◎病害虫　前述のようにサビ病が大敵です。病原菌は、ボケ、カイドウ、ナシなどの植物がないと生活できません。これらの木の近くに植えないようにします。また、5～10月にかけては、イブキチビキバガに注意します。

◎整枝・剪定のコツ　強剪定にも耐え、萌芽力があるので、適期以外でも、いつでも剪定が可能です。生け垣やトピアリーなど、自由な形に刈り込むことができますが、強剪定をするとスギのようにとがった枝変わりの葉（スギ葉）が出るので、速やかに切りとります。

◎生長にあわせた作業ポイント　日陰になると枝葉の密度が低くなり、樹冠がすけるので、常に日が当たるように、周囲の樹木の生長にも気を配ります。日陰側では下枝が枯れることがあるので気をつけます。

[楽しみ方]

1年中美しい生け垣を観賞する　生け垣は年2回程度（6月と9月ごろ）、定期的に刈り込むと美しく維持でき、四季を通じて緑濃い景観が楽しめます。

仕立てを楽しむ　側枝が螺旋状にのび、しかも先端が曲がるので、枝先を剪定するだけで簡単に自由な形に仕立てることができます。

月	四季の変化	剪定	肥料
1			
2		剪定	寒肥
3	芽吹き	剪定	
4	開花		
5			
6			施肥
7			
8			
9			
10	果実	剪定	
11			
12			

ヒノキ 檜

Chamaecyparis obtusa

ヒノキ科ヒノキ属　常緑針葉樹　高木

- シンボルツリー
- 生け垣
- 日陰OK
- 病害虫に強い

この木どんな木

独特の芳香をもつ高級建築材の代表でどんな場所にも育つ強健な樹木

【原産地】本州(福島以南)、四国、九州
【日当たり】幼木は日陰に耐えるが、成木は日向を好む
【土壌・土質】適湿な土壌を好むが、乾燥にも耐える
【用途】シンボルツリー、コンテナ、目隠し、生け垣
【観賞ポイント】三角形の樹形、濃緑でうろこ状の葉

【樹形】30〜40m／13〜18m

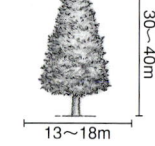

【植栽範囲】福島〜九州

ヒノキの園芸品種「チャボヒバ」。木の生長が安定しているので、庭に使いやすい。

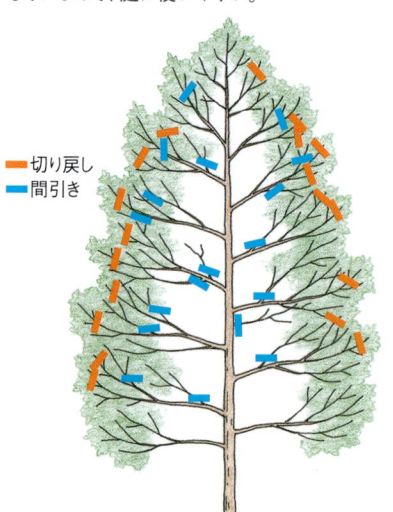

【剪定方法】
3〜4月、新芽の出る前ごろに弱く行う。樹冠内の枯れ枝は、自然に落ちないので取り除く。

― 切り戻し
― 間引き

ヒノキの山林。樹高が30〜40mになるヒノキを庭に植えるには、維持するための高度な技術が必要になる。ふつうは、ヒノキの園芸品種の通称ヒバ類が使われる。

[木の特徴と性質]

日本を代表する建築材　ヒノキは、7世紀以前から伊勢神宮の社殿に使われ、日本を代表する建築材です。加工しやすく耐久性も高く、芳香があります。樹皮は寺社や数奇屋建築の屋根を葺くのに使われてきました。

ヒノキは「火の木」が語源　精油分が少量含まれることから、かつては火おこしに利用され、現在でも神事に使われています。ここから「火の木」が語源という説があります。

ヒバ類は園芸品種　園芸品種には「チャボヒバ」や「クジャクヒバ」などがあり、ヒノキを含めて総称してヒバ類と呼ばれます。

[作業]

◎**植えつけ＆移植**　植えつけと移植は3〜4月、9〜10月が適期です。大きな木の移植は難しく、十分な根まわしが必要です。

◎**手入れ**　生け垣は5〜6月に刈り込みます。枝抜きをして自然の樹形を維持します。

◎**肥料**　寒肥として、油かす、鶏糞、化成肥料などを施します。

◎**病害虫**　生理的に枝や葉は枯れますが、特に著しい被害を及ぼす病害虫はありません。

四季の変化

月	四季の変化	剪定	肥料
1			寒肥
2			寒肥
3	芽吹き	剪定	
4	開花	剪定	
5			
6		剪定	
7			
8			
9		剪定	
10	果実		
11			
12			

サワラ

椹
Chamaecyparis pisifera
ヒノキ科ヒノキ属　常緑針葉樹　高木

- シンボルツリー
- 生け垣
- 日陰OK
- 病害虫に強い

この木どんな木
ヒノキとよく似た円錐形の樹形。日陰でもよく育ち緑の葉色を楽しめる

【原産地】本州（岩手以南）、九州
【日当たり】耐陰性が強く、日陰、半日陰にも耐える。成木は日向を好む
【土壌・土質】湿潤で肥沃な土壌を好む。乾燥にはやや弱い
【用途】シンボルツリー、生け垣、コンテナ、目隠し
【観賞ポイント】円錐形の樹形、常緑の葉（斑入りの葉もある）

【樹形】30〜40m／14〜19m

【植栽範囲】北海道〜九州

サワラの斑（ふ）入りの園芸品種。

Y字形のヒノキ（左）とX字形のサワラ（右）の気孔帯（白く見える部分）。

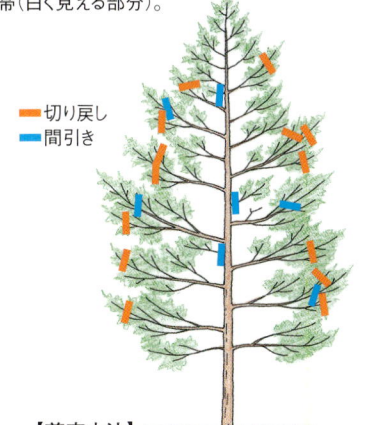

【剪定方法】
- 切り戻し
- 間引き

日が当たらないと葉が枯れ込みやすいので、長くのびる枝は早めに切りつめる。残す枝は葉を残して、その上で切ることが大切。

サワラは、樹形がヒノキに似て美しく、シンボルツリーとして用いられる。

[木の特徴と性質]

ヒノキと酷似

サワラ　ヒノキによく似ていますが、樹皮は灰褐色でヒノキより細く剥げ、葉は鱗片葉で葉先は尖っています。葉裏の気孔帯もX字やW字形で、ヒノキのY字形と区別できます。また、実もヒノキの半分の5mm程度で、種鱗の凹みがあるなど、ヒノキと異なります。江戸時代の尾張藩が藩内で管理保護した木曽五木のひとつです。雌雄同株で、4月、小枝の先に小さな花が咲きます。「ヒムロ」「オウゴンシノブ」など園芸品種も豊富です。

園芸品種で葉色を楽しむ

生長が早く萌芽力もあり、刈り込みにも耐えます。

[作業]

◎植えつけ＆移植　植えつけと移植は3〜4月が適期です。植えつけでは、木と木の間隔を広くとります。

◎手入れ　刈り込みは6〜7月が適期です。あまり必要としませんが、生け垣などは、刈り込み時に化成肥料を1株当たりひと握りほど与えます。

◎肥料　あまり必要としませんが、生け垣などは、刈り込み時に化成肥料を1株当たりひと握りほど与えます。

◎病害虫　ほとんどありません。

四季の変化		剪定	肥料
月			
1			寒肥
2	芽吹き		寒肥
3		剪定	
4	開花	剪定	
5			
6		剪定	
7		剪定	
8			
9		剪定	
10	果実	剪定	
11			
12			

*木曽五木：ヒノキ、サワラ、クロベ（ネズコ）、アスナロ（ヒバ）、コウヤマキの5種。

ヒヨクヒバ

比翼檜葉 【別名】シダレヒバ、イトヒバ
Chamaecyparis pisifera cv. *Filifera*
ヒノキ科ヒノキ属　常緑針葉樹　小高木

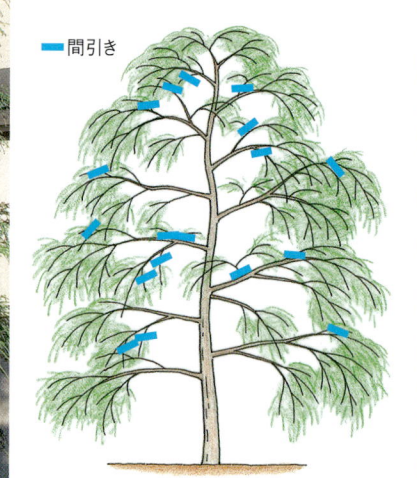

- シンボルツリー
- 日陰OK
- 病害虫に強い

この木どんな木

枝垂れた枝が翼を広げた鳥のよう。広がるわりには樹形が涼しげ

【原産地】サワラの園芸品種
【日当たり】半日陰を好むが、成木では日向を好む
【土壌・土質】適湿で肥沃な土壌を好む
【用途】シンボルツリー
【観賞ポイント】ひも状に垂れ下がる小枝

【樹形】 3〜5m / 2〜3m

【植栽範囲】北海道〜九州

葉先が黄金色になる「オウゴンヒヨクヒバ」。

【剪定方法】
秋に古葉が枯れてくるので、枝を揺すって葉を落としてから剪定を行う。のびすぎた枝垂れ枝は、先端の上芽を残して間引く。

玄関のシンボルツリーとして使われたヒヨクヒバ。枝垂れた枝に独特の風情がある。

[木の特徴と性質]

数少ない枝垂れ性の庭木

サワラの園芸品種のひとつで、葉が細長く下垂し、垂れ下がった枝の形が鳥の翼を広げたように見えることから名がつきました。葉先が美しい黄金色となる「オウゴンヒヨクヒバ」も人気です。

広い庭からせまい庭まで楽しめる

一般に日陰に強い木として知られていますが、日当たりのよい明るい場所でも楽しめます。生長は遅く、自然の生長にあわせて樹形を整えます。幹はうねりながら立ち上がります。

[作業]

◎**植えつけ＆移植**　植えつけと移植は3〜4月が適期です。植えつけは堆肥を元肥として多めに入れます。移植は容易ですが、大木は半年から1年前に根まわしを行い、作業前には必ず枝数を減らしておきます。

◎**手入れ**　特別な手入れは必要ありませんが、年に1〜3回、2月〜3月、6月〜7月中旬、10月〜11月中旬に軽く間引きを行います。

◎**肥料**　寒肥として堆肥などの有機質肥料を幹のまわりに施します。

◎**病害虫**　特にありません。

四季の変化	剪定	寒肥	肥料	月
		寒肥	肥料	1
	剪定	寒肥		2
	剪定			3
開花				4
開花	剪定			5
芽吹き	剪定			6
芽吹き				7
芽吹き				8
芽吹き				9
芽吹き	剪定			10
芽吹き	剪定			11
				12

ニオイヒバ

匂檜葉 【別名】ニオイネズコ（匂鼠子）

Thuja occidentalis

ヒノキ科クロベ属　常緑針葉樹　高木

- 香り
- 生け垣
- 剪定 少
- 病害虫に強い

ニオイヒバの樹形を巧みに使った生け垣。寒さに強いので、北海道や東北地方で使われることが多い。

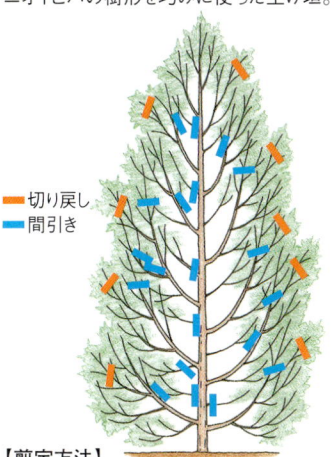

【剪定方法】
剪定を少なくして、自然に育てる。日陰でも樹形を保つが、強い日陰では下枝が枯れることがある。

- 切り戻し
- 間引き

ニオイヒバ「グリーンコーン」。幅が広がらずに生長する。

ニオイヒバ「サンキスト」。5年目くらいまで小さく、丸く育つ。

この木どんな木

葉をもむとさわやかな香りが漂う。寒さにも暑さにも強くすくすくと育つ

【原産地】北アメリカ
【日当たり】日向を好む。耐寒性が強く、暑さにも耐える
【土壌・土質】肥沃な深層土を好む
【用途】生け垣、コンテナ、トピアリー
【観賞ポイント】黄緑色の葉、葉の芳香

【樹形】15〜20m／6〜8m

【植栽範囲】北海道〜九州

[木の特徴と性質]

乱れのない端正な樹姿　まっすぐにのびる幹は赤褐色で、狭円錐形の樹冠がよく保たれ、端正な姿をしています。鱗片状の美しい葉をもむと、カンキツ系のようなさわやかな香りがあり、和名の由来ともなっています。葉からは精油が採れ、薬用として使われます。

都市部の植栽にも向く　雌雄同株で、5月ごろ開花し、9〜10月に丸い褐色の実をつけます。寒さに強く丈夫なので、北海道や東北地方で生け垣や庭木などとしてよく使われています。大気汚染にも強いので、都市環境下でも植栽が可能です。

[作業]

◎**植えつけ＆移植**　植えつけは4〜5月、9〜10月が適期です。移植は比較的容易です。

◎**手入れ**　6月下旬に一度刈り込みを行い、9月ごろに先端の飛び枝を切ります。

◎**肥料**　2〜3月に寒肥として緩効性化成肥料を与えます。

◎**病害虫**　特に著しい病害虫はありませんが、葉ふるい病、オオミノガに注意が必要です。発見したら剪除や捕殺をします。

四季の変化

月	四季の変化	剪定	肥料
1			寒肥
2			寒肥
3	芽吹き	剪定	
4	芽吹き／開花	剪定	
5	開花		
6		剪定	
7		剪定	
8			
9	果実	剪定	
10	果実	剪定	
11			
12			

イヌマキ／ラカンマキ

犬槙 【別名】クサマキ／羅漢槙、羅漢松
Podocarpus macrophyllus / *Podocarpus macrophyllus var.maki*
マキ科マキ属　常緑針葉樹　高木（イヌマキ）／小高木（ラカンマキ）

- シンボルツリー
- 生け垣
- トピアリー
- 病害虫に強い

この木どんな木
手をかけて自分流に仕立てる 和にも洋にも万能な庭木

【原産地】日本、中国、台湾
【日当たり】日向を好むが、耐陰性もある
【土壌・土質】土質は選ばないが、適湿で肥沃な土壌を好む
【用途】シンボルツリー、生け垣、トピアリー、防風樹
【観賞ポイント】樹形（仕立て物）、常緑の葉

【樹形】5～6m / 15～20m
9～12m（イヌマキ）
2.5～3m（ラカンマキ）

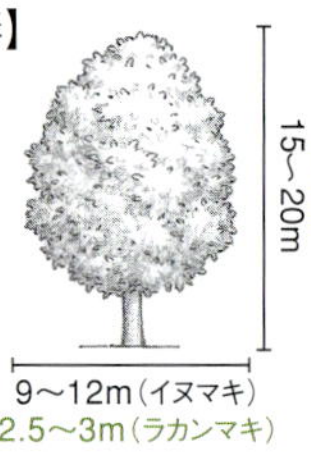

【植栽範囲】関東～沖縄

イヌマキの実。
ラカンマキの実。 
美しく刈り込まれたイヌマキの生け垣。

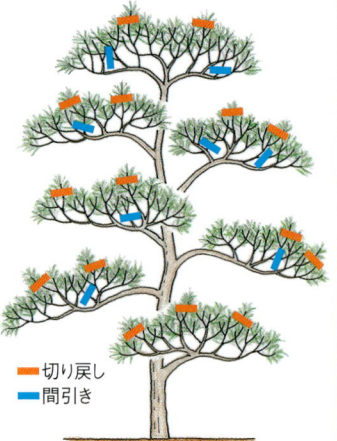

①刈り込む前の形の乱れたイヌマキ。
②完成の形をイメージして、深めに刈り込む。
③バランスよく丸く刈り込み、完成。

■切り戻し
■間引き

【剪定方法】
樹冠に沿って刈り、飛び枝を切る。不要枝や枯れ枝は、枝もとから切る。よく芽吹くので、枝のどこから切ってもよい。

[木の特徴と性質]

高価なラカンマキ　イヌマキとラカンマキは、ふつう、どちらも「マキ」と呼ばれています。違いは、ラカンマキのほうが葉が細く短く、長さがそろい、上向きに密生していることと、生長が遅いことです。庭木として段づくりや玉づくりに仕立てられた大木を、旧家の庭先でよくみかけます。園芸の世界ではラカンマキのほうが庭木としては高価とされています。

イヌマキの由来　イヌマキは、昔、スギをマキ（真木）と呼んでいたころ、この木を区別するために犬マキと呼んだともいわれます。雌雄異株で、9～10月に白粉を帯びた緑色の丸い実が、赤褐色の花托の上につきます。

沖縄では建築材として有用　イヌマキは耐久性、耐水性にすぐれるため屋根板、天井材、桶類、水湿地の土木用材などに利用されます。また、シロアリの害を受けないので、沖縄では有用な建築材とされています。

どんな条件下でも育つ木　土質を選ばず、耐陰性があり、大気汚染や潮風など、悪条件の環境にもよく耐えて育てやすい木です。

【作業】
◎植えつけ＆移植　植えつけと移植は3月下旬～5月上旬と梅雨ごろが適期です。十分に根づくりができていれば7月や9月下旬～10月中旬でも可能ですが、晩秋は避けます。大

門冠(もんかぶり)に仕立てられたイヌマキ。仕立て物として多いイヌマキは、旧家の庭先や人を迎える門周辺などに使われることが多い。

木の移植は、十分に根まわしをして行います。最低1年に1回の整枝・剪定が必要です。枝を誘引してある場合、結束箇所を毎年点検し、縄がくい込んでいれば新しい縄と交換します。枝を曲げる場合はふつう、直径3～4cmのときに少しずつ誘引します。太い枝の場合は割れ目を入れて数日かけて行います。大木や高価な仕立て物はプロに相談するのが賢明です。

◎**肥料** 1～2月に鶏糞や油かす、完熟堆肥などを寒肥として与えます。幹の周囲(樹冠線の外側の下の位置)に、輪状または壺状に穴を掘り、土とよくまぜて埋め戻します。

◎**病害虫** 病害虫は少ないのですが、4～6月、新葉にアブラムシがよくつきます。被害が著しいときには薬剤を散布します。

◎**整枝・剪定のコツ** 刈り込みは真夏を除く3～10月ごろの暖かい時期を選んで、数回行えます。特に梅雨明けのころに刈り込むと、土用芽がよくのび、枝葉が密生するので、傷口もすぐ回復します。毎年刈り込んでいる樹冠線に沿って刈り込みます。

◎**生長にあわせた作業ポイント** 植えつけ前に完熟堆肥を元肥として与え、その後も肥料の管理に留意すると、仕立て物や生け垣が早く完成します。

[**楽しみ方**]
若木を自分流に仕立てる 高さ3～4mの若木を植栽して、自分流に仕立てるのも楽しいものです。

肥料	剪定	月	四季の変化
		1	
寒肥		2	
		3	
	剪定	4	芽吹き
		5	開花
	剪定	6	
		7	
		8	
		9	果実
	剪定	10	
		11	
		12	

コウヤマキ

高野槇 【別名】マキ、ホンマキ
Sciadopitys verticillata
コウヤマキ科コウヤマキ属　常緑針葉樹　高木

- シンボルツリー
- 生け垣
- 日陰OK
- 病害虫に強い

この木どんな木
まっすぐに立つ樹形が風格を感じさせる。世界三大公園木に数えられる美しい木

【原産地】本州（福島以南）、四国、九州
【日当たり】日陰〜日向を好む。耐陰性が強い
【土壌・土質】深層ローム質で、水はけのよい肥沃な乾燥地を好む
【用途】シンボルツリー、生け垣
【観賞ポイント】円錐形の樹形

【樹形】30〜40m／15〜20m

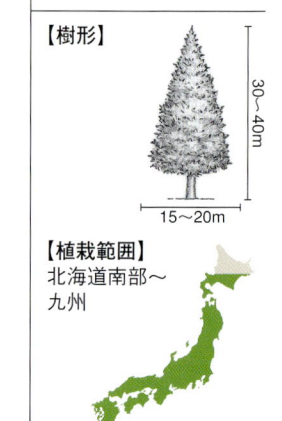

【植栽範囲】北海道南部〜九州

コウヤマキの球果。花の翌秋に熟す。

【剪定方法】樹形全体のバランスを見て、枝抜きを行う程度にする。
■ 切り戻し
■ 間引き

円錐形の樹形が美しいコウヤマキ。耐陰性が強いので、日当たりが不十分な場所でも大きく育てられる。

[木の特徴と性質]

日本特産で一科一属一種の珍種　幼木の時期は生長が遅く日陰を好みますが、ある程度全体の葉の量がふえると日向を好むようになり、高さ40mにもなります。円錐形の樹形が美しく、コバノナンヨウスギ、ヒマラヤスギとともに世界三大公園木とされ、ヒノキ、サワラ、クロベ（ネズコ）、アスナロ（ヒバ）と並ぶ木曽五木のひとつにも数えられています。

風格があり、大きく育つ　コウヤマキはその名のとおり、和歌山の高野山に多く自生し、高野山では霊木として保護されています。幹は垂直で大きく育ち、整然とした樹形です。

[作業]

◎**植えつけ&移植**　植えつけと移植は3〜4月が適期で、真夏と真冬は避けます。西日の差し込まない、土壌の深い場所に植栽します。移植は難しく、根まわしをして行います。

◎**手入れ**　自然に樹形が整うので、多少乱れた部分を整える程度の軽い剪定にします。

◎**肥料**　有機質肥料を主体に寒肥として与えます。

◎**病害虫**　ほとんどありません。

四季の変化	月	寒肥	剪定	肥料
	1	寒肥		肥料
	2	寒肥		肥料
	3		剪定	
開花	4		剪定	
	5			肥料
芽吹き	6			肥料
	7			肥料
	8			肥料
	9		剪定	
果実	10		剪定	
	11			肥料
	12			肥料

ダイオウショウ

大王松 【別名】ダイオウマツ
Pinus palustris
マツ科マツ属　常緑針葉樹　高木

■ シンボルツリー
■ 剪定 少
■ 病害虫に強い

この木どんな木
20〜30cmの長い葉がアーチのように下垂した堂々とした樹姿は「大王」の風格たっぷり

【原産地】北アメリカ南東部
【日当たり】日向を好む。耐陰性は弱い
【土壌・土質】適湿で肥沃な土壌を好む
【用途】シンボルツリー
【観賞ポイント】堂々とした樹形、長い針葉、大きな球果

【樹形】25〜30m / 25〜30m

【植栽範囲】関東〜沖縄

家の庇(ひさし)に穴を開け、ダイオウショウをシンボルツリーとして使っている。

マツ属でもっとも長い葉。

大きな球果(まつぼっくり)。

マツらしい特徴のある樹皮。

【剪定方法】
自然樹形を維持するには、枝の分岐点で切る。目的の高さで幹を切り、枝物に仕立てる方法もある。剪定の適期は5月中旬〜6月。厳寒期を除く11〜3月は軽剪定。

[木の特徴と性質]

風になびく世界一長い針葉　20〜30cmの長さがある葉は、マツ属のなかでは世界一長く、アーチを描くようにマツ属して下垂して量感のある枝先を見せます。まさに「大王」の名にふさわしい堂々とした姿です。

"まつぼっくり"も大きい　雌雄同株(しゆうどうしゆ)で4〜5月に開花し、球果は翌年成熟し、長さ15〜25cmの大きさになります。ほかのマツ類と同様に、木質はやわらかく弾力性が乏しいので、強い風で幹や枝が折れることがあります。木材は建築、土木、船舶などに利用されます。

[作業]

◎**植えつけ&移植**　植えつけは2〜3月が適期です。苗は高さ3m前後のものを用い、湿り気のあるところに植えます。移植は成功率が低く、大木になるほど難しくなります。数年に1回、長くのびた枝を切りつめ、不定芽は毎年切りとります。苗木のうちは、土の表面が乾いたら水やりをします。

◎**手入れ**

◎**肥料**　肥料はほとんど必要としません。

◎**病害虫**　少ないほうですが、マツケムシやハダニ類などが発生します。

月	四季の変化	剪定	肥料
1			
2		剪定	寒肥
3	開花		
4			
5	芽吹き	剪定	
6			
7			
8			
9			
10	果実		
11		剪定	
12			

ヒマラヤスギ

■シンボルツリー　■剪定少

ヒマラヤ杉　【別名】ヒマラヤシーダー
Cedrus deodara
マツ科ヒマラヤスギ属　常緑針葉樹　高木

この木どんな木

大きく広がった円錐形の樹形が美しい
記念樹としてもおなじみの木

【原産地】ヒマラヤの温帯地方
【日当たり】日向を好む
【土壌・土質】肥沃な深層土を好むが、比較的土地を選ばない
【用途】シンボルツリー、生け垣、並木
【観賞ポイント】円錐形の美しい樹形

【樹形】20〜50m／13〜30m

【植栽範囲】北海道南部〜九州

球果は長さ6〜13cm。花の翌秋に熟す。

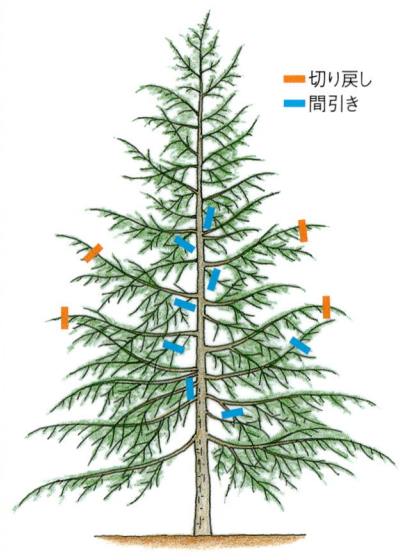

【剪定方法】
自然樹形でも樹形が端正なので、これを生かし、強く切りすぎないようにする。

■切り戻し　■間引き

美しい樹形のヒマラヤスギ。自然樹形を維持するには、広いスペースが必要だが、剪定によく耐えるので、さまざまな樹形が可能。

[木の特徴と性質]

クリスマスツリーにも利用　太い枝が水平に広がるので、樹冠が円錐形に整い、美しい樹形をつくります。コウヤマキ、コウバノナンヨウスギとともに世界三大公園木のひとつに数えられています。記念樹やクリスマスツリーとしても用いられる、おなじみの木です。

自由な仕立て方が魅力　強健で萌芽力があり、生長も早い木です。剪定によく耐えるので、いろいろな樹形に仕立てられます。

[作業]

◎**植えつけ＆移植**　植えつけと移植は3〜4月が適期です。大木でも移植は可能ですが、根まわしを行います。乾燥に弱いので、マルチングなどで根もとの乾燥を防ぎます。

◎**手入れ**　自然樹形では、強い剪定をしないようにします。庭木や生け垣では、3年に1度、切り戻し剪定を行います。

◎**肥料**　生け垣などの仕立て物では、冬にも成肥料を施します。

◎**病害虫**　マツノオビカレハの幼虫が発生すると新芽が食害されるので、冬期にこも巻きを行い、被害が著しければ薬剤を散布します。

四季の変化

月		肥料	剪定
1		寒肥	
2		寒肥	
3			剪定
4	芽吹き		剪定
5			
6			
7	果実		剪定
8			剪定
9	開花		剪定
10	開花		剪定
11			
12			

ゴヨウマツ

五葉松【別名】ヒメコマツ
Pinus parviflora var. *parviflora*
マツ科マツ属　常緑針葉樹　高木

■ シンボルツリー　■ 病害虫に強い

この木どんな木
5本ずつ束になった針葉が特徴。端正な樹形が和の庭に向く

【原産地】北海道南部、本州、四国、九州
【日当たり】日向を好む
【土壌・土質】水はけのよい適湿地を好む
【用途】シンボルツリー、コンテナ
【観賞ポイント】端正な樹形、葉の色と形

【樹形】20〜30m / 10〜15m
【植栽範囲】北海道南部〜九州

門冠（もんかぶり）として美しく仕立てられたゴヨウマツ。徒長枝があまり出ず、密生する葉と水平にのびる枝は観賞性が高く、人気がある。

■切り戻し　■間引き

分かれている小枝の節の上で切る。

【剪定方法】
みどり摘みを丁寧に行い、小枝を数多く発生させるのが樹形づくりのコツ。小枝を間引くように均一に剪定して、大枝をつくる。大枝は下枝ほど大きく、上部になるにしたがい小さく枝づくりをすると、樹勢が落ち着く。

5本の針葉が束になって短枝につく。

[木の特徴と性質]
5本の葉が束生する

日本固有の植物で、古くは『枕草子』や『徒然草』に「五葉」の名がみられます。5本の針葉が束になって短枝の上につくのが名の由来です。やわらかく、やや湾曲している葉は、産地によって形が少しずつ異なり、盆栽の世界では産地名をつけて「○○五葉」と呼ばれています。

移植に強い

観賞性が高いうえ移植に強く、また、柔軟な木質は曲げるのが容易で、庭木や盆栽に向いています。

[作業]

◎植えつけ&移植　植えつけと移植は2月下旬〜4月が適期です。根腐れをおこさないよう高植えにし、水はけに気をくばります。成木の移植は、十分根まわしをして行います。

◎手入れ　一定の空間で樹形を保つには、5〜6月中旬のみどり摘みと10月中旬〜11月のもみ上げ、間引き剪定が欠かせません。

◎肥料　成木ではほとんど必要ありません。

◎病害虫　マツノマダラメイガ、モモノゴマダラメイガは発見したら捕殺します。マツカサアブラムシには薬剤を散布します。

月	1	2	3	4	5	6	7	8	9	10	11	12
四季の変化			芽吹き		開花					果実		
剪定			剪定（みどり摘み）							剪定（もみ上げ・間引き）		
肥料	寒肥											

アカマツ／クロマツ

- シンボルツリー
- 香り
- 鳥を呼ぶ

赤松【別名】メマツ（雌松）
Pinus densiflora ／ Pinus thunbergii
黒松【別名】オマツ（雄松）

マツ科マツ属　常緑針葉樹　高木

この木どんな木

山のアカマツ海のクロマツ。永遠の濃い緑に根強い人気

潮風に強く、樹皮が暗黒色のクロマツ。

赤い樹皮のアカマツ。

見越しの松。外から見えるように植えられたクロマツ。

【剪定方法】
3つに分かれて出る新梢の真ん中を切るのが基本。強くのびすぎた枝や、形を乱している枝を切って、樹冠を整える。

■ 切り戻し
■ 間引き

【原産地】日本、朝鮮半島、中国
【日当たり】日向を好む
【土壌・土質】あまり選ばないが、通気・透水性のよい土壌を好む（アカマツ）／適湿で水はけのよい砂質土壌を好む（クロマツ）
【用途】シンボルツリー、コンテナ、防風樹
【観賞ポイント】枝ぶり、樹皮

【樹形】
20〜30m
15〜20m（アカマツ）
20〜30m（クロマツ）

【植栽範囲】
北海道南部〜九州（アカマツ）／東北南部〜沖縄（クロマツ）

［木の特徴と性質］

気温の適応範囲が広い

アカマツは北海道南部から九州の屋久島まで生育し、暖地ではクロマツより内陸部に分布します。クロマツは本州から九州の吐噶喇列島まで分布し、砂まじりの土を好み、塩害にも強いため、海岸の防風林でよく見られます。

豊富な園芸品種

アカマツの変種には、傘を広げたような樹形の「タギョウショウ（多行松）」があり、また「ジャノメマツ（蛇目松）」をはじめ、数十種の園芸品種があります。クロマツは幹を曲幹や直幹に仕立てられ、亀甲状にはがれる暗黒色の樹皮とともに枝ぶりが観賞され、日本庭園をはじめ庭の主木として広く用いられています。玄関前や、門の上にかかる「門冠」、垣根越しに見える「見越しの松」にも多用されます。

見越しの松

クロマツは幹を曲幹や直幹に仕立てられ、亀甲状にはがれる暗黒色の樹皮とともに枝ぶりが観賞され、日本庭園をはじめ庭の主木として広く用いられています。玄関前や、門の上にかかる「門冠」、垣根越しに見える「見越しの松」にも多用されます。

［作業］

◎植えつけ＆移植　植えつけと移植は、暖地では2〜3月、寒冷地では5月中旬〜6月中旬に行います。湿り気のある土壌の場所では、水を使わない土極めで根と水を密着させます。仕立て物は初夏のみどり摘みとともに年に1回の剪定・もみ上げを行います。

◎手入れ　少なくとも年に1回の剪定だけでも行います。冬には幹にこもを巻き、越冬害虫を捕殺します。

◎肥料　植えつけるときに堆肥などを元肥と

マツの手入れの基本

マツには、ほかの木にない独特の手入れ方法があります。それが、「みどり摘み」と「もみ上げ」です。

マツの新芽を「みどり」といい、新芽を摘んで、樹形を整える作業を「みどり摘み」といいます。また、枯れ葉や古葉を手でもみで取り除き、枝を剪定して樹姿を美しく仕上げる作業を「もみ上げ」といいます。マツは新梢に針葉が生え、数年後に葉が落ちて枝になるため、このような独特の手入れが必要になるのです。

みどり摘みの意味

切る位置によって、生長がちがう。つけ根で切ると新芽はのびない。

ここで切る

する → この葉をとることが「もみ上げ」
残した芽から枝がのび先端に葉が出る。

しない → みどり摘みをしないと枝葉が長くなり樹形を乱す。

みどり摘みを忘れた場合

ここで切る → 新芽が生長したらここで切る

新芽がのびてしまった場合でも、下に新芽があれば、切り戻せる。

樹形を見ながら、新芽がのびたところで形を整える。

クロマツのみどり摘みともみ上げ

① 新梢がのびてしまった状態。

② 残す新芽を決め、手でむしる(みどり摘み)。

③ 新芽を残し、むしり終わった状態。

④ 新芽の下の古葉をむしり整理する(もみ上げ)。

⑤ 「みどり摘み」と「もみ上げ」が完了。

◎病害虫 マツカレハの幼虫（松毛虫）、カイガラムシ類、マツノマダラカミキリ、モミノハダニ、葉ふるい病などが発生します。特にマツノザイセンチュウを媒介するマツノマダラカミキリを発見したら、必ず捕殺します。

◎整枝・剪定のコツ 枝が込み合うと、中の枝がすぐに枯れます。特にアカマツは葉のない枝からは新芽が出にくいので、仕立て物はこまめに手入れを行います。新芽のみどり摘みをすると、葉先がそろってきれいに見えます。もみ上げは、古葉が軽く落ちる程度のときに行い、まつぼっくりが多くできた年には、早めに摘果します。

◎生長にあわせた作業ポイント アカマツは若木のうちから剪定を行うと発育が悪くなるので、骨格をつくるために10年くらいは十分に生育させます。その間、主幹よりも鋭角に出た枝や横枝は毎年秋に切りとります。クロマツは幼木のときから枝を選別し、車枝状にならないように管理すれば、よい枝ぶりに育てることができます。

[楽しみ方]

人形やリースをつくる 松こぶに傷をつけてヤニを出し、石鹸液とまぜてシェイクしてシャボン玉液をつくったり、まつぼっくりでフクロウの人形やクリスマスのリースなどをつくります。

して入れれば、その後はほとんど施す必要はありません。葉が黄変しているときにはチッ素肥料を少し与えます。

肥料	剪定	月	四季の変化
		1	
寒肥		2	
	剪定	3	芽吹き
		4	開花
	剪定	5	
		6	
		7	
		8	
		9	
	剪定	10	果実
		11	
		12	

97 庭木｜常緑針葉樹

コニファー
Conifers

コニファーとは 針葉樹の総称です。針葉樹は、下の写真のような球果（コーン＝cone）をつけ、針のような葉をもつことから、コニファーと呼ばれます。

主として欧米で改良された園芸品種の針葉樹を指すことが多く、欧米風の庭を構成する樹種として、人気があります。

高さ1m未満の矮性のものから、10m以上になるものまであり、葉の色も緑から黄、黄金色、青灰色など豊富で、紅葉する樹種もあります。ただし、気温や湿度が高い場所では生育が難しいなど、日本の気候や土壌に向かない樹種もあります。

ヒマラヤスギの球果。

日本で使われている代表的なコニファー

ヒノキ科	ヒノキ属	ヒノキ「クリプシー」
		イトヒバ「フィリフェラ・オウレア」
	レイランド・ヒノキ属	レイランドサイプレス
		レイランドサイプレス「ゴールドライダー」
	イトスギ属	アリゾナイトスギ「ブルーアイス」
		アリゾナイトスギ「サルフレア」
		イタリアンサイプレス
		イタリアンサイプレス「スウェンズゴールド」
	ビャクシン属	ジュニペルス「スエシカ」
		ジュニペルス「マザーローデ」
		ジュニペルス「スカイロケット」
		ジュニペルス「セイブロックゴールド」
		ジュニペルス「ブルーエンジェル」
		ジュニペルス「ブルーヘブン」
		ジュニペルス「ムーングロー」
		ジュニペルス「ブルーカーペット」
		ジュニペルス「ブルースター」
	クロベ属	コノテガシワ「エレガンティシマ」
		ニオイヒバ「ヨーロッパゴールド」
		ニオイヒバ「グリーンコーン」
		ニオイヒバ「スマラグ」
マツ科	トウヒ属	カナダトウヒ「コニカ」
		プンゲンストウヒ「グロボーサ」
		プンゲンストウヒ「ホープシー」

美しく構成されたコニファーガーデン。写真は、北海道帯広市にある真鍋庭園で、北欧やカナダのコニファーが植えられている。
コニファーには寒冷で、湿度の少ない環境を好むものが多いが、九州でも植えられるものがあり、樹種選びが重要になる。

育てやすいコニファー

アリゾナイトスギ「サルフレア」
クリーム色の葉色が美しい。枝が密生して、まとまりのある樹形をつくる。育ちが遅いので管理しやすい。樹高は4～5mになる。

レイランドサイプレス
レイランディーともいい、日本の環境にあったコニファー。刈り込みに強く、よく使われるが、最大樹高15m、年間50cmものびるので、管理が必要。

コノテガシワ「エレガンティシマ」
コノテガシワは「児手柏」と書き、枝葉が手のひらを立てたように見える。丈夫で、刈り込みに強く、生け垣に使える。最終樹高は6～7m。

ニオイヒバ「スマラグ」
日本の気候にあい、手入れしなくても美しい円錐樹形になる。甘いようなカンキツ系の芳香がある。樹高は4～5mになる。

ニオイヒバ「グリーンコーン」
名は鮮やかな緑色の円錐形の樹形に由来。生育旺盛で、耐寒・耐暑性があり育てやすく、芳香もある。樹高は5～6mになる。

ニオイヒバ「ヨーロッパゴールド」
ニオイヒバの仲間なので芳香がある。耐寒・耐暑性があり、黄金色の葉と、太い円錐形の樹形で人気がある。樹高は5～6mになる。

地面をカバーするコニファー

ジュニペルス「ブルーカーペット」
大きくなっても樹高が1mくらいにしかならず、幅は2mになる。枝分かれして、葉が密になり、グラウンドカバーに向く。

ジュニペルス「セイブロックゴールド」
盃状の樹形で、最終樹高が1.5mくらいと、グラウンドカバーに利用できる。新梢ののびるころの黄金色が美しいが、日照が必要。

ジュニペルス「マザーローデ」
ゆっくり横に広がって生長するタイプのコニファー。黄緑色の葉が美しく、グラウンドカバーとして利用できる。

イトヒバ「フィリフェラ・オウレア」
1年中、黄金色の葉が美しいので人気がある。枝垂(しだ)れるように葉をつけるので、刈り込んでグラウンドカバーに使うことができる。

せまい庭に向くコニファー

コニファーの手入れ

枝を切るときは、枝もとで切る。

枯れ葉は、こまめに手でとる。

根もとの枯れ枝も、枝もとから切る。

プンゲンストウヒ「グロボーサ」
矮性種で、大きくなっても2mくらいの半球形。銀青色の葉色が特徴で、密生した緻密な樹形をつくる。コンパクトで人気が高い。

カナダトウヒ「コニカ」
矮性種で最大でも3m。葉の密度が濃く、自然に美しい円錐形になる。生長が遅いのでせまい庭でゆっくり育てるのに向き、人気が高い。

ジュニペルス「ブルースター」
矮性（わいせい）種で、高さ0.4m、直径0.8mほどの半球形になり、せまい庭向き。青緑色の葉色が、冬には紫色を帯びた緑色になる。

ジュニペルス「スエシカ」
枝が密生しているので、刈り込んで樹形を整える。せまい庭に向く。寒さには強いが、日が当たらないと樹形を乱す。樹高は5〜6mになる。

イタリアンサイプレス「スウェンズゴールド」
1年中、黄金色の葉がつく。樹形が細くせまい庭に向くが、日当たりが悪い場所には向かない。樹高は5〜6mになる。

イタリアンサイプレス
細い円錐形の樹形が特徴。樹高は10mにもなる。ノアの箱舟の材に使われたという伝説もある。寒さに弱く関東以北には不向き。

ジュニペルス「ムーングロー」
青緑色の葉色が特徴。枝と葉が密で、日照が不足すると葉色の青が淡くなる。樹形もコンパクトで、せまい庭向き。樹高は4m近くになる。

ジュニペルス「ブルーエンジェル」
白みを帯びた青緑色の葉が、冬には紫青色になる。スリムな樹形で、せまい庭に向く。生長が早く、生け垣にも向く。樹高は4〜5mになる。

ジュニペルス「スカイロケット」
ロケットのようなコンパクトな樹形と青緑色の葉色が魅力。せまい庭に向くが、日当たりが悪いと生育しにくい。風に弱い。樹高約5mになる。

葉の美しいコニファー

アリゾナイトスギ「ブルーアイス」
白い粉を吹いた青緑色の葉が魅力。根が小さく浅いので、倒れない工夫が必要。最大6mくらいになる。

ジュニペルス「ブルーヘブン」
葉は1年を通して銀青色で美しい。風に弱く、強い風が当たる場所では、まっすぐに育たない。樹高は4～5mになる。

プンゲンストウヒ「ホープシィー」
白みがかった銀青色の葉が魅力で人気が高い。生長は遅いが、約10mになるので、スペースが必要。過湿に弱く、害虫対策の枝すかしが必要。

ヒノキ「クリプシー」
葉の先端が下がっていて蝶がひらひら舞うように見える。黄金色の葉が特徴。刈り込みに耐えるので、生け垣などに用いられる。最大7～8mになる。

レイランドサイプレス「ゴールドライダー」
葉先の黄金色が魅力だが、日当たりが悪いと黄緑色になる。根が浅く、風に対する備えが必要。樹高7～8mになる。

常緑広葉樹

アオキ

青木【別名】アオキバ（青木葉）
Aucuba japonica
ミズキ科　アオキ属　常緑広葉樹　低木

- 鳥を呼ぶ
- 剪定 少
- 日陰OK

アオキの花。右が花粉をもっている雄花。左が実を形成する雌花。

1か所から何本も枝が出ているところを間引く。

■ 切り戻し
■ 間引き

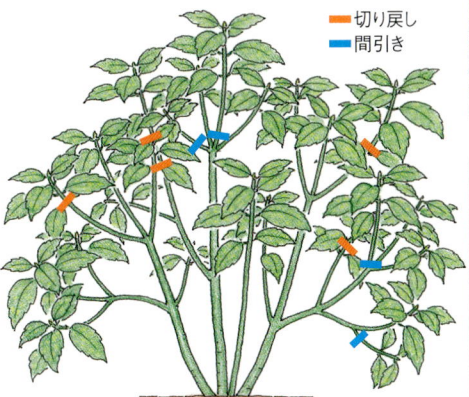

【剪定方法】
大きくなった木を小さく仕立て直すには4～5月中旬が適期。冬に行うと寒さと乾燥のため、切り口から枝枯れをおこすことがある。

アオキは庭全体の構成を引き締める名脇役の庭木。

色づき始めたアオキの実。この鮮やかな色がアオキの魅力のひとつ。

アオキは葉も美しい。このように斑のはいった種類も多い。

この木どんな木

日陰でもつややかな緑が楽しめる日本の風土にあった庭木の代表

【原産地】日本、朝鮮半島
【日当たり】耐陰性が強く、かなりの日陰でも生育する
【土壌・土質】やや湿り気のある肥沃な土壌を好む。乾燥をきらう
【用途】コンテナ、根締め、添景木
【観賞ポイント】1年中緑の葉（斑入りもある）、深紅色の実

【樹形】
1～2m　1～2m

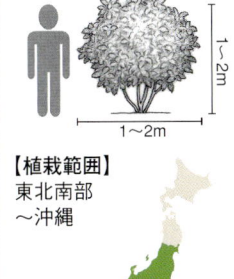

【植栽範囲】
東北南部～沖縄

[木の特徴と性質]

イギリスが持ち帰った日本原産種
江戸の元禄年間に盛んに栽培されていたアオキは、1783年にヨーロッパに伝わりましたが、株に実がつきませんでした。横浜開港後にイギリス人によって雄株が採取され、軍艦でイギリスに運ばれました。

大きな濃緑色の葉が魅力
高さ2mくらいの株立ちの樹形で、葉は濃い緑色で大きくつやがあり、斑入りの品種もあります。また雌雄異株で、雌株は初冬に深紅色の実をつけます。

寒さに強い性質
日光の当たらない場所や湿地でもよく育ち、耐寒性も比較的あります。

[作業]

◎植えつけ＆移植　植えつけは4月中旬～5月、9～10月が適期です。

◎手入れ　放任しても自然に樹形は整うので、2年に1回程度の枝抜き剪定で十分です。

◎肥料　2月中旬～3月と8～9月に置肥をしますが、肥料過多には注意します。

◎病害虫　風通しが悪いとアブラムシ、カイガラムシが発生します。

四季の変化	月	剪定	肥料
果実	1		置肥
	2		
	3	剪定	
開花	4		
芽吹き	5		
	6		
	7		置肥
花芽分化	8		
	9		
	10		
	11		
果実	12		

イヌツゲ

犬柘植、犬黄楊
Ilex crenata
モチノキ科モチノキ属　常緑広葉樹　小高木

鳥を呼ぶ　生け垣　トピアリー

この木どんな木
常緑の小さな葉は刈り込みに強い。日陰から日向まで守備範囲も広い

園芸品種の「ゴールデンジェム」。

新芽は黄味を帯びた緑色。

濃い緑でつややかなイヌツゲの葉。

■ 切り戻し
■ 間引き

【剪定方法】
真夏と厳寒期を除き、1年中刈り込みは可能だが、特に6〜7月は、強い剪定や刈り込みができる。

クマの形にしたトピアリー。

イヌツゲの雄花。

熟すと黒くなる実。

【原産地】本州、四国、九州
【日当たり】日向を好むが耐陰性が強い
【土壌・土質】水はけのよい肥沃な土壌を好む
【用途】生け垣、目隠し、トピアリー、コンテナ
【観賞ポイント】仕立てた樹形

【樹形】
2.5〜4m
2〜4m

【植栽範囲】
北海道南部〜九州

[木の特徴と性質]

丈夫で長もち、ポピュラーな樹木　すぐれた丈夫な樹木です。櫛にするツゲ科のツゲとは違いますが、似ているので「イヌツゲ」の名がつきました。雌雄異株で、5〜6月に、雌花は花柄に1個、雄花は数個の淡白色の小花をつけます。また、モチノキ属の木はふつう赤い実がつきますが、イヌツゲの実は熟すと黒くなります。最近では、小葉で小枝も細かく、鮮やかな黄色の新芽がのちに緑色になるキンメツゲが特に人気です。

形をつくるトピアリーも楽しい　刈り込みに強く、いろいろな仕立て方ができ、ほぼ1年中、刈り込むことが可能です。枝も若いうちはやわらかく、曲げてさまざまな形がつくれるので、トピアリーの代表種です。

公害に強いが、乾燥に弱い　日陰にも強く、葉が密集し、樹形が崩れにくい特性があります。また、煙害や塩害に強いので、都市部や海岸地帯の植栽にも適しています。根が浅いので、根もとに西日が当たる場所では乾燥に注意しましょう。

[作業]

◎植えつけ＆移植　植えつけは、真夏と厳寒期を除けば1年中容易です。枝葉を密生させるには、日当たりのよいところが向いています。移植も4〜6月、9〜10月が適期で、適期であれば、枝葉を比較的簡単に行えます。

石垣上の丸い刈り込みがイヌツゲ、四角いのはサツキ。ともに萌芽力の強さを生かして、さまざまな形に刈り込むことができる。

すべて切除し、丸坊主にして移植しても芽吹く丈夫な木です。

◎**手入れ** 春と土用（7月）のころに勢いよくのびるので、形を整えるには年2回以上の剪定、刈り込みが必要です。ただし、秋に強く刈り込むと枝が枯れることがあるので、強く刈り込む場合は春先の萌芽前に行います。

◎**肥料** 有機質肥料と緩効性化成肥料をまぜて寒肥を与えます。

◎**病害虫** 一般に病害虫には強い樹種ですが、暖地ではハマキムシが発生することがあります。風通しの悪い場所ではカイガラムシの発生やスス病を併発します。剪定によって通風・採光を促します。

◎**整枝・剪定のコツ** 年2回以上刈り込みます。6月上旬に1回目の深刈りをし、7月の梅雨明けのころに2回目を行います。それ以降は、樹形を整えるための軽い刈り込みくらいにしておくのがよいでしょう。

◎**生長にあわせた作業ポイント** 植えつけ前に元肥として完熟堆肥を土にまぜ、初期の生長を促進します。雌株を結実させると、落葉したり葉色が悪くなりますので、花後早めに刈り込むか、施肥の管理などに気をつけます。

[楽しみ方]

トピアリーをつくる 前述のように、動物の形などの仕立て物、いわゆるトピアリー（78ページ参照）をつくるのに向いています。苗木を動物の形の支柱に沿わせて結束し、数年かけて完成させます。

月	四季の変化	剪定	肥料
1			寒肥
2			寒肥
3	芽吹き	剪定	
4	芽吹き	剪定	
5	開花		追肥（未成木）
6	開花	剪定	追肥（未成木）
7		剪定	追肥（未成木）
8		剪定	追肥（未成木）
9		剪定	追肥（未成木）
10	果実	剪定	
11	果実		
12			

■シンボルツリー ■鳥を呼ぶ

クロガネモチ

黒鉄黐
Ilex rotunda
モチノキ科モチノキ属　常緑広葉樹　高木

この木どんな木
真っ赤な実と黒みを帯びた枝葉。高さを誇る人気の常緑樹

【原産地】本州（東北中南部以南）、四国、九州、沖縄、アジア東南部
【日当たり】日向を好むが、半日陰でも生育する
【土壌・土質】土質は選ばないが、水はけのよい適湿地を好む
【用途】シンボルツリー、生け垣
【観賞ポイント】黒みを帯びた葉、赤い実

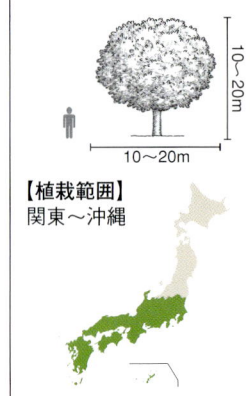

【樹形】
10～20m
10～20m

【植栽範囲】
関東～沖縄

深緑の葉と、鮮紅の実のコントラストが美しいクロガネモチ。雌雄異株で、雌株だけが赤い実を盛大につける。

[木の特徴と性質]

どっしりと落ち着いた樹形　同じ属のモチノキに似ていますが、樹高が20m（モチノキは10mくらい）にも達し、モチノキ属のなかではもっとも背が高くなります。モチノキに比べると、葉は楕円形でやわらかく、枝は黒紫色を帯びています。また、葉が乾くと黒みを帯びて鉄色になることから、この名があります。樹皮からはとりもちや染料が採れます。

大気汚染に強い　萌芽力の強い木で、大気汚染に強く、耐煙性・防火性にすぐれています。冬季に寒さと乾燥で葉が落ちて、落葉樹のように見えることもあります。

真っ赤な実が人気　雌雄異株で、雌株は10～2月ぐらいの間、真っ赤な実をつけ、冬の庭を彩ります。雌株だけ植栽しても多くの実をつけるので、とても人気があります。

寒さに弱い　暖地性の木なので、寒風の通り道は避けるようにし、できれば陽だまりに植えるようにします。幼木のときは特に寒風に弱いので、関東以北で育てるのは困難です。

[作業]

◎**植えつけ&移植**　春、6〜7月の梅雨明け前、9月半ば〜末までの間が植えつけの適期です。実を観賞するのであれば、接ぎ木した苗を購入し、日当たりのよい場所に植えます。関東以西なら大木の移植も可能で、前もって根まわしをして枝葉を整理し、4月下

濃い緑でもやわらかい葉は、乾くと黒みを帯びる。真っ赤な実もクロガネモチの魅力。

クロガネモチの雌花。

間のびした枝は枝もとから切る。

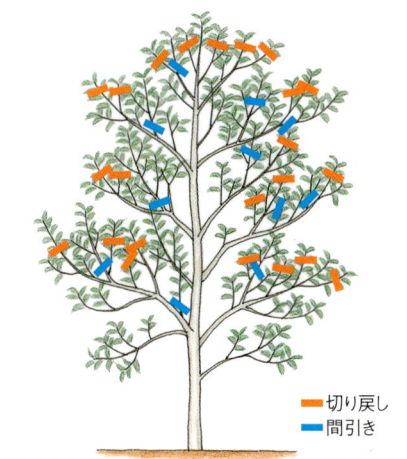

【剪定方法】
そのまま放任して、徒長枝や強い枝だけを剪定しただけでも、よく着果する。

━ 切り戻し
━ 間引き

旬～5月上旬に行えば簡単に根づきます。

◎**手入れ**　コンパクトに樹形を保つには、切りつめと枝抜きを組み合わせて剪定します。放任して徒長枝や強い枝だけを剪定しただけでも、よく着果します。雌雄異株ですが、雌株を接ぎ木した苗木ならば、赤い実を確実に見ることができます。

◎**肥料**　リン酸、カリを中心にした肥料を冬に寒肥として与えます。

◎**病害虫**　斑点病におかされると秋に大部分の病葉を落とします。葉は集めて処分し、翌年の開葉期から9月ごろまでに月2回薬剤を散布します。新葉のころ、ハマキムシがつくので、早めに薬剤を散布します。

◎**整枝・剪定のコツ**　成木であれば多少実つきは悪くなりますが、刈り込みをした上で、込み合ったところの枝を抜くと、樹形を崩さずに育てられます。晩秋から冬期の剪定は、なるべく避けるようにしましょう。

◎**生長にあわせた作業ポイント**　若木にはチッ素肥料を中心に与え、十分育ったらチッ素肥料を控えめにしてリン酸、カリを中心に与えます。チッ素肥料を与えすぎると、枝葉ばかり伸長して、花芽や実がつかないので注意します。

[楽しみ方]
鉢植えで赤い実を観賞　鉢植えで盆栽仕立てにして楽しむことができます。まっ赤な実がベランダのアクセントになり、華やかなスペースになります。

月	四季の変化	剪定	肥料
1	果実		寒肥
2			寒肥
3	芽吹き		
4			
5	開花		
6		剪定	
7			
8			
9		剪定	
10	果実		
11			
12			

ソヨゴ

戦、冬青【別名】フクラシバ、ソヨギ、フクラモチ
Ilex pedunculosa
モチノキ科モチノキ属　常緑広葉樹　小高木

- 鳥を呼ぶ
- 剪定少
- 病害虫に強い

この木どんな木

風にそよそよと心地よさげにそよぐ葉。秋にはみごとな赤い実が楽しめる

【原産地】日本
【日当たり】日向を好むが、西日をきらう
【土壌・土質】土質はあまり選ばないが、水はけのよい肥沃な土壌を好む。
【用途】シンボルツリー、生け垣、目隠し、添景木
【観賞ポイント】深緑色の葉、秋に熟す赤い実
【樹形】5～10m / 4～8m
【植栽範囲】東北南部～沖縄

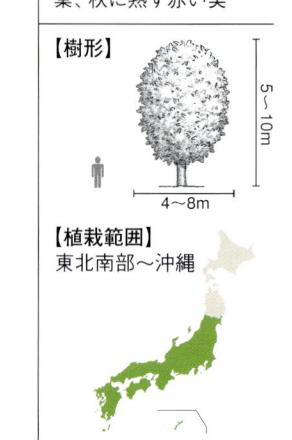

ソヨゴの一番の魅力である赤い実。

深緑色の葉に真っ赤に熟した実が映えて美しい。

■ 切り戻し　■ 間引き

【剪定方法】
剪定は3～5月と新梢のかたまる7～8月が適期。太い枝を数本残して骨組みとし、そこから出る小枝を切りつめながら、自然樹形を基本に仕立てる。若木のうちは徒長枝や胴ぶきがよく出るので、早めに切りとる。

重なり枝の剪定（左）と込み枝の剪定（右）。不要枝を切ることが大切。

[木の特徴と性質]

音をたてて風にそよぐ葉

5～6月に白い花をつけ、10月ごろ、長い果柄の先に赤く熟した実がぶら下がります。葉はやや薄く光沢があり、葉がそよそよと音をたててそよぐところから、「ソヨゴ」の名がつきました。木材は緻密でかたく、そろばん玉や工具の柄、玩具などにも使われています。

手入れが容易で丈夫な木

日当たりのよい場所を好みますが、日陰地でも育ちます。自然に樹形が整い、萌芽力もあるので、初心者にも育てやすい木です。雌雄異株で、雌株には長い果柄の先に赤く熟した実がぶら下がります。

[作業]

◎**植えつけ＆移植**　植えつけと移植の適期は6～7月です。移植は容易で、植え穴は大きめに掘り、掘り上げた土に腐葉土や鶏糞をまぜて元肥として植えつけます。

◎**手入れ**　手入れはほとんど必要ありませんが、不要枝を切り落とします。

◎**肥料**　寒肥として油かす、骨粉などや緩効性化成肥料を施します。

◎**病害虫**　ほとんどありません。

四季の変化

月	剪定	肥料
1		寒肥
2		寒肥
3	剪定	
4	剪定	
5	剪定	
6		
7	剪定	
8	剪定	
9		
10		
11		
12		

芽吹き：3～5月
開花：5～6月
果実：10～11月

モチノキ

黐木 【別名】モチ
Ilex integra
モチノキ科モチノキ属　常緑広葉樹　小高木

- シンボルツリー
- 鳥を呼ぶ
- 剪定少
- 日陰OK

この木どんな木
つややかな緑が美しい庭木の名ワキ役。葉は水分を多く含み防火樹の役目も

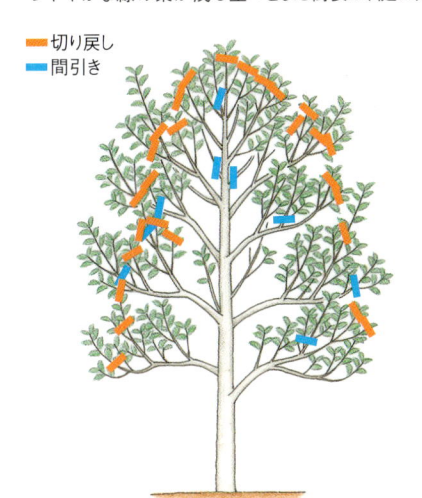

つややかな緑の葉が茂る堂々とした樹姿が、庭に風格を与える。左上の写真は、モチノキの雄花（上）と雌花（下）。

■ 切り戻し
■ 間引き

雌株には鳥の大好物の実がつく。

【剪定方法】
剪定は3〜5月と新梢がかたまる7〜8月に行う。玉仕立ては、太い枝を数本残して骨組みとし、そこから小枝を出させて大きな玉に仕立てる。若木のうちは徒長枝や胴ぶきがよく出るので、早めに切りとる。枝をすかしたり、元葉をもみ上げると通風・採光が促される。

枝先の刈り込み（上）。下面を平らにして、上面に丸みをつくると形が決まる（下）。

【原産地】日本
【日当たり】日向を好むが、耐陰性もある
【土壌・土質】土質はあまり選ばないが、水はけのよい腐食質に富んだ肥沃土を好む
【用途】生け垣、目隠し
【観賞ポイント】常緑の葉、秋に熟す赤い実

【樹形】 5〜10m／3.5〜7m
【植栽範囲】東北南部〜沖縄

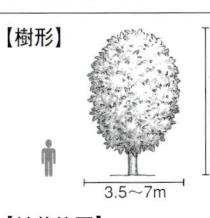

[木の特徴と性質]

庭木の三大名木のひとつ
モッコク、モクセイとともに庭木の三大名木のひとつに数えられ、家の新築時や庭の造園時によく植えられます。雌雄異株で、雌株には秋、赤く熟した実がかたまってつきます。樹皮から、野鳥を捕るためのとりもちをつくるのでこの名があります。木材はかたく、そろばん玉、数珠、玩具、版木などに用いられます。

防火樹に向く丈夫な木
煤煙や塩風に強く、大気汚染にも耐えます。葉は水分を多く含み、住宅の間に植えれば防火樹にもなります。

[作業]
◎**植えつけ＆移植**　植えつけは4〜6月、移植は6〜7月が適期です。どちらも植え穴は大きめに掘り、土に腐葉土や鶏糞をまぜて植えつけます。

◎**手入れ**　生長が遅く、手入れは容易です。

◎**肥料**　寒肥として油かす、骨粉などや緩効性化成肥料を施します。

◎**病害虫**　カイガラムシがつきやすいので、剪定で風通しをよくして予防します。スス病はカイガラムシを駆除することで防げます。

四季の変化	月		剪定	肥料
	1			寒肥
	2			寒肥
	3	開花・芽吹き	剪定	
	4	開花・芽吹き	剪定	
	5	開花・芽吹き	剪定	
	6			
	7		剪定	
	8		剪定	
	9			
	10			
	11	果実		
	12	果実		

セイヨウヒイラギ

■ 生け垣　■ トピアリー　■ 日陰OK

西洋柊　[別名]ヒイラギモチ、イングリッシュ・ホーリー
Ilex aquifolium
モチノキ科モチノキ属　常緑広葉樹　小高木

【原産地】西アジア、ヨーロッパ南部、アフリカ北部
【日当たり】半日陰を好む
【土壌・土質】適湿で肥沃な土壌を好む
【用途】生け垣、トピアリー、シンボルツリー、コンテナ
【観賞ポイント】深緑色の葉、赤い実
【樹高】6〜10m
【植栽範囲】東北南部〜九州

セイヨウヒイラギの花。

セイヨウヒイラギの品種「クリスマスホーリー」。

【剪定方法】
萌芽後は刈り込むと葉の形が損なわれるので、枝抜きをして葉先を揃える。刈り込む場合は春先の萌芽前に行う。

[木の特徴と性質]
ヨーロッパでは聖なる木
葉は互生し、縁にはトゲ状の鋭い鋸歯がありますが、成木では少なくなります。雌雄異株で、11月ごろ、雌株に直径6〜7mmの丸い実が赤く熟します。ヨーロッパでは聖なる木として、クリスマスの飾りにも使われます。

ヒイラギとは別科
別名のイングリッシュ・ホーリーはモチノキ属の英名です。ヒイラギは別科で、モクセイ科の樹木です。

[作業]
◎**植えつけ＆移植**　植えつけと移植は4〜6月が適期です。
◎**手入れ**　仕立て物は、年に1回程度の剪定が必要です。生け垣は年2回（3〜4月、9月ごろ）刈り込むと美しく保てます。
◎**肥料**　植えつけ前に完熟堆肥を植栽用土とよくまぜて植えつけ、その後は寒肥として1〜2月に鶏糞などの有機質肥料を施します。
◎**病害虫**　カイガラムシが発生します。

肥料	剪定	月	四季の変化
		1	
寒肥		2	芽吹き
	剪定	3	
		4	開花
		5	
		6	
		7	
	剪定	8	
		9	
		10	
		11	果実
		12	

ヒイラギ

■ 生け垣　■ 日陰OK

柊
Osmanthus heterophyllus
モクセイ科モクセイ属　常緑広葉樹　小高木

【原産地】日本、台湾
【日当たり】日陰を好むが、日向でも生育可能。耐寒性もある
【土壌・土質】特に土質を選ばないが、水はけのよい有機質に富む土壌を好む
【用途】シンボルツリー、コンテナ、生け垣
【観賞ポイント】トゲ状の鋸歯がある葉、白い花
【樹高】5m
【植栽範囲】東北南部〜沖縄

紫黒色のヒイラギの実。

10〜12月に咲く花。

ヒイラギは雌雄異株で、葉のつけ根に花をつける。

【剪定方法】
萌芽力が旺盛なので、剪定に耐える。仕立て物は、毎年一定の刈り位置まで深く刈り込み、新芽を萌芽させて樹形を維持する。

[木の特徴と性質]
トゲ状の葉で邪気を撃退
葉には触ると痛いトゲ状の鋸歯があり、これは和名の由来「疼ぐ＝ひりひり痛む」ともなっています。また、古来より邪鬼の侵入を防ぐものとして、節分のときに戸口に枝葉を差す風習が今でもあります。雌雄異株で、10〜12月に葉のつけ根に白い花をつけると、翌年の5〜6月ごろに雌株に紫黒色の実が熟します。

白い花と黒い実

[作業]
◎**植えつけ＆移植**　6月ごろが適期ですが、関東以西では盛夏と真冬を除けば可能です。
◎**手入れ**　仕立て物は年1回程度剪定します。
◎**肥料**　植えつけ前に完熟堆肥を植栽用土とよく混合して植えつけ、その後は寒肥として1〜2月に鶏糞などの有機質肥料を施します。
◎**病害虫**　炭そ病、テントウノミハムシやエアカスカシノメイガが発生します。

肥料	剪定	月	四季の変化
		1	
寒肥		2	芽吹き
	剪定	3	
		4	
		5	果実
		6	
		7	
	剪定	8	
		9	
		10	
		11	開花
		12	

オリーブ

Olea europaea
モクセイ科オリーブ属　常緑広葉樹　高木

- シンボルツリー
- 鳥を呼ぶ
- 剪定少

完熟したオリーブの実。

モクセイに似た黄白色の花。

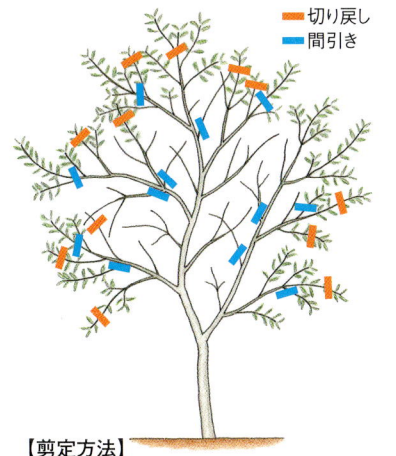

【剪定方法】
風に弱いので、枝の剪定は必要。剪定は3～4月に行う。樹冠内によく日が当たるように、交差枝を切りとるなどして枝をすかすのがコツ。

- 切り戻し
- 間引き

オリーブの木は、葉の観賞、実の利用など目的によって、植栽や手入れが異なってくる。

この木どんな木

植えるだけで庭に地中海の風が吹く。乾燥に強い典型的な陽樹

【原産地】小アジア、地中海東部沿岸地域
【日当たり】日向を好む
【土壌・土質】水はけのよい肥沃な土壌を好む。過湿をきらい、乾燥に強い
【用途】シンボルツリー、コンテナ
【観賞ポイント】銀灰色の葉、緑～黄～黒色の実

【樹形】15m / 12m

【植栽範囲】関東～沖縄

[木の特徴と性質]

慈愛と平和の象徴
古代ギリシャでは慈愛・平和・自由の象徴とされ、現在でもギリシャの国花です。日本へは1860年代（江戸末期）に渡来し、明治末期から小豆島で栽培され、オリーブの島として有名になりました。葉は革質で表が深緑、裏が灰白で光沢があります。5月中旬～7月中旬に、芳香のある黄白色の小花を密につけます。実は塩漬けにしたり、油を搾ります。

オリーブ油になる実

根が浅く風に弱い
根が浅く、かたくてもろいので、大木には防風対策が必要です。

[作業]

◎**植えつけ＆移植**　移植をややきらうので、3～4月に強剪定をして移植後の活着を促します。植えつけ直後には水を十分に与えます。

◎**手入れ**　葉の観賞が目的なら、早めに幹の芯を切って高さを決め、実を利用するときには、別のオリーブの品種を植えるなどします。

◎**肥料**　1～2月に寒肥、6月、収穫時の11月に追肥として有機質肥料を施します。

◎**病害虫**　炭そ病とオリーブゾウムシに注意します。発見したら除去、捕殺を行います。

四季の変化

月	四季の変化	剪定	肥料
1			寒肥
2			寒肥
3	芽吹き	剪定	
4	芽吹き	剪定	
5	開花		施肥
6	開花		施肥
7			施肥
8			施肥
9			施肥
10	果実		追肥
11	果実		追肥
12	果実		

■鳥を呼ぶ ■生け垣

カナメモチ

要黐
Photinia glabra
【別名】アカメモチ、ソバノキ
バラ科 カナメモチ属　常緑広葉樹　小高木

秋から冬にかけて色づく実。

5月中旬～下旬に咲くカナメモチの花。

この木どんな木
真っ赤な芽吹きが
生け垣に映え
常緑樹ながら
四季の変化が楽しめる

【原産地】関東以西、太平洋沿岸、四国、九州
【日当たり】日向を好む
【土壌・土質】肥沃な深い土壌を好む
【用途】シンボルツリー、生け垣
【観賞ポイント】真っ赤な新葉、白い小花、紅色の実

【樹形】5～10m / 4～8m

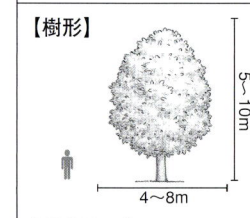

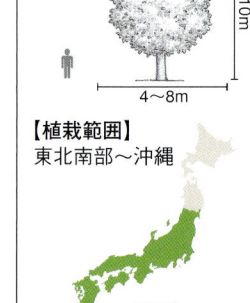

【植栽範囲】東北南部～沖縄

■ 切り戻し
■ 間引き

【剪定方法】
剪定時期は、新芽の色が、赤から緑にかわってきたら刈り込む。東京周辺では、1シーズンに2～3回は楽しめる。

上端は萌芽力が強いので、強く刈り込む。

太い枝は、剪定バサミで切る。（生け垣の剪定→p.79）

色鮮やかなセイヨウベニカナメモチの葉。

[木の特徴と性質]

「扇の要（かなめ）」が名の由来
材質がとてもかたく、かつて扇の要として用いられたことから「要用のモチノキ」すなわちカナメモチの名がついたといわれています。そのほか、かたい木部は車軸や鎌の柄などにも利用されました。また、別名のアカメモチは、新葉が赤色を帯びることにちなんでいます。

真っ赤な新葉が人気
樹高は5～10mになり、葉は互生し革質で光沢があります。5月ごろの芽吹き時と、刈り込み直後の真っ赤な新梢の芽吹きが美しく、秋から冬にかけて、新梢の先にみのった紅色の実が楽しめます。特に新葉の紅色が美しいベニカナメモチは、生け垣や庭木として多く利用されています。

真っ白な小花と紅色の実
花は5～6月ごろに、枝の先端に真っ白い小花をたくさんつけます。秋から冬にかけて赤く色づく実はみごとで、比較的長く木を彩ります。

生長が早い
日当たりのよい肥沃な土壌を好みます。生長が早く強い刈り込みにも耐えますが、耐寒性はあまりありません。

[作業]

◎植えつけ&移植　植えつけと移植は、9～10月が適期です。春の3～4月でも可能ですが、春植えでは根に根頭がん腫病という病気が発生しやすくなります。植えつけ場所は日当たりのよい肥沃な土壌のところで、元肥

カナメモチとオオカナメモチの雑種の園芸品種「レッドロビン」の生け垣。寒さに弱いので、寒冷地では育ちにくい場合がある。

として腐葉土や有機質肥料をまぜ込みます。

◎手入れ　真っ赤な新梢を長く観賞するには、軽く何回か刈り込みを行います。萌芽力があり、剪定や刈り込みは秋から春の冬期を除いて1年を通して行えます。

◎肥料　2〜3月に寒肥として油かすなどの有機質肥料を施します。6月に追肥として同様の肥料を少量与えます。

◎病害虫　根頭がん腫病にかかった場合は、廃棄処分します。ゴマ色斑点病にかかった場合は、薬剤散布をし、程度がひどい場合は、これも廃棄処分します。そのほか、カイガラムシもつきますが、通風・採光を促すことで予防します。

◎整枝・剪定のコツ　萌芽力があるので、どのような刈り込みにも耐えます。ただし、夏〜秋にかけての強い刈り込みは、病害虫にかかりやすいので避けます。

◎生長にあわせた作業ポイント　枝葉のバランスがとれた健全な木に育つように、定期的に刈り込みをします。

[楽しみ方]

生け垣を色鮮やかに　葉の赤色の濃いベニカナメモチや、外国から大量に導入されたセイヨウカナメモチが、近年大量に生け垣や庭木に利用されて人気があります。

ベランダで楽しむ　コンテナ植えでも十分に楽しむことができます。このときは、大きくなりすぎないように樹形を抑えて育てるようにします。

月	四季の変化	剪定	肥料
1			寒肥
2			寒肥
3	芽吹き		寒肥
4	芽吹き		
5	開花	剪定	
6	開花	剪定	追肥
7		剪定	追肥
8			追肥
9		剪定	
10		剪定	
11	果実		
12	果実		

ゲッケイジュ

月桂樹 【別名】ローレル
Laurus nobilis
クスノキ科ゲッケイジュ属　常緑広葉樹　高木

- シンボルツリー
- 香り
- トピアリー
- 日陰OK

この木どんな木
勝者に贈られる月桂冠で有名。葉と枝から漂う香りも魅力

【原産地】地中海沿岸
【日当たり】日向〜半日陰を好む
【土壌・土質】土質は選ばないが、適湿で肥沃な土壌を好む
【用途】シンボルツリー、トピアリー、生け垣、目隠し、記念樹
【観賞ポイント】黄色の小花、香り高い枝葉

【樹形】18m／12m
【植栽範囲】関東〜沖縄

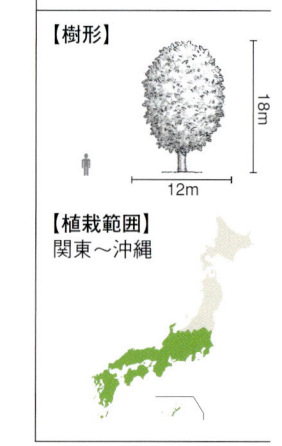

雌雄異株のゲッケイジュの雄花。

雌花。雌木は日本には非常に少ない。

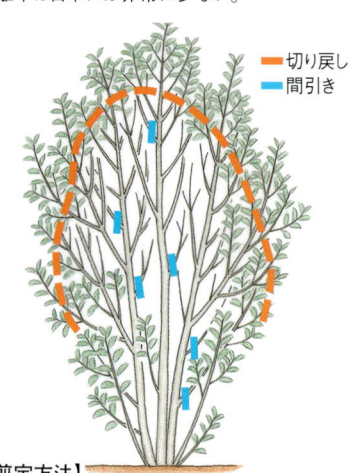

【剪定方法】枝が棒状で多く込み合うので、樹冠内の不要枝を剪定して風通しをよくする。
■切り戻し　■間引き

葉と実。葉は香辛料に使われ、実は健胃薬にされるという。

[木の特徴と性質]

明治時代にフランスから渡来
地中海地域で古くから栽培され、葉つきの枝で編んだ月桂冠はギリシャ時代から勝者に贈られたことで有名です。日本には1905年にフランスから導入され、記念樹として普及しました。

葉は身近なスパイス
日本には雌木が少なく、さし木でふやします。雌雄異株の樹木ですが、花は黄色の小花を密集させて咲きます。枝や葉に芳香があり、乾燥した葉はベイリーフやローリエと呼ばれ、料理に使われます。

[作業]

◎**植えつけ＆移植**　植えつけは4〜6月が適期です。移植が難しい樹種のひとつで、根まわしを確実に行い、寒中の移植は避けます。

◎**手入れ**　土壌が浅いところでは根が浅く、大きく育つと風で倒れやすいので、高さを低く剪定するか、枝葉をすかし、風通しをよくします。放任して育てる場合は支柱をします。

◎**肥料**　リン酸とカリ中心に寒肥を与えます。

◎**病害虫**　風通しが悪いとカイガラムシが発生し、続いてスス病になります。通風・採光をよくすると発生が抑えられます。

四季の変化

月	肥料	剪定	四季の変化
1	寒肥		
2	寒肥		
3		剪定	
4		剪定	開花
5			開花／芽吹き
6			芽吹き
7		剪定	
8		剪定	
9			
10		剪定	果実
11			果実
12			

テンダイウヤク

天台烏薬 [別名]ウヤク
Lindera strychnifolia
クスノキ科クロモジ属　常緑広葉樹　小高木

- 香り
- 生け垣
- 剪定 少
- 病害虫に強い

この木どんな木
異国情緒あふれる葉と花が特徴的。乾燥させた根は重要な漢方の材料

【原産地】中国中南部、台湾
【日当たり】日向を好むが、半日陰にも耐える
【土壌・土質】水はけのよい適湿な土壌を好む
【用途】生け垣、シンボルツリー、添景木
【観賞ポイント】樹形、緑色から黒く変化する実、葉形

【樹形】5m／5～6m

【植栽範囲】関東～沖縄

黒く熟したテンダイウヤクの実。

雄花と鮮明な三行脈が見られる葉。

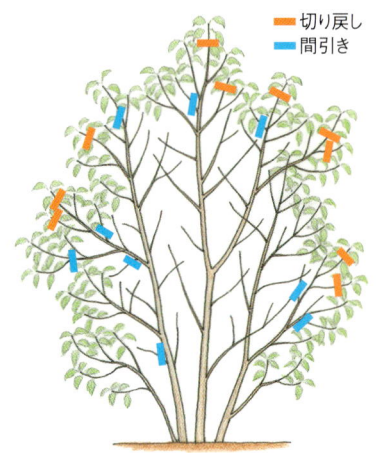

■切り戻し
■間引き

【剪定方法】
込みすぎた枝を枝抜きし、絡み枝など不要枝を剪定する。のびすぎた枝は切りつめる。

枝先に花のついたテンダイウヤク。太く肥大した根が漢方薬になる。

[木の特徴と性質]

江戸時代に薬用として渡来　江戸時代に薬用として渡来しました。本州の静岡県以西、九州の暖地に野生化しています。数珠状に長く肥大した根を乾燥させたものを、漢方では「烏薬」といいます。中国浙江省の天台山に産出する烏薬が良品であるところから、テンダイウヤクの名がつきました。漢方ではおもに健胃薬として使われています。

三行脈の目立つ葉　円形または広い楕円形の葉は薄い革質で、鮮明な三行の脈が見られます。雌雄異株で、3～4月に散形花序を腋生し、黄緑色の小花をつけます。実ははじめ緑色をしていますが、成熟すると黒くなります。

[作業]

◎**植えつけ&移植**　植えつけと移植は4～6月が適期で、植え穴には堆肥を元肥として、遅効性肥料をまぜた土を入れて植えつけます。

◎**手入れ**　ほとんど必要はありません。

◎**肥料**　堆肥など緩効性肥料を1～3月に寒肥として施します。

◎**病害虫**　ほとんどありませんが、カイガラムシが発生する場合があります。

四季の変化	剪定	肥料
月		
1		寒肥
2		寒肥
3		
4 開花	剪定	
5 芽吹き		
6	剪定	施肥
7		
8		
9	剪定	
10 果実		
11		
12		

サンゴジュ
珊瑚樹

Viburnum odoratissimum var. awabuki
スイカズラ科 ガマズミ属　常緑広葉樹　小高木

- 鳥を呼ぶ
- 生け垣
- 日陰OK

6月に咲くサンゴジュの花。

実は赤色から黒紫色に熟す。

サンゴに見立てられた赤い実。8月下旬～10月にかけて赤く熟す。

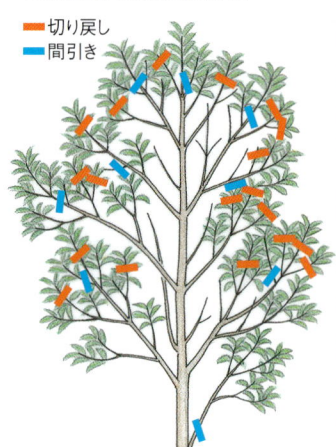

【剪定方法】
花は、今年のびた枝の先端につくので、実を楽しみたいときは、芽吹く前に刈り込む。

- 切り戻し
- 間引き

防火の機能もあるサンゴジュの生け垣。

この木どんな木
サンゴのように真っ赤に色づく実。高さのある生け垣で美しさを発揮

【原産地】本州(関東南部以西)、四国、九州、沖縄、朝鮮半島、中国、台湾
【日当たり】日向を好むが、日陰にも耐える
【土壌・土質】適湿で肥沃なやや重い土を好むが、砂地でも肥沃地なら育つ
【用途】シンボルツリー、生け垣、添景木、防風樹
【観賞ポイント】赤い実、常緑の葉

【樹形】 5～6m / 4～5m

【植栽範囲】東北南部～沖縄

[木の特徴と性質]

サンゴに見立てた赤い実
灰褐色の樹皮に、大きく厚い光沢のある濃緑色の葉がつき、秋になると赤い実がなります。この実がサンゴのように美しいところから、サンゴジュの名がつきました。ふつうは高さ5～6mですが、大きなものでは15mにもなります。6月、花冠の上部が5裂する白い小花を円錐花序に多数つけます。

大気汚染に強い防火樹
亜硫酸ガスや煤煙など大気汚染に強く、交通量の多い道ばたにもよく植えられます。葉は水分を多く含み、枝が燃えると泡を吹き、葉は炎を出さずに火炎に耐えるので、防火樹として利用されます。学名のアワブキはここからついた名です。

生け垣としても適する
刈り込みに強く、よく分枝し下枝が枯れないので、古くから生け垣として植栽されています。また、耐潮性があり、海岸の防風垣として利用されています。

[作業]

◎**植えつけ&移植**　植えつけは3月中旬～4月上旬と9月下旬～10月上旬が適期です。移植にも強く、適期は3～4月と梅雨時です。

◎**手入れ**　幼木のうちは、寒い地方では防寒が必要です。徒長枝が強く出るので、放任すると樹姿が乱れます。日陰では、間のびした樹形になります。

◎**肥料**　寒肥として、油かす、鶏糞、化成肥

料などを埋め込みます。

◎**病害虫** サンゴジュハムシ（幼虫、成虫）がつくので、4〜10月に薬剤を散布して防除します。6月ごろハマキムシの幼虫が発生したときも薬剤で対処します。ミノムシは手で取り除きます。日陰や風通しの悪いところではサンゴジュハムシの害が著しくなります。

◎**整枝・剪定のコツ** 3〜4月、6〜7月、9〜10月が適期です。発生した徒長枝を全部剪定し、ひこばえも除きます。生け垣の場合は上部がのびるので、頂端の部分を強く刈り込みます。

◎**生長にあわせた作業ポイント** 苗は6月中旬〜7月中旬に新枝をさし木して仕立てます。湿気のある粘土質の場所に植え、寒肥、追肥を適宜与え、徒長枝とひこばえなどの不要枝を切除しながら育てます。

[楽しみ方]
赤い実の景観を楽しむ 赤い実が美しい木なので、若木から仕立て、景観木として庭を彩ることができます。また、日陰に強いことから、建物の北側に植えて目隠しにしたり、刈り込みに強いことからいろいろな形の仕立て物にも適しています。

上部の枝ほど生長が早く、徒長枝も多く出るので、放任仕立てはできない。

四季の変化	剪定	肥料	月
			1
		寒肥	2
	剪定		3
芽吹き			4
			5
開花			6
	剪定		7
果実			8
		施肥	9
	剪定		10
			11
			12

サカキ

榊、賢木 【別名】ホンサカキ、マサカキ
Cleyera japonica
ツバキ科サカキ属　常緑広葉樹　小高木

- 生け垣
- 日陰OK
- 病害虫に強い
- 剪定少

この木どんな木
玉串にふさわしい光沢のある葉が魅力。昔から神事に使われてきた神木

【原産地】本州（関東南部以西）、台湾、中国
【日当たり】日向～半日向を好むが、耐陰性もある
【土壌・土質】適湿で肥沃な土壌を好むが、成木では特に選ばない
【用途】シンボルツリー、生け垣、コンテナ
【観賞ポイント】整った樹形、つややかな葉

【樹形】8～10m／5～7m

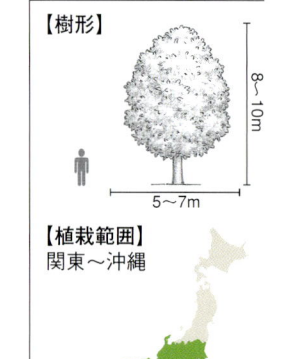

【植栽範囲】関東～沖縄

初夏に咲くサカキの花。

秋～冬につく紫黒色の実。

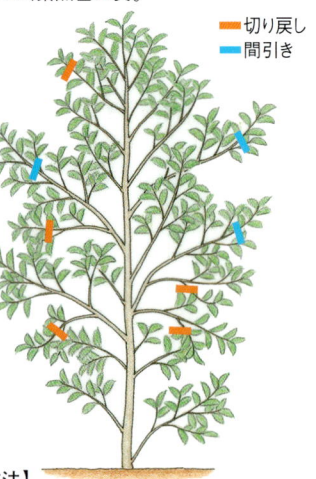

■切り戻し　■間引き

【剪定方法】
日陰では枝が間のびしがちなので、整枝・剪定が必要。葉と葉の間隔が広いのは、この木の特徴。強い刈り込みに耐え、よく萌芽する。

常につややかな葉が茂っているサカキ。刈り込みや病害虫に強い。

[木の特徴と性質]

古くから神前に捧げられる　厚く革質で、光沢のある深緑色の葉は、広めに互生して水平に広がり、玉串にふさわしい形状といえます。初夏に葉のつけ根に黄白色の5弁花を1～3個つけ、秋～冬に紫黒色の丸い実を結びます。

光沢のある美しい葉　紙垂などをつけて玉串とし、昔から神事に使われてきました。「榊」の字は神木からきた国字です。名の由来には、常に葉が茂っていることから栄える木「サカエキ（栄木）」、神の鎮まります地の境の木「サカキ（境木）」などの説があります。

[作業]

◎**植えつけ＆移植**　植えつけは厳寒期と真夏を除けばいつでも可能ですが、移植は3～4月が適期です。移植の場合は、枝葉を8～9割とり除くと活着が良好になります。

◎**手入れ**　軽い刈り込み程度ですみます。

◎**肥料**　成木には必要ありませんが、幼木には春または秋に、あるいは刈り込み後に緩効性化成肥料などを与えます。

◎**病害虫**　ほとんどありません。

四季の変化

月	剪定	肥料	四季の変化
1			
2			
3	剪定		
4		施肥	
5			
6	剪定		開花
7			
8			
9	剪定		
10			果実
11		施肥	
12			

チャノキ

■生け垣 ■日陰OK

茶の木【別名】チャ
Camellia sinensis
ツバキ科ツバキ属　常緑広葉樹　低木～小高木

この木どんな木

自宅の庭で茶摘みができる。緑の葉が密生し、冬の白花も味わい深い

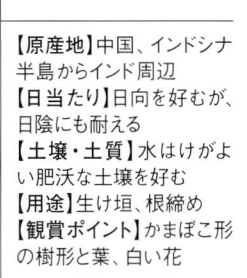

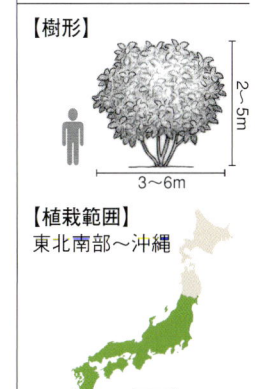

つややかで鮮やかな緑色をしたチャノキの新葉。刈り込みをすると葉が緻密に茂る。

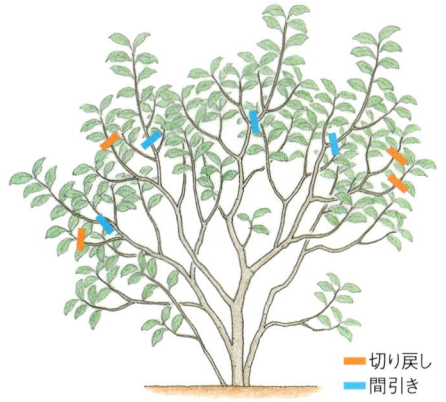

【剪定方法】
萌芽力があり、刈り込むと次々に新梢をのばして緻密な樹冠を形成する。春から秋にかけて刈り込みを数回行うと樹冠が整う。生け垣や栽培用のかまぼこ形は、高さ1m前後を目安にする。

■切り戻し　■間引き

花の翌年の11月ごろに熟す実。

11～12月に咲く花。

【原産地】中国、インドシナ半島からインド周辺
【日当たり】日向を好むが、日陰にも耐える
【土壌・土質】水はけがよい肥沃な土壌を好む
【用途】生け垣、根締め
【観賞ポイント】かまぼこ形の樹形と葉、白い花

【樹形】 2～5m / 3～6m

【植栽範囲】東北南部～沖縄

[木の特徴と性質]

薬用植物として渡来

葉が緑茶や紅茶の原料となる木です。奈良時代に渡来したころは、薬用植物として扱われましたが、鎌倉時代に本格的な喫茶の風習が広まりました。品種は紅茶に代表される葉の大きなアッサム系と、緑茶などの狭小な葉の中国系に大別されます。

かまぼこ形に刈り込んで栽培

刈り込みをすると枝葉が緻密に茂ります。そのため、茶の栽培農家は、かまぼこ形の樹形にします。

冬に開花が楽しめる

11～12月、直径3cmほどの白い花がやや下向きに咲きます。翌年の秋には直径2cmほどの褐色の実も熟します。

[作業]

◎植えつけ&移植　植えつけと移植は3～4月と9～10月が適期です。

◎手入れ　剪定や刈り込みで樹形を整えます。茶葉の収穫のためには低く仕立てます。

◎肥料　寒肥に油かすや骨粉などの有機質肥料を施します。

◎病害虫　チャドクガやチャノキイロアザミウマ、チャノホコリダニなどがつきます。被害が著しいときには薬剤を散布します。

四季の変化	剪定	肥料	月
		寒肥	1
		寒肥	2
			3
芽吹き	剪定		4
	剪定		5
	剪定	施肥	6
		施肥	7
			8
	剪定		9
果実	剪定		10
開花			11
開花			12

モッコク

木斛、厚皮香
Ternstroemia gymnanthera
ツバキ科モッコク属　常緑広葉樹　高木

■ シンボルツリー　■ 日陰OK　■ 病害虫に強い

この木どんな木
光沢のある葉と赤みを帯びた枝。端正な樹姿を誇る庭木の王様

茶褐色の染料が採取できる樹皮。

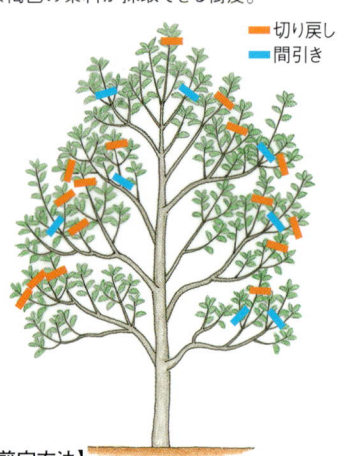

【剪定方法】
枝の途中からは不定芽が萌芽するので、刈り込みはしない。剪定の適期は5〜6月。1か所から4〜5本の枝が出る車枝になるので、2〜3本を残し、ほかは摘みとる。特に中央の枝は長くのびる性質があり、乱れやすいので、確実に切ったほうがよい。込みすぎた枝は間引きし、立ち枝も切る。

■ 切り戻し　■ 間引き

「庭木の王様」といわれる端正なモッコクの樹形。手入れをしなくても、形が整う。

6〜7月ごろに咲く花。

10〜11月につく実。

[木の特徴と性質]

庭木の王様　厚く光沢のある葉と、とても端正な樹形をもちながら、生長が遅く、樹姿の乱れが少ないため、「庭木の王様」と呼ばれています。モチノキ、モクセイとともに庭木の三大木のひとつです。

沖縄の首里城では建築材として使用　赤みを帯びた木部は緻密でかたいため、建築材や器具材のほかに、寄せ木細工、櫛などにも使われます。樹皮に含まれるタンニンは、茶褐色の染料として利用されます。

[作業]

◎植えつけ&移植　植えつけは水はけのよい場所で、新芽の展開時期を除いた3〜10月中なら可能ですが、やや耐寒性に劣るので6〜7月が適期です。大木の移植はやや困難です。

◎手入れ　年に1回程度、込み枝や徒長枝の整理が必要です。

◎肥料　1〜3月ごろに寒肥として堆肥、油かす、鶏糞、緩効性化成肥料を施します。

◎病害虫　枝葉が密生するとカイガラムシが発生しやすくなり、スス病も併発します。排水と通風・採光を改善して予防します。

四季の変化

月	四季の変化	剪定	肥料
1			寒肥
2			寒肥
3		剪定	
4	芽吹き	剪定	
5		剪定	
6	開花	剪定	
7	開花		
8			
9		剪定	
10	果実	剪定	
11	果実		
12			

【原産地】日本
【日当たり】日向を好むが、耐陰性がある
【土壌・土質】適湿で肥沃な深層土を好む
【用途】シンボルツリー、防風樹、目隠し
【観賞ポイント】端正な樹形、赤みを帯びた樹皮、上品な色の葉、赤い実

【樹形】10〜15m／7〜10m

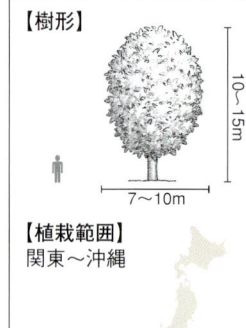

【植栽範囲】関東〜沖縄

シイ

椎 【別名】スダジイ、ツブラジイ
Castanopsis cuspidata var. *sieboldii*
ブナ科シイ属　常緑広葉樹　高木

- シンボルツリー
- 生け垣
- 剪定 少
- 日陰OK

この木どんな木

どっしりした樹形がつくりだす緑の木陰。大きな木の魅力ここにあり

【原産地】本州（福島、新潟以南）、四国、九州、朝鮮半島
【日当たり】耐陰性がある
【土壌・土質】やや乾燥気味の肥沃地を好む
【用途】シンボルツリー、緑陰樹、トピアリー
【観賞ポイント】樹形、刈り込み物、筋のある樹皮

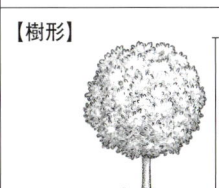

【樹形】25m / 20m

【植栽範囲】福島～沖縄

7月の同時期に撮影されたツブラジイ（左）とスダジイ（右）。ツブラジイに比べて、スダジイは葉が肉厚で、緑が濃く感じる。

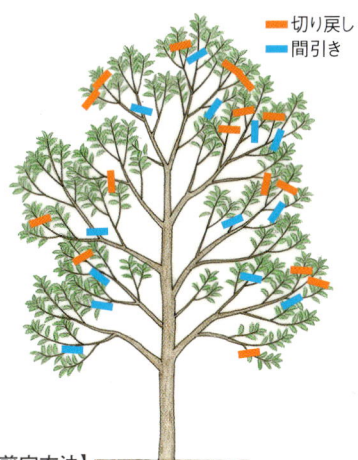

【剪定方法】
庭の主木として用いる場合は、3月下旬～4月上旬ごろに不要枝を中心に切除する。一定の樹形を維持するには、間引きと切り戻し剪定を若木のときから行う。

（凡例：切り戻し／間引き）

スダジイ（上）とツブラジイ（下）の実。

多くの筋のあるスダジイの樹皮。

[木の特徴と性質]

20mを超える高木

シイには葉が肉厚のスダジイと、やや薄いツブラジイとがあります。どちらも地元では単にシイと呼ばれています。スダジイの葉は濃緑色で光沢があり、裏面には細かい毛が密生し灰褐色になります。

雌雄同株ですが、5月下旬～6月に、雌雄別々の穂状花序をつけます。実は翌年の秋に黒褐色に熟し、ほかのどんぐりと違ってタンニンが少なく生食できます。シイタケ栽培の原木ともされます。

生食できる実

[作業]

◎植えつけ＆移植　若苗の植えつけは3月下旬～4月上旬、9月下旬～10月が適期です。移植は3～4月に行います。ポット栽培の苗木ならば真夏、極寒期を除いて可能です。

◎手入れ　広い場所では手間はかかりません。せまい所で剪定を繰り返すと早く衰弱します。

◎肥料　肥沃地に植えるのがよく、若木のうちは春に緩効性化成肥料を株もとまわりに軽く埋め込みます。成木ではほとんど不要です。

◎病害虫　若木では比較的少なく、老木では幹や枝に腐朽菌（ふきゅうきん）が発生しやすくなります。

四季の変化

月	
1	寒肥
2	
3	剪定
4	芽吹き
5	開花
6	
7	剪定
8	
9	剪定
10	果実
11	
12	

（肥料・剪定）

121　庭木｜常緑広葉樹

シラカシ

■シンボルツリー ■生け垣

白樫
Quercus myrsinaefolia
ブナ科コナラ属　常緑広葉樹　高木

アラカシの葉と実。
シラカシの葉と実。 
寒風から家を守ってきた風格のある樹形。 

【木の特徴と性質】

生け垣に向くカシの仲間　風を防ぐ高垣として、昔から農家の周囲などに植えられてきました。関東以西では同じコナラ属のアラカシ、海岸地帯ではウバメガシの利用も目立ちます。シラカシの名は材質が白い（乾燥すると淡褐色）ことに由来します。なお、最高級の炭として知られる備長炭は、ウバメガシでつくられます。

実生で育つ　幼木は細根が少なく根づきにくいため、生け垣などの場合、直接たねをまき実生垣とすることがあります。秋にたねをとり、翌年の3月ごろに直接露地にまきます。

【作業】

◎**植えつけ&移植**　植えつけと移植は5〜6月が適期です。移植は困難なので、十分に根まわししてから行います。

◎**手入れ**　枝の先端がのびやすいので、枝先が大きくならないように剪定します。

◎**肥料**　1〜2月に寒肥として緩効性化成肥料を施します。

◎**病害虫**　ウドンコ病が発生しやすいので、剪定によって通風・採光を促します。

【剪定方法】
カシ類には枝の先端が旺盛に分枝して生長する性質がある。放置すると下枝が栄養不足で育たなくなるため、先端部を抑制するよう剪定する。

四季の変化：芽吹き／開花／果実
剪定：2,3,4,10,11,12月
肥料：寒肥

【原産地】日本、朝鮮半島、中国
【日当たり】日向を好むが、耐陰性もある
【土壌・土質】土質は選ばないが、肥沃な土壌を好む
【用途】シンボルツリー、生け垣、防風樹
【観賞ポイント】緻密な樹冠
【樹高】15〜20m
【植栽範囲】東北南部〜九州

タイサンボク

■シンボルツリー ■香り ■病害虫に強い

泰山木【別名】ギョクラン（玉蘭）
Magnolia grandiflora
モクレン科モクレン属　常緑広葉樹　高木

11月ごろに熟す集合果。
花は大型で甘い香りを放つ。 
濃い緑と白い花のコントラストが美しいタイサンボク。 

【木の特徴と性質】

雄大な樹形と芳香のある花　端正で雄大な樹形を形成します。5月中旬〜6月に直径20cm近い大型の白い花が開花し、咲き始めのころ、ほのかな甘い香りを放ちます。

光沢のある大型の葉　長さ20cm以上の楕円形の葉は、やや薄く、葉縁は波状になり、表面は濃緑色、裏面は褐色の毛におおわれています。日本で一般にタイサンボクと呼ばれているのは変種のホソバタイサンボクが多く、葉は厚くてかたく、葉の縁が裏面側に反り返ります。この種のほうが耐寒性が強く、広く植えられています。

【作業】

◎**植えつけ&移植**　植えつけの適期は3〜4月、梅雨入り前のころです。移植は大きくなるほど困難で、十分な根まわしが必要です。

◎**手入れ**　広い敷地で放任する場合は、数年に一度、不要枝を切りとる程度です。

◎**肥料**　生育がよければ必要ありません。

◎**病害虫**　著しい被害の病害虫はほとんどありませんが、カイガラムシ類が寄生することがあります。発見したら捕殺します。

【剪定方法】
枝が広がりすぎないように切り戻しを行い、均一な枝葉の樹冠づくりに努める。花芽は短めで充実した枝の先端につくが、夏を過ぎるころには花芽がわかるので、この枝を切りすぎないよう注意する。

四季の変化：芽吹き／開花／果実
剪定：3,4月
肥料：寒肥／施肥

【原産地】北アメリカ
【日当たり】日向を好むが、西日をきらう
【土壌・土質】水はけのよい肥沃な土壌を好む
【用途】シンボルツリー
【観賞ポイント】端正な樹形、芳香のある花、大型の葉
【樹高】10〜20m
【植栽範囲】東北南部〜沖縄（ホソバタイサンボク）

カクレミノ

隠れ蓑　【別名】ミツデ、ミツナカシワ
Dendropanax trifidus
ウコギ科カクレミノ属　常緑広葉樹　小高木

- 剪定少
- 日陰OK
- 病害虫に強い

四季の変化				芽吹き		開花				果実		
月	1	2	3	4	5	6	7	8	9	10	11	12
剪定	剪定			剪定			剪定					
肥料		寒肥				追肥						

【剪定方法】
萌芽力があり強い剪定にも耐えるが、定期的に枝を切りつめていると、それほど手入れを必要としない。植えつけたまま放置しておくと、枝と枝の間が間のびする。強剪定を3～4月に行うとよい。

[木の特徴と性質]

蓑に見立てられた葉　常緑でつややかな葉が枝先に集まって互生し、重なり合った様子を、「着ると身を隠せる蓑」に見立てて名がつけられたといわれます。

変身する葉　別名のミツデは3裂した葉形に由来しますが、幼木や若木の葉は3～5裂し、徐々に切れ込みが浅くなり、大きく生長した成木や老木では長楕円形で全縁の葉ばかりとなります。全縁の葉を多くつける成木になると、夏、小枝の先に淡黄緑色の花をつけ、晩秋に実が黒く熟します。

◎[作業]

◎**植えつけ＆移植**　植えつけと移植は3～5月が適期ですが、真夏と冬の時期を除けば比較的容易です。

◎**手入れ**　ほとんど必要ありません。

◎**肥料**　2月に、寒肥として緩効性化成肥料を、6月に追肥を少量施します。

◎**病害虫**　著しい被害の病害虫はほとんどありませんが、まれにカイガラムシがつくことがあります。

カクレミノは萌芽力があり、強い剪定に耐える。

【原産地】本州（関東以西）
【日当たり】半日陰を好むが、日陰でも育つ
【土壌・土質】土壌は選ばないが、乾燥をきらう
【用途】シンボルツリー、根締め、添景木
【観賞ポイント】葉形の変化、整った樹形
【樹高】7～10m
【植栽範囲】関東～沖縄

ヤツデ

八手　【別名】テングノハウチワ
Fatsia japonica
ウコギ科ヤツデ属　常緑広葉樹　低木

- 日陰OK
- 剪定少
- 病害虫に強い

四季の変化				果実	芽吹き	花芽分化				開花		
月	1	2	3	4	5	6	7	8	9	10	11	12
剪定	剪定			剪定			剪定					
肥料		寒肥				施肥						

【剪定方法】
剪定は春から夏にかけて行う。萌芽力が強いため、思い切って太い枝を切り、短く戻す。切ったところから新芽が萌芽し、株に仕立てることができる。葉だけを小さくするには、4～6月の間に葉柄から葉を切り落とす。

[木の特徴と性質]

日本で生まれて世界に普及　日本の山地に自生する日本原産の植物です。19世紀中ごろにヨーロッパに渡り、世界に広まりました。

葉がトレードマーク　名の由来となる手形のように大きく切れ込んだ葉は、名は「ヤツ」で8ですが、実際は7、9、11の奇数に裂けます。11月には、茎の先端に白色の小花が球状に集まって咲きます。園芸品種も多く、斑入りなどさまざまな葉がみられます。

◎[作業]

◎**植えつけ＆移植**　植えつけは5～6月が適期ですが、真夏を除く10月上旬まで可能です。移植は4～7月と9～10月が適期です。

◎**手入れ**　樹形は自然に整いますが、2～3年に1回は古い枝を整理する剪定が必要です。

◎**肥料**　冬期にスコップ1～2杯の鶏糞を施します。マルチングにより土中の湿度を高め、乾燥を防ぎます。

◎**病害虫**　乾燥した場所ではカイガラムシが発生することがあります。発見したら捕殺します。

萌芽力が強いので、春から夏にかけて太い枝を切って、短く戻す。

【原産地】日本
【日当たり】日陰を好む。耐陰性が非常にあり、室内でも生育する
【土壌・土質】適湿な土壌を好む
【用途】根締め、コンテナ
【観賞ポイント】独特の形の葉、球状に咲く花
【樹高】2～3m
【植栽範囲】東北南部～沖縄

シキミ

樒　Illicium anisatum
【別名】ハナノキ、ハカバナ
シキミ科シキミ属　常緑広葉樹　小高木

■香り　■日陰OK　■病害虫に強い

【原産地】東北地方南部以南、四国、九州、沖縄
【日当たり】日向を好むが、耐陰性もある
【土壌・土質】適湿で肥沃な深層土を好む
【用途】シンボルツリー、生け垣
【観賞ポイント】香りのある花と葉、樹形
【樹高】2～6m
【植栽範囲】北海道南部～沖縄

9月ごろ熟す実。
3～4月ごろに咲く花。 
3～4月に込み枝をすかして通風と採光をはかる。

[木の特徴と性質]

芳香のある葉は線香の材料に　3～4月、小枝のつけ根に淡黄白色の花を咲かせます。樹形全体に香気があり、樹皮や葉を乾かして線香や抹香の原料とします。

実の有毒成分が名の由来　本種は全体に有毒成分を含みますが、9月ごろに熟す実は特に毒性が強く、「悪しき実（あしきみ）」であることが名前の由来です。地方によっては忌木となっていますので、利用には気配りが必要です。

[作業]

◎**植えつけ＆移植**　植えつけは3月中旬～4月上旬、9月下旬～10月が適期です。若木の生長は遅く、また、移植はやや困難です。

◎**手入れ**　ひこばえを整理する程度です。

◎**肥料**　寒肥（かんごえ）として12～3月上旬に堆肥（たいひ）と緩効性化成肥料を施します。

◎**病害虫**　ほとんど心配ありません。

【剪定方法】ひこばえは基部から切りとり、また、3～4月に込み枝をすかして通風と採光をはかる。

四季の変化：開花／芽吹き／果実
剪定：4月
肥料：寒肥（1-3月、12月）

マサキ

柾　Euonymus japonicus
【別名】フユシバ、シタワレ
ニシキギ科ニシキギ属　常緑広葉樹　小高木

■生け垣　■日陰OK　■病害虫に強い

【原産地】日本、中国、朝鮮半島
【日当たり】日向を好むが、耐陰性もある
【土壌・土質】土壌は選ばないが、特に海岸近くに適する
【用途】生け垣、目隠し、コンテナ、グラウンドカバー
【観賞ポイント】光沢のある葉、橙色の種子
【樹高】5～8m
【植栽範囲】東北南部～沖縄

斑入りの園芸品種。
金色の「オウゴンマサキ」。 
年2～3回の刈り込み以外、手入れはいらない。 

[木の特徴と性質]

江戸時代からの園芸品種　かつては生け垣にもっとも植栽されていた樹木です。緑色の枝に光沢のある常緑の葉が人気で、江戸時代に園芸化が進み、つる性や斑入り葉などの園芸品種もあります。

さし木でふやせる　マサキは生長が早く、根をよく出すので、さし木でもふやせます。また、刈り込みにも強いので、丸く刈り込んだ生け垣などにも挑戦できます。

[作業]

◎**植えつけ＆移植**　植えつけは厳寒期を除く12～3月が適期です。植え土はよく砕き、水を流し込んで、根の間に土をよく入れます。移植も植えつけに準じます。

◎**手入れ**　6月上旬に1回と7月下旬に1回、萌芽にあわせて刈り込みをします。

◎**肥料**　春に油かすや化成肥料の混合物を、1株当たり2つかみ程度施します。

◎**病害虫**　まれに梅雨時にウドンコ病が発生することがあり、被害が激しいと落葉します。

【剪定方法】剪定は年に2、3回行う程度で、ほかに特別な手入れは必要ない。強健で萌芽力が強く、剪定は強度に行わないと樹形が乱れ、枝条の重みで傾斜してしまう。移植力は強い。

四季の変化：芽吹き／開花／果実
剪定：3-4月、5-6月
肥料：寒肥、施肥、寒肥

ヤマモモ

山桃
Myrica rubra
ヤマモモ科ヤマモモ属　常緑広葉樹　高木

- シンボルツリー
- 鳥を呼ぶ
- 剪定 少
- 病害虫に強い

この木どんな木
和風、洋風庭を選ばず。やせ地でも育つ万能樹木

【原産地】関東南部以西、四国、九州、朝鮮半島、中国
【日当たり】幼木は日陰を好むが、成木は日向を好む
【土壌・土質】土壌は選ばないが、粘土質の土を好む
【用途】シンボルツリー、コンテナ
【観賞ポイント】初夏の果実、細いしわのある樹皮、樹形

【樹形】20〜25m / 18〜23m

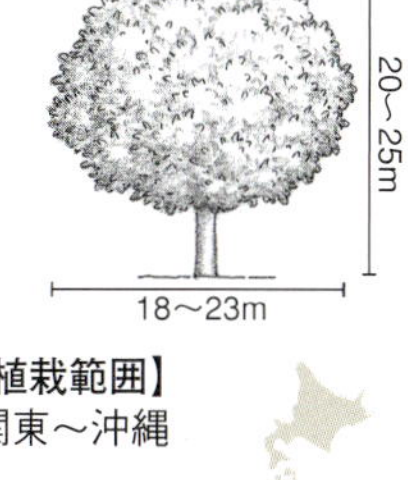

【植栽範囲】関東〜沖縄

黄色の染料としても使われる樹皮。

【剪定方法】
広い場所では特に剪定の必要性はない。萌芽力が強いため、せまい場所では樹冠内の枝が密になりすぎる。大きくしないために早くから主幹を切って枝抜き剪定を行い、樹形を整える。また玉散らし状に仕立てるのもよい。

（オレンジ：切り戻し／青：間引き）

苗木や幼木は寒さに弱いが、成木になると耐寒性が強まり、関東北部でも栽培が可能。

生食もできるヤマモモの果実。  　4月ごろに咲く雌花（左）と雄花（右）。

[木の特徴と性質]

大気汚染に強い
『万葉集』に登場するほど古くから知られた樹木で、山などの自生地では樹高25mを超えるほど大きくなります。強風や潮風にも強く、大気汚染にも耐えるので、庭木や公園木などに利用されます。

果樹としても利用
果実は球形で、6〜7月に暗赤紫色に色づき、生食のほか、ジャムなどによく利用されています。雌雄異株なので、果実を楽しむには雌株を植えます。樹皮は黄色の染料としても用いられます。

[作業]

◎**植えつけ＆移植**　植えつけと移植は6〜7月が適期です。成木を移植する場合は、根まわしと強剪定を行います。

◎**手入れ**　放任しておくと非常に大きくなるので、年1回は剪定が必要です。

◎**肥料**　堆肥や鶏糞を寒肥として、根もとから少し離れたところに溝を掘って施します。

◎**病害虫**　病害虫には強い樹木ですが、枝にコブ病が発生することがあります。薬剤を散布し、枝の切除に使用したはさみは消毒を行い、別の樹木への感染を防止します。

四季の変化
月	肥料	剪定	四季の変化
1	寒肥		
2	寒肥		
3		剪定	芽吹き
4		剪定	開花
5			開花
6		剪定	果実
7		剪定	果実
8			果実
9			
10			
11			
12	寒肥		

落葉広葉樹

カエデ類

Acer spp.
カエデ科カエデ属
落葉広葉樹　小高木～高木

- シンボルツリー
- 鳥を呼ぶ
- 剪定少
- 日陰OK

[この木どんな木]
**赤ちゃんの手のような
かわいい葉が
四季折々に変化する
日本の庭木の代表**

【原産地】東アジア、北アメリカ、ヨーロッパ、北アフリカ
【日当たり】日向～半日陰を好む
【土壌・土質】適湿で肥沃な土壌を好む
【用途】シンボルツリー、コンテナ
【観賞ポイント】新緑、紅葉、美しい樹形

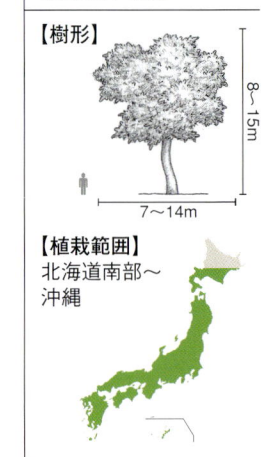

【樹形】8～15m / 7～14m

【植栽範囲】北海道南部～沖縄

玄関のシンボルツリーに使われたハウチワカエデ。透明感のある緑がすがすがしい。

[木の特徴と性質]

古名は「かへるで」、「モミジ」は俗称　カエデとはカエデ属の総称で、カエデの葉は赤ちゃんの手にもたとえられますが、『万葉集』には「かへるで」という蛙の手にたとえた古名が登場、これがなまって現在の名称になったといわれます。また、「モミジ」とも呼ばれていますが、これは紅葉するという意味の動詞「もみず」からきた俗称です。植物分類上は「カエデ」を用いますが、標準和名にはイロハモミジ、オオモミジなど、「モミジ」のつくものもあります。雌雄同株、葉は対生で、多くは掌状に裂けます。日本の春の主役がサクラなら、秋の主役はカエデの紅葉・黄葉で、日本全国にカエデの名所があります。カエデは、新緑、夏の緑陰、落葉後の梢の繊細さまで、四季を通して楽しませてくれます。

紅葉だけにとどまらない美しさ　なかには異株のものもあり、葉は対生で、多

多種多様な品種から選べる楽しみ　日本には35種が自生し、園芸品種は120種以上にものぼるといわれます。主な種類にイタヤカエデ、イロハモミジ、オオモミジ、ヤマモミジがあり、これらから多くの品種が作出されています。そのほかクスノハカエデ、チドリノキ、ミツデカエデ、メグスリノキなど、葉の形に特徴のあるカエデも見られます。

石と砂と常緑の木々が、イロハモミジの紅葉の美しさを引き立てる和風の庭。砂は、海の波や川の流れをあらわし、水辺のモミジに見立てている。

イロハモミジの紅葉。カエデの仲間ではもっとも美しいといわれる。

イロハモミジよりも葉が大きいオオモミジの黄葉。紅葉するものもある。

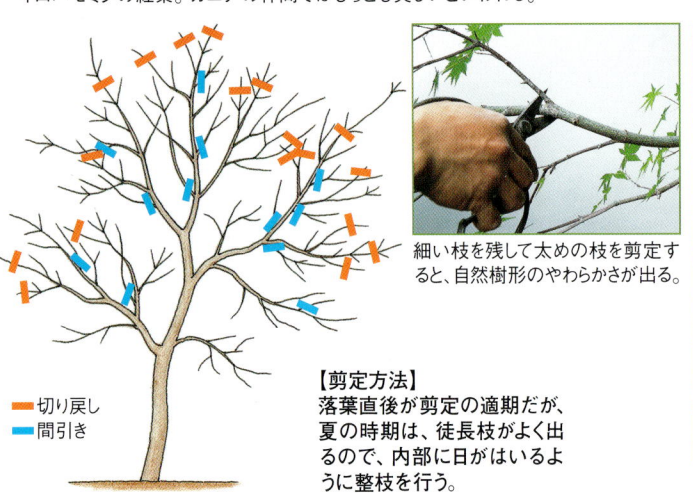

細い枝を残して太めの枝を剪定すると、自然樹形のやわらかさが出る。

【剪定方法】
落葉直後が剪定の適期だが、夏の時期は、徒長枝がよく出るので、内部に日がはいるように整枝を行う。

■切り戻し
■間引き

ヤマモミジの花。ヤマモミジの実生はよく発芽する。

シロップとして知られる甘い樹液

カエデ類の樹液は糖分を多量に含み、なかでも北米のサトウカエデ（砂糖楓）の樹液は、メープルシロップとしてよく知られています。

【作業】
◎植えつけ＆移植　植えつけと移植は、落葉した直後の10〜12月が適期です。自然樹形が美しいので手間はかかりませんが、虫がつきやすいので注意します。
◎手入れ　12月に寒肥として油かすや有機質肥料を、6月にもやや少なめの量を追肥として施します。
◎肥料
◎病害虫　ウドンコ病、アブラムシ、ミノムシ、コウモリガ、テッポウムシ（カミキリムシの幼虫）などが発生することがあります。
◎整枝・剪定のコツ　落葉直後が剪定の適期です。徒長枝はもとから切りとり、小枝は手で折り込みます。葉が出た5〜6月ごろにも折り込めます。樹形は自然風にしなやかに形づくるのがポイントです。
◎生長にあわせた作業ポイント　直径5cm以上の太い枝を切ると枯れ込みますので、細い枝のときから樹形をつくります。やむをえず太い枝を切ったときには癒合剤を塗ります。

[楽しみ方]
カエデの醍醐味は葉色
園芸品種により紅葉の色が、真紅、黄、橙、その中間色などさまざまなので、混植して色彩の変化や対比を楽しみます。盆栽や鉢植えにして、四季折々の変化を観賞することもできます。

月	四季の変化	剪定	肥料
1			
2			
3	芽吹き		
4	開花	（折り込み）	
5		剪定	追肥
6		（折り込み）	
7	果実		
8			
9			
10	紅葉		
11		剪定	寒肥
12			

カエデとモミジの区別

植物分類上は、カエデとモミジは同義語です。ところが、園芸の世界では、イロハモミジ、オオモミジ、ハウチワカエデなど、裂片の深くて多いものをモミジといい、それ以外のトウカエデ、イタヤカエデなどをカエデとして区別する習慣があります。また盆栽の世界では、葉の形が小さく、切れ込みが深く、秋の紅葉が真っ赤になるものをモミジと呼び、切れ込みが浅く、葉の大きいものをカエデと呼びます。

園芸界のカエデ

トウカエデ／葉の切れ込みが浅い3裂で、つやがある。中国原産なので「唐楓（とうかえで）」の名がある。奈良～平安時代に日本に移入されたといわれる。

イタヤカエデ／日本のカエデのなかでもっとも樹高が高い木。葉の縁に鋸歯（きょし）状の切れ込みがなく、秋には、赤くならずに、黄葉するのが特徴。

園芸界のモミジ

ハウチワカエデ／大型の葉で7～11裂して、形が天狗の羽団扇（はうちわ）に似ているところから、この名がある。本州～北海道の海抜1000mぐらいの山野に自生する。

イロハモミジ／イロハカエデともいい、日本のカエデを代表する木。葉が5裂または7裂していて、指でイロハニホヘトと数えるときの手に似ていることから命名された。

オオモミジ／山地に自生する種類で、日本海側におもな分布地域がある。葉の幅が10cm近くもあり、イロハモミジよりも大きいので、この名がある。

特徴のあるカエデ

メグスリノキ／樹皮や葉の煎じ汁を目薬として利用したことから、この名がある。葉はミツデカエデと同じく3枚1組で、秋に紫紅色に紅葉する。

ウリハダカエデ／若木の樹皮が、マクワウリの皮に似ていることからこの名がある。老木の樹皮は灰褐色になる。

クスノハカエデ／日本で唯一の常緑のカエデ。中国から東南アジアに分布するカエデで、日本では沖縄県に自生する。

サトウカエデ／カナダの国旗にもデザインされている北米原産のカエデ。樹液を煮詰めて、メープルシロップをつくる。

ミツデカエデ／独立した3枚の葉がひとつのセットになっているところからこの名がある。秋には黄葉する。

チドリノキ／通常のカエデの葉のように手の形をしていない。実が並んで垂れ下がる風情が、チドリ（千鳥）に似ていることに由来する。

庭木｜落葉広葉樹

ヒメシャラ／ナツバキ

■シンボルツリー　■剪定 少　■日陰OK

姫沙羅【別名】ヤマチシャ、アカラギ、サルタノキ、サルスベリ／夏椿【別名】シャラノキ、サラノキ

Stewartia monadelpha / *Stewartia pseudocamellia*

ツバキ科ナツツバキ属　落葉広葉樹　小高木

玄関のシンボルツリーとして植えられたナツツバキ。家の緑色の壁面に白い花がさわやかな雰囲気を醸し出す。

[木の特徴と性質]

樹形の美しい清楚な木

自然のままでよい樹形に育つ木々ですが、ヒメシャラは「姫」を冠する名のように、全体がナツツバキ（シャラノキ）より小形です。どちらも6〜7月、ツバキによく似た真っ白の清楚な花をつけますが、ヒメシャラの花は小ぶりです。

『平家物語』の「娑羅双樹」とは別物

シャラノキの別名をもつナツツバキは、サラソウジュの名で利用されることがあり、「娑羅双樹の花の色、盛者必衰の理をあらわす」という『平家物語』の一節で知られる植物と混同されることがありますが、それは仏教の聖木とされている、フタバガキ科の樹木です。

赤みを帯びた幹と斑模様の美しい幹

ヒメシャラの樹皮は滑らかで、淡赤黄色から淡赤褐色をしていることから、「アカラギ」ともいわれます。一方、ナツツバキは落葉後、幹の表面が薄くはがれ落ちて、つややかな灰色を帯びた褐色の樹皮に独特の斑模様ができます。

乾燥の影響を受けやすい

両種とも土の乾燥の影響を受けやすく、強い日射を受けると葉が日焼けすることがあります。

[作業]

◎植えつけ＆移植

植えつけと移植は2〜3月の芽出し前が最適ですが、それ以外の時期も落葉後ならば可能です。植え穴には堆肥や腐葉土を十分入れ込んでおくとよく育ちます。

【原産地】日本
【日当たり】半日陰〜日向を好む。西日をきらう
【土壌・土質】肥沃地を好む（ヒメシャラのほうが湿り気のある肥沃土を好む）
【用途】シンボルツリー
【観賞ポイント】白い清楚な花、滑らかな樹皮

【樹形】
8〜10m
10m
6m(ヒメシャラ)
6〜7m(ナツツバキ)

【植栽範囲】
関東〜九州(ヒメシャラ)／東北南部〜九州(ナツツバキ)

ヒメシャラの紅葉。

ナツツバキの実。

赤みを帯びて滑らかなヒメシャラの樹皮。

ナツツバキより小ぶりなヒメシャラの花。

■間引き

【剪定方法】
枝が込んでいる場合は、花後に枝を間引いて、内部に光がはいるようにする。

表面が薄くはがれ落ちるナツツバキの樹皮。

ツバキによく似たナツツバキの花。

肥料	剪定	月	四季の変化
		1	
寒肥	剪定	2	
		3	芽吹き
		4	
		5	
		6	開花
施肥	剪定	7	花芽分化
		8	
		9	果実
		10	
	剪定	11	紅葉
		12	

活着するまでは水やりを続けます。腐葉質に富む湿潤な土質で、湿度の高い山地に自生する木なので、他木との混植か群植にし、根もとにはキクやスズランなどの宿根植物を植えて、乾燥を防ぐとよいでしょう。

◎手入れ　どちらも、放任してもひどく乱れる樹形にはならない樹木です。刈り込みはせず、自然にのばすことが望ましいでしょう。

◎肥料　元気がないときに追肥をする程度です。根もとのまわりに堆肥や腐葉土を埋めて土質を改良します。

◎病害虫　ツバキ科なのでまれにチャドクガがつくおそれがあります。発生したら、幼虫が密集している枝を切りとり焼却します。

◎整枝・剪定のコツ　落葉期に剪定します。自然な分枝の流れをつくることを心がけ、やわらかい枝条を生かすように全体をすかす剪定が基本です。萌芽力が弱いので、大枝などの強い整枝や剪定、枝先を途中まで切りつめる剪定は避けましょう。

◎生長にあわせた作業ポイント　強剪定をする場合は、すべてを切らずに必ず枝を何本か残しておくことが大切です。

[楽しみ方]

木肌や紅葉を味わう　ヒメシャラは木肌が滑らかで光沢があり、秋の紅葉も美しい木です。ナツツバキはヒメシャラよりも生育範囲が広く、入手が容易です。切り花にも使われますが、茶庭に最適な味わいのある木です。盆栽も人気があります。

131　庭木｜落葉広葉樹

アカシデ

赤四手、赤幣
Carpinus laxiflora
【別名】シデノキ、コソネ、ソロ
カバノキ科クマシデ属　落葉広葉樹　高木

■シンボルツリー　■剪定 少　■病害虫に強い

この木どんな木
女性的なやさしさを感じさせる果穂。日除けを兼ねて窓際の植栽にも

【原産地】日本、朝鮮半島、中国
【日当たり】日向を好むが、半日陰にも耐える
【土壌・土質】適潤な肥沃地を好むが、ふつうの土壌で育つ。やや乾燥にも耐える
【用途】シンボルツリー
【観賞ポイント】自然樹形、若葉と秋の紅葉、赤みを帯びた新芽、繊細な枝条

【樹形】 12～14m / 10m
【植栽範囲】北海道南部～九州

名前の由来になった赤い新芽。

たてに細い縞模様がはいる樹皮。

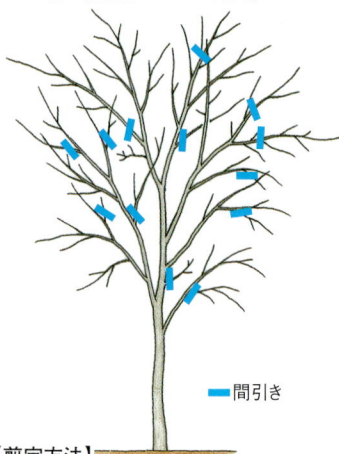

【剪定方法】
徒長枝、ふところ枝、絡み枝など樹形を乱す枝を、つけ根から除去する。剪定時期は、落葉後から3月上旬の間と、開葉後の6～7月中旬に行う。夏期の剪定は軽くする。

■ 間引き

アカシデの若葉。葉の間に穂状に下がっているのは実。10～11月ごろに成熟する。

[木の特徴と性質]

雑木林によく見られる樹木　日本各地の雑木林で近似種のイヌシデとともにふつうに見られ、樹形や樹皮（灰白色でたてに縞模様がはいる）、葉の観賞性が高く、自然風の庭や盆栽に利用されます。

「四手」のような果穂　雌雄同株で、春に芽が開くと同時に開花します。新芽は赤く、垂れ下がった果穂を、注連縄などに下がった紙の四手に見立てたのが名前の由来です。日除けを兼ねて窓際に植栽し、やや水平状の枝から垂れ下がる花や果穂を楽しみます。

樹形が整いやすい　若木は日向を好みますが、成木になると半日陰にも耐えて育ちます。生長は早いのですが、樹形が安定しやすいので育てやすく、初心者向きの樹木です。

[作業]

◎**植えつけ&移植**　植えつけと移植は落葉後の11月～3月、芽の開く前（寒冷地は早春の葉が出る前）が適期です。

◎**手入れ**　乱れた枝を剪定する程度にします。

◎**肥料**　特に必要ありません。

◎**病害虫**　病害虫はほとんどつきません。

月	四季の変化	剪定	肥料
1		剪定	寒肥
2		剪定	寒肥
3	芽吹き		
4	開花		
5			
6		剪定	
7		剪定	
8			
9			
10	紅葉		
11	果実		
12	果実	剪定	

シラカバ

白樺　【別名】シラカンバ
Betula platyphylla var. japonica
カバノキ科カバノキ属　落葉広葉樹　高木

- シンボルツリー
- 剪定 少
- 病害虫に強い

この木どんな木
緑の葉と白い幹のコントラストが絶妙。高原のさわやかさを運んでくれる

【原産地】北海道、本州（福井県、岐阜県以北）、千島、朝鮮半島、中国、サハリン、東シベリア
【日当たり】日向を好む。日陰には弱い
【土壌・土質】土質は選ばない。やや乾燥に強いが、水湿地でも育つ
【用途】シンボルツリー
【観賞ポイント】白い樹皮、若芽、黄葉

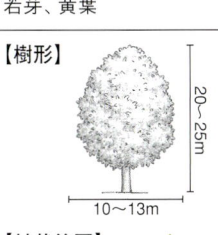

【樹形】20～25m／10～13m

【植栽範囲】北海道～中部

秋を彩る黄葉。

【剪定方法】
剪定はなるべく避けるが、やむをえず行うときは12～2月の落葉期に枝抜き剪定で行う。ふところ枝などの不要枝は、日当たりが悪いと枝枯れするので、つけ根から剪除する。

■ 間引き

シラカバの雄花。

緑の葉と白い樹皮のコントラストがシラカバの魅力で、人気も高い。

[木の特徴と性質]

高原のイメージ「白樺の林」　白い樹皮が美しいことから「白樺」と呼ばれ、詩歌にも多く詠まれてきました。緑の葉と真っ白な幹のコントラストが美しい樹木です。高原で見られる夏の姿は印象的ですが、秋の黄葉も冬の木立の姿も美しい風情です。

山火事の跡地などにいち早く生える　森林などが破壊された後に最初に侵入する木として有名で、生長も早いので、造成地や埋め立て地にも向きます。木部は家具や器具材、パルプ材として、また、樹皮ごとこけし人形などの細工物に利用されます。

[作業]

◎**植えつけ＆移植**　植えつけと移植は2～3月が適期です。

◎**手入れ**　根もとに直射日光が当たるのをきらうので、敷きワラなどでマルチングします。

◎**肥料**　あまり必要としませんが、若木では寒肥として緩効性化成肥料を堆肥などにくるみ、樹冠下に軽く掘って埋めます。

◎**病害虫**　カミキリムシの幼虫のテッポウムシは、見つけしだい捕殺します。

四季の変化

月	四季の変化	剪定	肥料
1		剪定	
2		剪定	
3	芽吹き		寒肥
4	開花		
5	開花		
6			
7			
8			
9			
10	黄葉		
11	黄葉		肥料
12		剪定	

ウメモドキ

梅擬
Ilex serrata
モチノキ科モチノキ属　落葉広葉樹　低木

■ 鳥を呼ぶ　■ 剪定 少

葉が落ちても早春まで残る実。

白い実をつけるシロミウメモドキ。

緑の葉に輝くような赤い実が美しい。

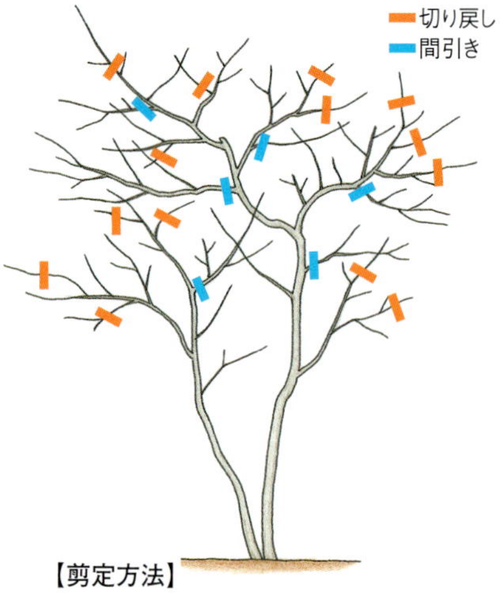

葉のつけ根に咲く雄花（左）と雌花（右）。

【剪定方法】
春にのびた枝に花をつけるので、剪定は発芽前の冬期剪定で行うとよい。

- 切り戻し
- 間引き

この木どんな木

晩秋に赤く熟し早春まで残る実が紅梅を思わせる育てやすい木

【原産地】日本、中国
【日当たり】半日陰でも育つが、日向のほうがよく実がつく
【土壌・土質】やや湿り気のある肥沃な土壌を好む
【用途】シンボルツリー、コンテナ
【観賞ポイント】赤い実

【樹形】2〜3m／2〜3m

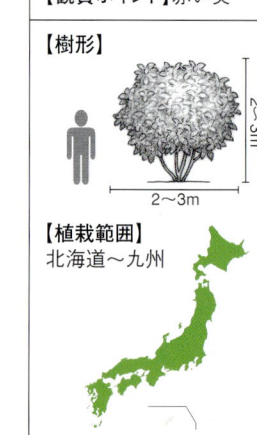

【植栽範囲】北海道〜九州

[木の特徴と性質]

早春まで庭を彩る赤い実

雌雄異株で、6月ごろ、葉のつけ根に淡紫色の小花がまとまってつきます。実は11月ごろ赤く熟し、葉が落ちても早春まで残るその姿を紅梅の花に見立てて、ウメモドキの名がついたともいわれます。実つきがよく、育てやすい樹木です。

白、黄色、絞り模様の実もある

品種には白い実をつけるシロウメモドキ、黄色い実をつけるキミウメモドキが、園芸品種には大きな実をつける「大納言」、実が絞り模様になる「源平」などがあります。

[作業]

◎植えつけ&移植　植えつけと移植は、落葉期（11〜3月）と梅雨期が適期です。

◎手入れ　樹形の乱れが少ないので、数年に1回、樹形を乱す不要枝を剪定します。

◎肥料　植えつけ前に完熟堆肥を土とよくまぜて植え穴に入れます。冬期には寒肥として鶏糞などを与えます。

◎病害虫　カイガラムシがつくことがあります。ブラシなどで落としてください。被害が著しいときには、冬期に薬剤を散布します。

四季の変化の月／剪定／肥料

月	四季の変化	剪定	肥料
1		剪定	寒肥
2		剪定	寒肥
3		剪定	
4	芽吹き		
5			
6	開花		施肥
7			
8			
9			
10			
11	果実	剪定	
12		剪定	

アズキナシ

- シンボルツリー
- 鳥を呼ぶ
- 剪定少

小豆梨 【別名】ハカリノメ
Sorbus alnifolia
バラ科ナナカマド属　落葉広葉樹　高木

名の由来となった実。
アズキナシの花。
落葉樹林のなかのアズキナシ。

[木の特徴と性質]
野趣のある樹形　樹形が端正で、花や実の観賞性も高いので、庭に植えられます。野趣に富む秋には赤く熟し、楕円形で小さいことからこの名がつきました。別名のハカリノメは秤目と書き、若い枝に散在する白い小さな皮目を、秤の目盛に見立てたものです。

[作業]
◎**植えつけ&移植**　植えつけは落葉後の11～3月が適期です。寒冷地では早春の発芽前が最適です。移植は植えつけ時期と同じですが、3月ごろが適期です（根まわしも同様）。
◎**手入れ**　自然に樹形が整うので、不要な枝を枝抜きする程度で十分です。
◎**肥料**　数年に1回、1～3月（雪が解けた後）に、鶏糞などの有機質肥料を寒肥として与えます。
◎**病害虫**　アブラムシが発生しやすいので、剪定で通風・採光を促します。

【剪定方法】
落葉時期に、逆さ枝、ふところ枝、絡み枝などの不要枝を取り除く。樹形を一定の大きさに保つには、定期的な切り戻しと枝抜きを行う。

四季の変化／剪定／肥料
1 寒肥
2 剪定
3
4 芽吹き
5 開花
6
7
8
9
10 果実
11 剪定
12

【原産地】日本、台湾、朝鮮半島、中国、ロシア
【日当たり】半日陰～やや日向を好む。西日をきらう
【土壌・土質】適湿で肥沃な土壌を好む
【用途】シンボルツリー
【観賞ポイント】端正な樹形、白い花、赤い実
【樹高】10～15m
【植栽範囲】北海道～九州

ウラジロノキ

- シンボルツリー
- 鳥を呼ぶ
- 剪定少

裏白の木 【別名】マメナシ
Sorbus japonica
バラ科ナナカマド属　落葉広葉樹　高木

食用になる実。
葉のつけ根に咲く花。
遠くからでも目立つ白い葉裏。

[木の特徴と性質]
葉に線毛が密生　葉は卵円形で縁には粗い鋸歯があります。葉裏には白い綿毛が密生し、風に葉が翻ると、遠くからでも白さが目立ちます。名前の由来にもなっている特徴です。5～6月に新枝の先端と葉のつけ根に、白い花を多数つけます。実は10～11月に赤く熟し、食用になります。

[作業]
◎**植えつけ&移植**　植えつけは11～3月が適期ですが、寒冷地では早春の発芽前に行います。移植は3月ごろが適期です。
◎**手入れ**　自然に樹形が整うので、不要な枝を枝抜きする程度で十分です。夏の乾燥時には水やりに注意します。
◎**肥料**　植えつけ時に完熟堆肥を植栽用土にまぜて施します。その後、生育状態を見ながら、1年～数年に1回、1～3月に鶏糞などの有機質肥料を寒肥として施します。
◎**病害虫**　アブラムシがつきやすいので、通風・採光のよいところに植栽します。日ごろから水切れに注意し、チッ素肥料を控えます。著しい被害が発生したら薬剤を散布します。

【剪定方法】
落葉時期に、逆さ枝、ふところ枝、絡み枝などの不要枝とともに、通風・採光の妨げとなる枝も取り除く。

四季の変化／剪定／肥料
1 寒肥
2 剪定
3
4 芽吹き
5 開花
6
7
8
9
10 果実
11 剪定
12

【原産地】日本
【日当たり】日向を好むが西日をきらう
【土壌・土質】適湿で肥沃な土壌を好む
【用途】シンボルツリー、添景木
【観賞ポイント】樹形、裏が白い葉、白い花、赤く熟す実
【樹高】10～15m
【植栽範囲】北海道～九州

エゴノキ／ハクウンボク

- シンボルツリー
- 鳥を呼ぶ
- 剪定 少
- 病害虫に強い

[別名]チシャノキ、ロクロギ／**白雲木**[別名]オオバヂシャ

Styrax japonicus / *Styrax obassia*

エゴノキ科エゴノキ属　落葉広葉樹　小高木（エゴノキ）／高木（ハクウンボク）

白雲のように咲くハクウンボクの花（左）。滑らかな若い木の樹皮（右）。

下向きに咲くエゴノキの花。

ハクウンボク（左）とエゴノキ（右）の実。

【剪定方法】
自然風の樹形に仕立てることに心がけ、不要枝を取り除く程度にする。一定の樹形を維持するには、切りつめと枝抜きを組み合わせて剪定する。

自然な樹形が美しいエゴノキ。ハクウンボクも同じように自然風の樹形が似合う。

【原産地】日本、中国、朝鮮半島、台湾、フィリピン（エゴノキ）／日本、中国、朝鮮半島（ハクウンボク）
【日当たり】日向を好むが、耐陰性もややある
【土壌・土質】保水性があり腐食質に富んだ砂壌土から埴壌土を好む。乾燥に弱い
【用途】シンボルツリー、コンテナ
【観賞ポイント】樹形、白い花、実、大きな葉（ハクウンボク）

【樹形】
10〜12m
8〜10m
7〜9m（エゴノキ）
6〜8m（ハクウンボク）

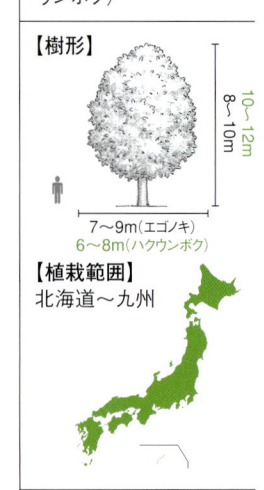

【植栽範囲】
北海道〜九州

[木の特徴と性質]

初夏に咲く白い花
薪炭林として維持されてきた雑木林中にエゴノキが多く見られます。5〜6月、たくさんの白い花が垂れ下がった様子はひときわ目立ちます。樹皮は暗褐色で、若い木では滑らかです。木材は玩具や櫛、将棋の駒などに用いられます。また、実や花には有毒のエゴサポニンが含まれています。

白雲がたなびくように見える花
ハクウンボクは、エゴノキより寒地に生えて花が大きく、多数垂れ下がる様子が、白雲がたなびいているかのように見えるところから名がつきました。淡黄色の緻密な木材はろくろ細工に利用されています。

[作業]

◎植えつけ＆移植　植えつけと移植は落葉後の10〜12月、開葉前の2〜3月が適期です。

◎手入れ　自然樹形に仕立てるため、不要枝を数年に1回切りとる程度で十分です。

◎肥料　鶏糞などを寒肥として与えます。

◎病害虫　エゴノネコアシ（アブラムシ）、アオイラガ、カミキリムシの幼虫などは発見したら捕殺します。

月	四季の変化	剪定	肥料
1		剪定	寒肥
2		剪定	寒肥
3		剪定	寒肥
4	芽吹き		
5	開花		
6	開花		
7	花芽分化		肥料
8	花芽分化		肥料
9	果実		
10	果実		
11		剪定	
12		剪定	

カツラ

桂
Cercidiphyllum japonicum
カツラ科カツラ属　落葉広葉樹　高木

- シンボルツリー
- 香り
- 病害虫に強い

この木どんな木

新緑、黄葉が美しい
ハート型の葉。
水湿地に強く
池の周辺にも向く

【原産地】 北海道から九州までの日本全土
【日当たり】 日向〜半日陰を好む
【土壌・土質】 適湿で肥沃な土壌を好む。耐湿性があり、乾燥をきらう
【用途】 シンボルツリー、緑陰樹、並木
【観賞ポイント】 新緑、黄葉

【樹形】 20〜25m / 12〜16m

【植栽範囲】 北海道〜九州

9月ごろに熟す果袋状の実。

葉に先立って咲くカツラの雄花。

秋には樹冠が黄色に染まる。カツラの魅力のひとつ。

カツラの若葉。香りづけの材料にもなる。

浅い裂け目ができ、薄片となってはがれる幹。

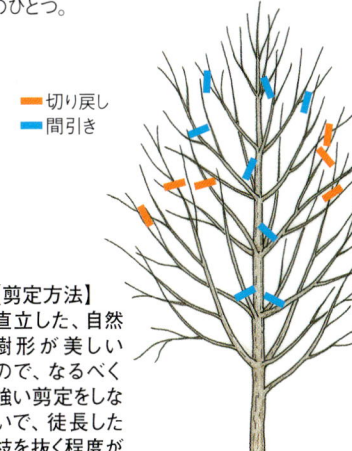

【剪定方法】 直立した、自然樹形が美しいので、なるべく強い剪定をしないで、徒長した枝を抜く程度がよい。

■ 切り戻し
■ 間引き

木の特徴と性質

新緑と黄葉が美しく映える

広いハート型で丸みのある鋸歯がある葉は、新緑と黄葉がとても美しく、観賞性があります。雌雄異株で、5月ごろに葉より先に紫紅色の花を開きます。漢名の「桂」は、中国ではモクセイなどの香木を指しますが、平安時代、木灰を抹香の材料として使ったことから、香りのある木として混同されたようです。現在も乾燥した葉は香りづけの材料として使われることがあります。秋の黄葉時には、樹林の下でもほのかに香りがします。

樹下に漂うほのかな香り

[作業]

◎植えつけ&移植　植えつけと移植は落葉時（11〜3月）が適期です。乾燥気味の場所へ植栽すると、枝張りが大きくなります。

◎手入れ　落葉時には樹形の骨格づくりの剪定を行い、6〜7月に軽い剪定を行います。

◎肥料　2〜3月に有機質肥料と化成肥料をまぜて施し、6月ごろに緩効性化成肥料を追肥として施します。

◎病害虫　比較的少ないのですが、コマダラカミキリを発見したら捕殺します。

四季の変化

月	剪定	肥料
1		
2	剪定	施肥
3		
4		
5	開花	
6	剪定	追肥
7		
8		
9	果実	
10	黄葉	
11		
12	剪定	

クロモジ

黒文字
Lindera umbellata
クスノキ科クロモジ属　落葉広葉樹　低木

- ■香り
- ■鳥を呼ぶ
- ■剪定 少
- ■病害虫に強い

この木どんな木

花も葉も枝もよい香りをもつ木。枝からつくられる楊枝の名でも有名

【原産地】本州、四国、九州、中国
【日当たり】半日陰を好み、強い日差しをきらう
【土壌・土質】肥沃で湿潤な土壌を好み、乾燥をきらう
【用途】シンボルツリー、根締め、生け垣
【観賞ポイント】自然樹形、軽快な枝葉、清楚な花、黒斑のある樹皮

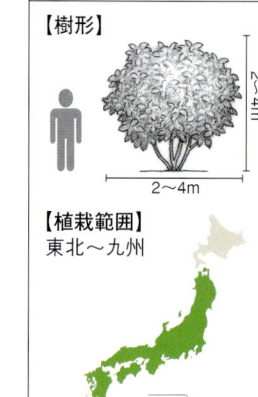

【樹形】 2〜4m × 2〜4m

【植栽範囲】東北〜九州

文字のように見える樹皮の黒斑。

9〜10月に熟す実。

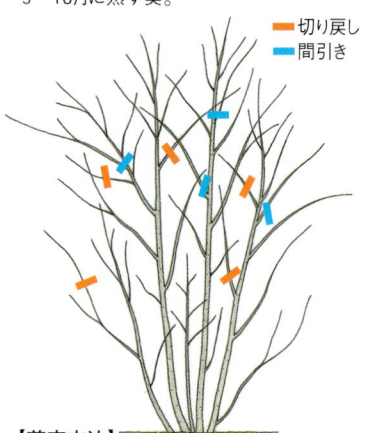

【剪定方法】
枝葉が少ないので枝の分かれ目から交差枝、ふところ枝、絡み枝などを抜くように剪定する。
━ 切り戻し
━ 間引き

新芽とともに、黄色の花をつけた春のクロモジ。

[木の特徴と性質]

文字のように見える樹皮の黒斑　樹皮は緑色で黒斑があり、それが文字のように見えることから、「黒文字」の名がつきました。春、新芽とともに黄色の清楚な花をつけ、9〜10月に、黒くて丸い実をつけます。北海道から東北、北陸の日本海側では、葉がより大きい変種のオオバクロモジが分布しています。

高級爪楊枝の材料とされる枝　枝を折ると独特の芳香があります。古くから爪楊枝や箸の材料に用いられ、そこから高級な爪楊枝を「くろもじ」と呼ぶようになりました。

[作業]

◎**植えつけ＆移植**　植えつけと移植は落葉後の11〜3月上旬に行います。移植は難しく、根まわしをして（のびている根を切るだけでもよい）から移植します。

◎**手入れ**　手入れはほとんど必要ありませんが、不要枝を切り落とします。

◎**肥料**　特に必要ありませんが、冬期にとに腐葉土を厚さ1cm程度マルチングすると効果的です。

◎**病害虫**　病害虫はほとんどつきません。

月	四季の変化	剪定	肥料
1		剪定	寒肥
2		剪定	寒肥
3		剪定	
4	開花・芽吹き		
5	開花・芽吹き		
6		剪定	
7		剪定	
8		剪定	
9	果実		
10	果実		
11	黄葉		
12	黄葉		

ダンコウバイ

檀香梅 【別名】ウコンバナ
Lindera obtusiloba
クスノキ科クロモジ属　落葉広葉樹　低木

- 香り
- 鳥を呼ぶ
- 病害虫に強い

秋につく実。
ダンコウバイの雄花。
葉が開く前に、短枝ごとに乱れ咲く花。

【原産地】本州（関東以西）、九州、朝鮮半島、中国
【日当たり】日向を好むが、木漏れ日程度でも生育
【土壌・土質】やや湿り気のある肥沃な土壌を好む
【用途】シンボルツリー、添景木
【観賞ポイント】不整形な樹形、黄色い小花、葉形と黄葉
【樹高】2～4m
【植栽範囲】関東～九州

[木の特徴と性質]

葉より早く開く花　葉が開く前の3～4月、芳香をもつ直径3mmほどの小さな黄色い花が、短枝ごとに群れ咲きます。雌雄異株で、雌花は雄花ほど目立たないので、雄花のほうが華やかな印象です。

黄葉と野趣を楽しむ　幹や枝には多少の屈曲枝模様とひとつひとつ異なる不整形な樹形が持ち味です。葉は三行脈のある浅く切れ込む形で、落葉前に一様に黄葉する様子は、楊枝や細工用に利用されます。

【作業】

◎**植えつけ&移植**　植えつけと移植は厳寒期を除く12～3月の落葉期が適期です。

◎**手入れ**　春先に、のびすぎる枝や交差枝、立ち枝などの不要枝を剪定します。

◎**肥料**　施肥はほとんど必要ありません。

◎**病害虫**　病害虫はほとんどありません。

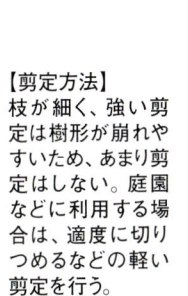

【剪定方法】自然らしい樹形を保つには、枝の分岐点で切り、枝抜きする。枝の途中で切ると不自然な樹形になりやすい。花芽は夏ごろに葉腋に形成され、落葉するころには葉芽より大きくて容易に見分けられる。

月	四季の変化	剪定	肥料
1		剪定	
2		剪定	施肥
3	開花		施肥
4			
5	芽吹き		
6			施肥
7			
8	果実		
9			
10	黄葉		
11		剪定	
12		剪定	

ヤマコウバシ

山香 【別名】モチギ、ヤマコショウ
Lindera glauca
クスノキ科クロモジ属　落葉広葉樹　低木

- 香り
- 鳥を呼ぶ
- 剪定少
- 病害虫に強い

雌株だけで結実した実。
ヤマコウバシの雌花。
雪をつもらせる枝に残ったままの枯葉。

【原産地】中国
【日当たり】半日陰～日向を好む
【土壌・土質】土質は選ばないが、湿潤な肥沃地を好む
【用途】シンボルツリー、添景木
【観賞ポイント】香りのよい枝葉、黒い実、黄色の小花、紅葉
【樹高】2～4m
【植栽範囲】関東～沖縄

[木の特徴と性質]

葉に線毛が密生　雌雄異株ですが、日本には雄株がなく、雌株だけで結実する非常に珍しい木です。4～5月に黄色の小花が咲き、秋に黒い実をつけます。また、落葉樹でありながら、冬でも枯れた葉が枝に残り、春に落葉します。

葉も枝もよい香り　山香の名のとおり山地に生育し、枝を折ったり葉を揉むとクスノキ科特有の樟脳に似た芳香があります。また、乾燥させた粉末を餅などにまぜて食べたため、「モチギ（餅木）」の名もあります。

【作業】

◎**植えつけ&移植**　植えつけと移植は2～3月が適期です。湿潤な肥沃地に移植します。

◎**手入れ**　自然樹形として育てるため、樹冠を整えるくらいの剪定で十分です。

◎**肥料**　花が終わる4月下旬ごろに油かすや水肥を行います。また寒肥として1～2月に油かすや緩効性の肥料を施します。

◎**病害虫**　特に病害虫はありません。

【剪定方法】枝が細く、強い剪定は樹形が崩れやすいため、あまり剪定はしない。庭園などに利用する場合は、適度に切りつめるなどの軽い剪定を行う。

月	四季の変化	剪定	肥料
1			寒肥
2			寒肥
3		剪定	
4	開花	剪定	
5	芽吹き		施肥
6		剪定	
7			
8			
9			
10			
11	果実		
12	紅葉		

クコ

枸杞
Lycium chinense
ナス科クコ属　落葉広葉樹　低木

- 鳥を呼ぶ
- 生け垣
- 剪定 少
- 病害虫に強い

この木どんな木
朱色の実は健康ブームの主役。淡紫色の小花も美しい樹木

枝が弓なりに曲がって垂れ下がる独特の樹形。

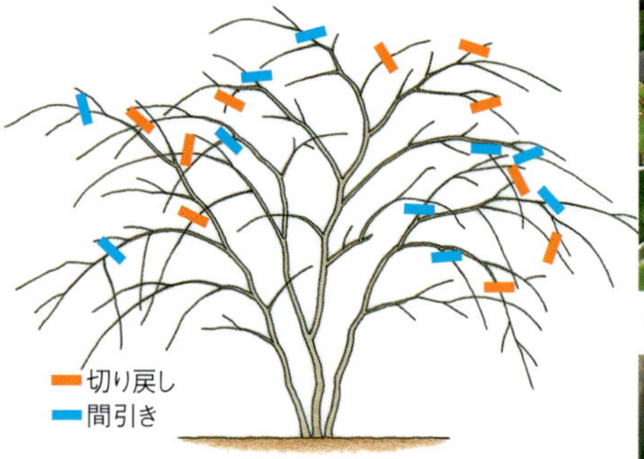

【剪定方法】
刈り込むか、野趣を出して枝抜き剪定をする。枝が込んだところがよくわかるので、葉が出る前に剪定を終らせるとよい。強剪定をすると勢いよく枝がのび、そののびた枝にアブラムシがたくさんつくので、軽剪定にとどめるようにする。

■ 切り戻し
■ 間引き

さまざまな利用法があるクコの実。落葉後も枝について目を楽しませる。

枝が変化してできたトゲ（○内）。

8～9月ごろに咲く花。

[木の特徴と性質]

薬膳料理や枸杞酒などでおなじみ

中華料理の食材や薬膳料理などでよく目にする卵形の朱色の実がクコの果実です。1960年代に自然食ブームの主役となり、以来幅広く活用されています。実は枸杞酒として強壮に、若葉は佃煮や枸杞茶に用いられます。実のドライフルーツも強壮、解熱に効果があります。そのほか、乾燥した葉は枸杞葉として解熱剤、根皮は乾かして生薬の地骨皮となります。

淡紫色の小花と朱色の実

弓状に曲がって垂れ下がった枝に、夏から秋にかけて、淡紫色の花が咲きます。晩夏から初冬にかけての実も美しく、落葉後もしばらく楽しめます。

[作業]

◎ 植えつけ＆移植　株分けして、小株で移植します。植えつけと移植は、落葉後から葉の出る前に長くのびた枝を切りつめて行います。

◎ 手入れ　放任でよく育ちます。

◎ 肥料　施肥はほとんど必要ありません。

◎ 病害虫　若葉のころにアブラムシが着生することがあるので、見つけたら捕殺します。被害が著しいときには殺虫剤を散布します。

四季の変化	月	剪定	肥料
	1		寒肥
	2	剪定	寒肥
	3	剪定	
芽吹き	4		
	5		施肥
	6		施肥
	7		施肥
開花	8		
	9		
果実	10		
	11	剪定	
	12	剪定	

【原産地】日本、朝鮮半島、中国、台湾
【日当たり】日向を好む
【土壌・土質】特に選ばない
【用途】生け垣、コンテナ
【観賞ポイント】淡紫色の小花、朱色の実

【樹形】
1～2m
2～4m

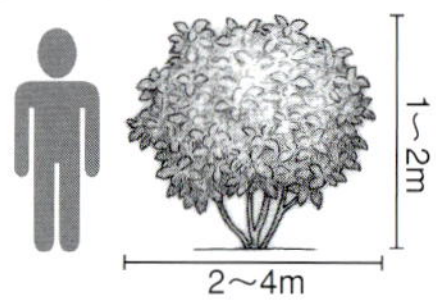

【植栽範囲】
東北～沖縄

ケヤキ

欅　【別名】ツキ（槻）
Zelkova serrata
ニレ科ケヤキ属　落葉広葉樹　高木

- シンボルツリー
- 剪定 少
- 病害虫に強い

この木どんな木
端正な樹形でどっしりとそびえる、美しくて丈夫なスーパースター

【原産地】本州、四国、九州、朝鮮半島、中国、台湾
【日当たり】日向を好む
【土壌・土質】湿潤で肥沃な土壌を好む
【用途】シンボルツリー
【観賞ポイント】扇形あるいは球形の樹形

【樹形】20〜25m / 16〜20m
【植栽範囲】北海道〜九州

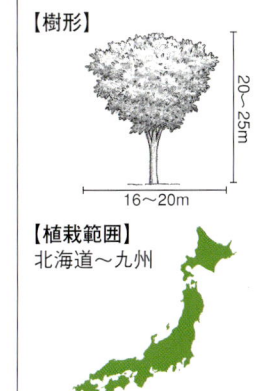

落葉前のケヤキ。

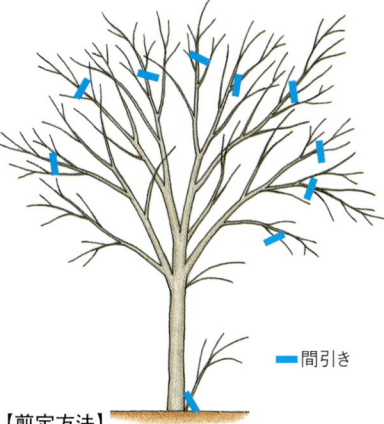

【剪定方法】
すらっとした扇状の自然樹形が持ち味で、剪定をすればするほど樹形が崩れて収拾がつかなくなる。一定の大きさで樹形を保つには、できるだけ幹部に近いところと枝の中間からの枝抜きを併用して、樹形が崩れないように育成する。定期的な枝先の切りつめを行う。自然の姿に見せて剪定するのがもっとも難しい樹種のひとつ。

間引き

樹形の美しいケヤキのシンボルツリー。夏は木陰をつくり、冬は葉が落ちて、家に暖かい光を入れてくれる。

[木の特徴と性質]

扇形の美しい樹形　高木に育ち、扇形に広がる枝条をもつ姿は雄大です。白い幹とみずみずしい若葉、また、落葉後の枝先の美しさは独特です。その名は「けやけき木」、際立ってすぐれている木という意味からきています。

防風林として利用　太い根が大地にがっしりと張るので、高木になっても風に強く、武蔵野の屋敷林に利用されます。

排気ガスには弱い　乾燥に弱く、排気ガスにもとても弱いので著しく落葉します。大都市では衰弱し、やがて枯れることがあります。

[作業]

◎**植えつけ&移植**　植えつけと移植は落葉後の冬期が適期です。葉がある時期の移植は根まわしをして慎重に行う必要があります。

◎**手入れ**　樹形を崩さないよう、絡み枝やひこばえなどの枝抜き程度の剪定をします。

◎**肥料**　有機質肥料を冬期に寒肥としてたっぷり施します。

◎**病害虫**　根もとに木くずが出ていたらテッポウムシが進入しているので、進入した穴に殺虫剤を注入します。

四季の変化	月	剪定	肥料
	1	剪定（整枝）	寒肥
	2	剪定（整枝）	寒肥
芽吹き	3		
	4		
	5		
	6		肥料
	7		肥料
	8		肥料
	9		
紅葉	10		
	11	剪定（整枝）	
	12	剪定（整枝）	

庭木｜落葉広葉樹

コナラ

小楢、小柎 【別名】ナラ、ハハソ、ホウソ
Quercucs serrata
ブナ科コナラ属　落葉広葉樹　高木

- シンボルツリー
- 剪定 少
- 病害虫に強い

たてに浅い割れ目のある樹皮。

秋にみのるどんぐり。

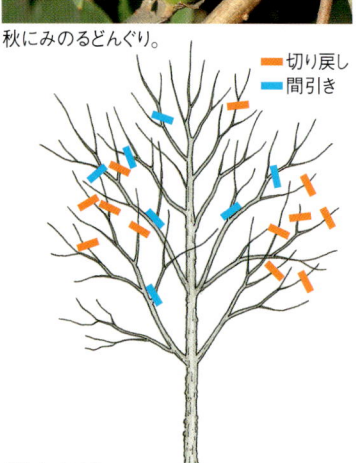

【剪定方法】
自然樹形を損なわないよう、のびすぎた枝は小枝があるところまで切り戻す。太い枝の途中で切りつめず、ふところ枝や絡み枝、込み枝は間引く。

- 切り戻し
- 間引き

野趣に富んだ不整形の樹冠が、庭に活気を演出してくれる。

この木どんな木
里山に多く見られるどんぐりの木は、野趣に富んだ庭の景観を演出する

【原産地】日本、朝鮮半島
【日当たり】日向を好むが、半日陰にも耐える
【土壌・土質】水はけがよく、保水性のある土壌を好む。肥沃な土壌では乾燥にも耐える
【用途】シンボルツリー、コンテナ、並木、群植
【観賞ポイント】樹形、幹肌模様、芽吹き、新緑、黄葉

【樹形】 15m / 10m

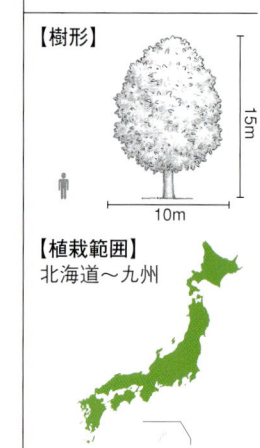

【植栽範囲】北海道〜九州

[木の特徴と性質]

丈夫で野趣に富む
　灰褐色から灰白色の樹皮には、たてに浅い割れ目がはいります。同属のミズナラに酷似していますが、ミズナラより葉が小さく、明らかな葉柄があるので区別できます。雌雄同株で4〜5月ごろ、黄褐色の雄花が尾状に垂れ下がります。雌株には秋にどんぐりがみのります。

里山の主要な樹種
　里山は、かつては薪や炭の生産地として、また、農業に必要な落ち葉の供給地として大事な場所でした。コナラの古名「ハハソ」が『万葉集』にも見られるように、古より人々の生活に寄り添ってきた樹木といえます。現在でも、コナラは良質なシイタケ栽培の原木として利用されています。

[作業]

◎**植えつけ&移植**
　厳寒期を除く冬期が、植えつけや移植の適期です。コンテナ栽培の苗木は1年中植えることができます。

◎**手入れ**
　ほとんど必要としません。植栽した年は、萌芽し始めたら緩効性の肥料を根もと近くに施します。

◎**肥料**
　植栽した年は、萌芽し始めたら緩効性の肥料を根もと近くに施します。

◎**病害虫**
　ほとんど病害虫はありません。

月	四季の変化	剪定	肥料
1		剪定	寒肥
2	芽吹き	剪定	寒肥
3			
4	開花		
5			
6		剪定	施肥
7		剪定	施肥
8			
9	黄葉		
10	果実		
11			
12		剪定	

ブナ

【別名】ホンブナ、シロブナ、ソバグリ
Fagus crenata
ブナ科ブナ属　落葉広葉樹　高木

- シンボルツリー
- 剪定少
- 病害虫に強い

この木どんな木

世界自然遺産の白神山地でも豊かな森を育んでいる日本の代表木

【原産地】北海道南西部の平地～鹿児島県の山地
【日当たり】日向～半日陰を好む。夏場の強い日差しに弱い
【土壌・土質】肥沃で湿潤な中性土を好む
【用途】シンボルツリー、コンテナ
【観賞ポイント】新緑の葉、秋の黄葉、灰白色の幹肌

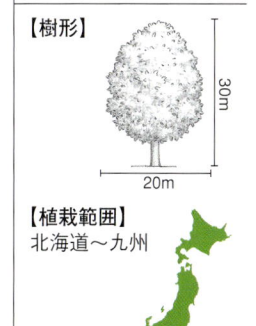

【樹形】30m × 20m

【植栽範囲】北海道～九州

近縁種のイヌブナ。ブナよりも樹皮が黒い。

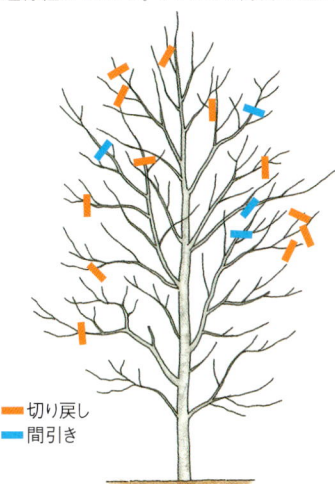

■ 切り戻し
■ 間引き

【剪定方法】
枝抜き剪定では、枝は途中で切らず、分枝したつけ根から切るようにする。外へ広がる流れを大切に、立ち枝、逆さ枝などを間引く。切り戻し剪定では、人工的になるが、芯となる枝を切りつめ、主となる側枝をのばす。主とする側枝は外向きの枝とし、芯の枝は側枝のつけ根ぎりぎりで切り、余計な枝を吹かせないようにする。幹から枝先にかけて徐々に細くなるようにすると、やわらかな印象になる。剪定の適期は11～3月。

雌雄同株で5月ごろ花をつけるブナ。黄色く見えているのは雌花。

[木の特徴と性質]

白神山地の主役

1993年に世界自然遺産に登録された白神山地は、世界でも有数のブナの森です。漏斗のように枝を広げた樹形は雄大で、枝先で受け止めた雨を根もとへ集める樹幹流を見ることができます。

シロブナとも呼ばれる

樹皮は灰白色で滑らかですが、地衣類がつきやすく、さまざまな斑紋をつくります。近縁種にイヌブナがあり、その樹皮の色から、ブナは「シロブナ」、イヌブナは「クロブナ」とも呼ばれます。

[作業]

◎植えつけ&移植　植えつけと移植は、10～11月、2～3月が適期です。

◎手入れ　庭植えでは、大きくなりすぎないよう毎年剪定します。盆栽は、適期の芽摘み作業で樹形の良し悪しが決まります。盆栽は3～10月に毎月1回置肥を与えます。

◎肥料　特に必要ありません。

◎病害虫　テッポウムシが根もとにはいり込むことがあるので、穴が空いて木クズが出ていたら、殺虫剤を注入し、入り口を練った土でふさぎます。

四季の変化

月	肥料	剪定	変化
1	寒肥	剪定	
2	寒肥	剪定	
3		剪定	芽吹き
4			芽吹き／開花
5			開花
6	施肥		
7	施肥		
8	施肥		
9	施肥		
10	施肥		果実
11		剪定	果実／黄葉
12		剪定	黄葉

サンショウ

山椒
【別名】ハジカミ
Zanthoxylum piperitum
ミカン科サンショウ属　落葉広葉樹　低木

- 香り
- 鳥を呼ぶ
- 剪定 少
- 日陰OK

雄株につく「花山椒」と呼ばれる花。

熟したサンショウの実。

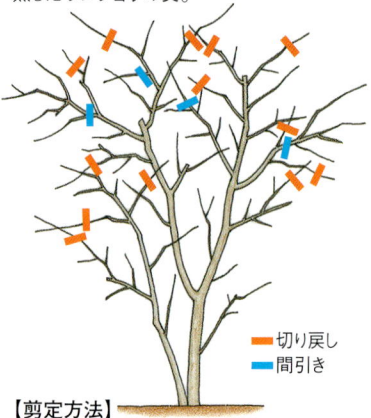

■ 切り戻し
■ 間引き

【剪定方法】
枝分かれが旺盛なので、12～3月に込みすぎた枝、徒長枝を切りつめる。ただし、前年の短枝の先端は、花芽がつくので切り飛ばさないよう注意する。

秋になると、赤く熟した実が彩りを添え、緑の葉とのコントラストが美しい。

[この木どんな木]

実はウナギ料理に欠かせない香辛料。香りのよい新芽は摘んでもまた芽吹く

【原産地】日本、朝鮮半島
【日当たり】日向～半日陰を好む。西日をきらう
【土壌・土質】乾燥地より適湿地を好む
【用途】シンボルツリー、根締め、添景木、生け垣
【観賞ポイント】淡黄緑色の花、新芽、実

【樹形】 2～3m / 2～3m

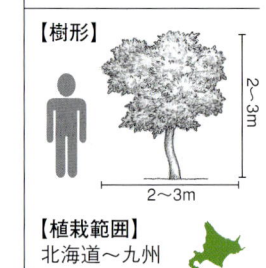

【植栽範囲】北海道～九州

[木の特徴と性質]
未熟な実が青山椒
　古くから香辛料や漢方薬として利用されてきた、芳香と薬効のある樹木です。雌雄異株で、雄株は4～5月に淡黄緑色の花をつけます。「花山椒」と呼ばれ、新芽と花は料理の付け合わせに使われます。雌株は実を結び、未熟なものは「青山椒」と呼ばれ、おもに佃煮に、秋に成熟した実は粉末にして香辛料や漢方薬に用いられます。

丈夫で刈り込みに強い
　春に新芽を摘んでもなお芽吹く丈夫な木で、刈り込みにも強く、またトゲもあるので生け垣に向いています。

[作業]
◎**植えつけ＆移植**　12～3月が適期です。ポット苗なら酷暑、酷寒を除いて植えつけができます。乾燥に弱いので、湿気のあるところに植えるようにします。

◎**手入れ**　西日が当たる場合には、ほかの木を植えて日陰をつくるようにします。植えつけ時に元肥として堆肥、油かす、骨粉を施します。冬期には寒肥をします。

◎**肥料**　植えつけ時に元肥として堆肥、油かす、骨粉を施します。冬期には寒肥をします。

◎**病害虫**　アゲハチョウの幼虫が葉を食害するので、発見したら取り除きます。

四季の変化	月	剪定	肥料
	1	剪定	寒肥
	2	剪定	寒肥
	3	剪定	
開花	4		
開花	5		
芽吹き	6		施肥
	7		施肥
	8		施肥
	9		
果実	10		
	11		
	12	剪定	

シダレヤナギ

枝垂柳　*Salix babylonica*　[別名] イトヤナギ
ヤナギ科ヤナギ属　落葉広葉樹　高木

- シンボルツリー
- 剪定少
- 病害虫に強い

枝垂れた枝が風に揺れ、風の存在を見せてくれるのがシダレヤナギの魅力。

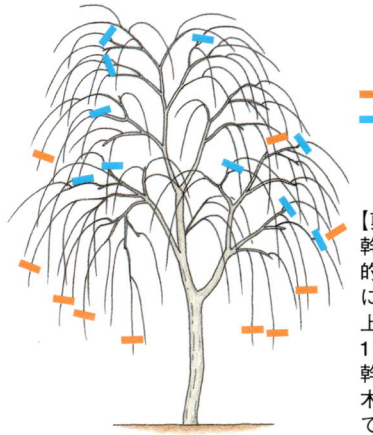

この木どんな木

細長い葉と枝垂れた枝が美しく、水辺の優美な姿はとりわけ印象的

【原産地】中国
【日当たり】日向を好む
【土壌・土質】水辺を好むが、水辺でなくても育つ
【用途】シンボルツリー、並木
【観賞ポイント】枝垂れた樹形、新緑

【樹形】15〜17m／7〜12m

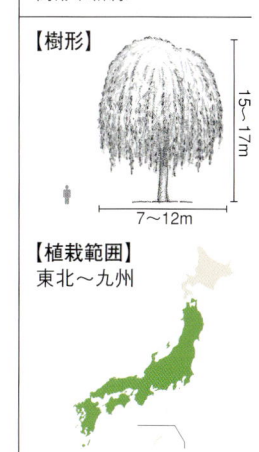

【植栽範囲】東北〜九州

【剪定方法】

■ 切り戻し
■ 間引き

幹の下部の枝は、目的の高さまでは早めに基部で切りとり、上部の枝は若木で10〜15cmの長さを幹から残し、成木は木の大きさにあわせてやや長めに残す。

雌株に咲く花。　　平行に深く裂ける樹皮。

[木の特徴と性質]

水辺に映える優雅な樹姿　新緑の季節には、葉の美しさと枝垂れた枝の曲線が相まって、特に水辺の樹姿の美しさは格別です。雌雄異株で、早春、淡黄色の花穂をつけます。

『万葉集』にも4首詠まれていますが、当時は観賞以外に、枝を鬘（かずら）にして長寿や幸福を願いました。園芸品種には、曲がりくねって枝垂れる「ウンリュウヤナギ（雲龍柳）」や「セイコヤナギ（西湖柳）」などがあります。

都市部でもよく育つ　生長が早く都市公害にも強いのですが、大木になると根の張り方が浅く弱くなるので、台風などでよく倒れます。

[作業]

◎ 植えつけ&移植　植えつけは12〜3月が適期で、移植も容易です。
◎ 手入れ　自然樹形に仕立てられるので、手間はかかりませんが、水切れに注意します。
◎ 肥料　特に必要ありません。
◎ 病害虫　まれにアブラムシやアメリカシロヒトリが発生します。通風・採光に努め、発生が著しいときには薬剤を散布します。

四季の変化	剪定	肥料	月
	剪定	寒肥	1
	剪定	寒肥	2
開花	剪定		3
芽吹き			4
			5
			6
	剪定		7
	剪定		8
			9
			10
	剪定		11
	剪定		12

*鬘（かずら）：仮髪、かつら。

セイヨウシナノキ

【別名】コモンライム
Tilia × vulgaris
シナノキ科シナノキ属　落葉広葉樹　高木

■シンボルツリー　■香り　■剪定 少

この木どんな木
リンデンバウムの名で知られる木。芳香の花が咲き、秋の黄葉も美しい

【原産地】ヨーロッパ
【日当たり】日向を好むが、半日陰でも育つ
【土壌・土質】比較的土壌を選ばず、乾燥にはやや強い
【用途】シンボルツリー、高生け垣
【観賞ポイント】甘い香りの花、葉の形と色彩、黄葉、端正な樹形

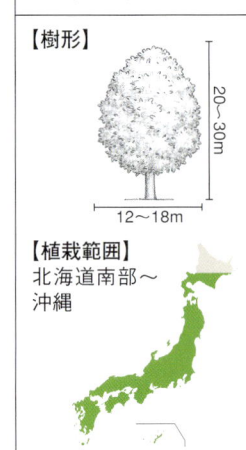

【樹形】20〜30m　12〜18m

【植栽範囲】北海道南部〜沖縄

ナツボダイジュとフユボダイジュの雑種と考えられるセイヨウシナノキ。ドイツ語のリンデンバウムの名で知られる。

フユボダイジュに比べ葉が大きいナツボダイジュ。6〜7月に花をつけ、10月ごろに実が熟す。

葉が小さく枝葉が密生するフユボダイジュ。

[木の特徴と性質]

甘い香りを放つ花
端正な樹形で、6〜7月になると、長い柄の先に甘い香りを放つ小さな淡黄色の花を咲かせます。秋には鮮やかに黄葉した葉が樹冠を彩ります。

シューベルトの歌曲で有名
主にヨーロッパ原産のシナノキの仲間をドイツ語でリンデンバウムといい、日本ではシューベルトの歌曲名（『菩提樹』）として知られています。リンデンバウムと呼ばれる仲間には、大きく分けて本種とナツボダイジュ、フユボダイジュがあり、それぞれに園芸品種があります。本種は、ナツボダイジュとフユボダイジュの雑種と考えられています。

[作業]

◎**植えつけ＆移植**　植えつけと移植は、厳寒期を除く落葉期の12〜3月が適期です。

◎**手入れ**　自然樹形の場合、2年に1回程度、不要枝を取り除く基本剪定を行います。

◎**肥料**　ほとんど必要ありません。

◎**病害虫**　アブラムシ、ハマキムシ、カイガラムシ、カミキリムシがつきます。被害が著しいときは薬剤を散布します。

【剪定方法】
自然樹形の場合は、芯止めして樹高を調整した後、枝すかしによる整枝が基本。枝先だけを切りつめる剪定では、花が少なくなったり、枝条が不自然になる。同じ部分で刈り込むとこぶ状になるので、数年に1度は枝を切り戻して、新しい枝に更新する。

四季の変化

月	肥料	剪定	変化
1	寒肥	剪定	
2	寒肥	剪定	
3		剪定	
4			芽吹き
5			芽吹き
6	施肥		開花
7	施肥		開花
8	施肥		果実
9			果実
10			黄葉
11			黄葉
12		剪定	

ニセアカシア

● シンボルツリー ● 香り

【別名】ハリエンジュ（針槐）
Robinia pseudoacasia
マメ科ハリエンジュ属　落葉広葉樹　高木

この木どんな木

芳香のある白い花が初夏の並木を彩る。どんな場所でも育つ生命力旺盛な木

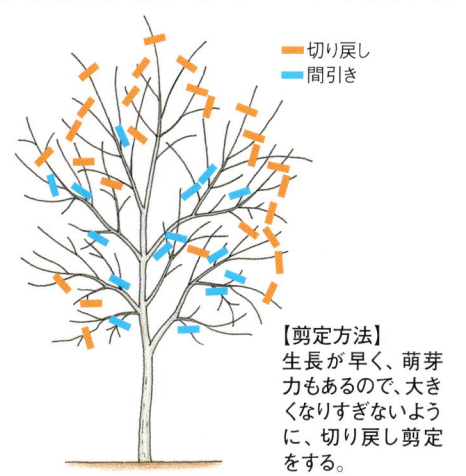

蝶の形をした花が房状に咲いたニセアカシア。写真では見にくいが、葉のつけ根に一対のトゲがある。

■ 切り戻し
■ 間引き

【剪定方法】生長が早く、萌芽力もあるので、大きくなりすぎないように、切り戻し剪定をする。

黄金葉の品種「フリーシア」。

[木の特徴と性質]

適応力の強い木

やせ地や砂地でも育ち、大気汚染や塩害にも強いので、街路樹や砂防用として植えられます。本来のアカシア属の樹木をさしますが、日本ではマメ科アカシア属の本種がアカシアと呼ばれています。

5～6月に、芳香のある白い蝶形の花が、長さ18～20cmの房状になり、下垂して咲きます。7～9月には平たい鞘入りの豆果が熟します。葉のつけ根には鋭い一対のトゲがありますが、トゲのない変種のトゲナシニセアカシアや、葉色を楽しむ黄金葉のニセアカシアもあります。

白い花房には芳香がある

[作業]

◎**植えつけ&移植**　植えつけと移植は真夏と真冬を除けば1年中容易ですが、根の張りが浅いので、風で倒れないよう支柱をします。

◎**手入れ**　大きくなりすぎないように、切り戻し剪定をします。

◎**肥料**　リン酸、カリ肥料を中心に冬の間に寒肥として与えると花つきがよくなります。

◎**病害虫**　カミキリムシ、アメリカシロヒトリ、オオミノガ、炭そ病などに注意します。

肥料	剪定	四季の変化	月
			1
寒肥	剪定		2
			3
		芽吹き	4
		開花	5
	剪定		6
		果実	7
			8
		花芽分化	9
		黄葉	10
			11
			12

【原産地】北アメリカ
【日当たり】日向を好む
【土壌・土質】土壌・土質は特に選ばない
【用途】シンボルツリー、並木
【観賞ポイント】美しい樹形、白い蝶形の花

【樹形】10～20m／7～13m

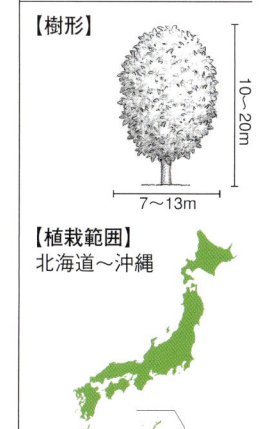

【植栽範囲】北海道～沖縄

ナツハゼ

夏黄櫨、夏櫨
Vaccinium oldhamii
【別名】ハチマキイチゴ、ハチマキブドウ

ツツジ科スノキ属　落葉広葉樹　低木

■剪定少　■日陰OK　■病害虫に強い

この木どんな木

夏の終わりごろから
紅葉がスタート。
甘い実も熟して
秋に本領発揮

【原産地】日本、朝鮮半島、中国
【日当たり】半日陰～日向を好む
【土壌・土質】肥沃でやや乾燥している土壌を好む
【用途】シンボルツリー、添景木
【観賞ポイント】鐘形の花、黒紫色の実

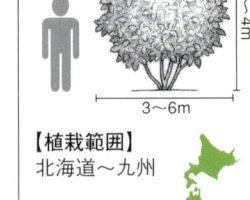

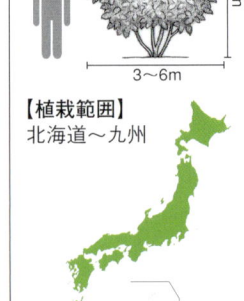

【樹形】2～4m／3～6m

【植栽範囲】北海道～九州

紅葉し始めた葉と熟した実。

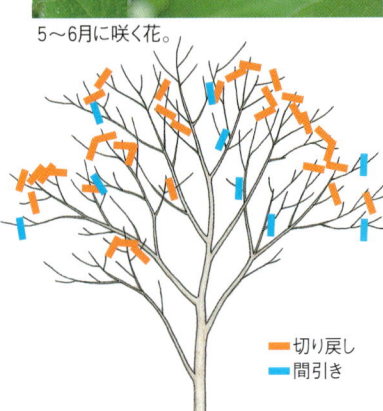

5～6月に咲く花。

【剪定方法】
樹形が乱れたら、のびすぎた枝や込み合った枝を整理する。ひこばえをよく出すので、早めに根もとから切る。

■切り戻し　■間引き

自然樹形が美しいので、放任しても形がまとまる。

[木の特徴と性質]

夏のころから紅葉を始める　若枝は赤褐色で、葉の縁と両面に粗い毛があり、触るとざらっとします。夏の終わりごろから紅葉する様子から、ウルシ科のハゼノキになぞらえられて、ナツハゼと呼ばれます。

小さな鐘形の花と黒熟する実　5～6月に、枝先に淡黄褐色の鐘形の小さな花を下向きに多数咲かせます。秋に熟す赤褐色から黒紫色の実は、酸味は強いが熟すと甘く、食用になります。実の上部に萼の跡が大きな輪になって残り、これを鉢巻に見立ててハチマキブドウやハチマキイチゴなどの別名があります。ブルーベリーの仲間です。

[作業]

◎**植えつけ&移植**　植えつけと移植は落葉期の12～3月に行いますが、厳寒期は避けます。

◎**手入れ**　放任していても樹形はまとまります。不要枝などの剪定は12～3月に行います。

◎**肥料**　特に必要ありませんが、枝の伸長が不良なときは開花後に化成肥料を施します。

◎**病害虫**　テッポウムシ、ハマキムシがつくことがあります。発見したら捕殺します。

四季の変化

月	肥料	剪定	変化
1	寒肥	剪定	
2	寒肥	剪定	
3		剪定	
4			芽吹き
5			開花
6			開花
7	施肥		
8	施肥		
9			果実
10			果実／紅葉
11			紅葉
12		剪定	

ヒトツバタゴ

一葉タゴ 【別名】ナンジャモンジャ、ナンジャモンジャノキ

Chionanthus retusus

モクセイ科ヒトツバタゴ属　落葉広葉樹　高木

■ シンボルツリー　■ 剪定少　■ 病害虫に強い

この木どんな木

珍しい木なので
別名ナンジャモンジャ。
自生地は
国の天然記念物に指定

【原産地】日本、朝鮮半島、中国
【日当たり】日向を好む
【土壌・土質】適湿地であれば土質を選ばない
【用途】シンボルツリー、コンテナ
【観賞ポイント】白い花、黒い実

【樹形】15〜20m / 10〜18m

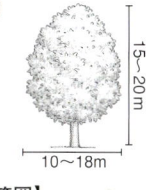

【植栽範囲】関東〜九州

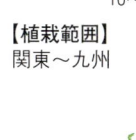

ヒトツバタゴを春のシンボルツリーにした庭。5月ごろ、雪が降り積もったかのように、樹冠一面に白い花を咲かせる。

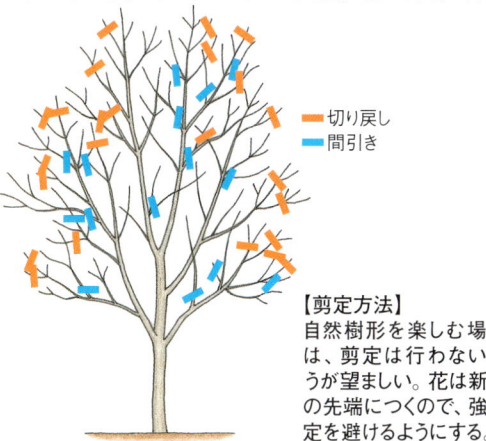

【剪定方法】自然樹形を楽しむ場合は、剪定は行わないほうが望ましい。花は新梢の先端につくので、強剪定を避けるようにする。

― 切り戻し
― 間引き

枝先に円錐状に咲く花。花冠は4つに深裂している。

[木の特徴と性質]

見たことのない珍木　ヒトツバタゴという名は複葉のタゴ（トネリコの方言）の仲間と思われ、単葉のタゴの意味でつけられたようです。同属の仲間は北アメリカに1種あります。別名の「ナンジャモンジャ」は、もと明治神宮外苑（東京）にあり、見たことのない珍木であるため「ナンジャモンジャノキ」と呼ばれていたことからきています。

自生地は国の天然記念物　雌雄異株で、5月にたくさんの白い花を円錐状に咲かせ、実は10〜11月に黒く熟します。岐阜県、愛知県、長崎県に自生しており、国の天然記念物に指定されています。

湿り気がある土地でよく育つ　自生地のような適湿地であれば、土質を選ばずに育ちます。

[作業]

◎**植えつけ&移植**　植えつけと移植は、3月ごろの葉が開く前が適期です。

◎**手入れ**　放任しても樹形はまとまります。

◎**肥料**　寒肥として、油かすや鶏糞と化成肥料をまぜたものなどを与えます。

◎**病害虫**　ほとんどありません。

四季の変化	剪定	肥料	月
		寒肥	1
	剪定	寒肥	2
	剪定		3
芽吹き			4
開花			5
	剪定		6
	剪定	施肥	7
	剪定	施肥	8
			9
果実			10
果実			11
			12

マユミ

剪定 少 ・ 日陰OK ・ 病害虫に強い

真弓、檀 【別名】ヤマニシキギ、オトコマユミ、カワラマユミ
Euonymus sieboldianus
ニシキギ科ニシキギ属　落葉広葉樹　小高木〜高木

雌雄異株のマユミの雄花。

四角い実から出た種子。

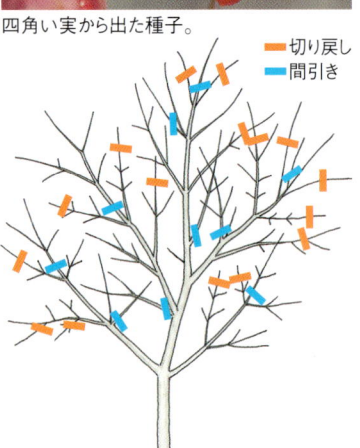

■切り戻し　■間引き

【剪定方法】
冬は徒長枝や込み枝を剪定するが、花芽をつける短い枝は切らないこと。夏は込みすぎた場合に間引きを行う。

マユミの実と色づき始めた葉。初秋の庭に彩りを添えてくれる。

この木どんな木
鮮やかな紅葉と赤い実が美しい、やせ地でも育つ適応力の高い木

【原産地】日本、朝鮮半島
【日当たり】日向を好むが、耐陰性があり日陰でも育つ
【土壌・土質】あまり選ばないが、適湿な肥沃地を好む
【用途】シンボルツリー、コンテナ、添景木
【観賞ポイント】赤い実、鮮やかな紅葉

【樹形】 3〜5m × 3〜5m

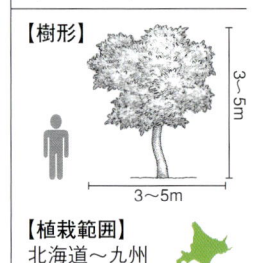

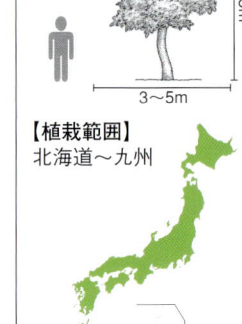

【植栽範囲】北海道〜九州

[木の特徴と性質]

角張った赤い実　鮮やかな紅葉と赤い実が美しい木です。雌雄異株で、実は、秋に熟すと実がはじけて、四角形が特徴的な種子があらわれます。

古くは弓の材料に使われた木　和名は、ねばりがあってしなやかな木部が、古くは弓の材料にされたことからきており、「ユミギ」ともいいました。『源氏物語』にもマユミの描写が登場します。木部は白く滑らかで、今ではこけしや将棋の駒に利用されています。若い芽は、ゆでて食用にされます。

[作業]

◎**植えつけ&移植**　植えつけと移植は12〜3月の落葉期（特に3月）が適期です。

◎**手入れ**　放任してもある程度の樹形は保ちますが、枝が粗く出るので枝の量を整えます。庭木は2〜3月、鉢植えは3、7、10月に施します。開花と結実の時期を避け、肥料のやりすぎに注意が必要です。

◎**肥料**

◎**病害虫**　ほとんどありませんが、アブラムシの被害が著しいときは薬剤を散布し、カイガラムシはかき落とします。

四季の変化

月	四季の変化	剪定	肥料
1		剪定	
2	芽吹き	剪定	施肥
3		剪定	施肥
4			
5	開花		施肥
6			
7			施肥
8			
9	紅葉		施肥
10			
11	果実	剪定	
12		剪定	

マルバノキ

剪定 少 ■ 病害虫に強い

丸葉木 【別名】ベニマンサク
Disanthus cercidifolius
マンサク科マルバノキ属　落葉広葉樹　低木

この木どんな木
ハート形の葉が黄色から紅色へと美しく変化する庭園木の人気者

【原産地】日本
【日当たり】日向を好むが、耐陰性もある
【土壌・土質】水はけのよい肥沃な土壌を好むが、やせ地にも耐える。乾燥をきらう
【用途】シンボルツリー、コンテナ
【観賞ポイント】自然樹形、暗赤色の花、ハート形の葉、紅葉

【樹形】2〜4m　2〜4m

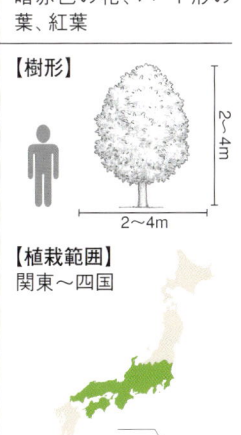

【植栽範囲】関東〜四国

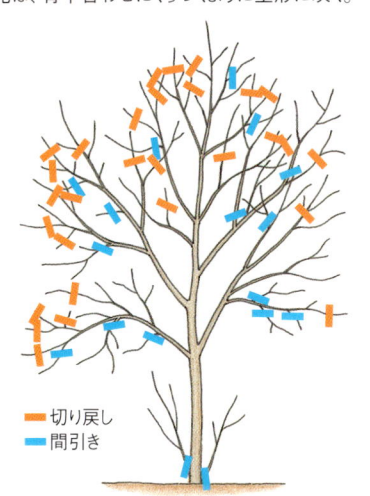

花は、背中合わせにくっつくように星形に咲く。

紅葉した葉が落ち始めるころ、ハート形の葉のつけ根にマンサクに似た花が咲く。

■ 切り戻し
■ 間引き

【剪定方法】
基本的に自然樹形を観賞するため、剪定は必要ない。剪定をするのであれば、2〜3月と7〜8月に不要枝を取り除く程度にする。

[木の特徴と性質]

ハート形の葉　葉が黄色から紅色へと変化する紅葉の美しい樹木で、庭木として人気があります。マルバノキの名は、大きなハートのようなまるい葉の形からつけられました。

マンサクに似た赤い花　10〜11月に咲く暗赤色の花は、形は同じ科のマンサクに似ていますが少し小さめで、紅色に見えるために「ベニマンサク」ともいわれます。実は翌年の秋に熟し、黒色のつやのある種子を出します。細枝が粗くのびるため、全体的にすけた感じになります。

乾燥には弱い　半日陰でも育ちますが、乾燥と潮風をやや嫌います。

[作業]

◎**植えつけ&移植**　植えつけと移植は2〜3月、10〜11月が適期です。

◎**手入れ**　生長はやや早く、萌芽力もありますが、強剪定をきらいます。

◎**肥料**　6月ごろに、堆肥、骨粉、油かすを鋤き込み、十分に土にならします。

◎**病害虫**　特にありませんが、ハマキガやアブラムシなどは発見したら捕殺します。

四季の変化	月	
	1	
剪定(寒肥)	2	
	3	芽吹き
	4	
施肥	5	
	6	
剪定	7	
	8	果実
	9	
	10	開花
	11	紅葉
	12	

肥料・剪定

つるもの／タケ＆ササ

フジ

藤 【別名】ノダフジ（野田藤）
Wisteria floribunda
マメ科フジ属　つるもの（落葉藤本）

- 香り
- 棚仕立て
- フェンス

この木どんな木

優美な淡紫色の花が棚から下垂する古くより愛されてきたつるものの代表花木

【原産地】日本
【日当たり】日向を好む。つるがのびる部分が日向ならば、根もとは日陰でもよい
【土壌・土質】土質は特に選ばず、やせ地でもよく育つが、湿り気を好み、乾燥には注意が必要
【用途】棚仕立て、フェンス、ポール仕立て、株仕立て、コンテナ
【観賞ポイント】優雅に垂れる淡紫色の花、細長い実

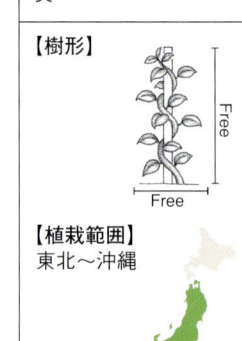

【樹形】Free / Free
【植栽範囲】東北〜沖縄

【剪定方法】
棚の剪定は、花が咲いたとき、花房が棚の内側に収まって下がるようにイメージして行う。

- 切り戻し（オレンジ）
- 間引き（青）

剪定は、必ず芽を残して切る。

つるが左巻きのヤマフジの園芸品種「シロカピタン」。花房が短い。

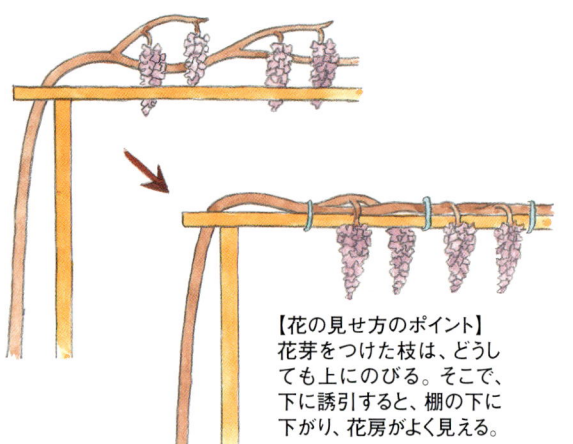

【花の見せ方のポイント】
花芽をつけた枝は、どうしても上にのびる。そこで、下に誘引すると、棚の下に下がり、花房がよく見える。

門冠（もんかぶり）に仕立てられたノダフジ。

[木の特徴と性質]

つるは右巻き、めでたい木
フジは元来、寿命が長く、垂れ下がる花房の豪華さとあいまって、めでたい木とされてきました。一般にフジと呼ばれているのは、つるが右巻きのノダフジで、4〜6月に薄紫色の蝶形の花を多数つけます。ノダフジの名は、摂津国野田（現在の大阪市都島区野田町）あたりにフジの名木があったことに由来します。近縁の別種ヤマフジは、ノダフジと異なってつるが左巻きで、花と葉が小さい特徴があります。

古より愛されてきた花木
古来、山野に自生していたフジは、『万葉集』で詠まれたり、さまざまな意匠にも数多くあらわされています。

美しいだけではない実用木
つるはカゴづくりなどに利用され、若葉はゆでて、灰汁抜きすると食べられます。また、種子は煎じて食中毒や腹痛の薬など、さまざまな用途に利用されます。

旺盛な生命力
周辺の樹木に巻きつきながら、元気に生育します。巻きつかれた木は日陰になるため枯れてしまうこともあります。

[作業]

◎植えつけ＆移植
植えつけと移植は12〜3月が適期です。庭に植えつける場合は日当たり、保水のよい場所を選びます。移植は追掘*りによります。若木の移植は容易です。

*追掘り（おいぼり）：移植するときに、根を切ることなく末端まで掘り出すこと。

棚仕立てのノダフジ。平安時代中期ごろまでは、フジのつるから繊維をとり、衣服を編んでいた。そのとき使われたのがノダフジで、ヤマフジより繊維が強い。左下はノダフジの実。

◎手入れ　花がつかない場合は、栄養過多、あるいは樹勢が弱すぎるか、日当たりの不良などが原因として考えられます。つるがのびすぎている場合は剪定し、チッ素肥料を控えてリン酸、カリ成分を与え、大枝を抜いて、徒長枝を切りつめます。

◎肥料　植えつけ時に元肥を施します。寒肥は、骨粉、油かすなどの有機質肥料を施し、開花後の夏は少なめに化成肥料を施します。

◎病害虫　コブ病、サビ病、フジシロナガカイガラムシ、ハマキムシがときに見られるので、捕殺したり、患部を切除します。被害が著しいときは薬剤を散布します。

◎整枝・剪定のコツ　花後に行う初夏の剪定は、余分な枝を整理して木の骨格を整え、樹冠内部まで日光がはいるようにします。落葉後に行う冬の剪定は11月下旬～3月が適期で、つるや枝を整理することで、春にすっきりした樹形が楽しめます。

◎生長にあわせた作業ポイント　つるの誘引作業が重要です。つるを棚に平均に配り、縄でところどころを結んで固定します。以前に結んだ箇所も、縄がくいこむ前に位置をずらして結び直します。

[楽しみ方]
自由な仕立てを楽しむ　立体的に壁状にも仕立てられます。花の観賞が目的ならば、花房が垂れ下がって見えるように枝を誘引することが大切です。長さ10～15cmのさや状の実が垂れ下がる様子も、捨てがたい光景です。

四季の変化	剪定	肥料	月
	剪定	寒肥	1
芽吹き	剪定		2
			3
			4
開花			5
	剪定	施肥	6
花芽分化			7
	剪定		8
			9
果実			10
	剪定	寒肥	11
			12

ノウゼンカズラ

凌霄花
Campsis grandiflora
ノウゼンカズラ科ノウゼンカズラ属　つるもの（落葉藤本）

■シンボルツリー　■フェンス　■病害虫に強い

この木どんな木
真夏の太陽の下
橙赤色で
漏斗状の花が
色鮮やかに咲き誇る

【原産地】中国
【日当たり】日向を好む
【土壌・土質】水はけのよい土壌を好む
【用途】シンボルツリー（大木に絡ませる）、フェンス、パーゴラ（格子状の日陰棚）
【観賞ポイント】橙赤色の花

【樹形】

【植栽範囲】東北〜九州

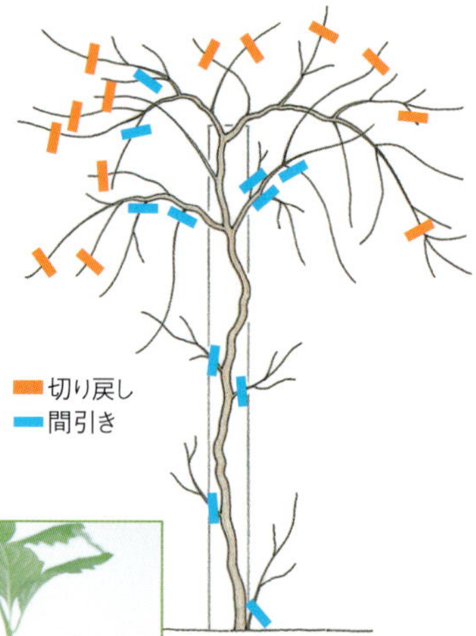

【剪定方法】冬の剪定は、樹形を整えることが目的。そのために、途中から出るつるや、根もとのひこばえは、なるべく早く切る。

■切り戻し　■間引き

花が終わったら、花枝の葉をすべて切る。

ノウゼンカズラの花。

黄花の園芸品種もある。

花の筒が長い別種のアメリカノウゼンカズラ。

[木の特徴と性質]

夏の日差しを浴びて咲き誇る　10世紀ごろに中国から渡来し、観賞用として栽培されてきました。7〜8月の真夏に直径6〜7cmの漏斗状の花を次々と咲かせます。橙赤色の花は強い日差しを浴び、夏を謳歌するように鮮やかです。

園芸品種でいろいろな花色を楽しむ　同属に別種のアメリカノウゼンカズラ（別名コノウゼンカズラ）がありますが、花は細長く、直径は3〜4cmと小ぶりです。近年、花が筒状で長いアメリカノウゼンカズラと交配された園芸品種が出まわり、いろいろな花色を楽しめます。

日陰では花つきが悪い　茎から付着根を出し、ほかのものに吸着しながら巻きついてのびます。日陰では生育不良となり、花つきが悪くなります。

[作業]

◎**植えつけ&移植**　植えつけと移植は、4月ごろ、霜が降りなくなってから行います。日当たりのよい場所を選び、大きめの植え穴を掘り、堆肥や腐葉土を元肥として入れます。仕立て方にあわせて支柱を立て、つるを誘引します。

◎**手入れ**　フェンスやパーゴラにつるを誘引します。電線などに絡まないように、剪定を行います。また、放任しておくと根が広く伸長するので、根の広がりに気をつけます。

◎**肥料**　やせ地でなければ特に必要ありません。施肥をする場合は、チッ素肥料を避け、カリやリン酸の多い化成肥料を施します。

◎**病害虫**　春、新梢にアブラムシがつきやすいので、冬期に薬剤を散布します。

◎**整枝・剪定のコツ**　樹勢が強いと花数が少なくなるので、冬期に思いきって剪定します。2月に細かい枝をすべて切り、幹だけにし、さらに幹の途中から出るつるや根もとに出るひこばえ、地下茎などはなるべく早く切り、幹を太らせるようにします。

◎**生長にあわせた作業ポイント**　若い木では枝が徒長しがちになるので、伸長期に切りつめます。込んだ枝を間引き、枝葉を茂らせすぎないようにします。

[楽しみ方]

さまざまな仕立てを楽しむ　花の少ない夏の時期に咲く貴重な花です。ポール仕立て、壁面仕立て、斜面や土止めの石垣に垂らすなどして、花を観賞します。フジのように棚をつくっても楽しめます。

四季の変化	剪定	肥料	月
	剪定	寒肥	1
	剪定		2
			3
芽吹き			4
		施肥	5
花芽分化			6
開花			7
			8
	剪定		9
			10
			11
		寒肥	12

フジのように棚につくられたノウゼンカズラ。このほか壁面やフェンスにはわせたり、塀や石垣から垂らすなどして楽しめる。

アイビー類

【別名】ヘデラ、ツタ
Hedera spp.
ウコギ科キヅタ属　つるもの（常緑藤本）

- 鳥を呼ぶ
- フェンス
- 日陰OK
- 病害虫に強い

この木どんな木

色、形が多種多様。元気な葉で雰囲気を演出し壁面の緑化にも最適

【原産地】日本、アジア、ヨーロッパ、北アフリカ
【日当たり】半日陰を好むが、日向、日陰でも育つ
【土壌・土質】特に土壌を選ばないが、水はけのよいところを好む
【用途】フェンス、グラウンドカバー、コンテナ
【観賞ポイント】常緑の葉（黄色や白色の斑入りの品種も多い）

【樹形】Free / Free

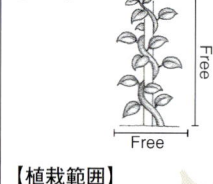

【植栽範囲】東北南部〜沖縄

「ヘデラ・カナリエンシス」の斑（ふ）入り。

縁に広く斑のはいった「ヘデラ・ヘリックス」。

家をおおった「ヘデラ・ヘリックス」の大木。

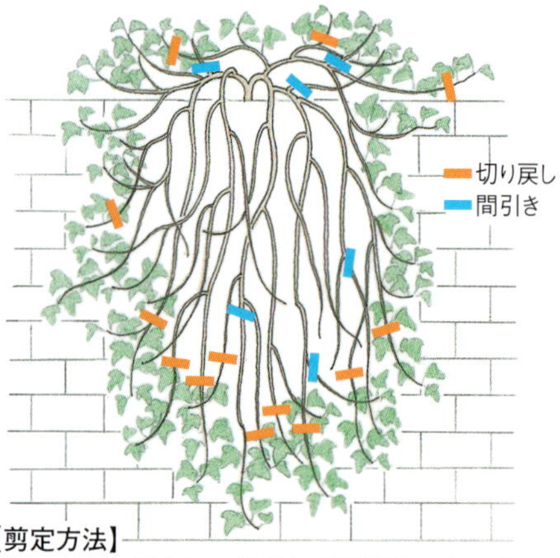

丸みを帯びた葉の「ヘデラ・コルシカ」。　5裂した葉の「ヘデラ・ヘリックス」。

【剪定方法】
長いつるは、葉を2〜3枚残して切り戻し、古い太くなった株は、芽の上で切って、枝を若返らすようにする。

- 切り戻し
- 間引き

[木の特徴と性質]

数百におよぶ園芸品種

アイビー類はアジア、ヨーロッパ、北アフリカに自生し、最近では、自生種は11種類に整理されています。園芸品種は数百種あるといわれ、日本には約100種の園芸品種が持ち込まれています。日本産のキヅタもありますが、多く利用されているのは「ヘデラ・ヘリックス」「ヘデラ・カナリエンシス」などの園芸品種で、種類が多い葉形や葉色が魅力です。「ヘデラ・ヘリックス」を一般にセイヨウキヅタと呼んでいます。

広い用途で利用される

公共緑地の斜面や壁面、住宅の庭園、フェンス、ベランダの装飾、鉢物などに利用されますが、もっとも多いのはグラウンドカバーとしての利用です。

丈夫で育てやすい

日向、日陰を問わずよく生育し、栽培も容易で初心者向きです。耐寒性もかなりありますが、暖かいところを好み、一般に本州の関東以西の植栽が安全です。

[作業]

◎植えつけ&移植　植えつけと移植は3〜6月が適期ですが、関東以西では、盛夏を除けば時期を選びません。地植えにする場合は水はけに留意します。

◎手入れ　のびすぎたつるを切りつめるぐらいで、ほかは特に必要としません。

◎肥料　植栽前に根の張る位置に緩効性肥料

塀を飾る斑入りの「ヘデラ・ヘリックス」。ヘデラ類は常緑なので、フェンスや塀などに利用すると、うるおいのある空間をつくることができる。

寒期に葉色がかわる「ヘデラ・カナリエンシス」。

四季の変化	剪定	肥料	月
			1
			2
芽吹き	剪定	追肥	3
			4
			5
	剪定		6
			7
		追肥	8
			9
			10
			11
			12

を埋め込みます。追肥は3、9月に行います。
◎**病害虫**　丈夫な植物ですが、6〜8月に炭そ病、ペスタロチア病が発生することがあります。込みすぎた葉は間引いて、通風を促します。カイガラムシの被害が著しいときは、予防のため5〜6月に殺虫剤を散布します。
◎**整枝・剪定のコツ**　数年たつと、つるが重なり合ってくるので、剪定してすかすようにします。また、他の植物に絡みついたり、低木の寄せ植えの中につるがもぐりこんだりした場合にも、剪定を行います。
◎**生長にあわせた作業ポイント**　3〜4月に、1㎡当たり6〜9株植えると、年内には1m以上のび、植えたスペースの8割ぐらいがおおわれます。

[楽しみ方]
緑の空間を1年中楽しむ　地面や壁面の装飾として、またベランダや室内の鉢物として、1年中緑を楽しめます。葉の形や色が豊富なので、異なる品種を混植してもよいでしょう。

クレマチス類

■生け垣　■病害虫に強い

【別名】カザグルマ（風車）、テッセン（鉄線）
Clematis spp.
キンポウゲ科クレマチス属　つるもの（草本または落葉または常緑藤本）

この木どんな木

色鮮やかな大輪の花が魅力。
常緑から落葉までバリエーション豊か

【原産地】本州、四国、九州、中国、朝鮮半島
【日当たり】日向を好む
【土壌・土質】土質は選ばないが、乾燥しない水はけのよい場所を好む
【用途】生け垣、コンテナ
【観賞ポイント】多彩な花（釣鐘形の花と平開する花がある）

【樹形】

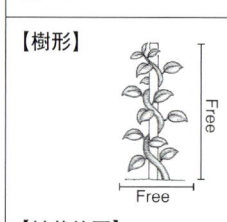

【植栽範囲】北海道〜沖縄

【剪定方法】
仕立てる範囲からはみ出たつるを剪定するか、誘引して固定する。古くて細いつるが多くなると花つきが悪くなるので、古いつるを短めに下から剪定し、若くて太いつるをのばすようにする。

■ 切り戻し
■ 間引き

生け垣に仕立てられたクレマチス「ザ・プレジデント」。

「ダッチェス・オブ・エジンバラ」
「クレマチス・ボロネーゼ」 
「クレマチス・フジムスメ」 

[木の特徴と性質]

総称としてのクレマチス

日本に自生するカザグルマと中国原産のテッセンなどの原種、および種間交雑によってつくり出された多くの園芸品種を総称してクレマチスといいます。

バリエーション豊か

多くは初夏から夏に白、黄、ピンク、紅、紫、青などの大きな車輪形の花をつけます。多彩な形や四季咲きのものなどもあります。花弁のように見えるのは萼で、ふつう、花弁はありません。

[作業]

◎植えつけ&移植　移植は困難です。ポット苗で流通しているため、植えつけ時期は特に限定されませんが、春植えが一般的です。

◎手入れ　つるがあちこちにのびるので、余分なつるは整理し、誘引してまとめます。

◎肥料　冬期にリン酸カリ成分を多く含んだ寒肥を施します。

◎病害虫　ドクガやミノガ、ハマキムシなどは捕殺し、根にネコブセンチュウが発生したら鉢植えは土ごと処分し、庭植えでは土を消毒します。乾燥するとハダニが発生するので、灌水して水切れに注意します。

月	四季の変化	剪定	肥料
1	芽吹き		寒肥
2	開花（冬咲き）	剪定	
3			
4			
5	開花（一季咲き、四季咲き）	剪定	追肥
6			
7			
8		剪定	
9	花芽分化		
10		剪定	
11	開花（冬咲き）		寒肥
12			

158

スイカズラ

吸葛、忍冬　[別名]ニンドウ、キンギンカ（金銀花）

Lonicera japonica　スイカズラ科スイカズラ属　つるもの（常緑藤本）

■フェンス　■香り　■病害虫に強い

晩秋、縁を裏面に巻き込んで枝に残った葉。

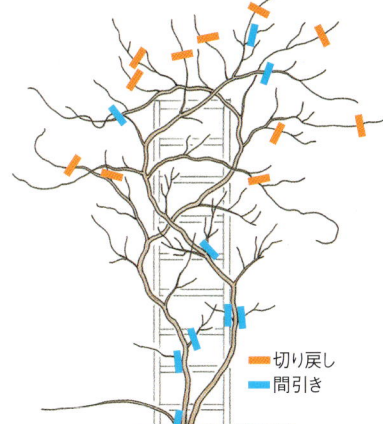

初夏の香りを意識して、窓の下に植えられたスイカズラ。

スイカズラの実。

スイカズラの花。

この木どんな木

初夏、筒型の花から甘い香りが広がる。色や形が変化して越冬する葉もユニーク

【原産地】北海道南部から本州、四国、九州、朝鮮半島、中国
【日当たり】日向を好むが、半日陰にも耐える
【土壌・土質】水はけがよい肥沃な土壌を好み、乾燥に耐える
【用途】フェンス、アーチ、トレリス
【観賞ポイント】甘い香りの花

【樹形】

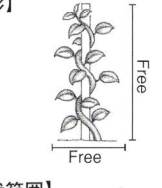

【植栽範囲】北海道南部〜沖縄

【木の特徴と性質】

初夏、甘く漂う香り　5〜6月に、枝先部分に対になって咲く花は、長さ3〜4cmの筒型をした独特の形で、甘い香りを放ちます。花筒には蜜腺があり、吸うと甘いことから「吸い葛（つる植物の総称）」が名の語源となっています。

葉形は変化し越冬する　葉は丸い形から切れ込みがはいるなど、1年を通じてさまざまに変化します。晩秋、紅葉して多くの葉を落としますが、枝先の葉は、縁を裏面に巻き込んで枝に残ります。このことからニンドウ（忍冬）の別名もあります。

【剪定方法】

つるが絡んだり、長くのびすぎたりしている部分を切りとり、樹形を整える。2〜3月ごろ、樹形の様子がわかる時期に、つるの数や密度を調整する。切るつるは、数年を経た古いつるや、内部の弱いつるが主体。花後は、長くのびてじゃまなつるを切り戻す程度とする。

■切り戻し　■間引き

【作業】

◎**植えつけ＆移植**　植えつけと移植は2〜3月が適期です。移植は容易です。

◎**手入れ**　春先の基本剪定と夏の軽剪定、つるの誘引や花がら摘みを行います。

◎**肥料**　生育がよければ肥料は不要です。花が多く咲いた後に、化成肥料を与えます。

◎**病害虫**　病害虫は少ないほうですが、開花時、アブラムシがつくことがあります。剪定で元気のよい新梢になるようにします。

四季の変化

月	四季の変化	剪定	肥料
1			寒肥
2		剪定	
3	芽吹き	剪定	
4	開花		
5	開花／花芽分化		施肥
6	花芽分化	剪定	
7			
8			
9		剪定	
10	紅葉		
11	果実		
12			寒肥

トケイソウ

時計草 *Passiflora caerulea*
トケイソウ科トケイソウ属　つるもの（常緑藤本）

■フェンス　■日陰OK

この木どんな木
時計の文字盤を思わせる白い花。黄色く熟す大きな実も人気

【原産地】ペルー、ブラジル
【日当たり】日向を好むが、やや耐陰性もある
【土壌・土質】水はけのよい土壌を好む
【用途】フェンス、パーゴラ、コンテナ
【観賞ポイント】時計の文字盤に似た花、黄熟する大きな実

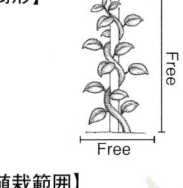

【樹形】
【植栽範囲】関東～沖縄

生け垣にはわせたトケイソウ。花がほしいところにつくれるので、トケイソウをはじめ、つる性の花木は人気が高い。

■切り戻し　■間引き

【剪定方法】
地下茎から伸長したつるが古くなったら、もとから剪定し、若い芽を出させるようにする。徒長した茎の先端は切りつめて、つるを充実させるようにする。

濃黄色に熟したトケイソウの実。

[木の特徴と性質]

時計の文字盤を思わせる花　初夏に白色（まれに淡紅色）の大型の花を咲かせます。各5枚の花弁と萼片、糸状の副花冠が文字盤に見え、3つに分かれた花柱をもつ雌しべが時計の針に見えるところから、名がつきました。

黄熟する大きな実　実は長さ5～6cmの楕円形で、黄色に熟し、観賞用として人気があります。別種のクダモノトケイソウの実は、パッションフルーツとして知られています。

寒さに弱い　熱帯原産なので、温室内で育てますが、暖地では戸外で越冬します。

[作業]

◎**植えつけ＆移植**　鉢植えでは、4～10月上旬、酷暑期を避けてひと回り大きい鉢に植えかえます。つるを格子や行灯に誘引して仕立てます。

◎**手入れ**　花後は枝を整理します。花つきをよくするためには、リン酸の多い肥料を花後に施します。

◎**肥料**　あまり心配ありませんが、ウドンコ病とコナジラミ、ハダニ、カイガラムシなどに注意し、通風と採光を保つようにします。

◎**病害虫**

四季の変化

月	四季の変化	剪定	肥料
1			寒肥
2		剪定	寒肥
3	芽吹き	剪定	
4	芽吹き		
5			
6	開花		施肥
7	開花	剪定	施肥
8	開花	剪定	
9	果実		
10	果実		施肥
11			施肥
12			

ムベ

鳥を呼ぶ ・ 病害虫に強い ・ 日陰OK

郁子、野木瓜 【別名】トキワアケビ、ウベ
Stauntonia hexaphylla
アケビ科ムベ属　つるもの（常緑藤本）

【原産地】日本、朝鮮半島、中国の暖帯
【日当たり】半日陰を好むが、日向、日陰でも生育可能
【土壌・土質】湿気のある土壌を好む
【用途】フェンス、生け垣、コンテナ、パーゴラ、目隠し
【観賞ポイント】秋ごろに熟す紫褐色の果実
【樹高】Free
【植栽範囲】東北〜沖縄

甘い果実。 　ランに似たムベの花。 　生け垣に巻きついたムベ。目隠しとして重用される。

[木の特徴と性質]

長命・延寿の縁起木　幼苗のころ、小葉は3〜5枚ありますが、成木になると7枚になるものが発生し、7・5・3とめでたいことから、長命樹とも呼ばれる縁起木です。秋にみのる紫褐色の果実はとても甘く、昔、籠などで編んだ容器に入れて朝廷に献上されていました。わらなどで編んだ容器を今でも苞苴といいますが、その漢字を当時は「おおむべ」と読んでいました。そこからウムベ、さらにムベという名前になったといわれています。

朝廷にも献上された甘い果実

【作業】

◎**植えつけ＆移植**　植えつけと移植は5〜6月が適期で、植えつけは9月にもできます。ほかの樹木や柵などに巻きつくので、湿気のある場所に植えつけます。堆肥や腐葉土を多めにまぜて元肥とし、やや湿気のある場所に植えつけます。

◎**手入れ**　ほかの樹木や柵などに巻きつくので、こまめに剪定します。

◎**肥料**　寒肥として鶏糞と化成肥料をまぜたものを根もとに施します。

◎**病害虫**　カイガラムシ、アブラムシがつきますが、剪定で通風・採光を促し予防します。

【剪定方法】
結実をよくするには、伸長した枝葉を適宜切りつめ、込みすぎた枝を除いて日光がよく当たるようにする。根もとからのびてきたつるや不定芽から伸長したつる、細くなったつる先などは切りつめる。5〜6月が適期で、花を残すようにするとよい。

四季の変化：芽吹き（3）、開花（4-5）、果実（10-11）
剪定：4-6、9-10
肥料：施肥（5-7）、寒肥（1-2）

アケビ

鳥を呼ぶ ・ フェンス ・ 棚仕立て

木通、通草、野木瓜
Akebia quinata
アケビ科アケビ属　つるもの（落葉藤本）

【原産地】日本、朝鮮半島、中国
【日当たり】つるに日が当たるようにする（根もとは日陰でもよい）
【土壌・土質】水はけのよいところを好む
【用途】フェンス、棚仕立て、コンテナ
【観賞ポイント】紫灰色の果実、濃紫色の花
【樹高】Free
【植栽範囲】東北〜九州

（左）名のとおり、口が大きくはじけたミツバアケビの果実。（右）ひとつの花序に雄花と雌花がついたアケビ。

[木の特徴と性質]

全国どこの山野にも自生　どんな環境にも強く、繁殖力も盛んな育てやすい植物です。濃紫色の花は観賞性が高く、ひとつの花序に雄花と雌花がつきます。雌雄同株ですが、自家受粉してもよく結実しないことが多いので、他の個体を近くに植えるようにします。10月ごろに紫灰色の長さ10cmほどの果実が枝間からぶら下がります。熟すと果皮が大きくはじけることからアケビ（開け実）の名がつきました。果肉は甘く、食用にされ、つるは籠などの細工物に用いられます。

果実、葉、茎のすべてを楽しめる

【作業】

◎**植えつけ＆移植**　秋から早春（発芽前）が適期です。根をできるだけ切らないようにして植えつけます。

◎**手入れ**　萌芽力が強いので、毎年、徒長したつるや込みすぎたつるを間引きます。

◎**肥料**　冬期に鶏糞など有機質肥料を施します。肥料が不足すると雌花が退化します。

◎**病害虫**　ウドンコ病やアブラムシが発生するときには、剪定で通風・採光を促します。

【剪定方法】
果実をならせるには8月以降の剪定を避け、若い茎が伸長しているときに切りつめて、つるを充実させるようにする。

四季の変化：芽吹き（3）、開花（4）、果実（10-11）
剪定：3、7、寒肥（1-2、12）

タケ類

竹
Bambusoideae

イネ科タケ亜科タケ類　常緑多年生植物

- シンボルツリー
- 生け垣
- 剪定少
- 日陰OK

この木どんな木

すっくとのびた樹形と風流な葉、美味な筍。日本の文化と切っても切れない存在

【原産地】日本、中国大陸ほか
【日当たり】日向を好むが、耐陰性もある
【土壌・土質】砂地以外で適湿な場所ならば土壌をあまり選ばない
【用途】シンボルツリー、生け垣、玉仕立て
【観賞ポイント】まっすぐな樹形、稈、葉

【樹形】Free／Free

【植栽範囲】北海道～沖縄

芯を止める場合は、節で折る。きれいに折ると、節に穴が開かない。

■切り戻し

【剪定方法】
稈が細いタイプのタケは、適当な高さで芯止めを行い、枝を短く切りつめてまとまりのある枝葉とする。1年で樹形を整え、その後は長い枝を切りつめる。数年で葉が古くなり傷むので、新しい稈に更新して、同じ作業を繰り返す。

モウソウチクの林に生えた筍（たけのこ）。これもタケの魅力のひとつ。

[木の特徴と性質]

清清しく、しなやかで強いイメージ　タケ類はまっすぐのびる姿が清潔で清清しく、そのしなやかさや冬に耐える強さ、春の生命力などから、古来、神聖なものとして神事や縁起物などに利用されてきました。また、建築用材、工芸用材のほか、食用としての筍も含め、さまざまな形で日本文化に深く根ざしています。

地下茎は土止めに最適　タケは地中部分に長くて強い地下茎を四方にのばしています。そのため、周囲の土を固定させる役目を果たし、土砂流出を防ぐ一助にもなります。

タケの仲間は約40属600種　タケの仲間は変化に富んでいます。庭に植える場合は、植える場所にふさわしい種類を選びます。タケの寿命は長くて20年といわれますが、見て美しいのは5～6年ぐらいです。7年以上たったものは間引くようにします。

[作業]

◎**植えつけ＆移植**　植えつけと株分けの適期は、2～3月の筍がのびる前です。

◎**手入れ**　自然樹形では、毎年古くなった稈（木の幹にあたる部分）を切りとり、密生している筍を掘りとります。よい筍を収穫するには、リン、カリ肥料を主体とした有機質肥料を冬に施します。

◎**肥料**　

◎**病害虫**　アブラムシ類やハマキムシ類、テングス病が発生することがあります。

日本でもっとも大きいモウソウチク（孟宗竹）。

冬にタケノコが出るカンチク（寒竹）。

弓矢の材料になるヤダケ（矢竹）。

庭によく使われるナリヒラダケ（業平竹）。

寒さに弱いホウオウチク（鳳凰竹）。

稈が黒くなるクロチク（黒竹）。

釣竿の材料になるホテイチク（布袋竹）。

広い竹林に向くマダケ（真竹）。

関東では「大名竹（ダイミョウチク）」ともいうトウチク（唐竹）。*

稈が金色で節の下のみぞが緑色のキンメイチク（金明竹）。

*関西ではナリヒラダケを「大名竹」ということがある。

ササ類

笹
Bambusoideae
イネ科タケ亜科ササ類　常緑多年生植物

■日陰OK　■病害虫に強い

この木どんな木
和風の景観をつくるグラウンドカバー。風に吹かれる葉音も味わい深い

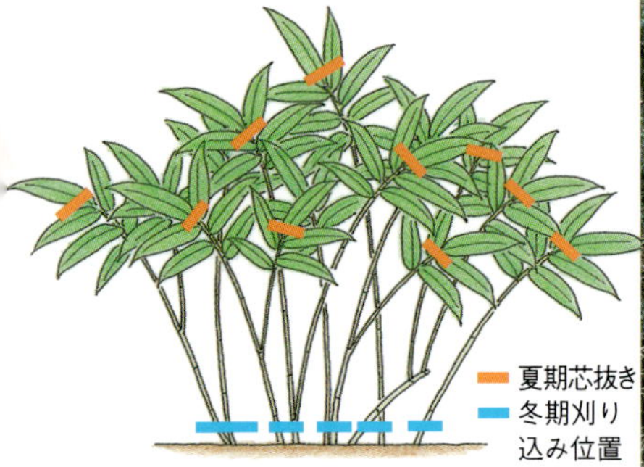

【剪定方法】
のびすぎた場合は2〜3月に刈り込む。少量の場合は、展葉前に芯を引き抜くと、自然風に伸長を止めることができる。

- 夏期芯抜き
- 冬期刈り込み位置

高さをおさえるためのササの芯抜き。

大型の葉のクマザサ。冬に葉の周囲に白いくまができる。

オカメザサ。チゴザサとともに庭によく使われる。

葉に縞(しま)のある園芸品種の「チゴザサ(稚児笹)」。

【原産地】日本
【日当たり】日向を好むが、半日陰にも耐える
【土壌・土質】土質は選ばないが、適湿な土壌を好む
【用途】シンボルツリー、根締め、グラウンドカバー、コンテナ
【観賞ポイント】枝葉

【樹形】Free × Free

【植栽範囲】北海道〜沖縄

[木の特徴と性質]

ササとタケはどこが違うか
一般的に丈が低く、稈(かん)(木の幹にあたる部分)が細いものを総称してササとしていますが、植物学上まだ不明な点があり、今のところ、成竹になるときに皮が長くついているものをササ類と、皮が落ちるものをタケ類と、便宜的に区分しています。したがって、3〜4mに丈がのびるメダケ(女竹)はササ類でありながらタケの名前がつき、タケ類に分類されるオカメザサは1m程度なので、名前にササがついています。ササ類にはササ属、スズタケ属、アズマザサ属、メダケ属、カンチク属などがあります。ササ属の代表的な種類には、チシマザサ、クマザサ、チマキザサ、ミヤコザサなどがあります。

ササ類の仲間

[作業]

◎**手入れ**　古い稈を抜きとりながら、同時に新しい稈の密度を管理します。

◎**肥料**　植栽1〜2年は緩効性化成肥料を施しますが、その後はほとんど必要としません。

◎**病害虫**　ときにアブラムシやカイガラムシ類がつき、ススビ病、タケハサビ病が発生します。

◎**生長にあわせた作業ポイント**　植えつけ後、密生するまでは肥料の管理をし、密生したらふやす場合は、冬期に芽のついた地下茎を掘り上げて10cm程度に切り、深さ3cm程度になるよう植えつけます。

日本の四季を花で楽しむ樹木
花木

166 花木の基礎知識
168 春の花木
218 夏の花木
258 秋の花木
270 冬の花木

花木を楽しむには花芽を知る

花木の基礎知識 — 花芽にはタイプがある

［6つのタイプ］
① 側芽が花芽になるタイプ
② 頂芽が花芽になるタイプ
③ 頂芽と側芽が花芽になるタイプ

この3つのタイプにそれぞれ、

A. 今年の枝に花芽ができ、今年中に開花するタイプ
B. 今年の枝または2年目の枝に花芽ができ、翌年に開花するタイプ

のふたつの開花する時期があるので、合計で6つのタイプになります（167ページ参照）。

花後剪定が基本

花木は健康に育って、十分な年数を経ていれば、充実した枝が生育し、何もしなくても必ず花を咲かせます。花芽分化の時期までに時間があり充実すると、花芽が形成されます。しかし剪定が遅れると、その後の芽は花芽分化の時期までに充実せず、花芽になりません。花後の早い時期に剪定すれば、必ず次の芽がのび、花芽分化の時期に間に合います。

花が咲かなくても木は元気

植物に花が咲くようになるには、その植物ごとの年齢、大きさに達している必要があります。園芸店では、花がついているとよく売れるので、無理に花を咲かせているだけで、本当は咲く段階になっていないものがあります。同じようなことが鉢植えでもいえます。鉢植えでは毎年花をつけても、鉢から庭に植えかえた場合、花が咲く大きさになるまでは生長し続け、花をつきません。剪定ミス以外で花がつかないのは、ほとんどがこの理由です。葉がよく茂っているようなら、それは生長の時期にあると考えられます。

［これが花芽と葉芽］

※本書では、作業カレンダーで花芽のできる時期を「花芽分化」として示しています。作業の目安にしてください。

花芽を切ると花は咲かない

花芽とは、将来つぼみになり、花になる芽のことです。当然、花芽をすべて切ると花は咲きません。特に秋から春にかけて剪定する場合、新たに花芽はできないので、花芽を確かめられる花木は、必ず確認してから剪定を行います。クルメツツジやサツキツツジの花芽は、枝の先端にしかつかないので、刈り込みをこの時期に行うと花芽を刈ることになってしまいます。花芽のわからない花木は、枝を全部切るのではなく、必ず残す枝をつくりましょう。フジは花芽が夏にできますが、9月の彼岸前に花芽を残して余分な枝を剪定すると、秋に咲いてしまいます。すべてが咲くわけではありませんが、花芽を残す剪定でも、時期を選ぶことが必要です。

花芽のできる時期

ほとんどの花木は夏、6月上旬から8月上旬に花芽ができます。5月までに開花するものの多くがこれにあてはまります。このように、枝に花芽ができることを「花芽分化」といいます。モクレン科の樹木は5月から花芽分化が始まります。モクセイ科も、のびた新芽にこの時期花芽をつけます。これらは、8月中旬以降には花芽分化が終わっています。アジサイ類、ユキヤナギ、コデマリなどは9～10月に花芽分化する種類です。

花芽の場所

樹種により、花芽のできる場所は決まっています。次の6つのタイプに分けられますが、このタイプを知っておくと、剪定時に花芽を残すのに非常に役立ちます。

サンシュユの花芽と葉芽
枝の先の頂芽と側芽が花芽になるタイプ。今年の枝にできて翌年に咲く。

ウメの花芽と葉芽
側芽が花芽になるタイプで、今年の枝にできて翌年に咲く。

花芽のできる場所	A 今年の枝にでき、年内に咲く	B 今年の枝にでき、翌年に咲く
① **側芽が花芽になるタイプ**——モモなど 枝の先は葉で、横に花が咲く。	 キンモクセイ→p.258 トケイソウ→p.160	ウメ→p.168 ハナズオウ→p.199
② **頂芽が花芽になるタイプ**——モクレンなど 枝の先に花が咲き、横には葉が出る。	 キョウチクトウ→p.251 ビヨウヤナギ→p.248	モクレン→p.210 ジンチョウゲ→p.201
③ **頂芽と側芽が花芽になるタイプ**——ムクゲなど 枝の先と横に花が咲く。	ザクロ→p.315 ハナゾノツクバネウツギ→p.227	ヒュウガミズキ→p.203 サラサドウダン→p.196

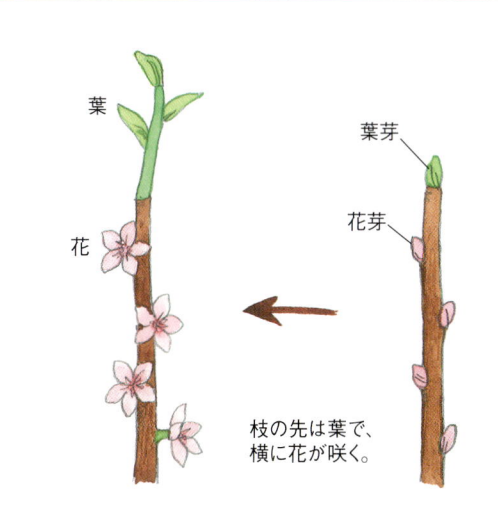

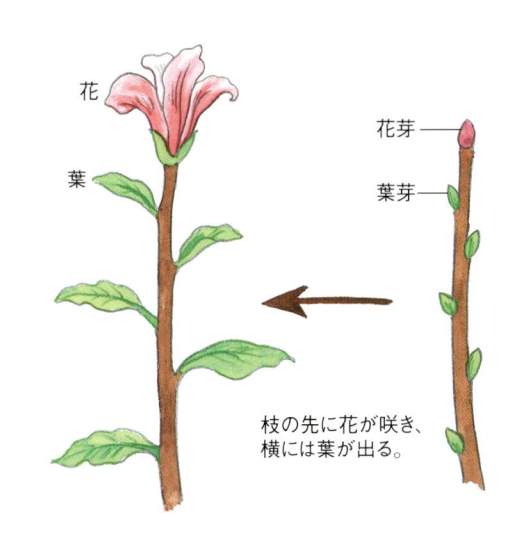

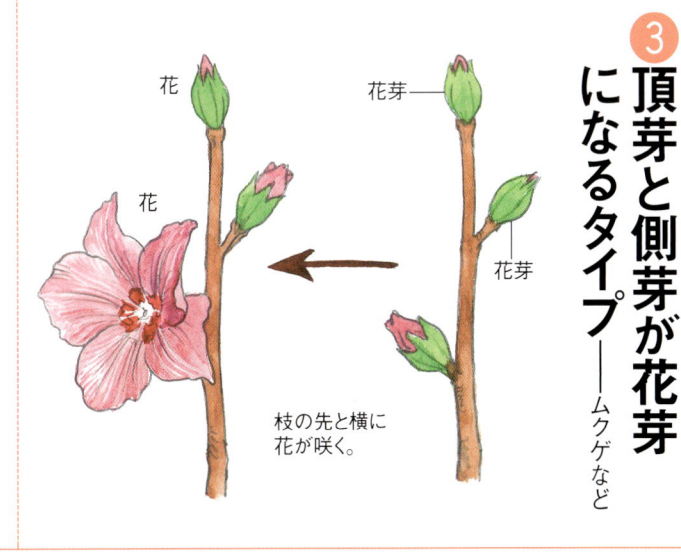

春の花木

ウメ

■シンボルツリー　■香り

梅　【別名】ムメ
Prunus mume
バラ科サクラ属　落葉広葉樹　小高木

この木どんな木
**清楚な花がいち早く
早春の香りを運んでくれる
親しみやすく
誰からも愛される花木**

【原産地】中国
【日当たり】日向を好む
【土壌・土質】水はけのよい肥沃な土壌を好む
【用途】シンボルツリー、コンテナ
【観賞ポイント】香りのある花、樹形

【樹形】6m / 7〜8m

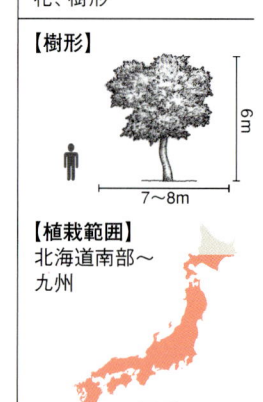

【植栽範囲】北海道南部〜九州

雪の積もった紅梅。早春に咲くウメならではの風景。

[木の特徴と性質]

古くから愛されてきた花木　冬の厳しい寒さに耐え、早春にいち早く咲くウメの花は、清楚でありながら力強く丈夫で、日本人の生活には欠かせない花木として愛されてきました。古くから多くの園芸品種がつくられてきましたが、特に室町〜江戸時代には園芸品種の数も増加し、庭木、鉢植えや生花、さらには多くの意匠に用いられるなど観賞性がより高まるようになりました。

園芸では4系統に分類　ウメは、主に花を観賞する花ウメと、実をとるための実ウメに大別されますが、園芸では花ウメを大きく次の4系統に分類しています。

◎**野梅系**　本来の野生種に近い、いわゆるふつうのウメで、さらに、野梅性、難波性、紅筆性、青軸性に細分されます。

◎**紅梅系**　野梅性から変化したもので、紅色の花が咲きます。さらに紅梅性、唐梅性、緋梅性に細分されます。

◎**豊後系**　野梅とアンズとの自然雑種といわれ、淡紅色の大輪の花が咲きます。耐寒性が強く寒冷地に適します。

◎**杏系**　アンズとの交配雑種で、アンズに近い性質です。淡紅色や白色の花が咲きます。これ以外にも、枝に斑がはいる錦性、筋のはいる筋入り性、葉が変化する葉がわり性、

白壁にマツと紅梅。日本の庭の典型的な美しさを感じさせる。

風情のある枝垂れの白梅。

徒長枝は、枝仕立て以外はつけ根から切る。

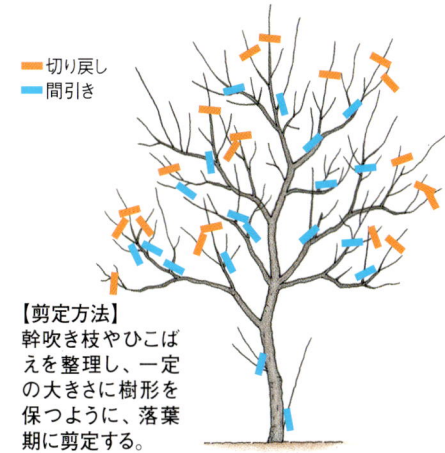

【剪定方法】
幹吹き枝やひこばえを整理し、一定の大きさに樹形を保つように、落葉期に剪定する。

― 切り戻し
― 間引き

枝垂れ性、結実のよい実成性などがあります。

[作業]
◎**植えつけ&移植** 植えつけと移植は落葉期の12〜3月が適期です。
◎**手入れ** 少なくとも毎年1回の整枝・剪定が必要です。
◎**肥料** 冬期（積雪地では融雪後）に鶏糞などの有機質肥料を与えますが、さらに花後の4〜5月上旬と果実の収穫後にお礼肥として化成肥料を与えます。
◎**病害虫** 春〜夏にアブラムシやケムシ類がよくつきます。特にアブラムシには新芽が開くころから注意が必要です。病害では縮葉病（4月・葉）や黒星病（5〜6月・実）、ウドンコ病（5〜6月・葉）などがあります。
◎**整枝・剪定のコツ** 剪定は落葉後から初冬に行います。また、夏期（8月中旬まで）に長く伸長した今年枝を切りつめることで、花芽の形成を促します。
◎**生長にあわせた作業ポイント** 幼木では生長を促すためにチッ素を、成木では実を生産するならカリを、老木では樹勢維持のためにチッ素を主体に施肥を行います。

[楽しみ方]
花、枝ぶり、実を楽しむ 庭木、盆栽、鉢づくりにして、花と枝ぶりを楽しみます。また、実のよくなる品種を植えて、実を梅酒や梅干しにして利用します。
ベランダで楽しむコツ 盆栽やコンテナ栽培には、樹勢の強い野梅系の品種が向きます。

四季の変化	月	剪定	肥料
	1	剪定	寒肥
	2	剪定	
開花	3		
	4		お礼肥
芽吹き	5		
果実	6		
花芽分化	7	剪定	お礼肥
	8	剪定	
	9		
	10		
	11	剪定	
	12		

花ウメの園芸品種

甘い香りとともに春を運んでくる花ウメの園芸品種は、4系統に分類される。このほかに、実を収穫するための実ウメ品種がある(286ページの「果樹〈ウメ〉」参照)。

野梅系

山野や庭先でよく見られる、ふつうのウメ。樹皮につやがあり、小枝がトゲ状になりやすい。

野梅性

枝は細く密生し、葉も小さい。花には白、紅、絞りなどの色がある。

春日野(かすがの)／2〜3月に咲く遅咲き。花は、紅色を吹きかけたような吹きかけ絞りの中輪。

冬至(とうじ)／花期がとても早く、冬至の12月から1月には白い一重の中輪の花が咲く。

黄梅(おうばい)／緑がかった黄色い花をつける。花びらが小さいので、雄しべが目立つのが特徴。

難波性

葉に丸みがあり、花は白色が多い。

遠州枝垂れ(えんしゅうしだれ)／中輪で八重の花が、枝垂れた枝につく。

花香実(はなかみ)／花と実が楽しめるウメ。花は3月中旬〜下旬に咲き、淡紅色の八重で美しい。

白難波(しろなんば)／1〜2月に咲く早咲きで、八重咲きの白い中輪の花が楽しめる。

紅筆性

つぼみの先端がとがり、紅色になる。

青軸性

新枝が緑色でやや太く、花も緑白色。

大輪緑萼(たいりんりょくがく)／萼が緑色の大輪の花が、1〜2月に咲く早咲きの種類。

月影(つきかげ)／1〜2月に咲く早咲きの種類で、白い一重の中輪の花が咲く。

内裏(だいり)／2〜3月に咲く遅咲き。八重咲きの大輪で、花弁は三重の絞りとなる。

紅梅系

葉柄が濃い紅色をしており、外からは見えないが、枝の中心のやわらかい髄も赤い。

紅梅性

花は名のとおり紅色だが、まれに白もある。

大盃（おおさかずき）／花弁の先端が内側を向いた一重咲きの大輪。

佐橋紅（さばしこう）／2〜3月に咲く遅咲き。紅色で中輪の一重の花が咲く。

紅鶴（べにづる）／花の色は明るい紅色。雄しべが長いのが特徴。

緋梅性

花色が濃紅色になる。

鹿児島紅（かごしまべに）／紅色の八重咲きの中輪。花弁は三重。2〜3月に咲く遅咲き。

五節の舞（ごせちのまい）／濃紅色の八重が特徴。「五節の舞」は宮中で新嘗祭（にいなめさい）の翌日に踊られる舞。

唐梅性

一重と八重咲きがある。

唐梅（とうばい）／中輪八重咲きの花が、1月中旬〜2月上旬に咲く。紅色で赤筋がある。

杏系

花は豊後系に似ているが中輪で、枝が細く、葉も小さい。花期がもっとも遅い品種。葉は秋に紅葉する。

江南無所（こうなんむしょ）／中国生まれの園芸品種。八重咲きの中輪の花が3月中旬以降に咲く。

一の谷（いちのたに）／3月以降に咲く遅咲き。つぼみは淡紅色で、開くとほとんど白色。

豊後系

大輪の花だけでなく、葉も大きく、枝も太い。花は香りが少なく、遅咲き。

谷の雪（たにのゆき）／丸みのある白い花びらが、まるで雪が積もったように見える。

武蔵野（むさしの）／淡紅色の大輪で、八重咲き。2〜3月に咲く遅咲き。

サクラ類

桜
Prunus spp.
バラ科サクラ属　落葉広葉樹　高木

■シンボルツリー　■鳥を呼ぶ

[この木どんな木]
町から野山までを
桜色に染め上げる
日本の春に
欠かせない花木

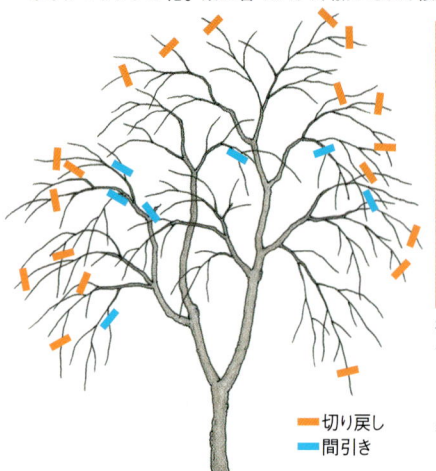

オオシマザクラの花。葉に香りがあり、加工されて桜餅を包むのに使われる。

【剪定方法】
徒長枝やひこばえなどは、太くならないうちに剪定する。直径2cm以上の切り口の場合は、殺菌剤などを塗布する。

■ 切り戻し
■ 間引き

病気の症状が出た枝は、途中で切断せず、全体を切除し、できれば焼却する。

「ソメイヨシノ」についたモンクロシャチホコ（上）と、下に落ちている糞。

【原産地】日本全国
【日当たり】日向を好む
【土壌・土質】適湿〜やや湿潤で肥沃な土壌を好む
【用途】シンボルツリー
【観賞ポイント】花叢（かそう）*

【樹形】
25m / 20m

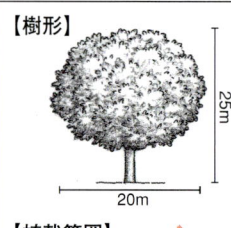

【植栽範囲】
北海道〜沖縄

[木の特徴と性質]

日本の山野に自生　日本で一般的にサクラと呼ばれる種類は、バラ科サクラ属あるいはサクラ亜属の総称です。日本の気候に適しているので、約10種が全国の山野に自生し、また、公園や道路など、町のいたるところに植えられ、春には日本列島を桜色に染め上げます。

人々を魅了し続ける美しさ　『万葉集』などにも詠まれ、また数々の文学作品に登場するサクラは、江戸時代に入ってから多数の品種が育成されました。現在、人里に植えられている園芸品種は約300種にのぼります。

繊細で植栽条件が厳密な花木　日向を好み、日陰や半日陰では花つきが悪く、咲いている期間が長いなどの条件を満たすのが、潮風に弱く、生長するとかなり大きな樹形になるので広い用地が必要となるなど、家庭の庭に植栽するには難しい面もあります。しかし、品種を選ぶことで庭植えでも楽しめます。

家庭で愛でるサクラの条件　樹形がコンパクトで、しかも花色にすぐれ、開花が早く、咲いている期間が長いなどの条件を満たすのが、「おかめ」という品種です。その他の小型の品種としては、マメザクラ、「トウカイザクラ」「ケイオウザクラ」「ヨコハマヒザクラ」に、「天の川」「八重紅枝垂」などがあります。

[作業]

◎**植えつけ&移植**　植えつけと移植は、厳寒期を除く12〜3月の落葉期が適期です。

*花叢（かそう）：花の集まりのこと。散形花序、総状花序（→p.62）をいう場合が多い。

◎**手入れ**　不要枝が多く発生しますので、日ごろから枝の状態を見守ります。枝垂れの場合、徒長枝を早めに切り除き、樹形を一定の大きさに保ちます。

◎**整枝・剪定のコツ**　樹形を乱すひこばえや徒長枝は、あまり太くならないうちに剪定します。直径2cm以上の切り口は癒合剤や殺菌剤で殺菌し、幹の腐り込みを防ぎます。

◎**生長にあわせた作業ポイント**　植えつけ後1〜2年は施肥と支柱が必要です。枯れ枝の目立つ下枝は、徐々に切り除きます。

◎**肥料**　成木ではほとんど必要としません。幼木のときや、やせ地に植えたものには、緩効性化成肥料や鶏糞などを冬期に施します。

◎**病害虫**　病害虫は多くありますので、特に被害が著しいときは防除する必要があります。アメリカシロヒトリ、オビカレハ、モンクロシャチホコなどは発生初期に捕殺します。

[**楽しみ方**]
実生で育てる　さし木は種類によって難易がありますが、5月下旬〜6月が適期です。実生は果肉を除いてとりまきにします。オオシマザクラを実生で育てて、若葉を桜餅に使い、香りを楽しむこともできます。

ベランダでも楽しめる　直径30cm以上の深鉢で樹形を小さくして栽培し、2月初めに室内に取り込み開花を促し、再びベランダに置いて花を長く楽しみます。

四季の変化			
月	剪定	開花・花芽分化	肥料
1			寒肥
2	剪定		寒肥
3		開花	
4		開花	
5			施肥
6			施肥
7		花芽分化	施肥
8		花芽分化	施肥
9			
10			
11			
12	剪定		寒肥

日本に春が来たことを告げるように、優雅に咲き誇る「ソメイヨシノ」。

＊とりまき：たねをとってすぐにまく方法（→p.16）。

日本に自生しているサクラ

日本に自生している基本種は約10種。この「ソメイヨシノ」など、300におよぶ園芸品種が誕生している。

エドヒガン／春の彼岸のころ咲くので「彼岸桜」ともいわれる。

ヤマザクラ／ソメイヨシノが広まるまで、桜といえば「山桜」だった。

カスミザクラ／葉のつけ根の葉柄に毛があるので「毛山桜」ともいわれる。

オオシマザクラ／大きな花をつけるので、観賞用に植えられる。葉は桜餅に使われる。

オオヤマザクラ／花が紅色なので「紅山桜」とも呼ばれる。

チョウジザクラ／花の形が、生薬の「丁子」に似ていることに由来する。

マメザクラ／富士山の周辺に自生しているので「富士桜」とも呼ばれる。

ミヤマザクラ／「深山桜」と書く名のとおり、人里から離れた亜高山帯に咲く。

タカネザクラ／本州では1500m以上の亜高山帯に咲くため「峰桜」とも呼ばれる。

カンヒザクラ／沖縄県石垣島に自生する「寒緋桜」。沖縄では1月に花見ができる。

174

庭に向くサクラの園芸品種

サクラのなかでも木が大きくならない品種なら、庭で楽しめる。

敬翁桜（けいおうざくら）／木が大きくならない品種。

天の川（あまのがわ）／木が横に大きくならずに、コンパクトに上にのびる。

紅枝垂（べにしだれ）／枝垂れるサクラは、木が一気に大きくならない。

マメザクラ／自生種だが、木が大きくならない。

おかめ／木が大きくならず、花期も長い。

特徴のある園芸品種

園芸品種をすべて、サトザクラと呼ぶこともある。

関山（かんざん）／八重咲きの代表。寒さや病害虫に強い。欧米で人気が高い。

普賢象（ふげんぞう）／葉化した雌しべが2本ある。この雌しべをキバに見立て、普賢菩薩が乗る白いゾウを連想したのが名の由来。

御衣黄（ぎょいこう）／葉の色と同じように緑色の花弁をもつ。

駿河台匂（するがだいにおい）／オオシマザクラと同じように、芳香がある。

冬桜（ふゆざくら）／名前のとおり、冬に白い花を咲かせる。

十月桜（じゅうがつざくら）／10月ごろに名前のとおり、淡紅色の花をつける。

ハナカイドウ

花海棠　*Malus halliana*
【別名】カイドウ、スイシカイドウ（垂糸海棠）

シンボルツリー／剪定少
バラ科リンゴ属　落葉広葉樹　小高木〜低木

食用になるミカイドウの実。

ミカイドウの花は上向きに咲く。

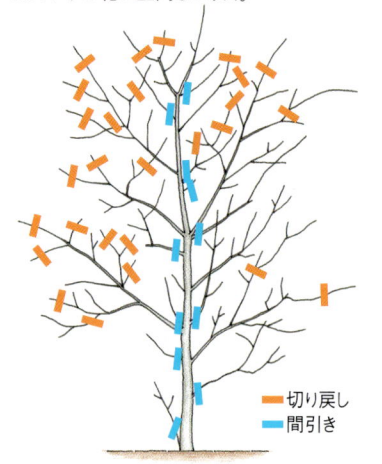

【剪定方法】
6月中旬の剪定では、あまりのびていない枝は、先端に花芽ができ始めているので、切らないようにする。

■切り戻し
■間引き

枝いっぱいに花を咲かせるハナカイドウ。

この木どんな木

サクラの花期の後に咲く小ぶりの淡紅色の花、楊貴妃の眠る姿にたとえられる美しさ

【原産地】中国
【日当たり】日向を好むが、乾燥はきらう
【土壌・土質】水はけのよい肥沃な土壌を好む
【用途】シンボルツリー、生け垣、コンテナ
【観賞ポイント】淡紅色の花、暗赤色の実

【樹形】3〜7m／3〜7m

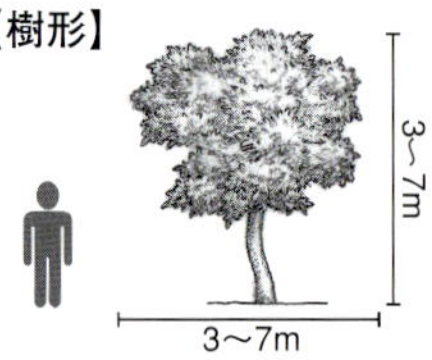

【植栽範囲】北海道南部〜九州

［木の特徴と性質］

楊貴妃の眠る姿の花　単にカイドウとも呼ばれ、原産地の中国でも、また日本でも広く栽培されています。その花の美しさは古典文学にも登場し、中国の唐の玄宗皇帝が、酔って眠る楊貴妃をハナカイドウにたとえたように、昔から美人の形容に使われるほどです。

新緑に映える美しさ　4〜5月ごろ、ちょうどサクラの花が終わったころに、サクラやリンゴの花によく似た淡紅色の花を枝いっぱいに咲かせます。その美しい姿は、周囲の樹林の新緑に映えて魅力的です。

下垂する花から垂糸海棠とも　大きな実をつける同属のミカイドウ（別名ナガサキリンゴ。江戸時代にはカイドウと呼ばれた）に対して、花柄が長く垂れて花をつけるので、スイシカイドウ（垂糸海棠）とも呼ばれています。花後、直径6〜10mmほどの実をつけますが、ミカイドウの実は15〜20mmと大きく、こちらは、食用になります。

ハナカイドウの品種　八重咲きで花の重なりが豊かなヤエカイドウ、大輪八重のオオヤエカイドウ、枝垂れ性のシダレカイドウ、花が上向きに咲くウケザキカイドウ（ベニリンゴ）、桃色のぼかしの入るミツバカイドウなどがあります。本来の一重のものより、華やかな八重咲きのほうが、もてはやされる傾向があります。

ハナカイドウは、花と枝をつなぐ花柄が長いのが特徴。その先に愛らしい花が下向きに咲く。

仕立てや剪定が容易

仕立てや剪定が他の花木より自由にでき、庭木だけではなく、盆栽としてもよく用いられています。

[作業]

◎植えつけ&移植　植えつけと移植は、花前の2〜3月下旬、あるいは花後の5月下旬〜6月が適期です。

◎手入れ　徒長枝の発生や、ふところ枝が密生しないように、適宜剪定します。夏場は水やりを欠かさないようにします。

◎肥料　堆肥と緩効性化成肥料をまぜたものを寒肥として、花後の5月に化成肥料を追肥として施します。

◎病害虫　赤星病が発生します。サビ胞子の中間宿主となるビャクシン属の樹木との混植を避けます。

◎整枝・剪定のコツ　11〜3月に徒長枝、込み枝、からんだ枝を剪定します。6月中旬にのびすぎた枝先を切りつめますが、あまりのびていない枝は、先端に花芽ができ始めているので、切らないようにします。

◎生長にあわせた作業ポイント　若木は徒長気味の枝を切りつめながら育成し、成木は樹冠内の枝を整理しながら育てます。

[楽しみ方]

仕立てを楽しむ　人工的にスタンダードに仕立てたり、生け垣などにもできます。

ベランダでも楽しめる　鉢植えで育てる場合、若木では毎年、老木では2年ごとに植えかえ、新しい土に更新します。

月	四季の変化	剪定	肥料
1		剪定	寒肥
2		剪定	寒肥
3		剪定	寒肥
4	開花		施肥
5	開花		施肥
6	芽吹き	剪定	
7	芽吹き		
8	芽吹き		
9	芽吹き		
10	果実		
11		剪定	
12		剪定	

ツル バラ

■香り ■フェンス ■アーチ

蔓薔薇 【別名】クライミングローズ
Rosa spp.
バラ科バラ属　半常緑または落葉広葉樹（つる性）

道ゆく人が足を止めるほど豪華なツルバラのフェンス。

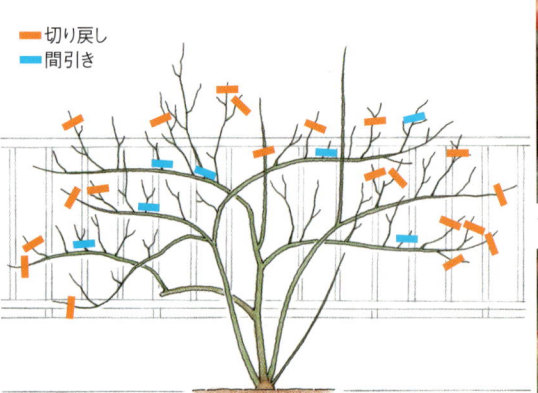

【剪定方法】
枯れ枝や細いよけいな枝を取り払い、整理するという感じで切る。枝を横に水平に誘引すると花つきがよくなる。

■切り戻し
■間引き

一重で平咲きの「コクテール」。
迫力ある大輪の「アレティッシモ」。 
白と赤のコントラストが美しい「聖火」。 
「ルスティカーナ」の実。 

［この木どんな木］
バラの醍醐味はツルバラにあり。自由に誘引できるのが魅力の秘密

【原産地】北半球の亜寒帯から亜熱帯
【日当たり】風通しのよい日向を好む
【土壌・土質】水はけ・保水性のよい肥沃なやや重い土を好む
【用途】フェンス、生け垣、アーチ
【観賞ポイント】多種多彩な花

【樹形】
Free／Free

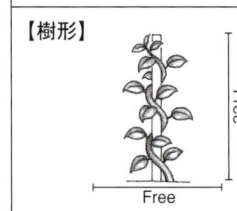

【植栽範囲】
北海道〜沖縄

［木の特徴と性質］

バラは大きく2種類に分類される　バラの園芸品種は1万5000種以上といわれ、大別すると木バラ（238ページ「バラ」参照）と、つる性のツルバラに分けられます。ツルバラは樹木などに枝を絡みつけ、樹体を固定して、日光を求めてさらに上へと枝をのばします。その姿からクライミングローズの別名があります。

花色も形も多種多様　小輪咲き、中輪咲き、大輪咲きがあり、それぞれ四季咲き、一季咲き（春）、返り咲き性（花後切り戻すと、もう一度咲く）のものがあります。

◎小輪ツルバラ　日本原産のテリハノイバラやノイバラから交配して作出された園芸品種で、丈夫で伸長力が強く、一季咲き、多花性でつる性の枝に小型の花が房状に咲きます。ヨーロッパなどで改良されたランブラーローズ系は、枝が垂れ、美しい葉を備えています。

◎中輪ツルバラ　中間的なもので、ランブラーローズ系など多くの園芸品種があります。

◎大輪ツルバラ　木バラの大輪咲きの種類から突然変異によってツルバラになったものが多く、名前には木バラの品種に「ツル」、あるいは「クライミング」がついています。花は春以外にはあまり咲きません。

【作業】
◎植えつけ&移植　大苗は12〜2月、新苗は

アーチに誘引された「コクテール」。まわりが赤色で、中心が黄色の花が特徴。誘引しやすく、花つきがよいので、人気が高い。

4月下旬から5月に植えつけます。移植は厳寒期を除く冬に行います。

◎**手入れ** 春の花を楽しむためには、冬の剪定が欠かせません。

◎**肥料** 冬の寒肥として、油かすと骨粉などを主に有機質肥料を施します。花後のお礼肥には、庭植えの場合は有機質肥料、鉢植えの場合は油かすを発酵させて球状にしたものや緩効性化成肥料を施します。

◎**病害虫** 湿度の高い暖地では、ウドンコ病、黒点病（黒斑病）、アブラムシ、ハダニなどに対策が必要です。

◎**整枝・剪定のコツ** 前年枝を誘引して春の花を楽しむので、冬の剪定が大切です。枯れ枝や細枝を切りとってから、誘引していた枝をすべて外して地面に広げ、株もとから枝先に向かって枝を整理していきます。剪定後は枝ののび方、花のつき方などを想像しながら誘引していきます。

◎**生長にあわせた作業ポイント** 冬の誘引では、細くてやわらかなシュート（根もとや幹から出た若い枝）は無理矢理に誘引せず、自然にのばした状態でフェンスや支柱に縛ります。花後は花がらを切り、のびてくる新梢（しんしょう）が風で折れないように注意します。

[楽しみ方]

庭を立体的につくる 誘引する場合は、上向きの枝を水平に誘引すると、花がたくさんつきます。その枝をポールやアーチなどに絡ませると、庭を立体的に彩ることができます。

月	四季の変化	剪定	肥料
1		剪定	
2	芽吹き	剪定	寒肥
3			
4	開花		
5			お礼肥
6		剪定	
7	花芽分化		
8			
9			
10			
11			
12		剪定	寒肥

（一季咲きの場合）

コデマリ

小手毬　【別名】スズカケ、テマリバナ
Spiraea cantoniensis
バラ科シモツケ属　落葉広葉樹　低木

■剪定 少　■病害虫に強い

枝が広がらないのでせまい庭向き。
病害虫にも強く手間の少ない春の花木

手毬状にかたまって咲く花。

枝を弓なりにして白い花がびっしりつくのが特徴。

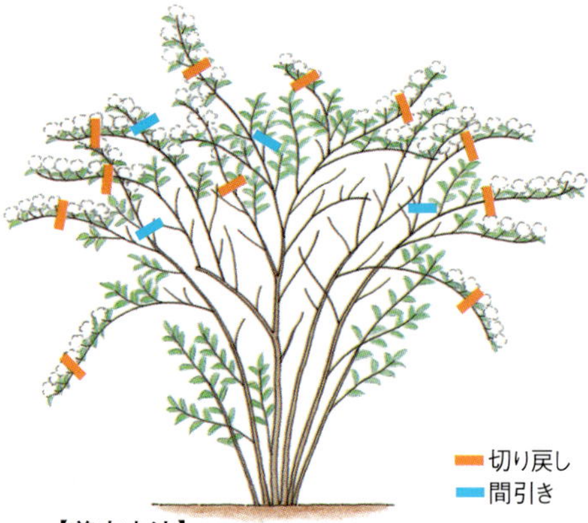

コデマリの八重花。

【剪定方法】
強い刈り込みをしないで自然の樹形のほうが美しい。冬期に太い枝から出た若い枝を残して剪定する。また、花の咲いた古い枝や込みすぎた古い枝を根もとから切り、間引く。

■切り戻し
■間引き

【原産地】中国広東省
【日当たり】日向を好む
【土壌・土質】水はけのよい砂質土壌で、乾燥しない場所を好む
【用途】シンボルツリー、コンテナ
【観賞ポイント】かたまって咲く白い花

【樹形】　1～2m／1～2.5m

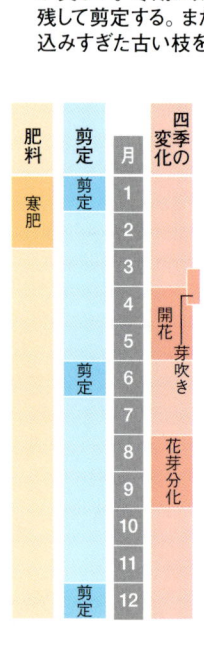

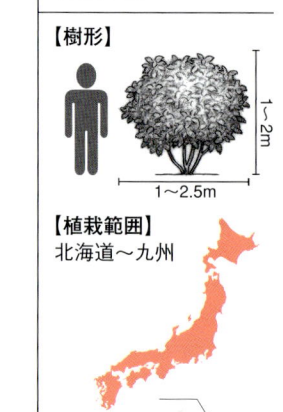

【植栽範囲】北海道～九州

[木の特徴と性質]

「小さな手毬」が名の由来　4～5月に真っ白な小花が15～20輪くらい、手毬のようにかたまって咲きます。株立ち状で、枝先には花がびっしりとつき、弓なりに垂れ下がります。

せまい場所にも向いた木　枝が広がらないのでせまい場所での植栽に向き、日本各地で植えられています。土地を選ばず、病害虫にも強く丈夫なので、育てやすい樹木です。

[作業]

◎**植えつけ＆移植**　移植は、落葉後から早春までが適期です。移植、植えつけとも、新葉が出て、次の芽が充実した季節（10月ごろ）ならば可能です。真夏と新芽がのびている時期以外は比較的簡単にできます。

◎**手入れ**　剪定や病害虫の駆除はほとんど必要ないので、育てるには楽ですが、乾燥すると枝葉が急激に弱り、枯れることがあります。

◎**肥料**　冬に寒肥として堆肥と緩効性肥料をまぜたものを与えるとよく育ちます。

◎**病害虫**　カイガラムシ、スス病、ウドンコ病が発生することがあります。剪定によって通風・採光を促すようにします。

四季の変化	月		
	1	剪定	寒肥
	2	剪定	寒肥
	3		
開花	4		
芽吹き	5		
	6	剪定	
	7		
花芽分化	8		
	9		
	10		
	11		
	12	剪定	

サンザシ

山査子　【別名】メイフラワー
Crataegus cuneata
バラ科サンザシ属　落葉広葉樹　低木

- シンボルツリー
- 香り
- 鳥を呼ぶ

この木どんな木
生長が早く萌芽力もあり刈り込みにも強いうえ耐寒性もあるすぐれ物

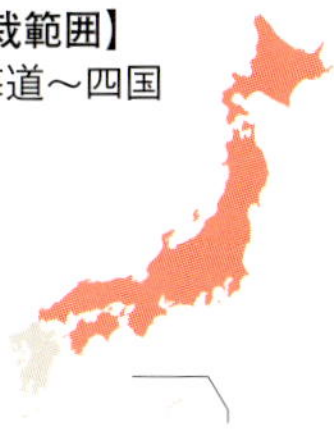

トキワサンザシは、鉢植えでも楽しめる。

サンザシは5月に咲くので、ヨーロッパではメイフラワーとも呼ばれる。

食用や生薬として利用される実。

サンザシ同様、ウメの花に似たトキワサンザシ。同じバラ科でも属が違う。

【剪定方法】
自然樹形を維持する。込みすぎた部分の枝抜き（間引き）をして整枝する。2～3年ごとでよい。

- 切り戻し
- 間引き

【原産地】中国中南部
【日当たり】日向～半日陰を好む
【土壌・土質】やや乾燥した肥沃な砂質土壌を好む
【用途】シンボルツリー、コンテナ
【観賞ポイント】白色の花、赤い実

【樹形】1.5～2m／1～2m

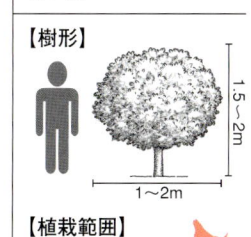

【植栽範囲】北海道～四国

木の特徴と性質

薬用植物として渡来

享保年間（江戸中期）に朝鮮半島を経て渡来した胃腸に効く薬用植物で、当時は全国の薬草園で栽培されました。その名のとおり、4～5月に、ウメに似た直径2cmほどの白い5弁花を枝先につけます。10月ごろ熟す実は、食用、また生薬の「山査子」として利用します。

ウメに似た白い花と赤い実

イギリスでは、サンザシ類は5月に咲くのでメイフラワーと呼ばれています。刈り込みに強く、現在は庭木や鉢植えとして親しまれています。

作業

◎**植えつけ&移植**　植えつけと移植は12～3月の落葉期間が適期。ポット苗の植えつけはいつでも可能です。

◎**手入れ**　自然樹形のままに育てますが、2～3年に1回、込みすぎた小枝を剪定します。

◎**肥料**　春、根もとにチッ素、リン酸、カリが均等にはいった緩効性化成肥料を与えます。酷暑、極寒を除けばいつでも可能です。

◎**病害虫**　カイガラムシ、ハダニ、アブラムシが出ることがあります。剪定により通風・採光を促します。

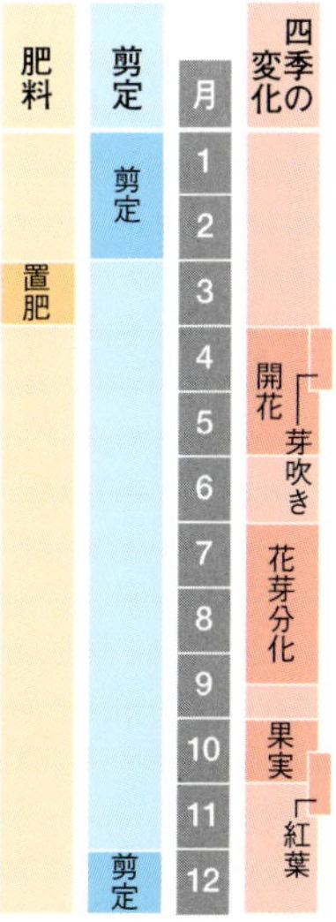

四季の変化	月	剪定	肥料
	1	剪定	
	2	剪定	
	3		置肥
開花	4		置肥
芽吹き	5		置肥
	6		置肥
花芽分化	7		置肥
	8		置肥
	9		
果実	10		
紅葉	11		
	12	剪定	

アメリカザイフリボク

- シンボルツリー
- 剪定 少
- 病害虫に強い

アメリカ采振木 【別名】ジューンベリー
Amelanchier canadensis
バラ科ザイフリボク属 落葉広葉樹 小高木

この木どんな木
春の白い花に
夏の果実
丸い形の葉が
チャーミング

【原産地】北アメリカ
【日当たり】日向〜半日陰を好む
【土壌・土質】やや湿り気のある、石灰分を含む土壌を好む
【用途】シンボルツリー
【観賞ポイント】白い花、深紅色の果実、紅葉

【樹形】 6〜10m / 8m未満

【植栽範囲】北海道南部〜沖縄

甘みの強い果実。

花には5つの花弁があり、数花が房状につく。

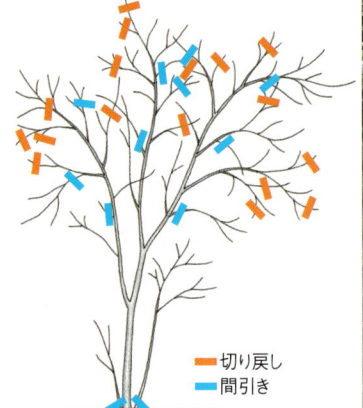

■ 切り戻し
■ 間引き

【剪定方法】
12〜2月の休眠中に行う。ポット苗から仕立てる場合は、1〜2年は枝の先端を切りつめ、花芽を少なくして、株の充実を促す。

バラ科の木は、結実させるために花粉樹が必要だが、この木は1本で実をつける。

[木の特徴と性質]

果樹としても有名な"6月のベリー"

別名の「ジューンベリー」でよく知られ、花、果実、紅葉が楽しめる人気の花木です。花は4〜5月、枝先に白く細長い5弁花を花房状につけ、満開時は霞を見るような美しさです。6月には、深紅色の果実が鈴なりにみのります。

実を食して楽しむ

果実は生食のほか、ジャムや果実酒などに利用できます。大粒で甘みが強い園芸品種の「バレリーナ」は、スラリとしていて、せまい場所でも栽培が可能です。

[作業]

◎**植えつけ＆移植** 12〜3月にポット苗を露地に植えつけ、同時に支柱を取りつけます。移植も同じ時期に、根まわしをして行います。

◎**手入れ** 株立ち状に仕立てない場合、ひこばえは早めに切りとります。

◎**肥料** 寒肥として12〜3月に堆肥に油かす、骨粉、草木灰を混合し樹冠下に埋め込みます。3〜4月に緩効性化成肥料を与えます。

◎**病害虫** あまり心配ありませんが、カイガラムシやアブラムシ、テッポウムシなどがつくことがあります。発見したら捕殺します。

四季の変化

月	四季の変化	剪定	肥料
1		剪定	寒肥
2	芽吹き	剪定	寒肥
3	芽吹き		施肥
4	開花		施肥
5	開花		施肥
6	果実		施肥
7	花芽分化		施肥
8	花芽分化		施肥
9			施肥
10	紅葉		施肥
11	紅葉		
12		剪定	寒肥

ハマナス

浜茄子 【別名】ハマナシ（浜梨）
Rosa rugosa
バラ科バラ属　落葉広葉樹　低木

- 香り
- 生け垣
- 病害虫に強い

この木どんな木

『知床旅情』で知られ"北国の野バラ"ともいわれる香り高い花木

【原産地】北海道、太平洋側は茨城県以北、日本海側は鳥取県以北
【日当たり】日向を好むが、暑さに弱い
【土壌・土質】肥沃な土壌を好むが、砂質土でも育つ
【用途】生け垣、シンボルツリー、コンテナ
【観賞ポイント】紫紅色の花、赤い果実

【樹形】

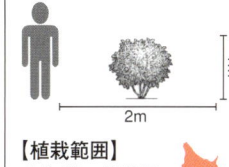

【植栽範囲】北海道〜茨城県（太平洋側）、北海道〜鳥取県（日本海側）

紫紅色のハマナスの花は、香りが強く美しいが、枝にはトゲが多い。

ハマナスの名前の由来にもなった果実。

【剪定方法】
剪定は古枝を切りとり、新枝を出させるようにする。厚い革製の手袋を使用すればトゲがささらない。

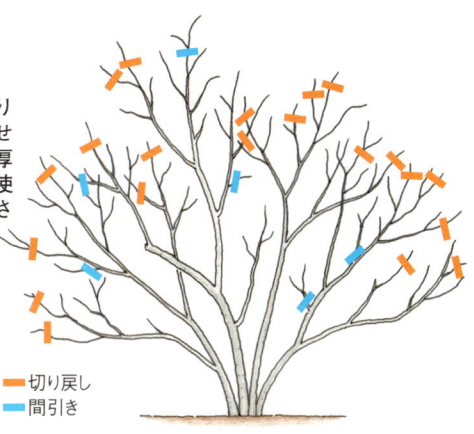

■ 切り戻し
■ 間引き

[木の特徴と性質]

香り高い北国の野バラ　海岸の砂地に自生し、地下にのびる匍匐枝で繁殖します。5〜8月、枝先に開く花径6〜11cmの5弁花は、紫紅色で強い芳香を放ちます。晩春に咲く"北国の野バラ"として知られる美しい花です。

果実は食用に、根は染料に　果実は、緑色から徐々にオレンジ色へと変化し、8〜9月ごろ赤熟します。別名のハマナシ（浜梨）はこの実の形から名づけられたといわれています。一方、ハマナスはハマナシの東北訛りが一般化された名称とされています。甘酸っぱい果実は、生食またはジャムにして食べられ、根皮は黄褐色の染料として用いられています。

[作業]

◎**植えつけ＆移植**　植えつけと移植は葉が開く前の2〜3月が適期です。植栽の場合は、砂地より壌土質の土壌を好みます。

◎**手入れ**　込んだ葉の整理と古い茎の更新（剪定）を行います。

◎**肥料**　早春と花後に、油かす、鶏糞、骨粉を施します。

◎**病害虫**　まれにアブラムシが発生します。

月	四季の変化	剪定	肥料
1			寒肥（暖地）
2		剪定	寒肥（暖地）
3	芽吹き	剪定	
4	芽吹き		
5	開花		
6	開花		
7	開花		
8	開花		
9	果実		
10	果実	剪定	お礼肥（寒地）
11	果実		お礼肥（寒地）
12			

ボケ

木瓜 【別名】カラボケ、モケ
Chaenomeles speciosa
バラ科バラ属　落葉広葉樹　低木

- 生け垣
- 病害虫に強い

この木どんな木
暑さ寒さに耐え病虫害にも強く刈り込みもできる日本の花木の代表

生育が盛んで植栽しやすいボケは、花垣としても楽しめる。

鮮やかな朱色のボケの花。

ジャムにもなる香りのよい果実。

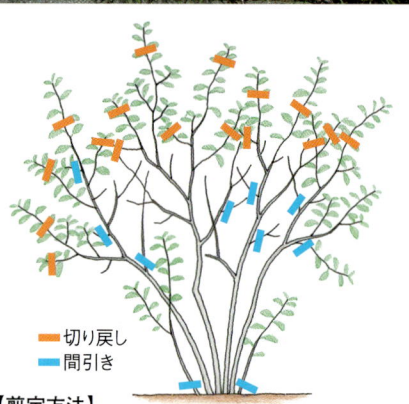

【剪定方法】
■ 切り戻し
■ 間引き

樹姿を整える剪定は、新しくのびた枝を2〜3芽残して花が終わったあとに剪定する。つぼみが確認できる秋から冬にかけては、花芽を見て、いらない枝を切る。ひこばえが出てきたらこまめに取り除く。

[木の特徴と性質]

薬用植物として中国より渡来

ボケ類には中国原産のボケと日本原産の別種であるクサボケとがあり、2種を交配した園芸品種もあわせると約150種にもなります。雌雄同株で、3〜4月、朱色や白色の花を咲かせ、7〜8月に直径7〜8cmぐらいの食用になる黄緑色の果実をつけます。

果実には疲労回復の薬効があり、平安時代から江戸時代までは薬用植物として栽培されていました。

観賞価値の高い園芸品種

暑さにも寒さにも強い

耐暑性、耐寒性があり、刈り込みにも耐えます。

[作業]

◎**植えつけ&移植**　植えつけは9〜10月、移植は11〜3月の厳寒期を除く期間が適期で、日当たりと水はけのよい場所を選びます。

◎**手入れ**　特に夏の時期は、土が乾燥したら水をたっぷりとやります。

◎**肥料**　花後1、2回肥料を与えます。その後は花芽がつく10月まで肥料は与えません。

◎**病害虫**　まれにアブラムシ、グンバイムシ、ハダニ、カイガラムシなどが発生します。

月	四季の変化	剪定	肥料
1			寒肥
2	芽吹き		
3			
4	開花		お礼肥
5		剪定	
6			
7	果実		
8	花芽分化		
9			
10	果実成熟		
11		剪定	
12			

【原産地】中国
【日当たり】日向を好む
【土壌・土質】水はけのよい砂質土壌を好む。水分を好むが多湿はきらう
【用途】シンボルツリー、生け垣、コンテナ
【観賞ポイント】朱色や白い花、トゲのある独特の枝ぶり、黄緑色の果実

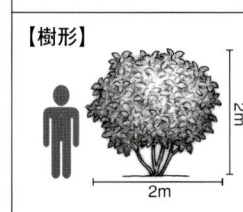

【樹形】2m × 2m

【植栽範囲】北海道〜九州

モモ

桃　【別名】ハナモモ
Prunus persica
バラ科サクラ属　落葉広葉樹　小高木

■ シンボルツリー　■ 香り

この木どんな木
食用のモモに比べ花が大きく色も豊富。子どもの成長を願い桃の節句に飾られる

7〜8月に熟すハナモモの実。

■ 切り戻し
■ 間引き

【剪定方法】
枯れ枝やひこばえ、徒長枝や込み枝は冬期に、大きくなりすぎた枝や樹姿を整えるには花後すぐに行う。春にのびた枝を大事に残せば、時期が遅くなっても整枝することができる。

樹冠いっぱいに、豪華に咲き誇った満開のモモの花。

枝が広がらない「ハナホウキモモ」。

園芸品種の「キクモモ」。

【原産地】中国
【日当たり】日向を好む
【土壌・土質】土質は特に選ばないが、水はけのよい適湿で肥沃な土壌を好む
【用途】シンボルツリー、コンテナ、添景木
【観賞ポイント】多彩な紅色の花、樹形

【樹形】 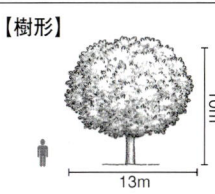
10m
13m

【植栽範囲】
北海道南部〜九州

[木の特徴と性質]

実は食べられないが花が美しい　食用のモモと比べ、実は小さく、苦みがあって食べられません。そのかわりに花が大きく、八重咲きのものもあり、花色も豊富です。

モモは邪気を祓う霊木　『古事記』には、モモの実をぶつけて邪気を追い払うという記載があります。病気を防ぎ、子どもの成長を願って花を飾る「桃の節句」の由縁です。

せまい場所に向く品種　枝垂れタイプや箒性タイプなら、せまい場所にも植栽できます。

[作業]

◎**植えつけ＆移植**　植えつけと移植は落葉期の12〜3月が適期です。

◎**手入れ**　枝の伸長が旺盛なので、風当たりの強い場所や限られた空間では、花後すぐに剪定が必要になることもあります。

◎**肥料**　春期に緩効性化成肥料、秋冬期には鶏糞などを施しますが、成木ではほとんど必要ありません。

◎**病害虫**　縮葉病、穿孔病、カイガラムシ類、シンクイムシ類、モモハモグリガがつきます。被害が著しいときには薬剤を散布します。

月	四季の変化	剪定	肥料
1		冬期剪定	元肥
2		冬期剪定	元肥
3	開花	花後剪定	
4	開花	花後剪定	
5	芽吹き	花後剪定	お礼肥
6	芽吹き		お礼肥
7	果実	夏期剪定	
8	果実	夏期剪定	
9			
10			
11		冬期剪定	
12		冬期剪定	

ヤマブキ／シロヤマブキ

山吹　[別名]オモカゲグサ、山振、夜麻夫枝／白山吹
Kerria japonica / Rhodotypos scandens
バラ科ヤマブキ属／バラ科シロヤマブキ属　落葉広葉樹　低木

- 生け垣
- 剪定少
- 日陰OK
- 病害虫に強い

この木どんな木
鮮やかな花色が生け垣を彩る　万葉の時代から愛されてきた花木

【原産地】日本、中国
【日当たり】日向〜半日陰を好む。落葉性高木の樹冠下の耐陰性は強い
【土壌・土質】水はけのよい肥沃で適湿な土壌を好む
【用途】生け垣、根締め
【観賞ポイント】黄色い5弁花（ヤマブキ）、白い4弁花（シロヤマブキ）

【樹形】1〜2m／2m　3m（ヤマブキ）／1〜2m（シロヤマブキ）
【植栽範囲】北海道〜沖縄

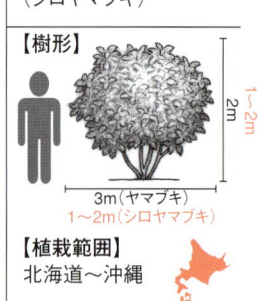

ヤマブキの八重咲き園芸品種の「ヤエヤマブキ」。

オモカゲグサともいわれ、古くから日本人に愛されてきたヤマブキ。

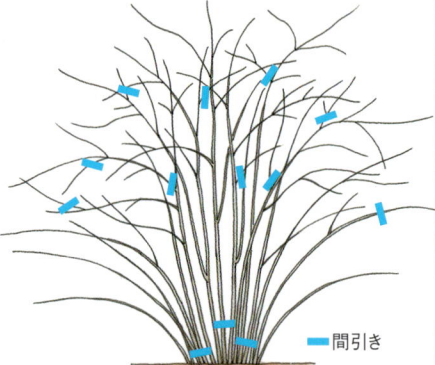

シロヤマブキの花。ヤマブキとは別属でシロヤマブキ属に分類される。

シロヤマブキの実。

【剪定方法】
剪定は特に必要ないが、枯れ枝を除く程度の剪定を1〜2月に行う。込み枝の場合は古い枝を間引くように根もとから切りとる。古い枝でも花はつけるが、3〜4年で切りとって更新すると樹形が保てる。刈り込みは花が終わった直後に行うが、夏に花芽分化するので、秋〜春の間は刈り込まない。

―間引き

[木の特徴と性質]

『万葉集』にも多数登場する花
ヤマブキは古くから愛されている花木で、『万葉集』に17首もの歌が詠まれ、そのうち、鮮やかな花色から連想させる恋の歌が12首もあります。

ヤマブキとシロヤマブキは別属
ヤマブキは葉が互生で、茎が緑色、3〜6月に黄色い5弁花を咲かせます。一方、シロヤマブキは別の属で、茎が緑色ではなく、葉が対生で、4〜5月に4弁の白い花が咲きます。

寒さに強いが、乾燥をきらう　耐寒性が強く、腐食質に富む適湿地であればよく育ちます。

[作業]

◎**植えつけ＆移植**　植えつけは10〜11月か3月が適期です。移植は落葉期に行い、寒さの厳しい時期は避けます。

◎**手入れ**　枝が3〜4年で衰えるので、枯れ枝を取り除く程度の手入れで十分です。

◎**肥料**　寒肥として鶏糞や堆肥、腐葉土を表土とまぜるように施します。

◎**病害虫**　著しいものではありませんが、アオバハゴロモとカンザワハダニがつくことがあります。剪定で通風を促すようにします。

四季の変化

月	開花（シロヤマブキ）／開花（ヤマブキ）	剪定	肥料
1		剪定	寒肥
2		剪定	寒肥
3			
4	開花（シロヤマブキ）		
5	開花（ヤマブキ）	剪定	
6		剪定	
7	花芽分化		
8	花芽分化		
9			
10			肥料
11			肥料
12			

ユキヤナギ

病害虫に強い

雪柳
【別名】コゴメバナ(小米花)、コゴメヤナギ(小米柳)
Spiraea thunbergii
バラ科・シモツケ属　落葉広葉樹　低木

ユキヤナギは10月上旬～12月にかけて暖かい日が続くと、返り咲きすることもある。

この木どんな木

雪のオブジェのように豪華な花が魅力。元気によく育つ初心者向きの花木

【原産地】中国、日本
【日当たり】日向を好む
【土壌・土質】土質はあまり選ばないが、有機質に富んだ、水はけがよく保水性のよい土壌を好む
【用途】シンボルツリー、コンテナ、根締め、添景木
【観賞ポイント】弓形に垂れた枝に咲く白色の小花

【樹形】
1～2m
1.5～2.5m

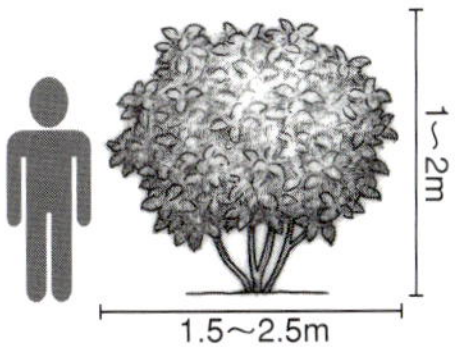

【植栽範囲】
関東～九州

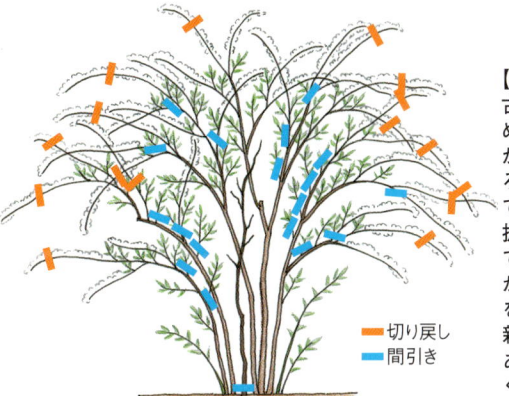

【剪定方法】
古い株を取り除くために1～2月、また、花が終わった後の4月ごろに古枝の剪定をして更新する。樹形の拡大を防ぐ方法としても、同じように、花が散った直後、古枝を根もとから切って更新させる。基本的にあまり強く剪定をしなくても樹形は整う。

■ 切り戻し
■ 間引き

微香がある5弁の小さな花。

[木の特徴と性質]

雪が積もったような小花の景観
3～4月に直径約5mmほどの真っ白な小花が枝いっぱいに一斉に開花します。弓なりの枝に咲くその様子はまるで雪が積もっているようで、また、その葉の形がヤナギに似ていることから「ユキヤナギ」と名づけられました。

育てやすい木
樹勢が強く、日当たりのよい場所でよく育ちます。耐暑性、耐寒性が強く、病害虫も少ないので、初心者向きの花木です。

[作業]

◎**植えつけ&移植**　植えつけは10～11月と2月中旬～3月、移植は2～3月が適期です。

◎**手入れ**　放任していても樹形は整いますが、1～2月ごろ、または花が終わった4月ごろに古い枝を切りとります。

◎**肥料**　1～2月は寒肥として有機質肥料、化成肥料などを与えます。新梢が出る4月には化成肥料を与えます。用土には堆肥や腐葉土をまぜます。

◎**病害虫**　まれにカイガラムシやアブラムシ、ウドンコ病が発生します。日常の剪定で通風・採光を促すようにします。

月	四季の変化	剪定	肥料
1	芽吹き	剪定	寒肥
2		剪定	寒肥
3	開花	剪定	施肥
4			施肥
5			
6			
7			
8			施肥
9	花芽分化		
10			
11			
12			

ユスラウメ

- 鳥を呼ぶ
- 剪定 少
- 病害虫に強い

毛桜桃、梅桃、英桃 【別名】ヤマユスラ、ユスラコ、ユリサン、ユスラ
Prunus tomentosa
バラ科サクラ属　落葉広葉樹　低木

長く初夏の庭を彩ってくれる果実は甘酸っぱく、鳥も好む。葉に細毛が密生している特徴がある。

白花も多いが、淡紅色の花もある。

ユスラウメには耐寒性、耐乾性がある。

この木どんな木

つややかな赤い実が枝いっぱいについて初夏の庭を彩る花と実を楽しむ花木

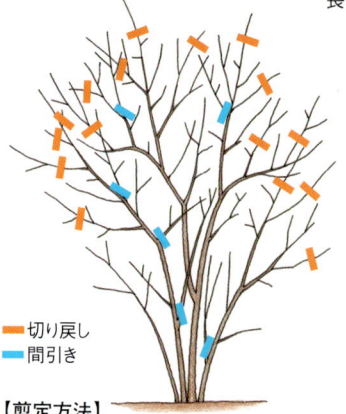

【原産地】中国
【日当たり】日向を好む
【土壌・土質】土質は選ばないが、粘土質の土壌をきらう
【用途】株仕立て、コンテナ
【観賞ポイント】淡紅色または白色の花、赤い実

【樹形】1m／1.5m

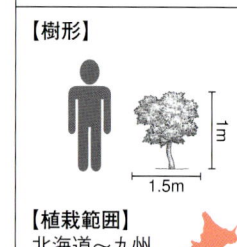

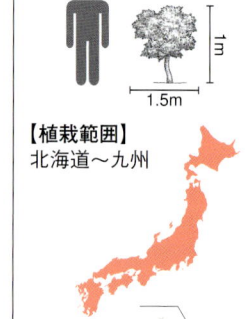

【植栽範囲】北海道～九州

【剪定方法】
ひこばえが多く発生するので、早めに取り除き、幹を太らせると木肌が美しくなる。太枝を四方にのばすように間引き剪定し、新梢は軽く切り戻してそこから花芽を繁らせる。1～2月が適期。

- 切り戻し
- 間引き

四季の変化

月	四季の変化	剪定	肥料
1		剪定	寒肥
2	芽吹き	剪定	寒肥
3	芽吹き		
4	開花		
5	開花		施肥
6	果実	剪定	施肥
7	果実	剪定	
8	花芽分化		
9	花芽分化		
10			施肥
11			
12		剪定	

[木の特徴と性質]

フレッシュな赤い実は食用に　江戸時代の初めに中国から朝鮮半島を経て渡来しました。6月ごろに、光沢のある直径1cmほどの赤い実を枝いっぱいにつけます。実は初夏の庭に彩りを与えてくれるだけでなく、果汁が豊富で甘酸っぱく、生で食べられます。

名は体をあらわす「毛桜桃」　漢字名でわかるように、葉表には細毛、葉裏には縮れた毛が密生し、若枝、実にも微毛があります。耐寒性にすぐれ、水はけのよい場所を好む　水はけさえよければ、土質を選ばず育ちます。

[作業]

◎**植えつけ＆移植**　植えつけは、庭植えでは12月上旬～3月中旬、鉢植えでは3月上旬が適期です。移植は12月ごろに行います。

◎**手入れ**　樹姿を整え、花芽を多くつけるには、6～7月にのびすぎた枝を剪定します。

◎**肥料**　植えつけ時に緩効性肥料、その後、2月と6月の果実収穫後に速効性化成肥料、10月に遅効性の有機質肥料を施します。

◎**病害虫**　コガネムシ（ドウガネブイブイ）が葉につきます。発見したら捕殺します。

アセビ

馬酔木 【別名】アセボ、アシビ
Pieris japonica
ツツジ科アセビ属　常緑広葉樹　低木

- 剪定 少
- 日陰OK
- 病害虫に強い

園芸品種の「ベニバナアセビ」の花。

アセビの芽吹き。

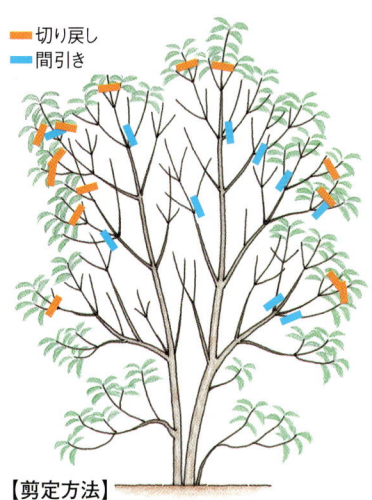

■ 切り戻し
■ 間引き

【剪定方法】
のびすぎた枝を切りつめる程度でよい。

アセビは適応性が高く、日向地から日陰地まで生育する。

この木どんな木
場所を選ばず壺状の花をたわわに咲かせる環境適応性の高い花木

【原産地】日本
【日当たり】日向～日陰まで生育する
【土壌・土質】土壌は特に選ばないが、夏の乾燥をきらう
【用途】シンボルツリー、コンテナ、根締め
【観賞ポイント】スズランに似た花、常緑の葉

【樹形】1.5～4m、1～3m

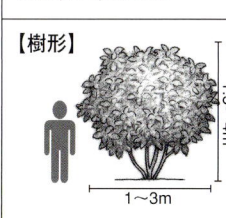

【植栽範囲】北海道（札幌）～沖縄

[木の特徴と性質]

枝先にたわわに咲く花　早春、スズランに似た、丸みを帯びた壺状の花が、枝にびっしりと咲かせる姿が印象的です。花は下垂しますが、果実になると上を向きます。

馬をも麻痺させる有毒植物　全体にアセボトキシンという有毒成分が含まれ、馬が葉を食べるとしびれて動けなくなることが名の由来です。しかし、その有毒成分は、葉や茎を食べないかぎり、接触しても無害です。

環境への適応性が高い　半日陰のほうがよく育ちますが、花つきは日向に比べて少なくなります。あまり水はけが悪いと弱ります。

[作業]

◎**植えつけ＆移植**　植えつけと移植は早春の発芽前、梅雨時期、10月が適期です。

◎**手入れ**　込んだ枝やのびすぎた枝を透かす程度で、毎年の手入れの必要はありません。

◎**肥料**　1～3月に完熟した堆肥や鶏糞などを与えます。

◎**病害虫**　斑点性病害が発生しやすく、4月ごろからトサカグンバイムシが発生します。込んだ枝先を剪定し、通風・採光を促します。

月	四季の変化	剪定	肥料
1			施肥
2			施肥
3	開花		施肥
4	開花	花後剪定	
5	開花	花後剪定	
6	芽吹き・花芽分化	花後剪定	
7	芽吹き・花芽分化		
8	芽吹き・花芽分化		
9	果実		
10	果実		
11			
12			

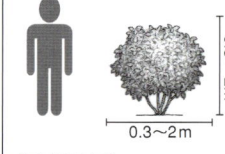

ツツジ類

躑躅
Rhododendron spp.
ツツジ科ツツジ属　常緑広葉樹または落葉広葉樹　低木

- ■ シンボルツリー
- ■ 生け垣
- ■ 病害虫に強い

この木どんな木

多彩な花色で庭を彩る春の代表的な花木。刈り込み樹形が和のイメージをつくる

【原産地】北海道南部、本州、四国、九州
【日当たり】日向～半日陰を好む
【土壌・土質】酸性～中性の土質を好む
【用途】シンボルツリー、生け垣、トピアリー、半球形・円筒形などの刈り込み
【観賞ポイント】多様な花色、さまざまな樹形

【樹形】
0.3～2m
0.3～2m

【植栽範囲】
北海道南部～九州

玉仕立てにされたクルメツツジ「麒麟（きりん）」。

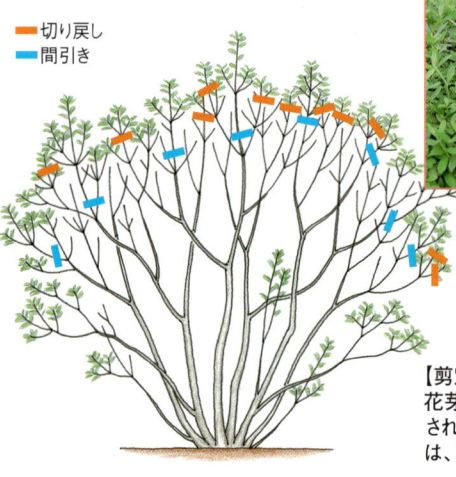

- 切り戻し
- 間引き

ツツジの刈り込みは、完成後のイメージをかためて、深く刈るのがコツ。

【剪定方法】
花芽は、主に7～8月に形成されるので、剪定や刈り込みは、7月中旬ごろまでに行う。

オオムラサキの生け垣。常緑なので、冬でも目隠しとして機能する。

[木の特徴と性質]

萌芽力があり刈り込みに強い

『万葉集』にもツツジを詠んだ歌があり、古くから日本の春の代表的な花木です。満開のときには葉が見えないほど花が咲き、花に包まれた樹冠はみごとです。花色は、種類や園芸品種によって多様で、紅や白、橙色など明るい色彩です。枝葉が緻密で萌芽力があることから、刈り込みに強く、0.3～2.0m前後までの高さでさまざまな樹形に仕立てることができます。

常緑性と落葉性がある

サツキやキリシマツツジ、オオムラサキのような常緑性のものと、ミツバツツジやレンゲツツジのような落葉性のものに大別されます。ツツジ類が含まれるツツジ科の種類は世界に約3500種あり、日本には約50種が分布しています。

多彩な園芸品種

常緑性のツツジ類は、落葉性のツツジ類よりも多くの園芸品種がつくり出されています。また、「アザレア」の名で知られる品種群は、サツキと中国原産のツツジ類がヨーロッパで品種改良され、逆輸入されたものです。

気候や土壌にあわせて種類も豊富

日当たりを好みますが、耐陰性が強い種類もあります。やせ地や乾燥地に耐える種類も多く、多様な植栽が可能です。

[作業]

◎植えつけ&移植　植えつけと移植は3～4

庭に植栽された落葉性のミツバツツジ。本来は山野に自生しているミツバツツジだが、庭でも楽しめる。

常緑性のツツジ

常緑性のツツジは、暖地に適し、花つきがよいという特性がある。そのため、古くから庭木として利用され、園芸品種も多い。

サツキ／園芸品種が多く、人気がある。（→p.230「サツキ」）

オオムラサキ／強健で、耐寒性も強い。

キリシマツツジ／江戸時代に薩摩（鹿児島県）でつくられた。

リュウキュウツツジ／耐暑性、耐寒性ともに強い。

ヒラドツツジ／長崎県平戸市で江戸期より栽培されていたので、この名がある。

クルメツツジ／福岡県久留米市で江戸時代末期につくられた。

月と10月ごろが適期です。栽培品は細根が多いので、根鉢のまわりから出ている根を切り戻してから水極めで植えつけます。

◎手入れ　樹形を整えるため、毎年刈り込みや切りつめを行います。

◎肥料　2〜3月ごろに根のまわりに油かすや鶏糞を少量与えます。

◎病害虫　ツツジグンバイムシ、ベニモンアオリンガ、ハマキムシ、ダニ類の発生に注意します。著しい被害のときには薬剤を散布します。

◎整枝・剪定のコツ　多くの種類は半球形や球形などに刈り込んで樹形を整えます。花芽は7〜8月に新梢に形成されますので、剪定や刈り込みは花後〜7月中旬ごろまでに行います。その後は樹冠を乱す枝を刈り込む程度とします。自然樹形を生かす場合は、長い枝などを切りつめて樹形を整えます。

◎生長にあわせた作業ポイント　幼木のうちは放任して大きく育て、目標とする大きさに近づいたら、刈り込みにより樹形を整えます。

[楽しみ方]

いろいろな植栽を楽しむ　寄せ植え、生け垣や花壇・園路などの縁どり、刈り込み仕立て、灯籠などの添え、庭石や流れとの組み合わせなど、いろいろな植栽が楽しめます。

ベランダで楽しむ　鉢植えや盆栽で利用します。耐乾性はありますが、夏は水やりを欠かさないことと、鉢の温度が高くならないように注意します。

肥料	剪定	四季の変化	月
	剪定		1
寒肥	剪定		2
			3
		開花	4
	花後に剪定		5
施肥			6
		花芽分化	7
			8
	剪定		9
			10
			11
	剪定		12

＊水極め（みずぎめ）：木の苗を植える際に、根鉢のまわりに溝をつくり、そこに水を数回注いでしみ込ませ、最後に溝を埋めて踏み固める方法のこと。

落葉性のツツジ

落葉性のツツジには、寒冷な気候に耐える種類が多く、山地に自生する種類もある。

ミツバツツジ
山に自生し、弱酸性の火山灰地を好む。さし木は難しく、繁殖はたねで行う。

ヤマツツジ
園芸品種も多く、庭木に利用される。排水のよい日向を好み、さし木でふやすことができる。

レンゲツツジ
火山灰土を好み、葉や花は有毒。さし木でふやすことができる。

アザレア

ヨーロッパで品種改良され、逆輸入されたアザレアは、セイヨウツツジ（オランダツツジともいわれる）とも呼ばれるツツジ類の総称です。多くは30～60cmの鉢植えやコンテナにして楽しまれています。日本には1892年（明治25）に初めて輸入され、1935年（昭和10）ごろから新潟県で生産されるようになりました。現在では2000以上の種類があり、毎年、新品種がつくりだされています。

花は品種によって、一重、二重、八重咲きなどがある。花色も豊富で白から赤、紫紅色、絞りや色の濃淡もある。

シャクナゲ

石楠花、石南花
Rhododendron spp.
ツツジ科ツツジ属　常緑広葉樹　低木〜小高木

- 剪定少
- 日陰OK

ホソバシャクナゲ。低山帯の山中に自生するが、庭木やコンテナ、盆栽として人気が高い。

西洋シャクナゲの園芸品種。 　ハクサンシャクナゲ 　アズマシャクナゲ 　キバナシャクナゲ

この木どんな木
豪華な花が庭を飾る。西洋シャクナゲは園芸品種も豊富で育てやすい花木

【原産地】日本（北海道〜屋久島）、中国、ヒマラヤ、ネパール、北アメリカ、ヨーロッパ、マレーシア、ボルネオほか
【日当たり】日陰〜半日陰を好む
【土壌・土質】湿り気のある肥沃な酸性土を好む
【用途】シンボルツリー
【観賞ポイント】多彩な色の花、樹姿

【樹形】1〜4m / 1〜4m
【植栽範囲】北海道〜九州

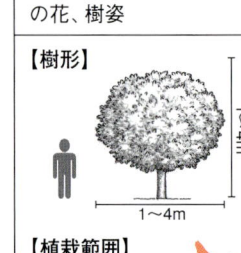

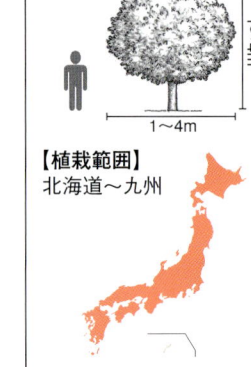

[木の特徴と性質]

日本シャクナゲと西洋シャクナゲ　シャクナゲはツツジ属のうち、シャクナゲ亜属のものの総称で、北半球に多く見られます。日本では、単にシャクナゲといった場合、日本に自生する日本シャクナゲと、ヒマラヤなどを自生地とするものをヨーロッパで改良した西洋シャクナゲをさします。

樹形の整った日本シャクナゲ　日本シャクナゲには、主にキバナシャクナゲ、ハクサンシャクナゲ、アズマシャクナゲ、ホソバシャクナゲなどとその変種があります。春から初夏にかけて、淡黄色、白、ピンクなどの花を枝先に多数咲かせます。枝や幹が太く、西洋シャクナゲと比べ庭木としての樹形が整っています。

園芸品種が豊富な西洋シャクナゲ　西洋シャクナゲは、18世紀以降、ヨーロッパで改良された園芸品種で、その数は1000種にのぼります。日本シャクナゲに比べてやや枝が細く、樹形は大きくなりますが、花形や花色がより豊富です。一般の園芸品種は、栽培・管理の容易な西洋シャクナゲがほとんどです。

学名とは異なる多彩な花色　学名は「赤い花の木」を意味しますが、実際には、ピンク、真紅、青紫、黄白など多彩です。

夏に弱い　本来が高山性の植物のため、真夏の高温や西日、強い直射日光をきらいます。

玄関先に植栽された西洋シャクナゲの園芸品種。日本のシャクナゲよりも枝が細いが、栽培しやすい。

花がらとり。手でむしってもよい。花後、なるべく早く行う。

■間引き

【剪定方法】
剪定をほとんど必要としない。花芽のなかった枝は、次年の開花枝として大切にする。

[作業]

◎**植えつけ&移植** 植えつけと移植は3〜4月上旬、10〜11月上旬が適期です。ポット栽培の苗木では酷暑、厳寒を除き通年可能です。

◎**手入れ** 台湾産のアカボシシャクナゲなどにつぎ木すると、早く開花します。

◎**肥料** 2〜3月に寒肥として緩効性化成肥料を、同様のものを9〜10月にも施します。花後に液肥を、週1回の割合で2、3回施します。

◎**病害虫** カイガラムシ、ベニモンアオリンガがつきます。発見したら捕殺し、被害が著しいときには薬剤を散布します。

◎**整枝・剪定のコツ** ほとんど必要ありませんが、頂芽からの伸長が旺盛なので、新芽が3cmほどになったら、その芽をひねりとり、その下部の葉腋から出る芽2〜3個を翌々年の花芽とします。花芽のなかった枝は、次年の開花枝として大切に育てます。

◎**生長にあわせた作業ポイント** 購入苗には、鉢土としてピートモスを使用しているものがあります。これを地植えや鉢植えにする場合は、ピートモスを取り去り、保水性と通気性にすぐれた鹿沼土などで植えつけます。

[楽しみ方]

独特の花形と色合いを味わう 庭植えでも鉢植えでも、独特の花形と色合いを観賞します。実生で成長過程を楽しみながら育てれば、開花を見るときの楽しみがいっそう増します。

四季の変化	剪定	肥料	月
			1
		寒肥	2
	剪定	寒肥	3
			4
開花			5
花芽分化		お礼肥	6
花芽分化		お礼肥	7
			8
		施肥	9
		施肥	10
			11
			12

ドウダンツツジ／サラサドウダン

- 剪定 少
- 病害虫に強い

【別名】テマリバナ／更紗満天星、更紗灯台【別名】フウリンツツジ

満天星躑躅、灯台躑躅

ツツジ科ドウダンツツジ属　落葉広葉樹　低木

Enkianthus perulatus ／ *Enkianthus campanulatus*

満天の星のように咲くのが和名の由来とされる、サラサドウダンの花。

サラサドウダンの花。

サラサドウダンの実と紅葉。

枝先に白い花をつけたドウダンツツジ。

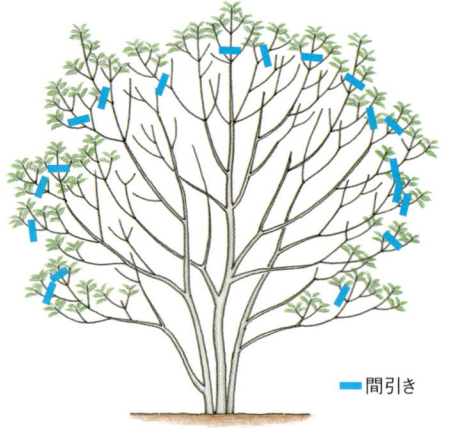

― 間引き

【剪定方法】
ドウダンツツジの剪定や整枝は花後の5〜6月ごろに行うのが一般的。枝の節間で切っても不定芽は出にくいので、節の分岐点の上で切る。これは、長さをつめる場合も同様。

[木の特徴と性質]

スズランのような可憐な花

ドウダンツツジは、4月、葉とともに1cmくらいの壺状の白色花を枝先に2〜4個下垂させます。新緑の葉影に白い小花が輝くように咲くさまは、まさに和名の「満天星」そのものです。もうひとつの和名「灯台」には、分枝の形が結び灯台の脚に似ているからという説があります。

更紗模様に見立てた名前

サラサドウダンは、5〜7月、長さ2cmくらいの釣鐘形の花を10個ほど咲かせます。花冠の先は浅く5裂し、黄白色の地に紅色の縦縞があり、この縞を更紗模様に見立てて名がつけられました。

[作業]

◎植えつけ&移植　植えつけと移植は12〜3月下旬の厳寒期を除いた期間が適期です。

◎手入れ　剪定は花後に行います。込んだ枝や不要枝を取り除く程度にします。

◎肥料　花後と9月にチッ素、リン酸、カリが均等に入った緩効性化成肥料を、2〜3月に寒肥として油かすと骨粉を施します。

◎病害虫　まれにウドンコ病やハダニが発生するので、通風と採光を促すようにします。

四季の変化

月	肥料	剪定
1		剪定
2	寒肥	
3		
4		
5	施肥	剪定
6		
7		
8		
9		
10		
11		
12	施肥	剪定

開花（ドウダンツツジ）：2〜4月
開花（サラサドウダン）：5〜7月
芽吹き：7〜8月
果実：10〜11月
紅葉：11〜12月

【原産地】北海道〜本州（ドウダンツツジ）、四国（サラサドウダン）

【日当たり】日向〜半日陰を好む

【土壌・土質】適湿な土壌を好む。乾燥をきらう

【用途】シンボルツリー、生け垣、コンテナ、並木

【観賞ポイント】垂れて咲く花、若葉、紅葉

【樹形】
4〜5m
1〜5m

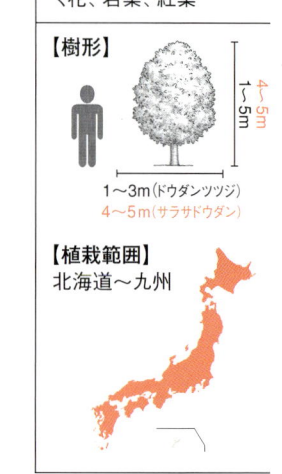

1〜3m（ドウダンツツジ）
4〜5m（サラサドウダン）

【植栽範囲】
北海道〜九州

*結び灯台：昔、宮中で夜間行事などに用いられた、3本の棒をしばって上に火皿をのせた明かり。

エニシダ

- 剪定 少
- 病害虫に強い

金雀枝、金雀花、金雀児
Cytisus scoparius
マメ科エニシダ属　落葉広葉樹　低木

5月ごろに咲く蝶形のエニシダの花。

莢状のエニシダの実。

■ 切り戻し
■ 間引き

【剪定方法】
花芽は今年出た枝につくので、花後すぐに剪定する。

箒がつくれそうな樹形が特徴のエニシダ。実際に枝箒としても使われた。

この木どんな木
土地を選ばず元気に育ち派手な黄花が緑に映える。西洋の魔女の箒で知られる木

【原産地】ヨーロッパ
【日当たり】日向を好む
【土壌・土質】砂質土で、水はけのよいところを好む
【用途】シンボルツリー、コンテナ
【観賞ポイント】黄色い花

【樹形】1〜5m／1〜3m

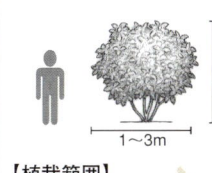

【植栽範囲】北海道南部〜沖縄

[木の特徴と性質]

魔女の箒はエニシダ製
ヨーロッパでは、伝説上の魔女はエニシダでつくった箒に乗って空を飛ぶとされ、その枝は実用的な枝箒としても使われてきました。5月ごろ、葉のつけ根に蝶形の黄色い花をつけ、莢状の実は7〜8月に黒く熟します。白花、赤花、八重咲きなどの園芸品種もあります。

生育は早いが、倒れやすい
寒さや潮風に強く、特に土地を選ばずに栽培できますが、雨が多い日本では、枝葉がのびやすく大きくなるため、倒れやすくなります。

[作業]

◎**植えつけ＆移植**　植えつけと移植は3〜4月の春が適期です。根が粗いので、根切りなどにより根鉢をつくることが必要です。

◎**手入れ**　枝がのびすぎると倒れやすいので、1年に1回程度の刈り込みや剪定が必要です。

◎**肥料**　特に必要ありませんが、花後の6月ごろと9月ごろにリン酸とカリを中心に肥料を与えると花をよくつけます。

◎**病害虫**　まれに炭そ病、マメアブラムシが発生することがあります。

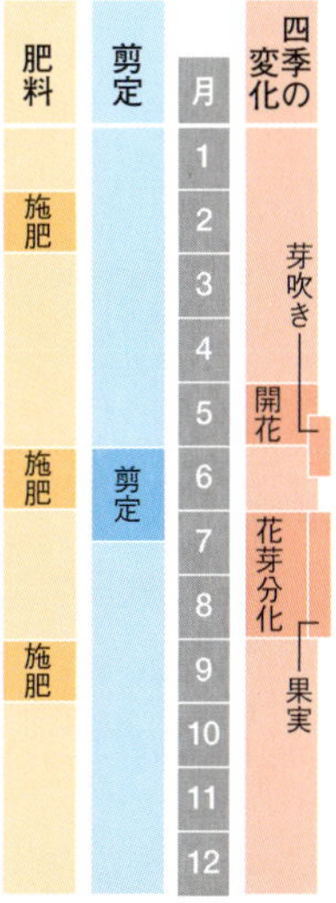

月	四季の変化	剪定	肥料
1			施肥
2			施肥
3	芽吹き		
4			
5	開花		
6		剪定	施肥
7	花芽分化		
8			
9	果実		施肥
10			
11			
12			

ギンヨウアカシア

■シンボルツリー　■病害虫に強い

銀葉アカシア
Acacia baileyana
マメ科アカシア属　常緑広葉樹　小高木

この木どんな木
輝くような黄色の花が魅力。ボリュームがでて広めの庭に最適

【原産地】オーストラリア
【日当たり】日向を好む
【土壌・土質】土質は選ばないが、水はけのよいところを好む
【用途】シンボルツリー、コンテナ
【観賞ポイント】銀灰色の葉、玉のような黄色の花

【樹形】2～7m／2～7m

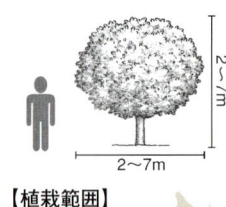

【植栽範囲】関東以西の太平洋側、瀬戸内海沿岸、四国、九州

ギンヨウアカシアの鉢植え。

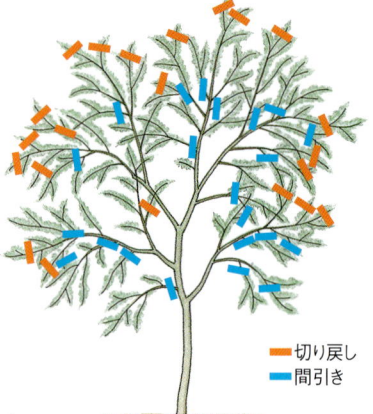

【剪定方法】
晩秋から早春の剪定は不可。風対策とカイガラムシ対策を兼ねて、枝抜き剪定を毎年する必要がある。2年連続でのびた本年枝に花芽がつくので、2年枝から出た枝を剪定しないように注意する。

■切り戻し　■間引き

小さな玉のような黄色い花が、春の訪れを教えてくれる。

花は切り花として店頭にも並ぶ。

ミモザと呼ばれるフサアカシア。

[木の特徴と性質]

春の到来を感じさせる黄色い花　ギンヨウアカシアは銀灰色の羽状複葉の葉を密につけ、2～3月に鮮やかな黄色の小さな花を多数咲かせます。広く、一般的にミモザアカシアと呼ばれることが多いのですが、ミモザはフサアカシアのことで、ギンヨウアカシアとは同属の別種です。

風や寒さに弱い　風に弱いので倒れやすく、また寒さにも弱いので、なかなか大木にはなりません。

[作業]

◎植えつけ&移植　移植が困難なので、植栽時はポット栽培の苗木程度の大きさのものを植えつけます。日当たりがよく、枝をのばせる風通しのよい場所を選びます。

◎手入れ　毎年剪定と支柱の結束直しをする必要があります。

◎肥料　チッ素分を控えめにし、リン酸、カリの多い肥料を寒肥として与えます。

◎病害虫　ミノガやカイガラムシがつくことがありますが、著しい被害をおよぼすことはありません。

肥料	剪定	月	四季の変化
		1	
寒肥		2	
		3	開花
	剪定	4	
		5	
		6	花芽分化
		7	
		8	
		9	
		10	
		11	
寒肥		12	

ハナズオウ

花蘇芳【別名】ハナスホウ
Cercis chinensis
マメ科ハナズオウ属　落葉広葉樹　小高木

- 剪定少
- 病害虫に強い

この木どんな木

春、葉に先立って
紫紅色の花が
みごとに咲き誇る様は
まさに庭木のベテラン女優

江戸時代に中国から渡来したハナズオウ。紫紅色の花を枝いっぱいにつける。

夏にさや状の実がつく。

蝶形の花が集まって咲く。

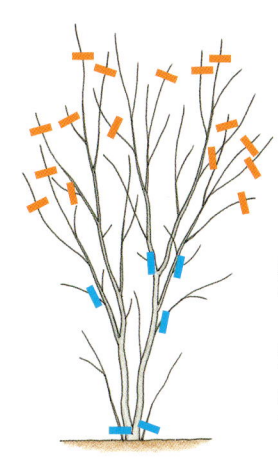

【剪定方法】
8月までには花芽が形成されるので、花後から7月上旬くらいまでに剪定する。徒長枝や込み枝などは12〜3月に切り取る。根もとから生え出すひこばえは、地際から切除する。

■切り戻し
■間引き

【木の特徴と性質】

日本の伝統色 "蘇芳色(すおういろ)" の花色
中国から渡来し、現在では日本各地の庭園、公園に植えられています。やや肉厚な葉は滑らかで光沢があります。名前は、春に咲く花の色が、スオウ（マメ科植物）を用いた蘇芳染めの色に似ていることからつけられました。

花どきは目を見張る美しさ
4月ごろ、葉に先立って紫紅色の蝶形の花を枝にびっしりつけて咲く姿はみごとです。園芸品種には白い花の「シロバナハナズオウ」もあります。

日陰では花つきが悪い
日当たりのよい場所を好みます。日陰では花つきが悪くなります。

【作業】

◎**植えつけ＆移植**　植えつけと移植は2〜3月、10〜11月が適期です。大きくなった木や古い木の移植は根まわしをしてから行います。

◎**手入れ**　花後、のびすぎた枝や樹高が高くなりすぎた枝を、軽く切りつめる程度です。

◎**肥料**　油かす、鶏糞、化成肥料などを、1〜2月と花後に施します。

◎**病害虫**　アメリカシロヒトリが発生することがあります。発見したら捕殺します。

四季の変化

月	四季の変化	剪定	肥料
1		剪定	施肥
2		剪定	施肥
3			
4	開花		
5	芽吹き	剪定	施肥
6	花芽分化	剪定	施肥
7			
8			
9			
10			
11			
12		剪定	

【原産地】中国
【日当たり】日向を好む
【土壌・土質】水はけのよい肥沃な砂質土壌を好む
【用途】シンボルツリー、生け垣
【観賞ポイント】紫紅色の花

【樹形】3〜6m / 3〜5m

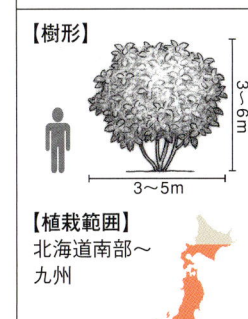

【植栽範囲】北海道南部〜九州

オオデマリ／ヤブデマリ

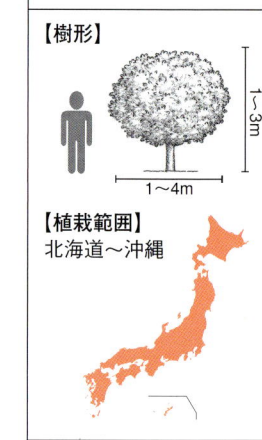

大手毬【別名】テマリバナ／**藪手毬**
Viburnum plicatum var. *plicatum* / *Viburnum plicatum* var. *tomentosum*
スイカズラ科 ガマズミ属　落葉広葉樹　低木

- 剪定 少
- 日陰OK
- 病害虫に強い

手毬状に咲くオオデマリの花。

ガクアジサイに似るヤブデマリの花。

はじめ緑色を帯びたオオデマリの花は後に白色になり、大きなものは20cmちかくなる。

ヤブデマリの変種、ケナシヤブデマリの実。

■ 切り戻し
■ 間引き

【剪定方法】
花は前年枝から出た短枝に頂生するので、新しい長枝はそのままのばす。切る場合は花後すぐに行う。枝が古くなると花つきが悪くなるので、3～4年たった枝は根もとから切りとって、新しい枝を出させる。切った2年生枝（前年枝）はさし木で容易にふやすことができる。

この木どんな木
手毬状に集まった花で、庭を豪華にする観賞性の高い木

【原産地】日本、台湾、中国
【日当たり】日向を好むが、耐陰性もややある
【土壌・土質】適湿～半湿潤で肥沃な土壌を好む
【用途】シンボルツリー、コンテナ、添景木
【観賞ポイント】まるくかたまって咲く花

【樹形】1～3m／1～4m

【植栽範囲】北海道～沖縄

[木の特徴と性質]

アジサイとは違う
オオデマリは、日本では古くから栽培されている園芸品種で、5～6月に花全体が装飾花（結実しない花）の手毬状の花をつけます。萼片が装飾花のアジサイに似ていますが、本種は花冠が変化したもので、花序の直径は20cmちかくになります。

川沿いの藪に生えるヤブデマリ
ヤブデマリは、川沿いの藪に生え、5～6月に、枝先に5mmほどの白い両性花をつけ、その外側に直径2～4cmの白色のみからなる装飾花が取り巻きます。オオデマリは、葉の形や、葉や花序に毛が少ないことから、ケナシヤブデマリに由来する種類と考えられています。

[作業]

◎**植えつけ&移植**　植えつけと移植は厳寒期を除く12～3月が適期です。

◎**手入れ**　のびすぎたり樹形を乱す枝を切ります。数年に1回程度、軽い剪定を行います。

◎**肥料**　1～3月（積雪地では融雪後）に鶏糞などを施します。

◎**病害虫**　アブラムシ、サンゴジュハムシがつきます。著しい被害には薬剤を散布します。

四季の変化

月	四季の変化	剪定	施肥
1			肥料
2			肥料
3	芽吹き		肥料
4	芽吹き		
5	開花	剪定	
6	開花	剪定	
7	果実		
8	果実		
9	花芽分化		
10	花芽分化		
11	花芽分化		
12			

ジンチョウゲ

沈丁花
Daphne odora
ジンチョウゲ科ジンチョウゲ属　常緑広葉樹　低木

- 香り
- 剪定 少
- 日陰OK

この木どんな木
早春の訪れを告げるシンボルツリー。日本の庭の香りの主役

【原産地】中国
【日当たり】日向〜半日陰を好む
【土壌・土質】適湿で肥沃な土壌を好む
【用途】シンボルツリー、生け垣、刈り込み仕立て、コンテナ
【観賞ポイント】香りのよい淡紅白色の花

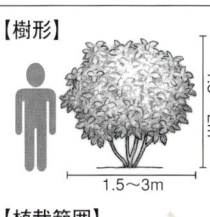

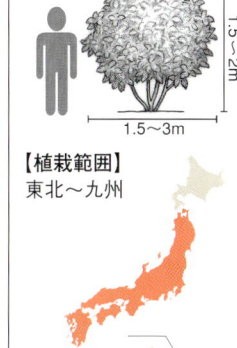

【樹形】1.5〜2m／1.5〜3m

【植栽範囲】東北〜九州

多数の株を植え込んだ場所では、一部が枯れたら、そこの場所の土を入れ替えて新しい苗を植え直す。

白い花の「シロバナジンチョウゲ」。

葉に斑がある「フクリンジンチョウゲ」。

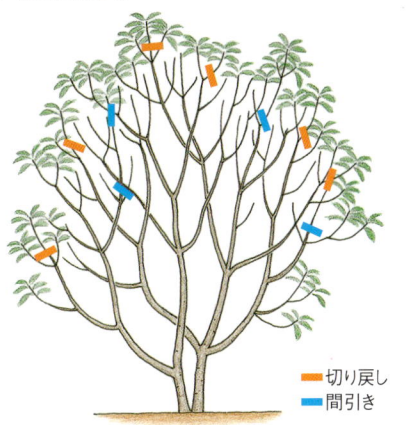

【剪定方法】
樹形を整えるには、4月の花後に剪定を行う。樹冠内部の通風が悪いとカイガラムシが発生するので、込み枝を抜きとる。また、飛び枝は樹冠線より深いところで切りとる。

■切り戻し
■間引き

【木の特徴と性質】

芳香で春を告げる　3〜4月、強い香りのある花を枝先につけます。名前は花の香りがよいことから、香料の「沈香」と「丁字」にたとえてつけられました。雌雄異株ですが、花は両性花の形態をもっているものの、ほとんど結実しないので、日本には雄株しかないといわれています。雌株は7月ごろに赤い実をつけることがあります。

花色に個性　花が純白のものを「シロバナジンチョウゲ」、外面が淡紅色で内面が白色のものを「ウスイロジンチョウゲ」といいます。

【作業】

◎**植えつけ&移植**　植えつけは3〜4月と9月ごろ、移植は5〜6月が適期です。移植が難しい木なので十分な根まわしが必要です。

◎**手入れ**　刈り込みにも耐えるので、仕立ても比較的容易です。飛び枝は抜き切りします。

◎**肥料**　花後の4〜5月ごろと9月ごろにチッ素、リン酸、カリの3要素入りの緩効性化成肥料を与えます。

◎**病害虫**　根には白絹病と白紋羽病、枝葉にはカイガラムシが発生することがあります。

四季の変化

月	四季の変化	剪定	肥料
1			
2			
3	開花		
4		剪定	施肥
5	芽吹き		
6	花芽分化		
7			
8			
9			施肥
10			
11			
12			

トサミズキ

土佐水木
Corylopsis spicata
マンサク科トサミズキ属　落葉広葉樹　低木

■剪定少　■日陰OK　■病害虫に強い

この木どんな木
強剪定には弱いが日向にも日陰にも耐え病害虫もなく育てやすい花木

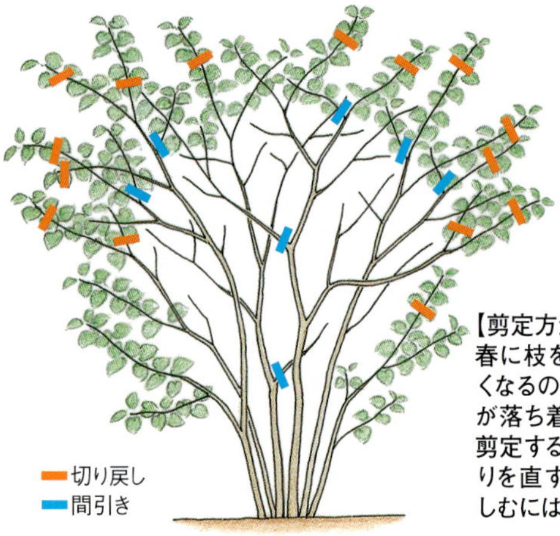

トサミズキは日当たりを好むが、日陰にも比較的耐える。

6月ごろに実がつく。

小さな釣鐘状の花房。

【剪定方法】
春に枝を切ると、水が吹き出して、樹勢が弱くなるので、剪定や刈り込みは、新しい枝葉が落ち着いた5〜6月に徒長枝や細かい枝を剪定する程度にし、強い剪定は避ける。枝ぶりを直す剪定の時期は落葉期だが、花を楽しむには5〜6月に花後の剪定をする。

■切り戻し
■間引き

【原産地】日本、朝鮮半島
【日当たり】耐陰性が強く、かなりの日陰でも生育する
【土壌・土質】やや湿り気のある肥沃な土壌を好む。乾燥をきらう
【用途】シンボルツリー、コンテナ、添景木
【観賞ポイント】集団で咲く房状の花

【樹形】2〜4m　2〜4.5m

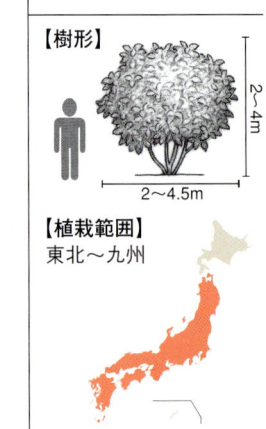

【植栽範囲】東北〜九州

[木の特徴と性質]

南国土佐に生まれた花
高知県の蛇紋岩地や石灰岩地に自生します。ミズキに似て樹液が多く、春に枝を切ると水がしたたることと、土佐（高知県）で発見されたことから、この名がつきました。

花は鈴なりの華やかさ
3〜4月に咲く淡い黄色の花は葉よりも先に開きます。小さな釣鐘状で、ひとつの花房に7〜10個ずつ下を向いてつきます。丈夫で育てやすく、生け花などにも利用でき、花の少ない早春の庭を華やかに彩ってくれます。

生長が早く丈夫な木
日当たりを好みますが、日陰にも比較的強い木です。生育は早く、病害虫に強く丈夫ですが、大気汚染や塩害には強くありません。

[作業]
◎植えつけ&移植　植えつけと移植は落葉期の11〜2月下旬の休眠期が適期です。
◎手入れ　強い剪定を好みません。
◎肥料　12〜1月に鶏糞を寒肥として施します。
◎病害虫　ほとんどありません。

四季の変化	剪定	肥料
月		
1	剪定	寒肥
2	剪定	寒肥
3 開花		
4 芽吹き		
5	剪定	
6	剪定	
7 花芽分化		
8		
9		
10		
11		
12	剪定	寒肥

ヒュウガミズキ

日向水木 [別名]ヒメミズキ、イヨミズキ
Corylopsis pauciflora
マンサク科 トサミズキ属　落葉広葉樹　低木

- 生け垣
- 日陰OK
- 剪定少
- 病害虫に強い

この木どんな木
小ぶりで丸い葉がチャームポイント。和風、洋風どちらの庭にもあう花木

【原産地】日本、台湾
【日当たり】日向を好むが、少々の日陰には耐える。耐寒性がある
【土壌・土質】適度に水もちのよい土壌を好み、乾燥をきらう
【用途】生け垣、根締め
【観賞ポイント】小さな花穂の花

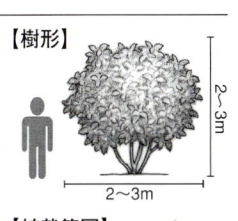

【樹形】2〜3m／2〜3m

【植栽範囲】東北〜九州の丘陵地、山地帯下部

春、枝いっぱいに咲いたヒュウガミズキの花。

■切り戻し
■間引き

【剪定方法】
庭木として刈り込むときは、花後なるべく早く行う。充実した枝の先端や葉のつけ根に花芽がつくので、それ以後になると、翌年の花が少なくなる。剪定は枝を切りつめて行うが、枝抜きもあわせて行い樹形を整える。

ヒュウガミズキの葉。

トサミズキより花は小ぶり。

[木の特徴と性質]

どのような場所でも映える　せまい場所でも植栽しやすく、和風の庭では自然樹形、洋風の庭では芝生との境界に列植して刈り込み物にすると、開花したときみごとです。

生長が早く大株になる　水はけのよい暖かい場所を好みます。生長が早く、新しい枝が次々に出て大株になります。

[作業]

◎**植えつけ＆移植**　日当たりのよい場所に植えつけますが、少々の日陰なら大丈夫です。土壌が乾燥しすぎると葉が傷みますが、庭植えの場合は、よほど乾かないかぎり水やりの必要はありません。2〜3月、10〜11月が適期です。移植は容易で、ただし乾燥には注意します。

◎**手入れ**　元肥は堆肥や腐葉土とともに化成肥料を土にまぜて施肥します。花後に緩効性肥料や鶏糞を施します。

◎**肥料**

◎**病害虫**　病害虫に強い木ですが、ドクガが好みます。チャノマルカイガラムシには冬期に薬剤、夏期のサビ病には殺菌剤を散布します。

四季の変化：
月	剪定	肥料
1		
2		お礼肥
3	開花	
4		
5	剪定／芽吹き	
6	花芽分化	
7		
8		
9		
10		
11		
12		

マンサク

満作、万作
Hamamelis japonica
マンサク科 マンサク属　落葉広葉樹　小高木

- 香り
- 生け垣
- 病害虫に強い

ひも状の独特の形をした花。

6月につく実。

樹冠いっぱいに花を咲かせ、甘い香りとともに春を告げるマンサク。

秋には黄葉する葉。

人気のある園芸品種の「ルビーグロー」。

■ 切り戻し
■ 間引き

【剪定方法】
1〜2月ごろが剪定の適期。花芽のある枝は花が終わったらすぐに剪定する。立ち枝（真上にのびている枝）は根もとで切り、横にのびている枝は小枝の上で切る。込み合った枝も間引くことで卵形の樹形に整える。若い苗木には支柱を行い、まっすぐな幹になるように支える。

この木どんな木

まだ寒い2月
樹冠いっぱいの
ひも状の花で
春の訪れを告げる

【原産地】日本（北海道〜九州）
【日当たり】日向を好むが半日陰でも育つ
【土壌・土質】水はけがよく、肥沃で保水性のよい土地を好む
【用途】生け垣、コンテナ、添景木
【観賞ポイント】ひも状の花、秋の紅葉

【樹形】5〜6m／5〜7m

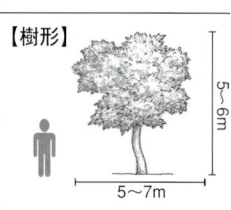

【植栽範囲】北海道南部〜沖縄

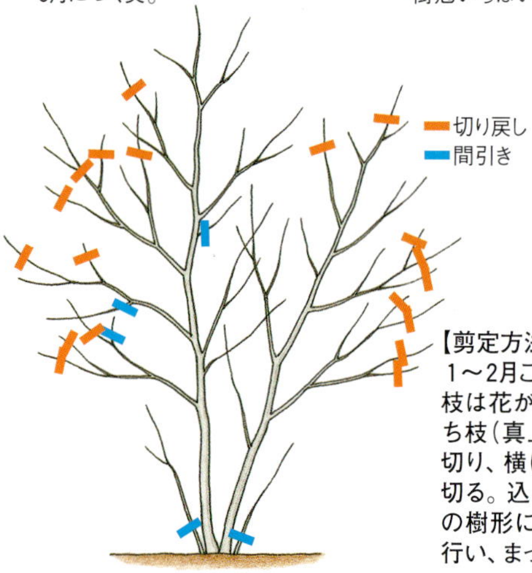

木の特徴と性質

春を一番に伝える花　ひも状の独特の形をした4弁の黄色い花は、まだ寒さの厳しい2月ごろから咲き始め、甘い香りとともに春を告げます。

マンサクの名前の由来　樹冠いっぱいに咲く花から「豊年満作」を連想したという説や、早春、野外にまっ先に花が咲くので「まず咲く」からついたという説があります。

猛暑には弱い　日当たりのよい場所を好みますが、猛暑には弱い木です。

[作業]

◎**植えつけ＆移植**　植えつけは2月下旬〜3月上旬、または10〜11月が適期です。移植も植えつけと同じ時期に行います。

◎**手入れ**　放任すると樹高が高くなるので、1〜2月と7月に剪定して美しい樹形を保つようにします。

◎**肥料**　枝ののびが悪かったり、花があまり咲かない場合は、2月ごろに堆肥を根のまわりに入れます。または、4〜5月に油かすや緩効性化成肥料を施します。

◎**病害虫**　ほとんどありません。

四季の変化	剪定	肥料
月		
1	剪定	堆肥
2 開花	剪定	堆肥
3 開花		
4 芽吹き		
5		
6 果実		お礼肥
7 花芽分化	剪定	
8		
9		
10 紅葉		
11		
12		

サンシュユ

山茱萸 【別名】ハルコガネバナ
Cornus officinalis
ミズキ科サンシュユ属　落葉広葉樹　小高木

- シンボルツリー
- 鳥を呼ぶ
- 剪定 少
- 病害虫に強い

がさがさで、はがれやすい樹皮が特徴の幹。

サンシュユは、生薬用として江戸時代に朝鮮半島から渡来した。

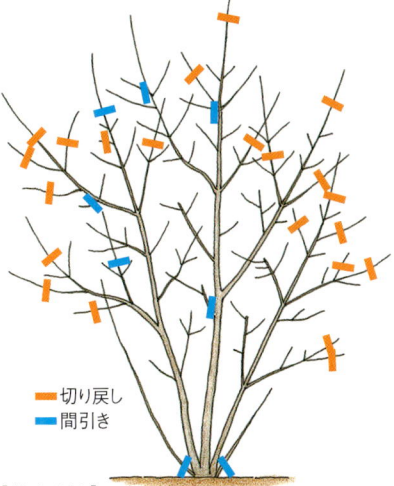

非常に酸っぱい実。

かたまって咲く花。

この木どんな木

早春、サクラより先に咲くのが自慢。秋に赤くみのる酸っぱい実も魅力

【原産地】中国、朝鮮半島
【日当たり】日向を好む
【土壌・土質】適湿の肥沃地を好む
【用途】シンボルツリー
【観賞ポイント】早春の花、赤い実

【樹形】5〜8m／4〜8m

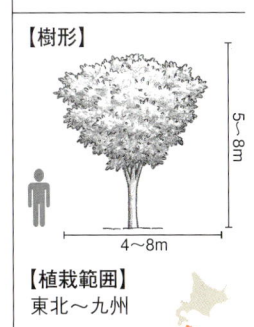

【植栽範囲】東北〜九州

【木の特徴と性質】

春を告げる黄花　日本には江戸時代に渡来し、早春の花木として広く植栽されてきました。3〜4月、葉に先立ち短枝に淡黄色の4弁花を20〜30個つけます。

赤い実は薬用に　10〜11月になると、長さ1.2〜2cm弱の長楕円形の真っ赤な実をつけます。完熟した実は強壮剤などとして、山茱萸酒や漢方薬に利用されます。

剪定に強い　生長が早く、萌芽力があり、剪定に強い樹木です。

【作業】

◎**植えつけ＆移植**　植えつけと移植は12〜3月が適期ですが、ポット苗は酷暑、極寒の時期以外ならば植えつけられます。

◎**手入れ**　ひこばえが多く出るので、適宜剪定して整理します。

◎**肥料**　12〜3月に寒肥、花後にお礼肥、9〜10月に追肥を施します。

◎**病害虫**　あまり病害虫はありませんが、ときにウドンコ病が発生します。枝葉が込んだときには、剪定して通風・採光を促し予防します。

【剪定方法】
徒長枝を切り、小枝を出し、不要なひこばえを株もとから切りとる。ただ徒長枝を強く刈り込むと翌年にまた徒長枝が出るので、軽く剪定する。

- 切り戻し
- 間引き

四季の変化

月	四季の変化	剪定	肥料
1		剪定	寒肥
2		剪定	寒肥
3	開花	剪定	
4	芽吹き		肥お礼
5	芽吹き		肥お礼
6	花芽分化		
7	花芽分化		
8			
9			追肥
10			追肥
11	果実・紅葉		
12	紅葉		寒肥

205　花木｜春の花木

ハナミズキ

花水木【別名】アメリカヤマボウシ
Benthamidia florida
ミズキ科ミズキ属　落葉広葉樹　小高木

■シンボルツリー　■鳥を呼ぶ　■剪定少

この木どんな木
放任しても樹形が整うシンボルツリーのスーパースター

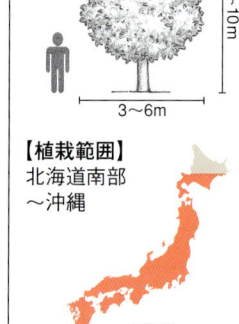

白い苞の先端の中央に黄色く色づいた部分がある。

苞が赤い品種。赤や白に色づいているのは、葉が変形した苞。

秋に実る実。

葉に斑(ふ)のはいった種類。

【剪定方法】放任しても樹形が整うので、小枝をもとで切り戻す。また、適期以外に剪定すると、樹液が出て木が弱りやすくなるので注意する。
― 切り戻し

【原産地】北アメリカ
【日当たり】日向を好むが半日陰でも育つ
【土壌・土質】湿潤で肥沃な土壌を好む。過湿と乾燥をきらう
【用途】シンボルツリー、並木、コンテナ、緑陰樹
【観賞ポイント】白や赤の花、深紅の実、秋の紅葉

【樹形】5〜10m　3〜6m

【植栽範囲】北海道南部〜沖縄

[木の特徴と性質]

アメリカから贈られた花木
1912年(明治45)に、当時の東京市長尾崎行雄がサクラの並木をワシントン市に贈った返礼として1915年(大正4)に日本にやってきました。現在も、東京・日比谷公園に原木が残っています。高さ5〜10mになる中高木で、花はサクラと入れ替わるようにして咲き、秋には紅葉が楽しめます。花のように見えるのは葉が変形した苞で、小さいものや葉に斑がはいるものもあります。園芸品種には、苞が赤いものや葉に斑がはいるものもあります。

十字架伝説
キリストを磔にした十字架の木がハナミズキだという伝説です。二度と十字架にできないように、幹が細く、4枚の苞の先端にキリストの手足から流れる血をあらわす赤い跡が残ったという言い伝えが、アメリカにあります。

せまい庭でも栽培できる
赤い苞の園芸品種は、生育があまり高くならないので、せまい庭での栽培に適しています。半日陰でも育ちますが、花つきをよくし紅葉を鮮やかにするためには、日当たりのよい場所に植えます。乾燥が苦手なので、肥沃で適湿な土壌が適しています。

乾燥に弱い

[作業]

◎植えつけ&移植
植えつけは3月、移植は12月上旬〜3月上旬に行います。どちらも厳

ハナミズキを使った玄関のシンボルツリー。ハナミズキは生長が遅いので、玄関など、せまいスペースにも植えやすい。

寒期は避けましょう。植えつけ後は、苗木が動かないよう支柱を取りつけます。

◎手入れ　放任しても樹形は整うので、庭にスペースがある場合は自然樹形で育てられます。小型にしたい場合は、落葉期に剪定しましょう。

◎肥料　植えつけ時に元肥を施し、その後は5月の花後にお礼肥の化成肥料を置肥にします。晩夏に施肥すると美しく紅葉しません。

◎病害虫　梅雨明け後、ウドンコ病が発生しやすいので注意し、発生したら薬剤を散布します。ほかに、春から夏にかけてコウモリガ、アメリカシロヒトリが発生することがあります。発見したら捕殺します。

◎整枝・剪定のコツ　移植と同じ12月上旬～3月上旬、または5月中旬～7月下旬に行います。いずれも、不要な枝や徒長した枝を切り戻す程度で十分です。1か所から4～5本出る枝は、枝抜き剪定で徐々に減らします。剪定には弱いので切り口に癒合剤を塗ります。

◎生長にあわせた作業ポイント　若いうちは枝もよくのびて勢いがあります。長くのびすぎた枝や徒長枝には花がつきにくいので、切り戻して短くします。

[楽しみ方]
鳥を呼ぶ　紅白の園芸品種を1本ずつ植えてシンボルツリーにしたり、長い通路では並木のように植えられます。また、鉢植えとしても楽しめます。好んで実を食べる鳥を呼び寄せることもできます。

月	四季の変化	剪定	肥料
1			寒肥
2		剪定	
3		剪定	
4	開花		
5	芽吹き		お礼肥
6		剪定	
7	花芽分化		
8	果実		
9			
10	紅葉		
11		剪定	
12		剪定	寒肥

■香り　■病害虫に強い

ボローニア類

【別名】ボロニア
Boronia spp.
ミカン科ボローニア属　常緑広葉樹　低木

園芸品種の「キャンテュレリ」（黒）

「メガスティグマ・ルティア」（黄）

ボローニア類には園芸品種が多く、多彩な色を楽しめる。写真は「クレニュラータ・ピンクパッション」。

「ヘテロヴィラ」（赤）

「ピンナタ」（ピンク）

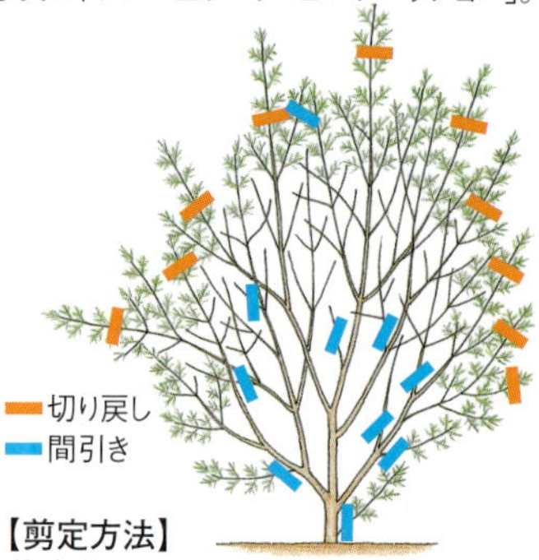

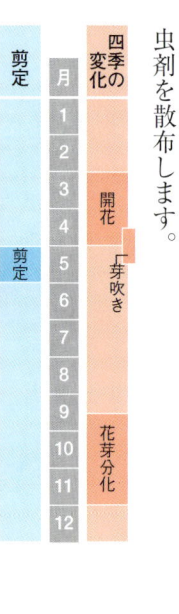

■切り戻し
■間引き

【剪定方法】
剪定後の新梢の成長はあまりよくない。込みすぎている枝を間引きし、株もとが蒸れないようにする。

この木どんな木

カンキツ系の素敵な香りが魅力。オーストラリア生まれの熱帯性の花木

【原産地】オーストラリア
【日当たり】日陰および半日陰を好む
【土壌・土質】高温と乾燥をきらう。石灰分を含まない土壌を好む
【用途】シンボルツリー、コンテナ
【観賞ポイント】香りのある葉と花

【樹形】
0.8m〜1.5m
1〜1.8m

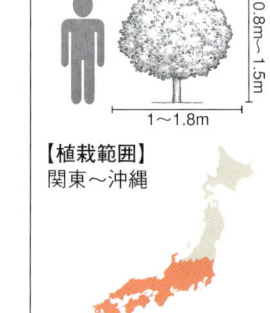

【植栽範囲】
関東〜沖縄

[木の特徴と性質]

香りのよい花
ボローニアはミカン科の常緑低木の総称で、園芸品種も豊富です。この仲間は、春、4弁の釣鐘状の小さなピンク色をした花を株いっぱいにつけます。とてもよい香りがします。ミカン科の植物なので、**寒さに強いものと弱いものがある**広葉樹林内に自生しているので、日陰を好む性質があります。冬は温室などで越冬させる必要のある種類もあります。

[作業]

◎**植えつけ&移植**　植えつけと移植の適期は9月です。鉢植えは1〜2年後に少し大きい鉢に植え替えます。

◎**手入れ**　花後にのびすぎた株は切り戻しをして、樹形を整えます。乾燥に弱いので、土が乾きすぎないように注意します。

◎**肥料**　春と秋に置肥をします。また4〜6月と10月に液肥を2週に1回与えます。

◎**病害虫**　特にありませんが、ときどきハダニとカイガラムシがつくので、剪定で通風と採光を心がけます。被害が著しいときには殺虫剤を散布します。

四季の変化	剪定	肥料	月
			1
			2
開花		置肥	3
	剪定	液肥	4
芽吹き			5
			6
			7
			8
			9
花芽分化		液肥	10
		置肥	11
			12

コブシ

辛夷
Magnolia praecocissima

モクレン科 モクレン属　落葉広葉樹　高木

- シンボルツリー
- 香り
- 剪定 少
- 病害虫に強い

葉よりも先に枝先に咲く花。

9月ごろ実に色がつく。

コブシは里山で大きく育ち、木全体が白く見えるほどに花が咲き誇る。

秋の黄葉。

この木どんな木

病害虫に強く肥料もほとんど不要。広い庭に向く白い花の代表花木

【原産地】日本、済州島
【日当たり】日向を好むが、半日陰にも耐える。樹冠に日が当たるところがよい
【土壌・土質】適湿で肥沃な土壌を好む
【用途】シンボルツリー
【観賞ポイント】白い花、美しい樹形、秋の黄葉

【樹形】8〜20m、6〜15m

【植栽範囲】北海道〜九州

【剪定方法】

長くのびすぎた枝を自然風に剪定するには、同一方向にのびる小枝を切り戻す。また、強剪定すると強い枝が多数萌芽し樹形を乱すので、同時に根切りをしておくと整枝が容易になる。根切りは冬期、幹から50〜100cmほど離れたところで深さ30cmくらいまでの横根を、スコップやノコギリなどで切る。

- 切り戻し
- 間引き

[木の特徴と性質]

春を告げる白い花　3〜4月、樹冠いっぱいに白い花を咲かせ、古くから「田打ち桜」などの名で農作業を始める目安として農諺木にされてきました。コブシの名は、集合果の形が握りこぶしに似ていることからきています。

丈夫で育てやすい　芽吹きがよく、生長も早い樹木です。根はやや深く張り、湿地に耐えますが、栽培は簡単です。病害虫や大気汚染にも強い樹木です。根はやや深く張り、湿地に耐えますが、花は霜や北風に弱く、寒い土地では防寒が必要なこともあります。

霜や北風には弱い　病害虫や大気汚染にも強い樹木です。

[作業]

◎**植えつけ＆移植**　植えつけと移植は落葉期〜2月下旬が適期です。

◎**手入れ**　樹形は自然に整いますが、空間が限定される庭では、大きくなりすぎた枝の整枝・剪定が必要です。

◎**肥料**　植えた直後や、やせた造成地などでは油かすを施しますが、それ以外は、特に必要としません。

◎**病害虫**　観賞性を著しく損ねるような病害虫はありません。

四季の変化	月	剪定	肥料
	1	剪定	肥料
	2	剪定	
開花	3		
開花	4	剪定	
芽吹き	5		
花芽分化	6		
花芽分化	7		
	8		
果実	9		
黄葉	10		
黄葉	11		
	12		

＊農諺木：農作業の指標にした木。

モクレン／ハクモクレン

木蓮 【別名】シモクレン（紫木蓮）／白木蓮
Magnolia quinquepeta / Magnolia heptapeta
モクレン科モクレン属　落葉広葉樹　小高木（モクレン）／高木（ハクモクレン）

- シンボルツリー
- 香り
- 剪定 少
- 病害虫に強い

この木どんな木
大きくなるハクモクレン、あまり大きくならないモクレン

【原産地】中国とされる
【日当たり】日向を好む
【土壌・土質】土質は選ばないが、肥沃な土地を好む。乾燥をきらう
【用途】シンボルツリー
【観賞ポイント】白色（ハクモクレン）と赤紫色（シモクレン）の花

【樹形】
モクレン 1.5～3m / 3～4m
ハクモクレン 4～13m / 5～15m

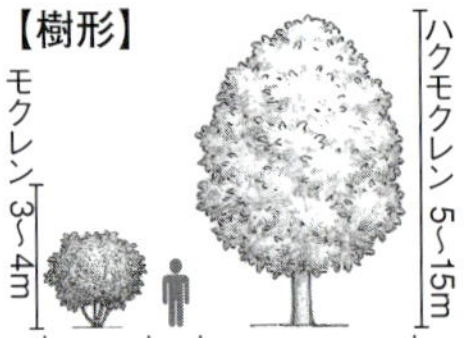

【植栽範囲】北海道南部～沖縄

9月ごろに熟す実。

秋に見られるハクモクレンの黄葉。

「マグノリア・キンジュ」
「マグノリア・ローヤル・クラウン」
「マグノリア・ベティー」
「マグノリア・水晶蓮」
「マグノリア・エリザベス」
「マグノリア・ソランシアナ」

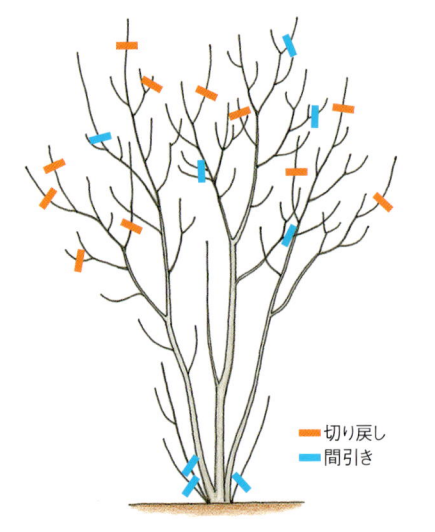

■切り戻し
■間引き

[木の特徴と性質]

モクレンと呼ぶのはシモクレンのこと　両種とも早春に葉が出る前に、樹冠いっぱいに花を咲かせる、春の代表的な花木です。モクレンとはシモクレンを指し、樹高3～4mで赤紫色の花をつけます。ハクモクレンは樹高5～15mと大きく、純白の白い花を咲かせます。どちらも気品にあふれる花で、開花期が長いのも魅力のひとつです。

花の先祖で花木の王様　モクレン、ハクモクレン、コブシなどの仲間は欧米ではマグノリアと呼ばれています。マグノリアは1億年以上も前から地球上に存在していました。花木類の重要な祖先であり、花の構造にその名残りがあります。その堂々とした樹姿は花木の王様といえるでしょう。

乾燥、強風、霜をきらう　日当たりのよい肥沃な土地を好む生長の早い花木です。煙害や潮害にはやや弱く、乾燥、強風、霜をきらいます。

[作業]

◎**植えつけ＆移植**　3～4月、10～11月に、植え穴に堆肥を入れて高めに植えつけます。移植はやや難しいのですが、半年～1年くらい前に根まわしをし、2～3月上旬までに行えば可能です。

◎**手入れ**　広い場所であれば手入れの必要はありません。空間に制約がある場合、ハクモ

赤紫色の花をつける小柄なモクレン。

クレンは4～5年に一度、太い枝を強く切りつめます。シモクレンはほとんど不要です。

◎**肥料** 1～2月に寒肥として堆肥、鶏糞を施します。

◎**病害虫** カイガラムシがつきます。少ない場合は手でかき落とし、多い場合には、冬期にマシン油乳剤、石灰硫黄合剤などを散布します。

◎**整枝・剪定のコツ** モクレン類はあまり剪定を好みません。1～2月に、からみ枝や込みすぎている枝、ふところ枝などの不要枝、徒長枝などを剪定する程度で樹形を保てます。

◎**成長にあわせた作業ポイント** ハクモクレンは樹形が大きくなるので、せまい場所の場合は4～5年に一度、開花が終わると同時に太い枝を切りつめるなどして樹形をつくり直します。

肥料	剪定	月	四季の変化
寒肥	剪定	1	
	剪定	2	
		3	開花
		4	
	剪定	5	芽吹き
		6	花芽分化
		7	
		8	
		9	果実
		10	
		11	
		12	

大きく枝をのばし、純白の花をつけるハクモクレン。

カラタネオガタマ

【別名】トウオガタマ
Michelia figo
モクレン科オガタマノキ属　常緑広葉樹　低木〜小高木

【原産地】中国
【日当たり】日向〜半日陰を好む
【土壌・土質】有機質に富む肥沃な土壌を好む
【用途】シンボルツリー
【観賞ポイント】黄白色の花、バナナに似た香り
【樹高】3〜4m
【植栽範囲】関東〜沖縄

■香り　■剪定 少　■日陰OK　■病害虫に強い

バナナの香りがする花。

生長がやや遅く、樹冠を整える程度の剪定をすると樹形が保てる。

[木の特徴と性質]

明治初期に中国から渡来　カラタネは「唐種」の意で、原産地は中国です。日本には明治の初期に渡来しました。4〜6月ごろに咲く花は直径3cmぐらいの黄白色で、バナナに似た強い芳香があります。

葉焼けに注意　日差しが強いと葉焼けをおこすことがあります。寒風、強風、積雪をきらいます。

[作業]

◎**植えつけ＆移植**　移植の難しい樹木で、やむをえず移植する場合は十分に根まわしを行います。初夏の花後に行います。

◎**手入れ**　生長はやや遅く、多少樹形が乱れるので、初夏の花後に乱れた枝の剪定を行います。放任すると樹冠が大きく乱れます。

◎**肥料**　3〜4月に元肥として有機質肥料を施し、7月に追肥を施します。

◎**病害虫**　比較的少ないのですが、カイガラムシに注意します。

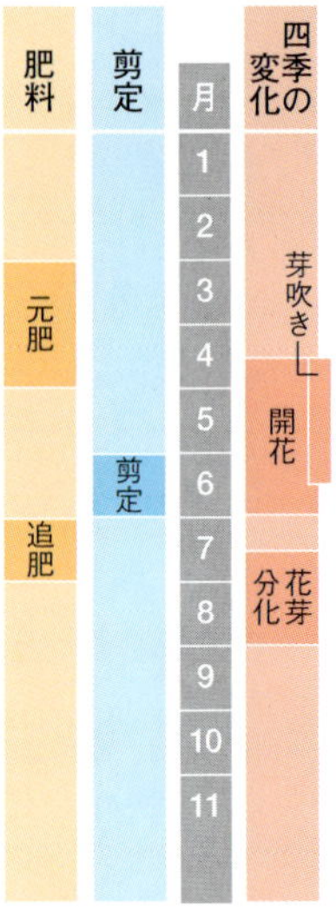

四季の変化

月	剪定	肥料
1		
2		元肥
3	芽吹き	
4	開花	
5	剪定	
6		
7	花芽分化	追肥
8		
9		
10		
11		

キブシ

木五倍子、木付子　【別名】キフジ
Stachyurus praecox
キブシ科キブシ属　落葉広葉樹　低木

【原産地】日本、中国
【日当たり】日向〜半日陰を好む
【土壌・土質】特に選ばない
【用途】自然仕立て
【観賞ポイント】下垂する穂状の黄色い花
【樹高】3〜4m
【植栽範囲】北海道南部〜沖縄

■剪定 少　■日陰OK　■病害虫に強い

染料に使われるキブシの実。

枝垂れて咲く花。

猫の尾のような花穂。

[木の特徴と性質]

ソメイヨシノの前に咲く花　3月中〜下旬ごろに、葉に先立って小粒な釣鐘形の黄色い花を穂状につけます。多数の花を連ねて下垂する姿が可憐で、茶花、生け花として利用されます。

実は黒色の染料に利用　雌雄異株で、秋、種子の多数つまった実をつけます。実はタンニンを含み、黒色染料に用いられます。黒色染料はおもにヌルデの虫こぶの「五倍子（ごばいし）」が使われてきました。この五倍子の代用として使われたことから、木五倍子（または木付子）の名がつきました。

[作業]

◎**植えつけ＆移植**　植えつけと移植は3〜4月ごろが適期です。よく活着します。

◎**手入れ**　自然風の仕立て方が適しているので、年1回程度の枝抜きですみます。

◎**肥料**　肥料が多いと枝が徒長して乱れるので、花後に緩効性肥料を少なめに施します。

◎**病害虫**　ほとんど心配ありません。

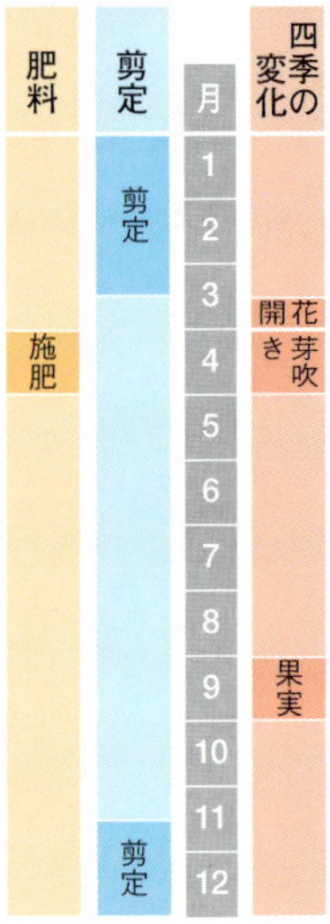

四季の変化

月	剪定	肥料
1		
2	剪定	
3	花芽吹き	
4	開き	施肥
5		
6		
7		
8		
9	果実	
10		
11		
12	剪定	

ハンカチノキ

【別名】ハンカチツリー、ハトノキ、オオギリ、ダヴィディア
Davidia involucrata
ダヴィディア科ダヴィディア属　落葉広葉樹　高木

- シンボルツリー
- 剪定 少
- 病害虫に強い

この木どんな木
変わった花が印象的。樹形がウリのハンサム花木

【原産地】中国
【日当たり】午前中の日光（日向）を好む
【土壌・土質】寒冷で湿度の高い土地を好む
【用途】シンボルツリー
【観賞ポイント】ハンカチのような苞

【樹形】4～20m／3～15m

【植栽範囲】北海道～関東

クリーム色の大きな苞（ほう）。

10月ごろに実は成熟する。

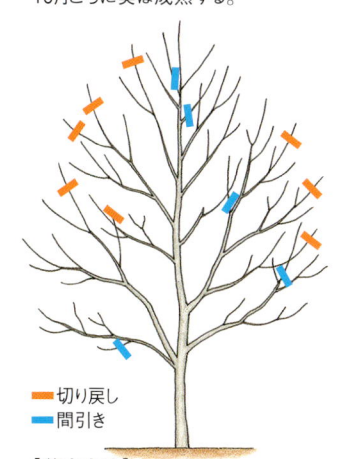

【剪定方法】
樹形を乱さないように、剪定は軽く行う。
■ 切り戻し
■ 間引き

枝いっぱいに白いハンカチがぶら下がっているように見える。

[木の特徴と性質]

ハンカチのような苞　高さ20mにも達する高木で、原産地の中国では、寒冷な山地に自生しています。5～6月に、大きなクリーム色の2枚の苞に包まれた花をつけます。苞がまるでハンカチのように見えることから、この名がつきました。また、羽に見立てて別名ハトノキとも呼ばれます。秋に、紫緑色の実をつけます。

寒風や雪に弱い　適度に湿潤な肥沃地で、太陽が午前中だけ当たる場所が適地です。寒風や積雪には強くありません。

[作業]

◎**植えつけ＆移植**　植えつけと移植は芽吹き前の3月が適期です。

◎**手入れ**　乾燥に気をつけます。また、強風によって苞がちぎれることがあるので、風当たりの強いところも避けます。

◎**肥料**　油かす、化成肥料などを寒肥として施します。

◎**病害虫**　特に心配ありませんが、カミキリムシを発見したら捕殺します。幹や枝の穿孔（進入）痕に殺虫剤を注入します。

四季の変化

月	剪定	肥料	四季の変化
1	剪定	寒肥	
2	剪定	寒肥	
3			
4			芽吹き
5			開花
6			開花
7			花芽分化
8			花芽分化
9			果実
10			果実
11			紅葉
12			

ボタン

牡丹 【別名】カオウ、フウキソウ
Paeonia suffruticosa
ボタン科ボタン属　落葉広葉樹　低木

- 剪定少
- 病害虫に強い

四季の変化	芽吹き		開花					花芽分化			
月	1	2	3	4	5	6	7	8	9	10	11	12
剪定	剪定				花がら摘み			剪定			
肥料	施肥				お礼肥				施肥		

【剪定方法】
花がらは花後にすぐ切りとる。新梢の上部のふくらんだ芽を2～3芽残して切りつめておくと、立派な花がつく。9月に残しておいた芽の上2～3cmのところで切り戻し剪定を行う。

ボタンは花径が20～25cmもあり、一輪一輪がりっぱで豪華。

[木の特徴と性質]

百花の王といわれる豪華な花

1000年ほど前に中国から渡来し、「百花の王（花王）」として親しまれてきた名花です。花色に富み、盛り上がるように咲く獅子咲きや、一重、二重、八重、千重、万重咲きなどがあります。

根の皮部は漢方に用いられる

特有の強い匂いをもつ根の皮部は、牡丹皮（ぼたんぴ）と呼ばれ、漢方薬として用いられています。消炎、浄血、鎮痛の作用があるといわれます。

[作業]

◎**植えつけ&移植**　植えつけと移植は9月上旬～中旬が適期です。

◎**手入れ**　庭植えは、夏期の乾燥時のみ水やりが必要です。鉢植えは、花の観賞期に水を切らさないように注意します。

◎**肥料**　秋、早春、開花後に、株まわりに緩効性化成肥料を少しずつ施します。薄い液体肥料を散布する方法もあります。多量の肥料を必要とし、肥料切れにも注意します。

◎**病害虫**　まれにカイガラムシやカミキリムシの幼虫、炭そ病や灰色カビ病が発生します。

【原産地】中国
【日当たり】日向を好むが日陰にも耐える。夏の西日をきらう
【土壌・土質】水はけと水もちのよい肥沃な砂質土壌を好む
【用途】シンボルツリー、添景木、コンテナ
【観賞ポイント】大輪の花
【樹高】0.5～3m
【植栽範囲】北海道南部～九州

ヒイラギナンテン

柊南天
Mahonia japonica
メギ科ヒイラギナンテン属　常緑広葉樹　低木

- 剪定少
- 日陰OK
- 病害虫に強い

7月ごろに熟す紫黒色の実。
黄色く房状に咲くヒイラギナンテンの花。

【剪定方法】
茎の途中に出ている葉をもつ小枝のあるところで切りつめる。

四季の変化			
月	剪定	肥料	
1			
2		施肥	
3	剪定		開花
4	剪定		開花
5			芽吹き
6			芽吹き
7			果実
8			花芽分化
9		施肥	
10			
11			
12			

[木の特徴と性質]

日向で黄赤色、日陰で濃緑色になる葉色

日本には17世紀後半に渡来し、観賞用として広く栽培されています。ヒイラギナンテン属は約50種ありますが、日本で見られるのは中国原産種です。日向にも日陰にも強く、葉色は日向では黄赤色、日陰では濃緑色になります。

黄色い花と紫黒色の実を楽しむ

植えとして、春に咲く黄色の小さな花や、夏の紫黒色の丸い実を、光沢のある葉とともに観賞するという楽しみ方ができます。

どこでも育つ丈夫な木

室内でも鉢植えとして楽しめます。強健で手間いらずの木です。北向きの庭や家の裏など、悪条件下でも植栽できます。

[作業]

◎**植えつけ&移植**　植えつけと移植は4～6月、9～10月が適期です。さし木や株分けは3～4月に行うと容易にできます。

◎**手入れ**　小枝があまり出ないので、ほとんど手入れは不要です。

◎**肥料**　3月と9月に堆肥など緩効性の肥料を施します。

◎**病害虫**　ほとんどありません。

【原産地】中国、台湾、ヒマラヤ地方
【日当たり】日向でも日陰でも育つが西日は好まない
【土壌・土質】適湿で肥沃な土壌を好むが、耐乾性もややある
【用途】コンテナ、根締め、添景木
【観賞ポイント】黄色い花、羽状の葉、紫黒色の実
【樹高】1～2m
【植栽範囲】東北～沖縄

ミツマタ

三又、三椏
Edgeworthia chrysantha
ジンチョウゲ科ミツマタ属　落葉広葉樹　低木

- 香り
- 剪定 少
- 病害虫に強い

【原産地】中国
【日当たり】成木は日向を好むが、やや日陰にも耐える
【土壌・土質】適湿で肥沃な土壌を好む
【用途】シンボルツリー、コンテナ、添景木
【観賞ポイント】葉に先立つ花、3つに分かれる枝
【樹高】1～2m
【植栽範囲】北海道～九州

蜂の巣のような花。

すべての枝が3つに枝分かれしている。

[木の特徴と性質]

名前そのままに枝分かれ　3つに分枝する性質があり、ミツマタという名前がつきました。葉が出る前の3月に、蜂の巣のように集まった淡黄色の花を下向きに咲かせます。ジンチョウゲ科の仲間なので芳香があります。

高級紙の原料　昔から紙の原料として栽培されています。現代でも紙幣や証書などに使われています。

生長が早い　寒さにやや弱く、幼木のころは直射日光をきらいます。生長は早く、萌芽力もあります。

【剪定方法】
のびすぎた枝を枝もとから切ったり、込みすぎた樹冠内部の枝を透かすなどして整枝し、樹形を保つ。枝は分かれ目のところで切る枝抜きを行う。開花後から今年枝の先端が分岐する前の5月にかけてが剪定の適期。

[作業]
◎植えつけ＆移植　幼木や苗のうちの移植は容易です。大きな木や老木は移植が難しく、十分根まわしを行ってから移植します。
◎手入れ　あまり手を加えず、自然樹形を保つとよいでしょう。
◎肥料　寒肥として油かす、鶏糞、緩効性化成肥料などを施すと花をつけます。
◎病害虫　病害虫はほとんどつきません。

月	四季の変化	剪定	肥料
1			寒肥
2			寒肥
3	開花		
4	芽吹き	剪定	
5		剪定	
6	花芽分化		
7	果実		
8			
9			
10			
11			
12			

ネコヤナギ

猫柳
Salix gracilistyla
ヤナギ科ヤナギ属　落葉広葉樹　低木

- シンボルツリー
- 剪定 少

【原産地】日本、朝鮮半島、中国
【日当たり】日向を好む
【土壌・土質】土質は選ばないが湿潤地を好む
【用途】シンボルツリー、コンテナ
【観賞ポイント】銀色の花穂
【樹高】1～3m
【植栽範囲】東北南部～九州

銀色の大きな花芽。　猫の尾のような花序。

春の訪れを感じさせる花芽が枝先につく。

[木の特徴と性質]

日本全土に見られる　山野の川べりに生え、春、もっとも早く開花するヤナギのひとつです。樹形は高さ1～3mの株立ちになります。生長がきわめて早く、強健です。株立ち状の幹はよく更新しますが、水はけのよい土地にも育ちます。水辺に生え異株で、3～4月、赤い厚い皮を破いて3～4cmの長さの尾状の花序があらわれます。若い花序は銀色の絹毛を密生します。銀毛が猫の尾を思わせるところからこの名前がつきました。

猫の毛を思わせる銀毛の花　雌雄異株で、3～4月、赤い厚い皮を破いて3～4cmの長さの尾状の花序があらわれます。

丈夫な木　生長がきわめて早く、強健です。株立ち状の幹はよく更新します。水はけのよい土地にも育ちます。

【剪定方法】
花後の4月中旬に、のびすぎた枝を切りつめて樹高を低くすれば、小さな樹形を保てる。あまり強く刈り込むと衰弱し、細い根ぶきの枝が多く出るので避ける。大株にしたいときは、古い幹を除去し、幹を更新する程度にする。

[作業]
◎植えつけ＆移植　植えつけと移植は開葉前の2～3月、11月ごろが適期です。
◎手入れ　古い幹を切除し、毎年新しい幹に更新します。
◎肥料　寒肥として有機質肥料を施します。
◎病害虫　梅雨時期にウドンコ病、5～8月ごろにハムシ類、アメリカシロヒトリの幼虫が発生します。

月	四季の変化	剪定	肥料
1			寒肥
2	芽吹き		寒肥
3	開花		
4		剪定	
5		剪定	
6	花芽分化		
7			
8			
9			
10			
11		剪定	
12		剪定	

ライラック

- 香り
- 剪定 少
- 病害虫に強い

【別名】ムラサキハシドイ、ハナハシドイ、リラ
Syringa vulgaris
モクセイ科ハシドイ属　落葉広葉樹　小高木

花は香料の原料にもなる。

白花の品種。

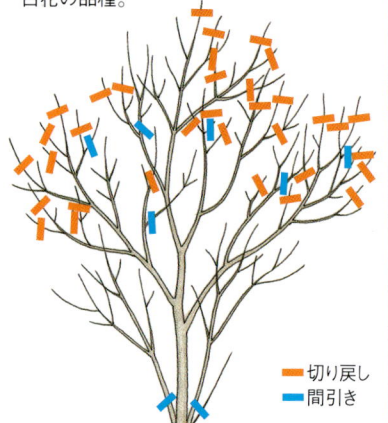

【剪定方法】
若木のうちから間引き剪定し、大きさをコントロールする。萌芽力が弱いので、強い剪定は避ける。

■ 切り戻し
■ 間引き

フランス語読みの「リラ」の名でも親しまれているライラック。

この木どんな木

香りのよい花が遅い春を彩る。北国を代表するエキゾチックな花木

【原産地】ヨーロッパ南東部
【日当たり】日向を好むが、真夏の西日には弱い。耐寒性がある
【土壌・土質】水はけのよい土壌を好む
【用途】シンボルツリー、並木、コンテナ
【観賞ポイント】芳香のある美しい花

【樹形】6m／7m

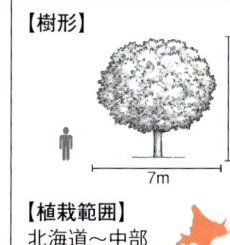

【植栽範囲】北海道〜中部

木の特徴と性質

「リラの花」で親しまれる

ヨーロッパ生まれの花で、ライラックは英名です。日本ではフランス語の「リラ」で知られています。

遅い北海道の春を彩る

北海道の郷土の花として、札幌や釧路では街路樹などに用いられています。花色は淡い紫、白、赤、赤紫、青などがあり、4〜5月に芳香のある花を多数開きます。花冠の先が4裂しているのが特徴ですが、なかに5裂しているものがあり、「ラッキーライラック」と呼ばれ、恋のおまじないにも使われます。

作業

◎**植えつけ&移植**　植えつけは11〜3月が適期で、敷きわらをして根もとを保護します。

◎**手入れ**　芽吹きが弱いので、込みすぎた小枝や広がりすぎた枝を剪定する程度です。暖地では不要枝以外ほとんど剪定はしません。

◎**肥料**　早春と6月初旬に鶏糞、骨糞、油かすを与えます。

◎**病害虫**　暖地ではカミキリムシの幼虫（テッポウムシ）がつくことがあります。発見したら捕殺します。

月	四季の変化	剪定	肥料
1			
2	芽吹き		施肥
3			
4	開花	剪定	
5			
6			施肥
7	花芽分化		
8			
9			
10			施肥
11			
12			

レンギョウ

連翹 【別名】レンギョウウツギ、イタチハゼ(古名)
Forsythia suspensa
モクセイ科レンギョウ属　落葉広葉樹　低木

- 生け垣
- 病害虫に強い

レンギョウは病害虫や大気汚染に強いので、街路沿いにも適している。

同属のシナレンギョウの斑(ふ)入り。

4つに裂けている花弁と長い花柱

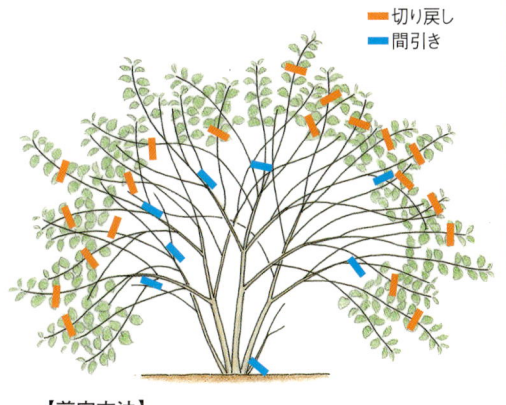

【剪定方法】
- 切り戻し
- 間引き

花は翌年の春にのばした枝に咲くので、花後すぐに枝を剪定し、来年のための新枝を早くのばすことが大切。冬期は、樹形の骨格となる枝の剪定を行う。ただし、開花前に前年枝を強く切りつめると、花芽も切ってしまうので注意する。

この木どんな木

春先の庭を明るく華やかにし栽培が簡単な装飾樹の人気者

【木の特徴と性質】

明るく華やかな黄色の花　3〜4月、葉より先に黄色の花を株全体につけ、その華やかさが人目を引きます。丈夫な性質で、さし木で簡単にふやすことができます。

薬用としての歴史も古い　日本では967年の『延喜式(えんぎしき)』の中で雑薬に分類されていました。漢方では実を連翹(れんぎょう)といい、解熱、解毒、消化、腫れ物、皮膚病などに効果があるとされています。

【作業】

◎**植えつけ&移植**　植えつけと移植は2月下旬〜3月上旬か、秋の霜が降りる前が適期です。コンテナ栽培では若木は2年、成木は3年に1回くらい植えかえます。

◎**手入れ**　枝が密生するので、定期的に枝の切りつめや間引きを行います。

◎**肥料**　草木灰や石灰をときどき施します。花後は、4月下旬〜6月に少量の緩効性化成肥料を施し、寒肥は有機質肥料などを樹冠下に埋め込みます。

◎**病害虫**　カイガラムシ、アオバハゴロモがつきますが、被害はほとんどありません。

月	四季の変化	剪定	肥料
1		冬期剪定	寒肥
2		冬期剪定	寒肥
3	開花		
4	芽吹き	花後剪定	施肥
5		花後剪定	施肥
6	花芽分化	花後剪定	施肥
7	花芽分化		施肥
8	花芽分化		施肥
9			
10			
11		冬期剪定	寒肥
12		冬期剪定	寒肥

【原産地】中国、朝鮮半島
【日当たり】日向を好む
【土壌・土質】適湿で水はけのよい土壌を好む
【用途】シンボルツリー、コンテナ、生け垣
【観賞ポイント】黄色の花

【樹形】3m × 3m

【植栽範囲】北海道〜沖縄

夏の花木

アジサイ

紫陽花　【別名】七変化
Hydrangea macrophylla form. Macrophylla
ユキノシタ科アジサイ属　落葉広葉樹　低木

■日陰OK　■病害虫に強い

[この木どんな木]
世界に広がった
日本自生の花。
花色も多彩で
梅雨空に映える

【原産地】日本
【日当たり】半日陰を好むが、耐陰性は強い。セイヨウアジサイは日向でも生育する
【土壌・土質】やや湿った肥沃な土壌を好む。セイヨウアジサイは水はけのよい土壌を好む
【用途】シンボルツリー、根締め、コンテナ
【観賞ポイント】色鮮やかな花

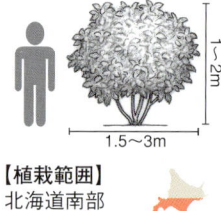

【樹形】1〜2m／1.5〜3m

【植栽範囲】北海道南部〜沖縄

花序全体が装飾花に変化した園芸品種のアジサイは、イギリスで多くの品種がつくられ、日本に里帰りした。

[木の特徴と性質]

日本原産の園芸植物　アジサイは、日本原産のガクアジサイの花序全体が装飾花に変化した植物です。日本のアジサイは江戸時代後期にオランダの医師シーボルトが著書『フロラ・ヤポニカ（日本植物誌）』に発表していますが、ヨーロッパにはシーボルトよりも早く、1789年にイギリスのバンクスによって紹介され、交配が容易だったため、多くの園芸品種がつくり出されました。園芸店に並ぶハイドランジアは、欧米から里帰りしたセイヨウアジサイの園芸品種です。

梅雨時に咲く装飾花　花は枝先に球状に集まってつき、4枚の花びらのように見えるのは萼片（がくへん）で、その中心部に本来の小さな花があります。花色の基本色は青紫ですが、酸性土壌では青みが強く、アルカリ性土壌では赤みが強くなる傾向があります。また、園芸品種によって花色、花形ともに変化に富んでいます。

額縁のような装飾花　アジサイの母種ガクアジサイは、中央の小さな花のまわりに咲く装飾花がまるで額縁のように見えることから、その名で呼ばれています。

西日と寒風に弱い　丈夫で病害虫も比較的少ないので初心者向きです。西日が当たらない半日陰地を好みますが、陽光地にも耐えて育ちます。耐寒性はありますが、寒風の当たる

日本が原産のガクアジサイ。中央に小さな花をつけ、その周囲に装飾花を咲かせる。

ガクアジサイの斑入り園芸品種。

萼（がく）の中心にある本来の花。

剪定は、芽の位置を確認して、その上で長目に切る。

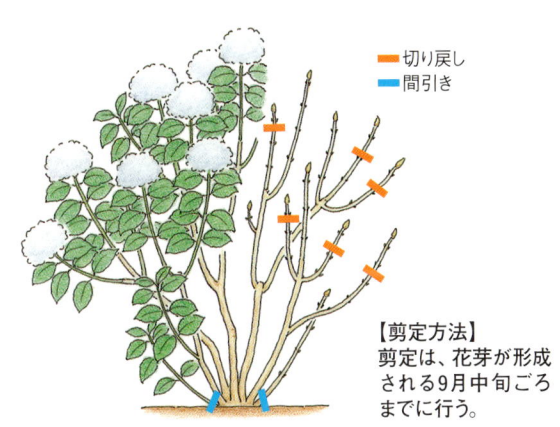

■ 切り戻し
■ 間引き

【剪定方法】
剪定は、花芽が形成される9月中旬ごろまでに行う。

[作業]

◎植えつけ＆移植　植えつけは暖地では11〜3月の落葉期、寒冷地では発芽前の3〜4月が適期です。移植は暖地では2月、寒冷地では3〜4月が適期です。

◎手入れ　2年に1回、のびすぎた枝を切りつめ、倒れた枝を切りとります。

◎肥料　あまり肥料を必要としませんが、施肥を行うときは、チッ素過多にならないように気をつけます。

◎病害虫　まれに炭そ病や輪斑病、アザミウマ類が発生することがあります。被害が著しいときには薬剤を散布します。

◎整枝・剪定のコツ　花後から花芽が形成される9月中旬ごろまでに行います。落葉後、当年枝の芽を3〜5節残して切り戻すと、花つきがよくなります。全体的に低くしたいときは落葉期に50〜60cmの高さに刈り込みます。

◎生長にあわせた作業ポイント　大きくなると、高さが2m近くになり、せまい場所に植えると、大きくなりすぎて困ることがあります。た株は移植の適期に株分けを行い、別の場所に植えかえます。

[楽しみ方]

色の咲き分けに挑戦　酸度によって花色が変化することを利用し、青色や赤色の咲き分けにトライしてみましょう。青色花の株にはアルカリ性の土壌、赤色花の株には酸性の土壌を施して調整をします。

肥料	剪定	月	四季の変化
		1	
	剪定	2	
	剪定	3	
		4	芽吹き
		5	
		6	開花
施肥	剪定	7	
	剪定	8	
		9	花芽分化
		10	
	剪定	11	
		12	

ところでは花芽が凍害を受けやすくなります。

アジサイの園芸品種

アジサイには、日本に自生し、古くから栽培されてきた品種群と、日本から欧米に渡って品種改良され、より色鮮やかになって帰ってきたハイドランジアと呼ばれるセイヨウアジサイの品種群がある。いずれも園芸品種が豊富で、多彩な花形、花色の花が梅雨時の庭を明るく彩る。鉢植えしやすいものもふえ、庭植えばかりでなく、ベランダでの栽培も楽しめる。

ハイドランジアの人気品種「スミダノハナビ」(隅田の花火)。

ハイドランジアの「センセーション」。

ハイドランジアの「ホーデモンモア」。

花びらの縁にぎざぎざがはいった、ハイドランジアの「ミセス・クミコ」。

小さな装飾花が黄緑色から白色へ変化する、ハイドランジアの「アナベル」。

ハイドランジアの「ピノ」。

ヤマアジサイの園芸品種「清澄沢」(きよすみさわ)。

220

萼片が巻き込むように咲く、ハイドランジアの「ウズアジサイ・オタフク」。

色変わりが楽しめる「カメレオン・ハイドランジア」。

ヤマアジサイの園芸品種「ハマビジン」。

球形の花序が特徴。自生種タマアジサイの園芸品種「テマリタマアジサイ」。

鋸歯のない葉が特徴のミカンバアジサイ。

重なりあう花弁が特徴。ヤマアジサイの変異種のシチダンカ。

ハイドランジアの「ピンクマナスル」。

ヤマアジサイの園芸品種「深山ベニガクアジサイ」。

ヤマアジサイの園芸品種「シズオカベニガクアジサイ」。

ウツギ

空木 【別名】ウノハナ
Deutzia crenata
ユキノシタ科ウツギ属
落葉広葉樹　低木

■香り　■病害虫に強い

この木どんな木
民家の周辺によく見られる木。小型のヒメウツギはコンテナで楽しめる

【原産地】日本
【日当たり】日向を好むが半日陰でも育つ
【土壌・土質】特に選ばない
【用途】シンボルツリー、コンテナ
【観賞ポイント】白い花

【樹形】1～2m × 1.5～3m

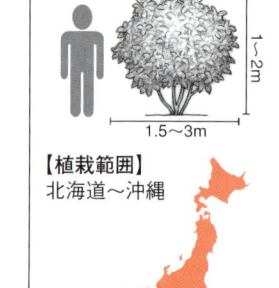

【植栽範囲】北海道～沖縄

花弁の外側が紅紫色のサラサウツギの花。

ラッパ状に咲くウツギの花。

9月に熟すウツギの実。

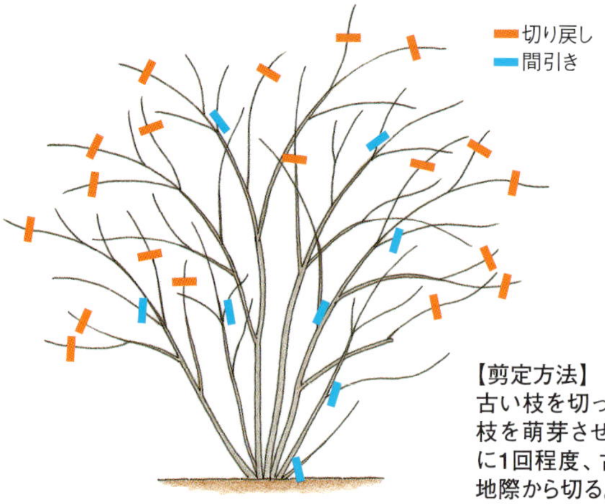

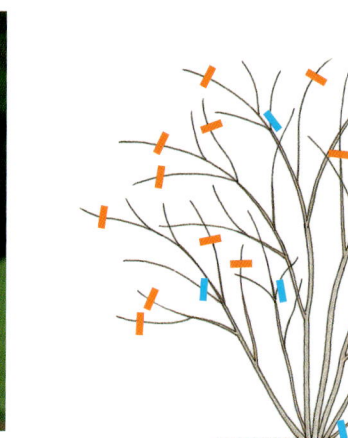

■切り戻し　■間引き

【剪定方法】古い枝を切って、若い枝を萌芽させる。2年に1回程度、古い枝を地際から切る。

[木の特徴と性質]

ウツギの仲間は日本に7種
北海道（渡島半島南部）～九州に分布する落葉低木で、高さは2mほどになります。日本に自生するウツギ属の樹木には、ウツギと、それよりひとまわり小型のヒメウツギやマルバウツギ、ウメウツギ、ウラジロウツギなど7種あります。ウツギには変異種として、八重咲き白色花のシロバナヤエウツギと、八重咲きで外側が紅紫色となるサラサウツギがあります。

生長すると枝の中心部が中空に
名前の由来は、枝が生長すると中心部の髄がなくなり、中空になることによります。別名のウノハナは、「空木の花」の略称という説と、卯月（旧暦4月）に花が咲くからという説があります。花は枝の先に直径1cmほどのラッパ状の白い花を多数つけます。『万葉集』にウノハナとしてウツギを詠んだ歌が24首あります。

ウツギは星状毛が密生
ウツギの若枝、葉、萼、実には星状毛が密生しますが、ヒメウツギは葉柄が長く、葉の裏や枝に星状毛がありません。マルバウツギは、花のすぐ下の葉は無柄で、茎を抱いているので区別できます。

木部は木釘に利用
木部は極めてかたく、また民家の周辺に生えていることから、木釘、楊枝、繭かきの糸口などに使われてきました。

[作業]
◎植えつけ&移植　植えつけと移植は落葉後

枝先に小さな白い花をいっぱいにつけたヒメウツギ。ウツギより日陰に強く、むしろ半日陰を好む。

～発芽前（1～3月）が適期ですが、コンテナ栽培のものはいつでも行えます。

◎**手入れ**　ウツギは萌芽力が強く、放置すると2m以上にのびるので、2年に1回程度、古い枝を地際から切ります。ヒメウツギは数年に1回の頻度で同様の手入れを行います。

◎**肥料**　花を観賞するためには、チッ素の多い油かすは控えめにし、冬に鶏糞、骨粉などを施します。

◎**病害虫**　ほとんどありませんが、ウドンコ病がときどき発生します。被害が著しいときは、発芽前、発芽後に薬剤を散布します。

◎**整枝・剪定のコツ**　古い枝を地際から切りとり、若い枝を萌芽・伸長させるようにします。花壇やプランターなどの場合は、熟した実は見映えが悪いので、たねを採取しないときは花がら摘みを行います。

◎**生長にあわせた作業ポイント**　植え込み前に、完熟堆肥を元肥として用いると、その後の生長がよくなります。

[楽しみ方]

混植で変化を楽しむ　シロバナヤエウツギやサラサウツギ、葉に淡緑の美しい斑が入る園芸品種「ヴァリエガタ」などの種類を混植して変化を楽しみます。

常緑の植物やヘデラ類を配植　丈夫な花木なので、ヒメウツギや園芸品種をプランターに植えても楽しめます。冬は落葉するので、常緑の多年草やヘデラ類を上手に配植するのがポイントです。

四季の変化	月
	1
芽吹き	2
	3
	4
開花	5
	6
	7
花芽分化	8
果実	9
	10
	11
	12

剪定：2,3,6,7,12
肥料：通年
寒肥：1,2

バイカウツギ

梅花空木　【別名】サツマウツギ（薩摩空木）
Philadelphus satsumi
ユキノシタ科バイカウツギ属　落葉広葉樹　低木

- 香り
- 剪定少
- 日陰OK
- 病害虫に強い

この木どんな木

清純な白い花と
ほのかに漂う芳香。
場所を選ばず
丈夫に育つ元気者

【原産地】本州、四国、九州
【日当たり】日向を好むが、半日陰でも育つ
【土壌・土質】特に選ばない
【用途】シンボルツリー、添景木
【観賞ポイント】白い花

【樹形】1〜3m／1〜3m

【植栽範囲】東北〜九州

八重咲きのバイカウツギの花。

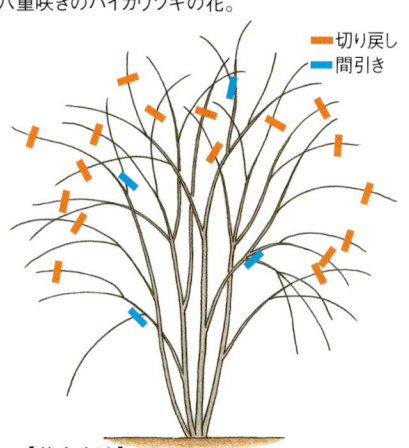

■ 切り戻し
■ 間引き

【剪定方法】
花後すぐの剪定によってのびた小枝には花芽がつくので、夏遅くの剪定では開花枝ができない。

ヨーロッパやアメリカの庭によく見られるセイヨウバイカウツギ。

[木の特徴と性質]

梅雨に咲く清純な花　6〜7月、枝先に香りのある少し大きめの真っ白い花を、5〜10個開きます。花は萼、花弁ともに4枚で、花柱の先端は4裂します。花形がウメに似ていることからこの名があります。実は9〜10月に灰緑色に熟します。

八重咲きの品種もある　本種は日本に分布していますが、セイヨウバイカウツギやその仲間は、ヨーロッパ、アメリカの庭園樹によく植えられます。一般にモックオレンジと呼ばれるものはセイヨウバイカウツギです。美しい八重咲きの花など多くの種類があります。

どんなところでも育つ　土壌を選ばず、強健で萌芽力もあり、移植も剪定もできます。

[作業]

◎**植えつけ＆移植**　植えつけと移植は、落葉期の12〜3月に厳寒期を避けて行います。

◎**手入れ**　花後の早い時期に剪定します。

◎**肥料**　油かす、鶏糞、化成肥料などを寒肥や花後のお礼肥として施します。

◎**病害虫**　ほとんどありませんが、ウドンコ病が発生することがあります。

四季の変化	剪定	肥料	月
			1
	剪定	寒肥	2
			3
芽吹き			4
			5
開花			6
	剪定	お礼肥	7
花芽分化			8
			9
果実			10
			11
	剪定		12

八重咲きで芳香のあるバイカウツギの園芸品種。

カシワバアジサイ

柏葉紫陽花
Hydrangea quercifolia
ユキノシタ科アジサイ属
落葉広葉樹　低木

剪定少　日陰OK　病害虫に強い

この木どんな木

大型の白い装飾花が夏に豪華に咲き
カシワに似た葉は秋に紅葉する

【原産地】北アメリカ東南部
【日当たり】日向～半日陰を好む
【土壌・土質】有機質に富む肥沃な土壌を好む
【用途】シンボルツリー、コンテナ
【観賞ポイント】大型の白い花、葉形、紅葉

【樹形】1～2m×1～2m

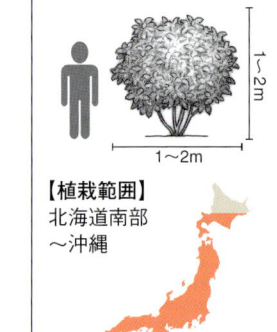

【植栽範囲】北海道南部～沖縄

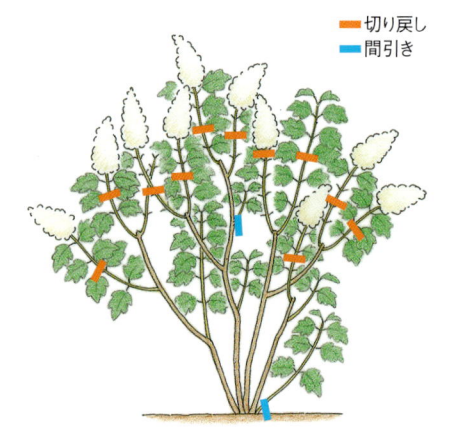

園芸品種の八重咲き種の鉢植え。

■切り戻し　■間引き

【剪定方法】
大きく形を整える場合は花後の7月中に行い、2～3月の剪定は軽く不要枝だけを切りとる。8月後半からの手入れは、次の年の花芽数が減少するので避けたほうがよい。

円錐形に花をつけるカシワバアジサイ。カシワに似た葉が見られる。

華やかさが増す八重咲きの花。

一重咲きのカシワバアジサイの花。

木の特徴と性質

カシワに似た葉　葉には5～7裂の浅い切り込みがあり、カシワ(柏)の葉に似ているので、この名がつきました。晩秋には赤胴色に紅葉します。

円錐形に咲く豪華な白色花　6月に咲く花は、長さが20～25cmほどのみごとな円錐形となります。花は白色だけですが、一重咲き、八重咲きなどの園芸品種があります。

強すぎる日差し、暗すぎる日陰は避ける　日当たりのよいところを好みますが、日差しが強すぎると葉焼けをおこします。また、暗すぎる日陰では花がつかないことがあります。

作業

◎**植えつけ&移植**　植えつけや移植は容易で、3～4月、10～11月が適期です。

◎**手入れ**　おもに7月の花後に剪定をします。11～3月までに寒肥として、7月の花後にはお礼肥として、有機質を含んだ緩効性肥料を施します。

◎**病害虫**　4～9月にかけてハダニやコナジラミのつくことがあります。被害が著しいときは薬剤を散布します。

四季の変化

月	剪定	肥料	変化
1		寒肥	
2	剪定(軽く)	寒肥	
3	剪定(軽く)		
4			
5			芽吹き
6			開花
7	剪定	お礼	
8		お礼	
9			
10			花芽分化
11		寒肥	紅葉
12		寒肥	

ハナゾノツクバネウツギ

花園衝羽根空木 【別名】アベリア、ハナツクバネウツギ
Abelia × *grandiflora*
スイカズラ科ツクバネウツギ属　半常緑広葉樹　低木

- 香り
- 日陰OK
- 病害虫に強い

ハナゾノツクバネウツギは樹勢が強く、花が多く枝先につき、目立つのが特徴。

【剪定方法】 放置すると高さが2m以上になるので、春にのびすぎた枝を根もとから切るか、毎年、6～8月に全体を強く刈り込む。

― 切り戻し
― 間引き

ピンクの花の園芸品種「エドワードゴーチャ」。

この木どんな木
生長が早く
半年にわたって
次々に咲く
白花が大人気

【原産地】園芸品種
【日当たり】日向を好むが、かなりの日陰にも耐える
【土壌・土質】特に土壌を選ばない
【用途】シンボルツリー、生け垣、トピアリー、コンテナ
【観賞ポイント】淡桃白色の花、光沢のある葉

【樹形】 1～3m / 1～2m

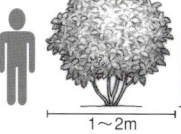

【植栽範囲】東北～九州

木の特徴と性質

ツクバネウツギの園芸品種　タイワンツクバネウツギを起源とする園芸品種のハナゾノツクバネウツギを通常、アベリアと呼んでいます。日本には1919年（大正8）ごろ渡来したといわれます。同属のツクバネウツギは、萼片が羽根衝きの羽根についた形に似ていることからついた名ですが、ハナゾノのほうは、花が多く長く咲いて、花の存在が目立つことに由来しています。

丈夫で花期が長い　暖かければ土地を選ばずよく育ちます。枝先に次々と白い花をつけ、花期は6～10月と約半年にもおよびます。

[作業]

◎**植えつけ＆移植**　植えつけと移植は3～6月、10～12月が適期です。暖地では盛夏を除いてほぼ通年可能です。

◎**手入れ**　株が大きくなると、枝がよくのびるので、春か夏に年に1回は剪定を行います。

◎**肥料**　1～3月に鶏糞、有機質肥料などを与えます。

◎**病害虫**　まれに斑点病が発生しますが、特に著しい被害はありません。

四季の変化

月	1	2	3	4	5	6	7	8	9	10	11	12
剪定			芽吹き			剪定						
肥料	施肥							開花			花芽分化	

タニウツギ

病害虫に強い

谷空木 【別名】サオトメバナ（早乙女花）、タウエバナ（田植え花）
Weigela hortensis
スイカズラ科タニウツギ属　落葉広葉樹　低木

先が5裂したラッパ形の花。

タニウツギは根もとから次々に枝が出て、株立ちの樹形になる。

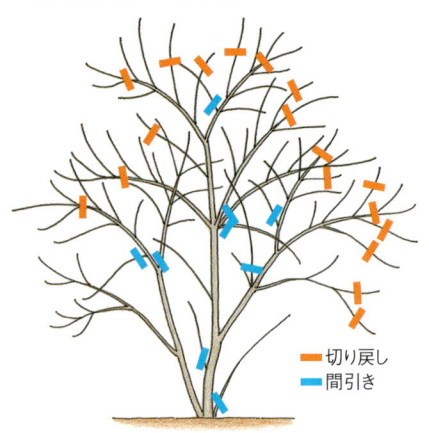

秋にできる円柱形の実。

前年枝にできる冬芽。

【剪定方法】
株ごとの樹形を整えることが基本。花は新しくのびる枝の先につくので、冬期の剪定では、花芽がある前年枝を切りすぎないようにする。

- 切り戻し
- 間引き

この木どんな木

枝先に群れ咲く
淡紅色の花が美しい
生長が早い
水辺の花木

【原産地】北海道、本州の日本海側の山地
【日当たり】日向を好む
【土壌・土質】湿潤で肥沃な土壌を好む。乾燥に比較的耐える
【用途】シンボルツリー、根締め、コンテナ
【観賞ポイント】紅色の花、樹形

【樹形】2〜5m / 2〜5m

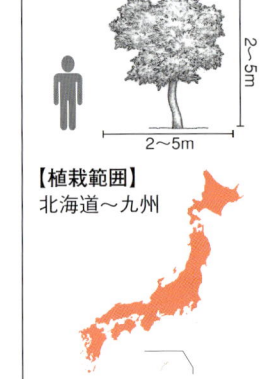

【植栽範囲】北海道〜九州

[木の特徴と性質]

水辺に映える紅色の樹冠　水湿地に自生することから、池沿いなどの水辺の生育に適しています。5〜6月ごろ、葉のつけ根に淡紅色の花が並び、枝の曲線に沿って群れ咲く様子が優雅です。

早乙女の姿にたとえた花　田植えの時期が開花期と重なる地方では「田植え花」、また、ラッパ形の花を逆さにして水面に浮かべた姿を、菅笠をかぶって田植えをする早乙女に見立てて、サオトメバナとも呼ばれます。

花には日の光が必要　花を楽しむには、少なくとも半日以上の日当たりが必要です。

[作業]

◎**植えつけ＆移植**　植えつけは10〜11月、2〜3月、移植は2〜3月が適期です。

◎**手入れ**　長すぎる枝を切り戻し、古くなった枝を数年ごとに更新して樹形を維持します。

◎**肥料**　冬期に有機質肥料を与え、花後、お礼肥として化成肥料を少量与えます。

◎**病害虫**　まれにアブラムシ類がついて、ススス病を誘発することがあります。アブラムシ類を見つけたら捕殺するようにします。

月	四季の変化	剪定	肥料
1		剪定	寒肥
2		剪定	寒肥
3	芽吹き		
4	芽吹き		
5	開花		
6	開花	剪定	お礼肥
7	花芽分化	剪定	お礼肥
8	花芽分化		
9			
10			
11			
12		剪定	寒肥

カルミア

- 剪定 少
- 病害虫に強い

【別名】アメリカシャクナゲ、ハナガサシャクナゲ
Kalmia latifolia
ツツジ科カルミア属　常緑広葉樹　低木～小高木

この木どんな木

金平糖のような
つぼみから
パラソルのような
愛らしい花が咲く

【原産地】北アメリカ東部
【日当たり】日向～半日陰を好む
【土壌・土質】適湿で肥沃な土壌を好む
【用途】シンボルツリー、コンテナ
【観賞ポイント】パラソルのような花

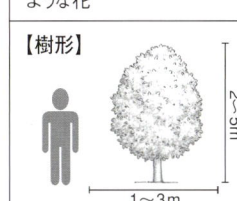

【樹形】 2～5m / 1～3m

【植栽範囲】北海道南部～沖縄

小さな花のかたまりが樹冠を埋め尽くすように咲く。

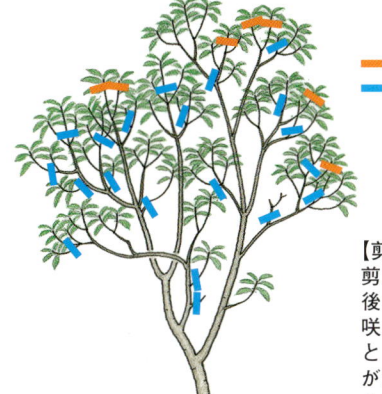

■切り戻し
■間引き

【剪定方法】
剪定は花が咲き終わった直後の6月が適期。花がらは、咲き終わったら早めに摘みとる。花がつきすぎると木が衰弱するので、必ず花がら摘みを行う。

パラソルを広げたような花と金平糖に似たつぼみ。

木の特徴と性質

金平糖のようなつぼみ、パラソルのような花

シャクナゲに似た樹木で、アメリカシャクナゲとも呼ばれています。5月ごろに、前年にのびた枝の先にたくさんの花をつけます。つぼみは金平糖のような形で、直径2cmほどの淡紅色の花が開きますが、その形は小さなパラソルのような愛らしさです。

多彩な園芸品種　濃赤色花、白色花、赤い条線の入った白色花や、花の大きい種類などさまざまな園芸品種があります。コンテナ植えや庭木として、異なる品種を楽しめます。

作業

◎**植えつけ＆移植**　3～4月または9～10月が移植の適期です。ポット栽培の苗は酷暑・厳寒期を除き、通年植えつけが可能です。

◎**手入れ**　剪定の手間はあまりかかりませんが、必ず花がら摘みを行います。

◎**肥料**　3、6、9月に油かすと緩効性化成肥料を2対8の割合でまぜたものを施します。

◎**病害虫**　まれにハダニ、ハマキムシ、グンバイムシがつきます。見つけたら捕殺し、被害が著しいときには薬剤を散布します。

月	四季の変化	剪定	肥料
1			
2			施肥
3			
4	開花		
5			
6	芽吹き	剪定	施肥
7	花芽分化		
8			
9			施肥
10			
11			
12		剪定	

■生け垣

サツキ

皐月、杜鵑花 [別名]サツキツツジ

Rhododendron indicum

ツツジ科ツツジ属　常緑広葉樹　低木

この木どんな木

江戸の文化が生んだ日本花木の代表。花色や模様、木ぶり枝ぶりはみごと

【原産地】本州（関東以西、中部地方、山口県）、九州
【日当たり】半日陰～日向を好む
【土壌・土質】適湿な土壌を好み、乾燥をきらう
【用途】生け垣、シンボルツリー、目隠し、フェンス、コンテナ
【観賞ポイント】変化に富んだ花、樹姿（盆栽）

【樹形】
30cm～1m
50cm～1.5m

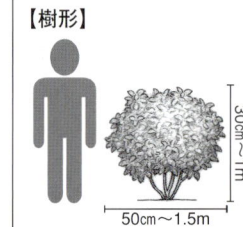

【植栽範囲】
北海道～九州

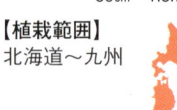

刈り込まれた樹冠に多くの花をつけたサツキ。

ハサミはなるべく深く差し込んで、大きくなった状態をイメージして刈り込む。

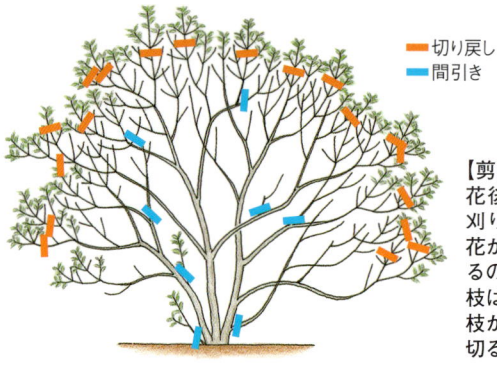

■切り戻し
■間引き

【剪定方法】
花後の刈り込みで強く刈り込むと、1～2年、花が見られないことがあるので注意する。徒長枝は軽く切り戻すと強い枝が出るので、枝もとで切る。

[木の特徴と性質]

ツツジの園芸品種

日本に自生するツツジ類にサツキという種がありますが、通常サツキというと、ツツジの園芸品種のサツキ全体を指します。サツキは人気が高く、園芸品種は江戸時代から作出されています。

季節を連想させる名前

開花時期が陰暦の5月（皐月）であることから皐月、また、ちょうどこのころ杜鵑が鳴くことから、杜鵑花と漢字があてられました。

豊富なバリエーション

江戸時代以来、マルバサツキとの交配によって花色、形、葉形などに変化に富んだ品種が多く生まれました。今日では、近縁のミヤマキリシマ、アザレア、あるいはキリシマ系の園芸品種などとの交配種も多く、咲き方も一重、二重、八重、千重咲き、丹咲き、丁字咲き、桔梗咲きなど多様で、園芸品種は2000種を超えるといわれます。

寒さに強い

空中湿度があり、やや風通しのよい場所を好みます。乾燥をきらいますが、零下7度ぐらいまでの寒さに耐えます。

[作業]

◎植えつけ&移植　植えつけは2月下旬～3月、9月下旬～10月下旬、移植は3～4月、9～10月が適期です。根鉢の土質が異なる場合は完全に土を落として植えつけます。

◎手入れ　地植えのものは花が咲き終わった

刈り込んだ状態の冬のサツキ。花がない姿も味わいがある。

漏斗状で先が5裂したサツキの花。

サツキの園芸品種

日光(にっこう)

光琳(こうりん)

山の光(やまのひかり)

大盃(たいはい)

[楽しみ方]

花色や模様を楽しむ 庭植えはかたまりとしての花色や模様を、鉢植えは木ぶりや枝ぶりなどを観賞します。

花には風と日の光が必要 鉢植えを室内で観賞する場合は3日以内とし、以後は外の風に当てます。地植えの場合は花つきをよくするために、午前中3時間以上は日の当たる場所に植えます。

○生長にあわせた作業ポイント 苗は、梅雨期にさし木をして育てます。庭植え用には2年枝、鉢植え用には当年枝を用います。活着したら、苗は1年ほど後に掘り上げ、2～3年育成します。

◎整枝・剪定のコツ 花後すぐに、春からのびた新芽の範囲で刈り込みます。6月以降の徒長枝は、秋から冬に樹冠の中にハサミを入れてすかします。

◎病害虫 グンバイムシ、ハダニ、ベニモンアオリンガ、ルリチュウレンジバチ、ゴマフボクトウに特に注意します。発見したら捕殺し、被害が著しいときは薬剤を散布します。

◎肥料 寒肥、花後のお礼肥、秋の充実のための肥料を施します。肥沃でない土地では花後に緩効性化成肥料を、肥沃な土地では有機質肥料を中心に与えます。

ら刈り込みし、お礼肥を与えます。サツキは水を好むので、地植えでも長期間降雨のないときは十分水を与えます。鉢植えの場合は、冬場も含めて乾いたらすぐに与えます。

四季の変化	剪定	肥料	月
			1
		寒肥	2
芽吹き			3
			4
開花			5
	花後剪定	お礼肥	6
			7
花芽分化			8
			9
	剪定	施肥	10
			11
			12

ゼノビア

【別名】スズランノキ（鈴蘭の木）、サワーウッド（Sour wood）

ツツジ科ゼノビア属　落葉広葉樹　低木

Zenobia pulverulenta

■香り

この木どんな木

スズランに似た可憐な花。北アメリカ原産の香り高い花木

【原産地】北アメリカ東部
【日当たり】強い西日をきらい、半日陰程度でも生育できる
【土壌・土質】酸性〜弱酸性の土壌を好む
【用途】シンボルツリー、コンテナ
【観賞ポイント】芳香のある白い花、樹形、紅葉

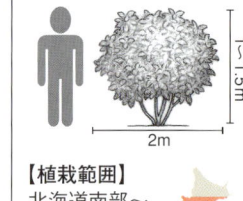

【樹形】1〜1.5m／2m

【植栽範囲】北海道南部〜九州

芳香を放つ、釣鐘状の花。

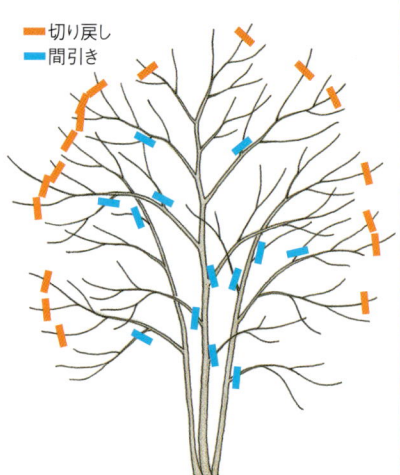

■切り戻し
■間引き

【剪定方法】
長くのびる枝を切り戻して、樹形を整える。長くのびる枝はトレリスなどを利用して水平方向に誘引すると、翌年以後に花がつきやすくなる。エスパリエ仕立て（p.283）にして楽しむこともできる。

ゼノビアは花や葉をつけた枝がしなやかに曲がるのが特徴。

[木の特徴と性質]

スズランのような白い花

4〜5月、新葉が開いた後に枝先の短枝から、釣鐘形の小さな白い花が並んで、下垂して咲きます。花は甘いほのかな芳香を放ちます。花の形がスズランに似ていることから、スズランノキとも呼ばれています。同じくスズランノキと呼ばれる南東アメリカ原産のオキシデンドルム属の木がありますが、これは別の木で、ゼノビアとよく混同されます。

夏の暑さと乾燥に弱い

適湿で、午前中の日照がある場所を好みます。冬の風には耐えますが、夏の高温と乾燥には強くありません。

[作業]

◎**植えつけ＆移植**　植えつけは11〜12月、2〜3月が、移植は2〜3月が適期です。

◎**手入れ**　毎年2〜3月に、樹形を乱す長くのびた枝やひこばえを剪定します。

◎**肥料**　2〜3月に有機質肥料を寒肥として施します。花がたくさん咲いた後は、6月ごろにお礼肥として化成肥料を与えます。

◎**病害虫**　アブラムシ類やカイガラムシ類などを発見したら捕殺するようにします。

四季の変化	剪定	肥料	月
			1
	寒肥剪定	寒肥	2
			3
開花			4
			5
	剪定	肥料お礼	6
			7
			8
			9
			10
			11
			12

キングサリ

■ シンボルツリー　■ 剪定少

金鎖　【別名】キバナフジ、ゴールデンチェーン
Laburnum anagyroides
マメ科 キングサリ属　落葉広葉樹　小高木

この木どんな木
ヨーロッパで愛される黄金色の花房が、初夏の訪れを教えてくれる

【原産地】ヨーロッパ中南部
【日当たり】日向で風通しのよい土地を好む
【土壌・土質】水はけのよい、適湿で肥沃な土壌を好む
【用途】シンボルツリー、棚仕立て、アーチ、フェンス、コンテナ
【観賞ポイント】鮮やかな黄色の花

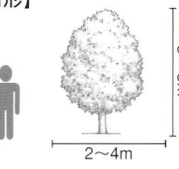

【樹形】3〜5m／2〜4m

【植栽範囲】北海道南部〜九州

アーチ状に仕立てられたキングサリ。

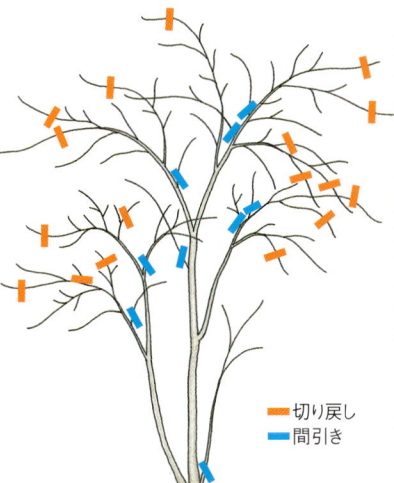

【剪定方法】なるべく枝と枝が当たらないように剪定する。
■切り戻し　■間引き

金色の鎖（くさり）のように下がるキングサリの鮮やかな黄色の花房。

[木の特徴と性質]

初夏に咲く黄金色の花
5〜6月に、エニシダによく似た蝶形の花が、長さ20〜30cmの房状に多数咲きます。フジの花を黄金色に染め上げたような姿から、キバナフジとも呼ばれていますが、フジとは別属です。原産地のヨーロッパではポピュラーな花で、英名のゴールデンチェーンを直訳した名です。

種子は有毒
中国名で「毒豆」と書くように、種子には有毒なアルカロイドが含まれているので、注意が必要です。

[作業]

◎**植えつけ＆移植**　植えつけと移植は3月が適期です。移植の際はなるべく根を切らないように、ていねいに掘り上げて行います。

◎**手入れ**　自然に樹形が整うので、手入れはあまり必要としませんが、用途にあわせた誘引や枝先の切りつめを行います。

◎**肥料**　5月中旬以降、化成肥料を少量施し、2月には寒肥として有機質肥料を与えます。

◎**病害虫**　炭そ病、胴枯れ病、テッポウムシに注意します。テッポウムシは発見したら捕殺し、被害が著しい場合は薬剤を散布します。

月	四季の変化	剪定	寒肥	肥料
1			寒肥	
2		剪定	寒肥	
3	芽吹き	剪定		
4		剪定		
5	開花			施肥
6	開花			施肥
7	花芽分化	剪定		施肥
8	花芽分化	剪定		
9				
10				
11				
12				

- シンボルツリー
- 病害虫に強い

サルスベリ

百日紅　【別名】ヒャクジツコウ
Lagerstroemia indica
ミソハギ科サルスベリ属　落葉広葉樹　小高木

薄くはげ落ちる樹皮と、滑らかな樹皮。

6弁花が枝先に円錐形にかたまって咲くサルスベリの花。

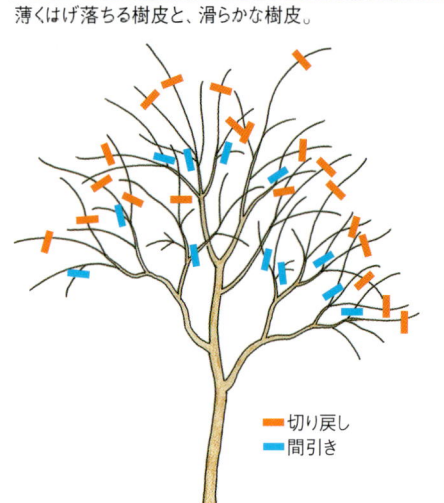

幹吹き枝をもとから切る。

切り終わったあと。

- 切り戻し
- 間引き

この木どんな木

フリルのような花が夏の百日を咲き通す。滑らかな樹皮も人気の理由

【原産地】中国南部
【日当たり】日向を好むが、耐寒性もややある
【土壌・土質】水はけのよい適湿で肥沃な中性土を好む
【用途】シンボルツリー、並木、コンテナ
【観賞ポイント】縮緬状の花、滑らかな樹皮

【樹形】3〜7m／2.5〜6m

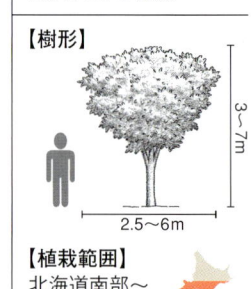

【植栽範囲】北海道南部〜九州

[木の特徴と性質]

貝原益軒の『花譜』に初登場
江戸初期に渡来し、『花譜』（1694年）に百日紅の名が初めて出てきます。美しい木肌と花の華やかさが夏を彩る、人気の花木です。

花は7〜9月、枝先に円錐形にかたまった紫紅または白の6弁花が多数開きます。うちわ形の花弁には縮緬状のしわがあり、淡紅褐色の樹皮は薄くはげ落ちても淡い色になります。樹皮が滑らかで、猿も滑り落ちる、というのが名の由来です。また、赤い花が百日以上咲き続けることから、別名ヒャクジツコウともいわれます。

剪定に耐える
日向を好みますが、比較的耐寒性があります。剪定に耐え、太い枝で剪定を行うと萌芽した枝に大きな花が咲きます。

百日以上咲く花

[作業]

◎植えつけ＆移植　3月下旬〜4月中旬が植えつけの適期です。ポット栽培の苗木は、真夏や真冬を除いて植えつけが可能です。鉢植えは3〜4月と9月に植えつけ、移植は3〜4月に行います。

◎手入れ　日当たりがよければ、落葉期の剪定と寒肥、カイガラムシ対策以外には手間のかからない木です。

◎肥料　成木には1〜2月に寒肥として、堆肥にチッ素、リン酸、カリが配合された緩効性化成肥料をまぜて埋め込みます。

枝先にかたまって咲くサルスベリの花。ヒャクジツコウの別名どおり、百日以上にわたって紅色の花が咲き続ける。

◎病害虫　ウドンコ病、アブラムシとカイガラムシに特に注意します。通風・採光を促し予防します。

◎整枝・剪定のコツ　太い枝で剪定をすると萌芽枝に大きな花が咲き、細枝で剪定すれば、小ぶりな花がたくさん咲きます。毎年、同じ箇所で剪定すると枝先がこぶ状となるので、少し上下にずらして切るようにします。花が早く咲いた枝は、盛りを過ぎたら早めに剪定すると、年内にもう一度開花させることができます。

◎生長にあわせた作業ポイント　苗木はさし木の活着がよいので、6～8月に緑枝さしで苗木をつくります。かなりの大枝のさし木も可能なので、2月に剪定したものをさしてみるのもよいでしょう。根伏せも可能です。

［楽しみ方］

鉢植えや小型の品種を楽しむ　最近では、鉢植えやせまい庭向きの、矮性（わいせい）のものや小型の品種も多く出回っていますので、それを植えて楽しむことができます。また、たねをまくと親と異なるものが出るので、花がらをとらずに置いておき、それをまいてみるのもよいでしょう。

新種をつくれる可能性もある　ベランダで楽しむには、前記の矮性のものを大鉢に植えて楽しむとよいでしょう。また、かわいい鉢植え用の品種も多く、これらは実生（みしょう）で新種ができる可能性もあるので、試してみるのもよいでしょう。

四季の変化	剪定	肥料
月		
1		寒肥
2	剪定	
3		
4	芽吹き	
5		
6		
7	開花	施肥
8		
9		
10		
11	剪定	
12		

クチナシ

栀子、山栀子　[別名]ガーデニア
Gardenia jasminoides
アカネ科クチナシ属　常緑広葉樹　低木

- 香り
- 剪定 少
- 日陰OK

この木どんな木
1年中緑の葉と甘い香りが魅力。初夏に欠かせない白い花

【原産地】日本、中国、台湾、インドシナ、ヒマラヤ
【日当たり】半日陰を好むが、日向でも育つ
【土壌・土質】土質は選ばないが、乾燥しない水はけのよい肥沃な土壌を好む
【用途】生け垣、フェンス、コンテナ、添景木
【観賞ポイント】香りのある白花、濃緑色のつややかな葉

【樹形】1.5〜2m／1.5〜2m

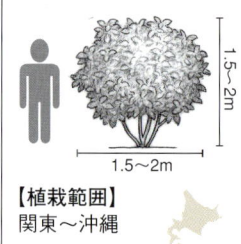

【植栽範囲】関東〜沖縄

種子を散布しない実。

刈り込まれたクチナシの樹形。花が咲き終わったら、すぐに切り戻し剪定をする。

芳香のある花。質は厚く、ふつう花弁は6片ある。

八重咲きの園芸品種。

■ 切り戻し
■ 間引き

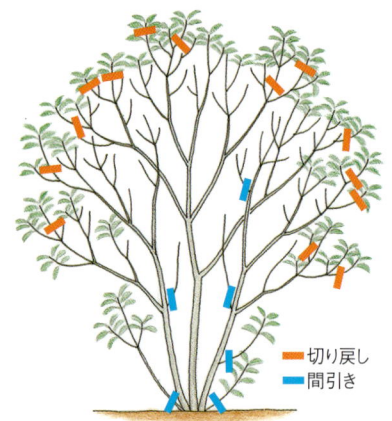

【剪定方法】
寒い時期に強く剪定してはいけない。刈り込みが中心だが、株の中の風通しをよくするために枝抜きも併用して行う。新梢の先端に花芽がつくので、花が咲き終わったら、すぐに切り戻し剪定をする。枝が古くなると新梢も少なくなるので、古い枝を抜き、更新するように剪定する。

[木の特徴と性質]

強い香りを放つ白い花　濃緑色のつややかな葉の樹冠に6〜7月、芳香のある白い花を咲かせます。八重咲きなど多くの品種があり、総称してガーデニアと呼ばれます。実が熟しても、口を開いて種子を散布しないところから、和名は「口なし」の意味にちなみます。

実の利用は飛鳥時代から　11〜12月に熟す黄赤色の実は、日本でも飛鳥時代から、食品の着色料や布地の黄染めなどに使われてきました。また、栀子、山栀子という名で、漢方でも用いられています。

乾燥や寒風が苦手　暖地性で、湿潤な場所に自生しているので、乾燥や寒風をきらいます。

[作業]

◎**植えつけ&移植**　植えつけと移植は4〜6月、9〜10月が適期で、容易に行えます。

◎**手入れ**　充実した新梢が出るように、徒長枝をつめるように剪定をします。

◎**肥料**　堆肥と緩効性化成肥料をまぜた寒肥を与えます。

◎**病害虫**　オオスカシバやカイガラムシがつきます。発見したら捕殺します。

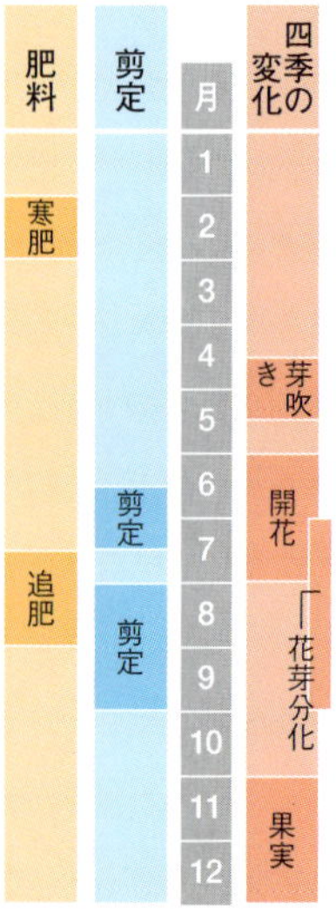

四季の変化

月	変化	剪定	肥料
1			寒肥
2			寒肥
3			
4	芽吹き		
5			
6	開花	剪定	
7		剪定	追肥
8	花芽分化	剪定	追肥
9	花芽分化		
10	花芽分化		
11	果実		
12	果実		

シマトネリコ

島迷揶利古 【別名】タイワンシオジ
Fraxinus griffithii
モクセイ科トネリコ属　常緑または半常緑広葉樹　高木

- シンボルツリー
- 病害虫に強い

この木どんな木
庭に透明感を演出する涼しげな常緑樹の人気ナンバーワン

円錐状の小さな花が密につく。

細いへら形をしたシマトネリコの実。

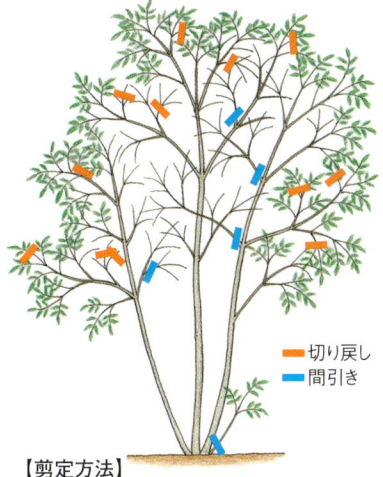

【剪定方法】
庭園などでは自然樹形に仕立てるが、込み枝や樹冠からはみ出した枝を剪定して樹形を整える。

■ 切り戻し
■ 間引き

コンテナに植えられたシマトネリコ。花、実ともに観賞性が高い。

【原産地】沖縄、中国、台湾、フィリピン、インド
【日当たり】日向を好む
【土壌・土質】やや湿り気のある土壌を好む
【用途】シンボルツリー、コンテナ
【観賞ポイント】樹姿、円錐状に咲く白い小花、へら形の翼果

【樹形】
15〜20m
15〜20m

【植栽範囲】
関東〜九州

[木の特徴と性質]

びっしりとつく実

5〜6月、枝先や葉のつけ根から、円錐状に長さ2〜3mmの白い花を密に咲かせます。夏には長さ2.5〜3cmの細いへら形の翼果が、樹冠が白く見えるほどみごとにつきます。名は、沖縄などの島に生育するトネリコの仲間であることによります。

暖地性だが寒さにも強い

本来は熱帯から亜熱帯の山地に生育する高木です。近年では、露地植えや鉢植えなどに用いられることもふえてきました。寒さにも比較的強い木です。

[作業]

◎**植えつけ&移植**　植えつけは3月中〜下旬、9月下旬〜10月中旬が適期です。移植は3月中〜下旬に行います。

◎**手入れ**　自然樹形に仕立てます。細い枝や群がり出る性質があるので、のびすぎる枝や込みすぎる小枝は切りつめます。

◎**肥料**　若木は2〜3月に寒肥として堆肥に3要素入り緩効性化成肥料をまぜて施します。

◎**病害虫**　カイガラムシがつくことがあります。また、ときにアメリカシロヒトリが発生します。発見したら捕殺します。

四季の変化	月	剪定	肥料
芽吹き	1		寒肥
芽吹き	2	剪定	寒肥
芽吹き	3	剪定	寒肥
芽吹き	4		
開花	5		
開花	6		
果実	7		
果実	8	剪定	
果実	9	剪定	
果実	10		
	11		
	12		

バラ

薔薇
Rosa spp.
バラ科バラ属
半常緑または落葉広葉樹　低木

- シンボルツリー
- 香り
- 生け垣

この木どんな木

香り高く咲き誇る「花の女王」。多種多様な花を四季を通じて堪能できる

赤く色づいたバラの実。ローズヒップとして市販されているのは、「ドッグローズ」というノイバラの乾燥果実。

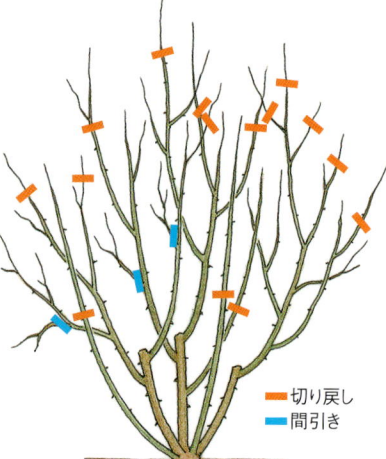

【剪定方法】
冬の剪定では、芽の位置とのびる方向を確認することが大切。残す芽を決めたら、その1cm上を切る。このとき、のばしたい方向へ斜めに切るとよい。

― 切り戻し
― 間引き

ミニバラの「オレンジ・メイアンディナ」。

【原産地】北半球の亜寒帯から亜熱帯
【日当たり】風通しのよい日向を好む。真夏の西日をきらう
【土壌・土質】水はけ・保水性のよい肥沃な粘質土を好む。真夏の乾燥をきらう
【用途】シンボルツリー、生け垣、ポールやフェンス仕立て
【観賞ポイント】多種多彩な花

【樹形】
30cm～1.5m
30cm～1.5m

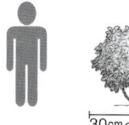

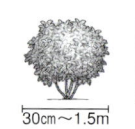

【植栽範囲】
北海道南部～九州

[木の特徴と性質]

美しい花を1年中堪能できる

バラの原種は、北半球を中心に約100種以上が知られています。それらが交配され、長い間にわたって改良が重ねられ、現在、園芸品種は1万5000種以上あるといわれています。

木バラを分類する

まず大きく、木バラ（ブッシュローズ）とツルバラ（クライミングローズ）のふたつに分けられ、さらに木バラは次のような系統に分類されます（「ツルバラ」については178ページ参照）。

◎**オールドローズ**　1867年以前に誕生したバラをいいます。

◎**ハイブリッドティー（四季咲き大輪）**　大輪の四季咲き木バラの代表的な系統で、もっとも種類が多く、人気があります。

◎**フロリバンダ（中輪房咲き）**　花は色鮮やかで、房のようにたくさんの花が咲き、花つきも花もちもよい系統です。

◎**ポリアンサ（小輪房咲き）**　四季咲きで、花は房状につき、色彩も豊富です。日本原産のノイバラから改良されたものが多くあります。

◎**ミニアチュア**　ミニバラとも呼ばれ、花が小輪のバラの総称。花径が3cm以内、樹高も30cm以内という品種も多くみられます。

◎**モダンシュラブ**　オールドローズの花形と香りに四季咲きを兼ね備え、イギリスで誕生したイングリッシュローズが代表です。

美しい花と芳香、園芸好きなら誰もが一度は育ててみたいという「花の女王」バラが咲き誇る庭。

[作業]

◎植えつけ＆移植　大苗の植えつけは12〜2月、小苗は4月上旬〜5月が適期です。移植は厳寒期を除く冬の間に行います。

◎手入れ　種類によって剪定方法が異なり、花の咲く枝を確認して手入れを行います。

◎肥料　寒肥として、油かすと骨粉を主に有機質肥料を施します。花後のお礼肥には、庭植えの場合は有機質肥料、鉢植えの場合は油かすを発酵させて球状にしたものや緩効性化成肥料を施します。バラの種類や性質を考慮して行うことが大切です。

◎病害虫　湿度の高い暖地では、病害虫対策が必要です。ウドンコ病、黒点病（黒斑病）、アブラムシ、ハダニなどが発生します。

◎整枝・剪定のコツ　冬の剪定は、枯れ枝や細い枝を切り除き、外側に枝が伸長しやすい樹形に整えます。夏の剪定は、徒長枝・細い枝を切除して、浅く切り戻します。冷涼地では8月下旬、温暖地では9月上旬までに行います。

[楽しみ方]

◎生長にあわせた作業ポイント　植えたばかりのころは、剪定は控えめにします。2〜3年たつと花つきが少なくなってくるので、株もとから切除し、新しい茎と入れ替えます。

花を多くつけさせる　枝を水平状に広げるように整枝し、樹冠全体に日が当たるようにすると花を多くつけます。また、風当たりや水やりへの注意も大切です。

四季の変化		剪定	肥料
月	四季咲き開花	剪定	寒肥
1		剪定	寒肥
2		剪定	寒肥
3			
4	芽吹き		
5	開花		
6		剪定	お礼肥
7	花芽分化		
8		剪定	
9			
10			
11			
12		剪定	寒肥

バラの系譜

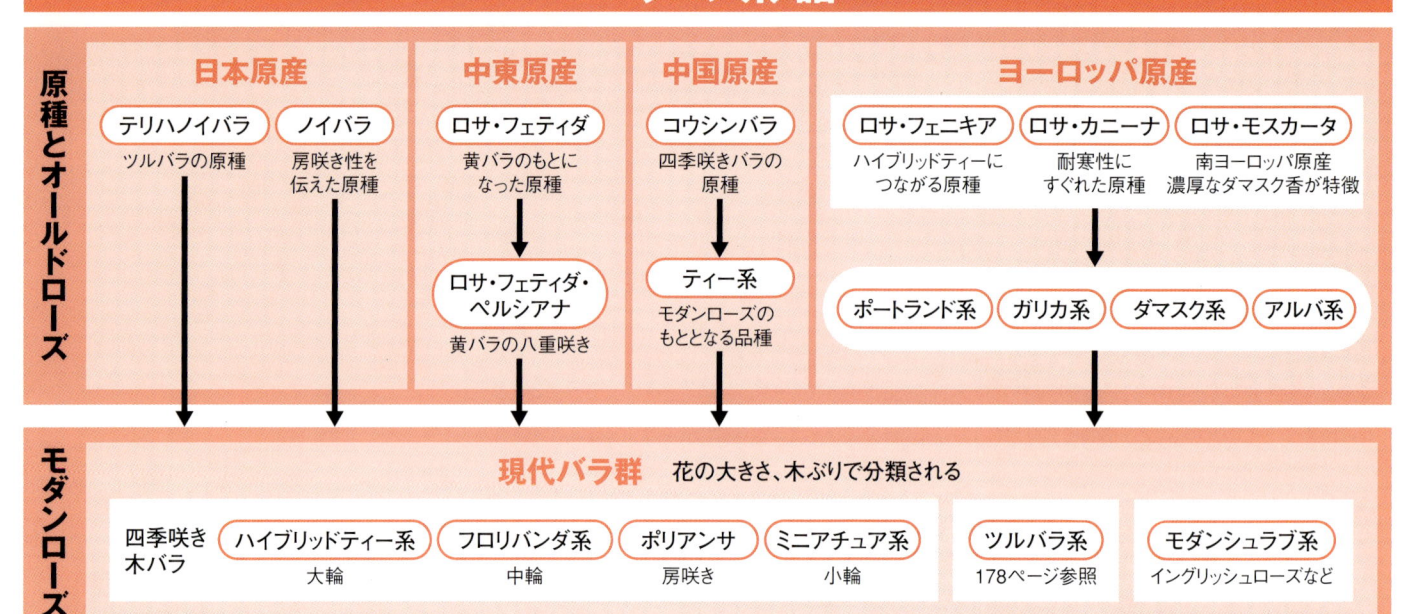

原種とオールドローズ

日本原産
- テリハノイバラ — ツルバラの原種
- ノイバラ — 房咲き性を伝えた原種

中東原産
- ロサ・フェティダ — 黄バラのもとになった原種
  ↓
- ロサ・フェティダ・ペルシアナ — 黄バラの八重咲き

中国原産
- コウシンバラ — 四季咲きバラの原種
  ↓
- ティー系 — モダンローズのもととなる品種

ヨーロッパ原産
- ロサ・フェニキア — ハイブリッドティーにつながる原種
- ロサ・カニーナ — 耐寒性にすぐれた原種
- ロサ・モスカータ — 南ヨーロッパ原産 濃厚なダマスク香が特徴
- ポートランド系/ガリカ系/ダマスク系/アルバ系

モダンローズ

現代バラ群 花の大きさ、木ぶりで分類される

- 四季咲き木バラ
  - ハイブリッドティー系 — 大輪
  - フロリバンダ系 — 中輪
  - ポリアンサ — 房咲き
  - ミニアチュア系 — 小輪
- ツルバラ系 — 178ページ参照
- モダンシュラブ系 — イングリッシュローズなど

オールドローズ

東洋系のバラと西洋系のバラが出会い、長年の交配で現在のバラが生み出された。そのもとになった非常に古い伝統の園芸品種群。

マダム・ハーディ／かすかにピンク色をしたつぼみが開くと、細かな花弁がつまったロゼット咲きになり、緑色の芯（グリーンアイ）が見えるのが魅力。ダマスク香を含む甘い香りの強香種。オールドローズのなかでも特に美しいと評価の高い銘花。

スヴニール・ドゥ・ラ・マルメゾン／やさしいパウダーピンクの花がロゼット咲きになる。花弁の重ねの部分が淡いピンクで、花の表面はほとんど白に近い。名は「マルメゾン庭園の想い出」という意味で、ナポレオン妃ジョゼフィーヌのバラ園のあったマルメゾン宮にちなむ。

ルイ14世／深い暗赤色の花はカップで咲き始め、間もなく花弁が外に反り、オープンになる。開いた花は、金色の雄しべとの組み合わせが絶妙。フランスの絶対王政の頂点を極め、「太陽王」と呼称されたルイ14世の名を冠した品種。

紛粧楼（フンショウロウ）／花弁は抱え込むような球形に近いディープカップ咲きで、花弁の数が非常に多い。カップの内側は淡いピンク、外側の花弁はほとんど白くなる。秋花の色は濃いめになり、花もちがよい。

ハイブリッドティー

花径10～15cmの大輪になる品種群。樹高も高く、四季咲き性の品種が多く、茎の先に花をひとつずつつけるので、見栄えがする。

パパメイアン／深みのあるビロードのような黒紅色で、黒バラの銘花といわれる。剣弁咲きの花は花弁が多く、濃厚な芳香バラとしても名高い。メイアンの人気種で、あまり大きくならず強健なため、初心者にも向いている。

ジュリア／バラには珍しい落ち着いたベージュトーンのシックな花色。花弁にはゆるやかなウエーブがかかり、ブーケや切り花でも人気が高い。巻いた花形が、咲き進むと平咲きになる。枝ぶりは細めで小型樹形。

ピース／第2次世界大戦後、平和への願いを込めて命名されたバラで、20世紀を代表する永遠の銘花。弁縁がピンクの覆輪（ふくりん）になり、大きな花弁を優雅に広げる巨大輪。その名前もあって多くの人に愛されている。

ロイヤル・ハイネス／上品な淡いピンクの花色で、中央が高く花弁が反ってとがった剣弁高芯咲きの美しい花形になる。コンテスト用のバラとしても有名。樹形はスリムで、明るい緑の照葉がいっそう花を引き立てる。強健で育てやすく、初心者向き。

240

フロリバンダ

花径5〜11cmの中輪の園芸品種群。育てやすい品種が多く、1本の茎に多くの花を咲かせる房咲き品種群であるため、長期間楽しめる。

アイスバーグ／清楚な白い花で、作出国ドイツでは白雪姫を意味する「シュネービットヒェン」と呼ばれる。多花性で四季咲き。丈夫で育てやすく、世界中で長い間愛されている銘花。

カフェ／シックなアプリコットピンクの花色で、花弁の多いクラシックな花形。花色は、咲き進むと灰色がかることがあり、気温の下がる秋には深みが出る。横張り樹形で鉢植え向き。

マチルダ／花弁の外側に向かって淡いピンクになっていくやさしい花色。春には淡いピンクの色合いで、秋には深みが加わる。多花性で房咲きの株はコンパクトになり、形をつくりやすい。

エンジェル・フェイス／花弁がフリルのように波打ち華やか。房咲きで、紫がかったピンク色が花芯から外へ向かって濃くなる。強健で秋にも多数の花をつけ、小型樹形なので鉢植えにも向く。

ポリアンサ

花径2〜5cmの小輪房咲き、丈夫で育てやすい四季咲き品種群。鉢植えやコンテナの栽培に適している。

リトル・ホワイト・ペット／つぼみでは赤みがあり、開くと白にほのかなピンクのぼかしがはいるポンポン咲きの花が、10〜15花の房咲きになる。暗緑色の葉にやや横張りの丈夫な枝で耐病性あり。

マルゴ・コスター／コロコロしたカップ咲きの花が1枝に5〜12輪まとまって咲き、花もちがよい。葉は小ぶりで光沢があり耐病性にすぐれている。花つきがよく、鉢で育てるのに向いている。

イヴォンヌ・ラビエ／白いつぼみが開くと、花弁数20枚ほどの浅いカップ咲きで、8輪前後のまとまった房咲きになる。繰り返し咲き性にすぐれ、春から晩秋まで楽しめる。細い枝にはトゲが少ない。

マリー・パヴィエ／5〜10花の房咲きで、花弁数20枚ほど。半八重のやさしいソフトピンクの花は、しだいに白にかわる。半横張りの枝は分枝がよく花つきもよい。枝にはトゲが少なく扱いやすい。

ミニアチュア

花径2〜5cm、樹高も15〜50cm程度の小輪房咲きの四季咲き品種群。小さなスペースを生かしたガーデニングに向く。ミニバラともいわれる。

グリーンアイス／白花は咲き進むと緑を帯び、たくさんの小花が集まったスプレー咲きのなかで花色の違いを楽しめる。花もちが非常によく、強健な四季咲き性。定期的な施肥が必要。

コーヒーオベーション／ミニバラとしては大きめの花で、カップ咲きになる。花首が短くまとまって咲く。温度が高いときは赤レンガ色になり、秋花が美しい。ミニバラの鉢植えは水切れに注意が必要。

ミミエデン／ピンクに色づいたつぼみが開くと、花の中心に向かってピンクが濃くなる。形のよいカップ咲きで、枝先に多くの花が咲く。花形が乱れず長く咲き続けるのが魅力。

シンデレラ／おとぎ話のようにロマンチックな雰囲気を感じさせるバラで、甘い香りがする。やわらかなパウダーピンクの花を株いっぱいに咲かせ、花色は中心に向かってやや濃くなる。

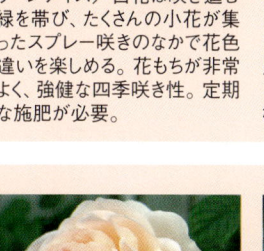

モダンシュラブ

オールドローズやモダンローズとの交配によってできた園芸品種群。イングリッシュローズが有名で、耐病性にすぐれているので、初心者に向く。

アンブリッジ・ローズ／アプリコットピンクの微妙な色合いでディープカップの花形から、ロゼット咲きにかわっていく。英国営放送BBCの番組の舞台になった架空の町Ambrigeにちなみ命名された。

グラハム・トーマス／中輪、濃い黄色のカップ咲きの花で、5〜8輪の房咲きになる。さわやかで、強いティー系の香りがする。生育旺盛で、高さがあるものに誘引すると見映えがする。

グラミス・キャッスル／花色は重ね部分にわずかにパールを帯びた白色。花径は7〜9cmの深いカップ咲き。トゲが多い枝先に3〜5輪房咲きになる。花の散りは早いが、細枝にも花をつける。

パット・オースチン／バラには珍しい花色で、花弁の表は銅色といわれる濃いオレンジ色に近い。裏は光沢のある黄色。作出者が満足のいくバラができたので妻の名をつけたという逸話がある。

モッコウバラ

木香薔薇
Rosa banksiae
バラ科バラ属　つるもの（常緑藤本）

■香り　■生け垣　■病害虫に強い

【この木どんな木】
木香の名のとおり
香りがよくて
トゲのない
使い勝手のよいバラ

2階のベランダまではい上がったキモッコウ。トゲがなく、いろいろな仕立て方ができる。

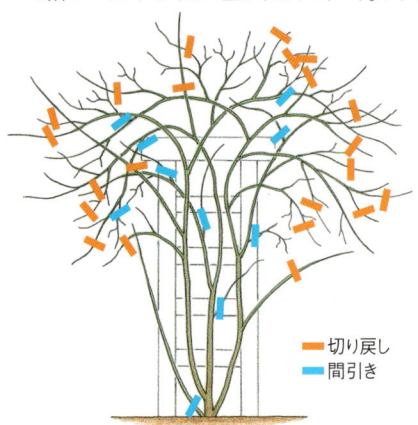

切るコツは、芽を残し、その上で切る。

【剪定方法】
春にのびた新梢に花が咲くので、冬の剪定で形をつくる。生長が早いので、のびたところをすべて切るように、全体の形を整える剪定をする。

■切り戻し
■間引き

香りが強いシロモッコウ。

【原産地】中国南西部
【日当たり】日向を好む
【土壌・土質】適度に乾燥し、保水性のよい肥沃な砂質土壌を好む
【用途】シンボルツリー、生け垣、フェンス、アーチ、トピアリー
【観賞ポイント】黄色もしくは白い花、香り

【樹形】
Free

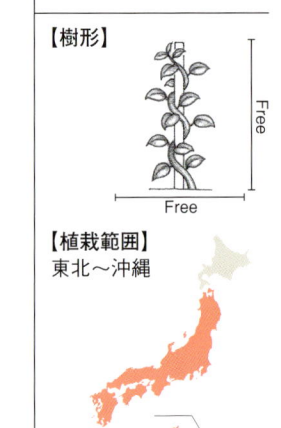

【植栽範囲】
東北～沖縄

[木の特徴と性質]

香りがよく、トゲがない　バラでありながらトゲがありません。もともとは中国のトゲのある5弁花が淘汰選択され、園芸品種の八重咲き種が江戸時代に渡来しました。以来、日本の風土になじみ、広く栽培されています。香りのよいことから、キク科のモッコウ（木香）の名が冠されています。

ツルバラのようによくのびる　枝はよく分岐し、若枝は下垂します。つる性の茎は、最初は緑色ですが、古くなると茶褐色になります。茎は生長すると長さ6m以上にも達します。いわゆる万重咲きといわれる多数の花弁をもつ花が、長くのびた茎に咲き並ぶと、樹冠全体が花におおわれ、華やかな印象です。花は淡黄色から黄色、あるいは白色で、黄色の花をつけるものはキモッコウとも呼ばれます。白色花の品種はより香りが強く、シロモッコウとも呼ばれます。

樹冠全体にあふれるように咲く花　晩春の5月ごろに直径1.5～2.5cmの香りのよい花を枝先に2、3個ずつつけます。

[作業]
バラ（238ページ）を参照してください。

四季の変化	剪定	肥料
月		
1	剪定	寒肥
2	剪定	寒肥
3	芽吹き	
4		
5	開花	お礼肥
6	剪定	お礼肥
7	花芽分化	お礼肥
8		
9		
10		
11		
12	剪定	寒肥

シモツケ

下野 【別名】キシモツケ
Spiraea japonica
バラ科シモツケ属　落葉広葉樹　低木

- 剪定 少
- 病害虫に強い

シモツケは株立ち状になり、枝先に花をつける。花は切り花としても人気がある。

■ 切り戻し
■ 間引き

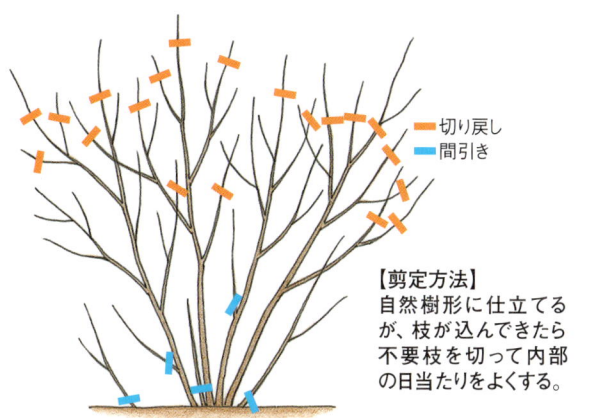

【剪定方法】
自然樹形に仕立てるが、枝が込んできたら不要枝を切って内部の日当たりをよくする。

5mmほどの花が群がるように咲く。

この木どんな木

ブーケのように淡紅色の花が群れ咲き自然樹形で楽しめる花木

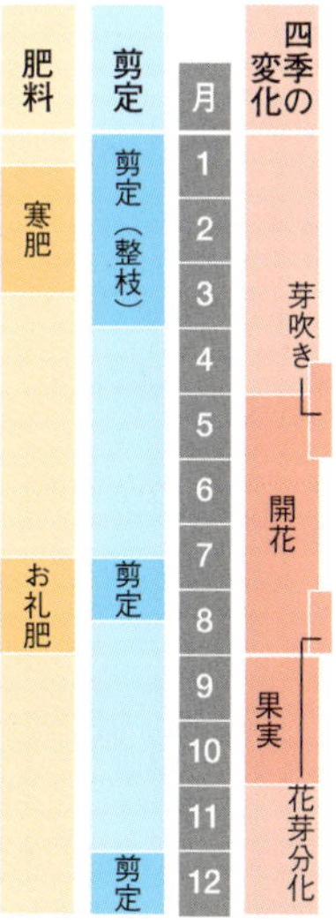

【原産地】本州、四国、九州、朝鮮半島、中国
【日当たり】日向を好む
【土壌・土質】水はけがよく、やや乾燥気味の土壌を好む
【用途】根締め、グランドカバー、コンテナ
【観賞ポイント】淡紅色の花、樹形

【樹形】
1m × 1.5m

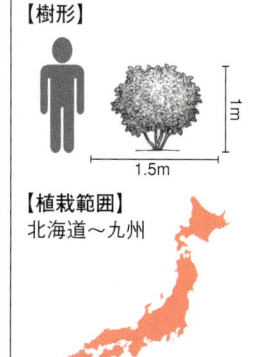

【植栽範囲】
北海道～九州

[木の特徴と性質]

命名は「下野国」から　シモツケという名の由来は、下野（栃木県）で最初に発見されたという説と、下野産のものが古くから栽培されていたという説などがあります。本属は世界に約100種あり、日本にはホザキシモツケ、コデマリ、イワガサなど10種ほどが自生していて、その多くが栽培されています。

ブーケのように咲く小さな花　花は5～8月に枝先に散房花序を出し、淡紅色から濃紅色、ときに白色の直径4～6mmの5弁花を密生させて開き、その直径は10cmほどにもなります。実は9～10月に熟します。

[作業]

◎**植えつけ&移植**　植えつけと移植は、厳寒期を除く12～3月が適期です。

◎**手入れ**　3～5年に一度、地面から20cmくらいまで深く刈り込んで、株を若返らせます。花後に3要素がほぼ均等の緩効性化成肥料を株まわりに散布します。

◎**病害虫**　ほとんどありませんが、ウドンコ病が出ることがあります。剪定によって通風と採光を促すようにします。

四季の変化	剪定	肥料
月		
1	剪定（整枝）	寒肥
2	剪定（整枝）	寒肥
3		
4	芽吹き	
5		
6	開花	
7	剪定	お礼肥
8	剪定	お礼肥
9	果実	
10	果実	
11	花芽分化	
12	剪定	

スモークツリー

■ 病害虫に強い

【別名】ハグマノキ（羽熊木）、ケムリノキ、カスミノキ
Cotinus coggygria
ウルシ科ハグマノキ属
落葉広葉樹　低木～小高木

この木どんな木

長くのびた花柄が煙ったように見える不思議な姿。樹勢も強く丈夫な木

スモークが楽しめるのは雌株だけ。

【剪定方法】
株立ち状になるが、上にのびる枝の勢いが強い傾向がある。このため、適当な高さで芯止めを行い、枝を分散させる。切りつめた部分からは、数本の枝が萌芽するので、1～2本を残して切りとる。花芽は多くが枝先部分に形成されるので、枝先を切りつめないことが大切。不要なひこばえは、長くのびないうちに切りとる。

━ 切り戻し
━ 間引き

小さく目立たない花が多数集まり、木全体が煙ったように見えるスモークツリー。

[木の特徴と性質]

淡く煙るような花柄が名の由来　5月ごろ、円錐状に多数咲く花は小さくて目立たないのですが、花柄が長くのび、煙ったように見えます。英名のスモークツリーは、その様子をあらわしたものです。花色は白色系と赤色系があり、1～2か月間楽しめます。また、別名のハグマノキは、ヤクの尾の毛（白熊）でつくる旗や槍の飾りに見立てての命名です。

"煙"を楽しめるのはメスの木だけ　雌雄異株で、スモークを楽しめるのは雌株だけなので、確認して購入したいものです。また、長い葉柄をもつ葉は風にそよぎ、紅葉も鮮やかです。紫紅色の葉色の品種などもあります。

[作業]

◎**植えつけ&移植**　植えつけは11月ごろと2～3月が、移植は3月ごろが適期です。

◎**手入れ**　長い枝がのびて樹形を乱すので、年に1回は剪定を行い、樹形を整えます。

◎**肥料**　樹勢が強い株には施肥の必要はありません。むしろ、多肥に注意します。

◎**病害虫**　まれにカイガラムシ類がつきます。剪定で通風・採光を促します。

四季の変化

月	剪定	肥料
1	剪定	寒肥
2	剪定	寒肥
3		
4		
5		
6		肥お礼
7		肥お礼
8		
9		
10		
11	剪定	寒肥
12	剪定	寒肥

芽吹き／開花／花芽分化／果実／紅葉

【原産地】中国、ヒマラヤ、コーカサス地方から南ヨーロッパ
【日当たり】日向を好む
【土壌・土質】土壌は特に選ばないが、乾燥にやや耐え、過湿はきらう
【用途】シンボルツリー
【観賞ポイント】円錐状に咲く花、実、葉色

【樹形】4～5m／4～5m

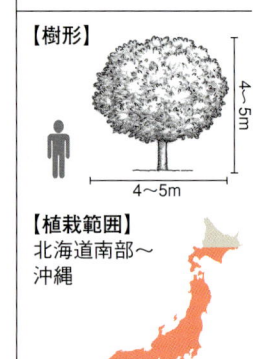

【植栽範囲】北海道南部～沖縄

244

トチノキ

橡の木
Aesculus turbinata
トチノキ科トチノキ属 落葉広葉樹 高木

- シンボルツリー
- 剪定 少
- 病害虫に強い

トチノキは美しい樹形の大きな木になる。

10月ごろに熟すトチノキの実。

葉は秋に紅葉する。

セイヨウトチノキ（マロニエ）の花。
ベニバナトチノキの花。
枝先に密生して咲くトチノキの花。

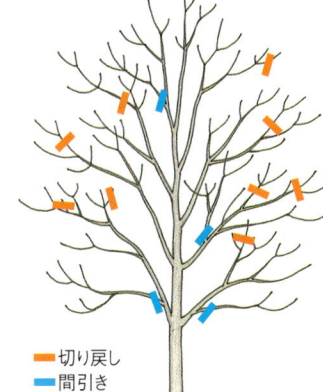

【剪定方法】
元来、枝ぶりは整っているので、剪定は弱めにして、自然樹形を保つようにする。

■切り戻し
■間引き

この木どんな木

美しい樹形が魅力。庭木や街路樹として心地よい日陰をつくり出してくれる

【原産地】日本（北海道～九州の山地）
【日当たり】若木は日陰を好むが、成木は日向を好む
【土壌・土質】適湿で肥沃な土壌を好む
【用途】シンボルツリー、並木
【観賞ポイント】美しい樹形、円錐状の花

【樹形】15～20m／10～14m

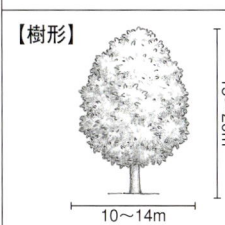

【植栽範囲】北海道～九州

[木の特徴と性質]

樹形の美しい巨木
5～6月に、枝の先にやや紅色を帯びた白色の花を、長さ20cmほどの円錐状に直立して咲かせます。樹形が美しいことから、庭木や街路樹として植栽され、パリのシャンゼリゼ通りでは同じ仲間のベニバナトチノキが有名です。

やわらかく木目の美しい木部
種子は縄文時代から食料とされ、現在でもとち餅などに加工されて食べられています。また、葉の若芽の粘液や樹皮、種子は生薬（七葉樹）として利用され、木部はやわらかく木目が美しいため、建築材や彫刻材に用いられます。

乾燥や暑さに弱い
乾燥や暑さに弱いので、夏の強い西日の当たらない場所に植えます。

[作業]

◎**植えつけ＆移植** 植えつけと移植は落葉時の11～3月が適期です。

◎**手入れ** 特に必要ありませんが、夏期の葉の褐色化を防ぐには灌水を十分に行います。

◎**肥料** 寒中と花後に堆肥、油かす、鶏糞、緩効性化成肥料を施します。

◎**病害虫** 病害虫はほとんどありません。

月	四季の変化	剪定	肥料
1		剪定	寒肥
2		剪定	寒肥
3	芽吹き		
4	芽吹き		
5	開花		
6	開花	剪定	お礼肥
7		剪定	お礼肥
8	果実		
9	果実		
10	紅葉		
11	紅葉		
12		剪定	寒肥

トキワマンサク

常盤満作
Loropetalum chinense
マンサク科トキワマンサク属　常緑広葉樹　低木〜小高木

- 生け垣
- 病害虫に強い

この木どんな木
軽やかなイメージの生け垣に最適。マンサクに似た白い花が魅力の花木

【原産地】日本、中国
【日当たり】日向を好む
【土壌・土質】適湿で肥沃な土壌を好む
【用途】シンボルツリー、生け垣
【観賞ポイント】線形の花弁の花、常緑の葉

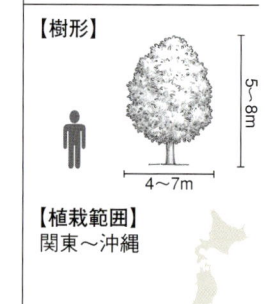

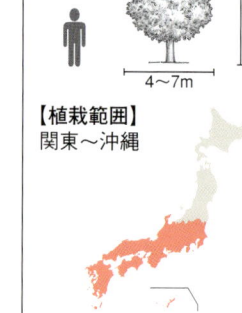

【樹形】5〜8m／4〜7m

【植栽範囲】関東〜沖縄

実は秋に熟し、2裂して黒い種子を出す。

トキワマンサクの若芽。

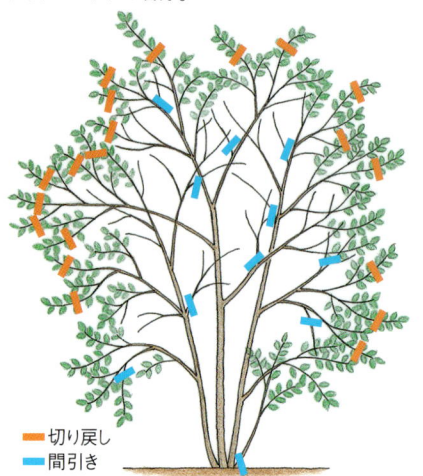

■切り戻し
■間引き

トキワマンサクの白い花。全体が紅色の花はベニバナトキワマンサク。

[木の特徴と性質]

生け垣としても最適
5月ごろ、マンサクに似た美しい線形の花をつけ、葉が常緑（常磐）であることからこの名がついています。樹勢が強く、大きな株状になるので、庭木として、また生け垣として最適です。

花色は白と紅の2種類
トキワマンサクの花は黄緑を帯びた白色ですが、ベニバナトキワマンサクは紅色の花をつけ、葉も帯紫紅色の赤葉種と淡緑色の緑葉種があります。いずれも実は10月ごろ褐色に熟し、ふたつに裂けて黒色の種子を出します。赤葉種のベニバナトキワマンサクを植える場合は、周囲の植物や、建物の壁の色との調和を考慮します。

寒さに弱い
樹勢は強いのですが、耐寒性がやや弱く、関東以北では、生長が難しい樹木です。

[作業]

◎**植えつけ&移植**　植えつけと移植は、4月と花の終わった直後、または9月が適期ですが、3月、10月でも可能です。

◎**手入れ**　生け垣の場合は、徒長枝を切りつめて樹形を整えます。

◎**肥料**　寒肥として骨粉、油かすなどの有機質肥料、春と初秋に緩効性化成肥料を施します。

◎**病害虫**　あまり見られませんが、ハマキムシやカミキリムシがつくことがあります。発

ベニバナトキワマンサクの花。

トキワマンサクの花は細長い4枚の花弁が特徴。

ほのかに赤みを帯びた葉が美しい園芸品種の生け垣。

フェンスに植えられたベニバナトキワマンサク。徒長枝に花がつき美しい。生け垣にするには、徒長枝を切りつめて、形を整える。

◎整枝・剪定のコツ　枝は細く、若木のうちから横に開き、側枝をのばすため、幹を立てる場合は、勢いのよい枝を主幹にして、支柱を添え、目的の高さまで仕立ててから側枝をつくります。剪定は、自然樹形にする場合は、大枝を抜き、中枝、小枝とふやしていくようにします。生け垣にする場合は、さらに、分岐を促して枝葉を密にするように刈り込みを行います。剪定の時期は、花後の6月が適期です。

◎生長にあわせた作業ポイント　生け垣に仕立てる場合は、目的の大きさの葉張りに対して、大枝、中枝、小枝が1対1対1の割合になるように切りつめることで、枝葉が密になります。

[楽しみ方]

コンテナと盆栽を楽しむ　庭植えのほか、寒冷地ではコンテナでも楽しめます。また、盆栽にもできます。

ベランダでも楽しめる　鉢植えでは、乾いたらたっぷり水を与え、特に5月と8〜9月中旬までは、十分に与えます。

四季の変化	月	剪定	肥料
	1		寒肥
	2	剪定	
芽吹き	3		
	4		施肥
開花	5		
	6	剪定	
	7		
花芽分化	8		施肥
	9		
果実	10		
	11		
	12	剪定	寒肥

ビヨウヤナギ

未央柳、美容柳
Hypericum chinense
オトギリソウ科 オトギリソウ属　半常緑広葉樹　小低木

- 剪定 少
- 病害虫に強い

この木どんな木

細長く繊細な葉と鮮やかな黄色の花。和風洋風どちらの庭にもぴったり

【原産地】中国
【日当たり】日向を好む
【土壌・土質】やや湿気のある土壌を好む。乾燥をきらう
【用途】シンボルツリー、グランドカバー、コンテナ
【観賞ポイント】大型の黄色い花

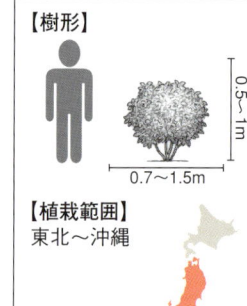

【樹形】 0.5〜1m / 0.7〜1.5m

【植栽範囲】東北〜沖縄

ビヨウヤナギの鮮やかな黄色の花は、和洋どちらのタイプの庭にも向く。

- 切り戻し
- 間引き

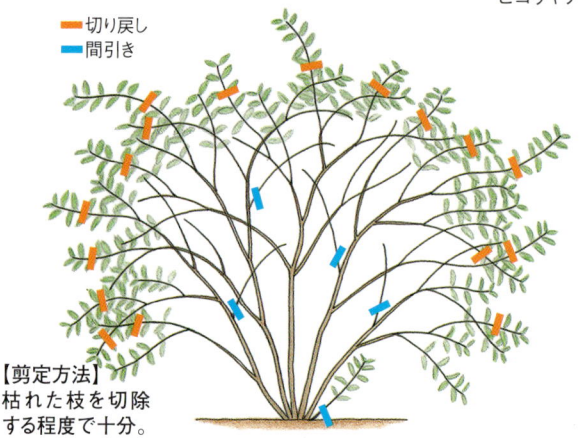

【剪定方法】枯れた枝を切除する程度で十分。

たくさんの長い雄しべが特徴的な花。

[木の特徴と性質]

遠目にも目立つ鮮やかな黄色い花
樹高は1mほどで、6〜7月に、茎頂に4〜6cmの大型の5弁花を数個つけます。花色は鮮やかな深黄色で、花弁と同じ長さの黄色の雄しべが刷毛(はけ)のように立ち並びます。

和洋どちらのタイプの庭にも向く
和名の美容柳の由来ともなった、一見ヤナギに似た繊細な葉と花の美しさは、満開時にはさらにその魅力を増し、見栄えのする姿となります。和洋どちらの庭にも向いているうえ、育てやすいことから、よく植えられています。

[作業]

◎植えつけ&移植　根の性質が強いので、真夏と真冬を除けば、いつでも植えつけ・移植ができます。

◎手入れ　萌芽力(ほうがりょく)はありますが、自然形に育てます。

◎肥料　寒肥として、油かす、鶏糞(けいふん)、緩効性化成肥料を施します。

◎病害虫　病害虫は少ないのですが、ときにカイガラムシの発生があります。発見したら捕殺します。

四季の変化
月	剪定	肥料	四季の変化
1	剪定	寒肥	
2	剪定	寒肥	
3	剪定		
4			芽吹き
5			芽吹き
6			開花
7	剪定		開花・花芽分化
8	剪定		花芽分化
9			花芽分化
10			
11		寒肥	
12		寒肥	

ハイビスカス

- 剪定 少
- 病害虫に強い

【別名】ブッソウゲ（仏桑華）
Hibiscus spp.
アオイ科フヨウ属　常緑広葉樹　低木または小高木

この木どんな木

濃緑色の葉に鮮やかな花色。豪華な大輪花が南国の香りを運ぶ

【原産地】熱帯、亜熱帯、温帯地方
【日当たり】日向を好む
【土壌・土質】水はけのよい肥沃な土壌を好む
【用途】シンボルツリー、コンテナ、フェンス
【観賞ポイント】大輪の花

【樹形】2〜6m、2〜5m

【植栽範囲】九州南部〜沖縄

花の色には、さまざまな種類がある。

【剪定方法】
- 切り戻し
- 間引き

枝が伸長しながら、枝先に花がつくので、夏に花を観賞したのち、その枝の基部5〜10cmを残して剪定すると、側枝がのびて秋に咲く。

沖縄県糸満市の庭に植えられたハイビスカス。冬期、最低気温が10度以下では育てにくいので、気温が下がる地域では鉢植えにして楽しむ。

木の特徴と性質

マレーシアの国花、ハワイの州花　ハイビスカスは、約250種あるフヨウ属の総称です。花は大輪で、花色は白、ピンク、紫、紅、赤、橙、黄などさまざまで、マレーシアやハワイを象徴する花とされています。

観賞用に温室で栽培される　主要な園芸品種である「ハワイアン・ハイビスカス」は濃緑色の葉に豪華な花をつけますが、生長は遅く、着花数が少ないうえ、耐寒性が弱く、冬越しには最低10度の気温を保つ環境が必要です。そのため、鉢物として温室で栽培されます。

作業

◎**植えつけ＆移植**　植えつけと移植は4月下旬〜5月上旬が適期です。鉢植えでの移植は、ひとまわり大きな鉢に植えかえます。

◎**手入れ**　4月下旬〜10月上旬までは、戸外の風通しと日当たりのよいところで育てます。冬は窓辺の日当たる室内で冬越しさせます。

◎**肥料**　2か月に1回、骨粉入り固形油かすを与えます。冬には与えません。

◎**病害虫**　まれにアブラムシとハマキムシが発生します。通風・採光を心がけます。

四季の変化

月	四季の変化	剪定	肥料
1			
2			施肥
3	芽吹き		施肥
4	芽吹き	剪定	（2か月に1回施肥）
5		剪定	
6			
7	開花		施肥
8	開花	剪定	
9	開花		
10	開花		
11			
12			

ムクゲ

木槿 【別名】ハチス、キハチス
Hibiscus syriacus
アオイ科フヨウ属　落葉広葉樹　低木〜小高木

- 生け垣
- 剪定 少
- 病害虫に強い

園芸品種「レインボー」
園芸品種「大徳寺花笠」 
園芸品種「ウッドブリッジ」 
園芸品種「日の丸」 

ムクゲは毎日新しい花が次々と咲き続け、3か月以上も楽しめる。

切ったところから出た新しい枝。
古い枝を切って、新しい枝に更新する。

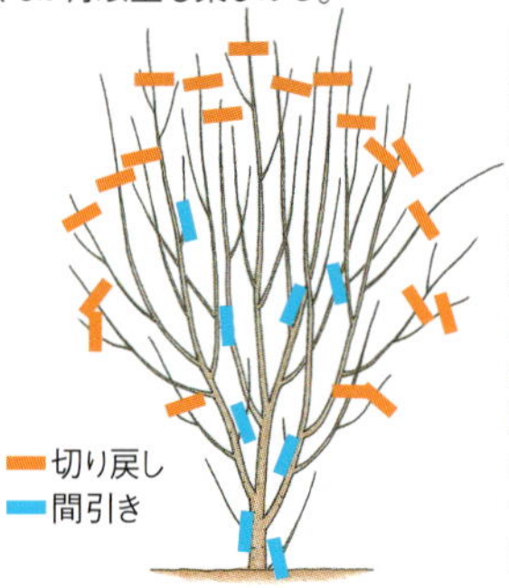

■ 切り戻し
■ 間引き

この木どんな木

短命な一日花が次々と咲き続け存在感を示す真夏のヒロイン

【原産地】中国、東南アジア
【日当たり】日向を好む
【土壌・土質】土質を選ばず、乾燥にも強い
【用途】生け垣、フェンス、添景木
【観賞ポイント】色鮮やかな花

【樹形】2〜4m　1.5〜3m

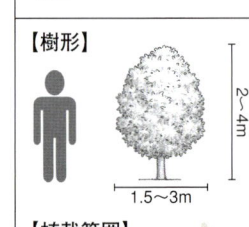

【植栽範囲】北海道南部〜沖縄

[木の特徴と性質]

魅力は次々と咲き続ける花　真夏に花径6〜10cmの鮮やかな色の花を咲かせます。花は朝咲いて夕方には枯れてしまう短命な一日花ですが、次々と咲き続け、3か月以上は楽しめます。多くの園芸品種があり、色も紅、ピンク、紫、白など多彩です。また花形も一重、半八重、八重咲きなど多彩です。日当たりさえよければ放任状態で育つ丈夫な木です。

薬草としても大活躍　韓国では若葉は食べ、葉はお茶の代用として飲まれています。漢方では、つぼみは木槿花と呼ばれ、下痢止めや腸出血の止血に効果があるといわれています。

[作業]

◎**植えつけ&移植**　植えつけと移植は真冬を除いた落葉期、特に3〜4月ごろが最適です。

◎**手入れ**　特に必要ありません。

◎**肥料**　冬に寒肥として骨粉、油かす、堆肥などを根もとに埋めてやります。花期には少量の化成肥料を施します。

◎**病害虫**　まれにアブラムシ、ハマキムシが発生します。見つけしだい捕殺し、被害が著しいときは薬を散布します。

【剪定方法】

特に必要ないが、高さや横幅が大きくなりすぎた場合は切り戻す。落葉期から新芽がのび終わる5月下旬ごろまでに終わらせると、その年に開花が見られる。萌芽力があるので、枝のつけ根から枝抜きをすると、中枝まで日が当たり、生育がよくなる。

四季の変化

月	四季の変化	剪定	肥料
1		冬期剪定	寒肥
2		冬期剪定	寒肥
3		冬期剪定	
4	芽吹き	剪定	
5	芽吹き	剪定	施肥
6			施肥
7	開花		
8	開花		施肥
9	開花		施肥
10	花芽分化		
11	花芽分化		
12	花芽分化	冬期剪定	

キョウチクトウ

夾竹桃

Nerium oleander var. *indicum*

キョウチクトウ科 キョウチクトウ属　常緑広葉樹　低木～小高木

■ 生け垣　■ 病害虫に強い

この木どんな木
強い日差しを浴びて色鮮やかな花が長く咲き誇る真夏の代表花木

【原産地】インド、中近東
【日当たり】日向を好む
【土壌・土質】暖地の通気性のよい湿気のある土地を好む
【用途】シンボルツリー、生け垣、コンテナ
【観賞ポイント】真夏に咲く多彩な色の花

【樹形】3～5m / 3～5m

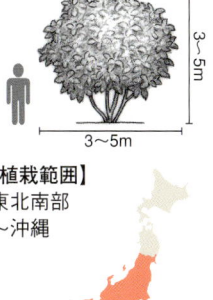

【植栽範囲】東北南部～沖縄

写真キャプション
- 一重花の品種も多い。 
- 園芸品種のなかの赤色種。 
- 夏空に向かってのびる枝の先に、赤い花が揺れる。 
- 涼しげに咲く白花。 
- 細くとがった葉が特徴的。

【剪定方法】
剪定は、風通し、日当たりをよくするように心がける。大きくなりすぎた木は、太い茎を短く切りつめ、再萌芽させて樹形を再生させる。

■ 切り戻し
■ 間引き

[木の特徴と性質]

炎天下で優雅に咲き誇る
強い日差しの下、こぼれるほどに花を咲かせ、夏を彩る代表的な花木です。花期が長く、7～9月ごろまで約100日以上咲き続けます。幅のせまい葉はタケを連想させ、花がモモのそれに似ていることから、「夾竹桃」の中国名がつき、日本にもはいったといわれています。

都市公害に強い
強健で萌芽力が強く、潮風に耐え都市環境にも強い花木です。暖かく湿気の多い環境を好むので、からっ風や夏の乾燥した熱風が吹くようなところは好みません。

[作業]

◎**植えつけ&移植**　植えつけと移植は、真夏を除く4月上旬～9月が適期です。

◎**手入れ**　整然とした樹形を保つには、根もとから萌芽する枝を早めに剪定します。剪定の適期は4月中旬～5月下旬です。

◎**肥料**　花つきをよくするには、チッ素を避け、リン酸、カリ分の多い肥料を施します。

◎**病害虫**　特にはありませんが、アブラムシやカイガラムシがつくことがあります。剪定で通風・採光を促し、予防します。

四季の変化

月	四季の変化	剪定	肥料
1			寒肥
2	芽吹き		寒肥
3	芽吹き		
4	花芽分化	剪定	施肥
5	花芽分化	剪定	施肥
6	花芽分化		
7	開花		施肥
8	開花		施肥
9	開花		
10			
11			
12			

- 香り
- 病害虫に強い

ブッドレア

大葉酔魚草【別名】バタフライブッシュ、フサフジウツギ
Buddleja davidii
フジウツギ科フジウツギ属　落葉広葉樹　低木

園芸品種「ピンクパール」

園芸品種「ロイヤルレッド」

■ 切り戻し
■ 間引き

【剪定方法】
生長が早いので、木の生育状態が悪い場合を除き、12月中旬～3月上旬ごろ、前年のびた枝を強く切り戻し、樹形を整える。低木で樹勢は強いが、古い枝を切ると枯れ込むことがあるので、毎年切り戻しを行う。

ブッドレアは花の芳香が蝶を呼ぶことから、バタフライブッシュともいわれる。

園芸品種「ホワイトプロフュージョン」

園芸品種「ブラックナイト」

この木どんな木

芳香が蝶を呼びベランダやせまい庭で長い間、楽しめる理想の花木

【原産地】中国
【日当たり】風通しのよい日向を好む。日陰地をきらうが、耐寒性がある
【土壌・土質】水はけのよい肥沃な土壌を好むが、乾燥にも強い
【用途】シンボルツリー、コンテナ、誘蝶木
【観賞ポイント】芳香のある花

【樹形】2m × 2m

【植栽範囲】東北～沖縄

[木の特徴と性質]

蝶を呼ぶ芳香の花　ブッドレアはフジウツギ属の総称ですが、一般的にはフサフジウツギとその園芸品種を指します。7～10月ころに長さ約20cmの円錐花序を出し、淡紫色の花を密につけます。芳香を放つ花が蝶を呼ぶことから、バタフライブッシュともいわれます。

さまざまな花色の園芸品種　園芸品種には花が大きいものもあり、花色も白、ピンク、藤色、赤紫などさまざまです。栽培も容易で、生長は早く、せまい庭やベランダでも楽しめます。

[作業]

◎**植えつけ&移植**　東京付近では3月上旬～中旬の植えつけが適期です。移植は難しく、根まわしをしてから移植するようにします。

◎**手入れ**　開花中は根もとから出るひこばえを取り除き、花がらを摘みとります。

◎**肥料**　成育旺盛なら肥料は不要です。やせ地では12～2月上旬に堆肥や鶏糞、6～7月下旬に油かすと化成肥料を与えます。

◎**病害虫**　まれにアブラムシ、テッポウムシがつきます。剪定で通風・採光を促します。

四季の変化	月	剪定	肥料
	1	剪定	寒肥
	2	剪定	
	3		
芽吹き	4		
花芽分化	5		施肥
	6		
開花	7		
	8		
	9		
	10		
	11		
	12		寒肥

ブラッシノキ

■シンボルツリー　■病害虫に強い

【別名】ブラシノキ、カリステモン、ボトルブラッシュ
Callistemon speciosus
フトモモ科マキバブラシノキ属
常緑広葉樹　低木〜小高木

この木どんな木
瓶ブラシに似たユニークな花と落ちない実で人気急上昇の花木

【原産地】オーストラリア
【日当たり】日向で風の弱いところを好む。寒さにやや弱い
【土壌・土質】肥沃な粘質土で水はけのよい土壌を好む
【用途】シンボルツリー、コンテナ
【観賞ポイント】穂状の赤い花、枝につく実

【樹形】2〜6m、1.5〜5m

【植栽範囲】関東〜沖縄の暖地

花色が白いシロバナブラッシノキ。

■切り戻し
■間引き

【剪定方法】
11月あるいは2月中〜下旬に、重くなった樹冠を枝抜きして軽くする。あまり強く刈り込まず、しなやかさを出すように枝を整える。細い枝には花がつかないので剪定し、日当たりや風通しをよくする。

ブラッシノキは、瓶を洗うブラシに似た花が特徴。

[木の特徴と性質]

明治時代に渡来した新奇な花

マキに似た葉の先に、黄金色の葯のついた長い緋赤色の雄しべが多数集まった、穂状の美しい花を咲かせます。それが瓶を洗うブラシの形に似るところから名前がつきました。**いつまでも落ちない実**　枝の周囲に虫の卵のように多数つく実にも珍しい特徴があり、褐色に木化した状態で数年間枝につき、新しい枝がその上部に生長していきます。

[作業]

◎**植えつけ&移植**　植えつけは4月中旬〜9月までが適期で、新梢の成長期と真夏は避けます。移植は、根が粗いため根づかず、たいへん困難ですが、若木のうちは根まわしを行えば可能です。

◎**手入れ**　乾燥には強いが湿気に弱いので、過湿にならない程度に水やりをします。生長がやや遅く、放任してもあまり大きくならないので、整枝はほとんど必要ありません。

◎**肥料**　2月、6月、9月上旬の年2〜3回、油かすに化成肥料をまぜたものを施します。

◎**病害虫**　特に病害虫の心配はありません。

四季の変化	月		剪定	施肥
	1			
	2		剪定	施肥
芽吹き	3			
	4			
開花	5			
	6			施肥
花芽分化	7		剪定	
	8			
	9			施肥
	10			
	11		剪定	
	12			

■ シンボルツリー　■ 病害虫に強い

ユーカリノキ

有加利樹　【別名】ユーカリ、ユーカリジュ
Eucalyptus globulus
フトモモ科ユーカリ属　常緑広葉樹　高木

白く滑らかな木肌も人気がある。

雄しべが目立つ花。

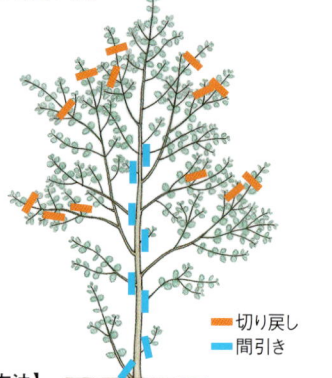

白い粉を吹いたようなユーカリの葉は、遠くからでも独特の風合いを見せる。

香りのあるレモンユーカリの葉。

ユーカリグーニーの葉。

【剪定方法】
通常は自然に育てるが、せまい場所では、幹を切断し、樹高を低くするなど強剪定を行う。萌芽力があり、強剪定にも耐える。

― 切り戻し
― 間引き

この木どんな木
すくすく育つと60mにもなる。南半球の木はとてもおおらか

【原産地】オーストラリア
【日当たり】日向を好む。風に弱い
【土壌・土質】湿潤で肥沃な土壌を好む。乾燥をきらう
【用途】シンボルツリー
【観賞ポイント】1年中緑の細長い葉、白い花、美しい木肌

【樹形】50～60m／25～30m

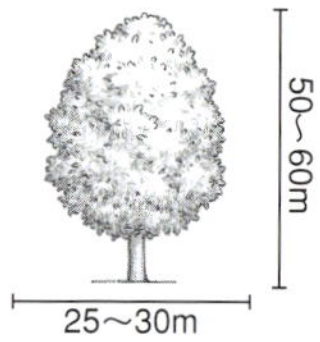

【植栽範囲】関東～沖縄

[木の特徴と性質]

コアラも大好物の葉　常緑の葉は、もむと独特の樟脳のような香りがします。ユーカリは本属の総称で、日本ではグローブルスユーカリをユーカリノキと呼んでいます。コアラが食べるのは、600種あるユーカリのなかでも、ビミナリスユーカリなど35種あまりの葉です。

花は美しく、幹は利用価値が高い　6～7月に葉のつけ根に、多数の白い雄しべが目立つ美しい花をつけます。木部は建築材、土木用材、造船材などに、また、葉から採れるユーカリ油は薬用や香料として利用されます。

[作業]

◎**植えつけ＆移植**　植えつけと移植は5～6月が適期です。

◎**手入れ**　一般に自然樹形で育てますが、せまい場所では枝を切りつめて強剪定します。

◎**肥料**　特に必要としませんが、やせ地では2～3月に根周辺に堆肥、腐葉土を施します。

◎**病害虫**　著しい被害はありませんが、ウドンコ病、カミキリムシが発生することがあります。カミキリムシは発生したら捕殺します。

四季の変化	剪定	肥料
月		(施肥)
1		
2		やせ地
3		
4	剪定	
5	芽吹き	
6	開花	
7		
8	剪定	
9		
10		
11		
12		

ギンバイカ

銀梅花　【別名】イワイノキ（祝いの木）、ギンコウバイ（銀香梅）
Myrtus communis
フトモモ科ギンバイカ属　常緑広葉樹　低木

- 香り
- 剪定 少
- 病害虫に強い

長い雄しべが花火のように見える。

10月につくギンバイカの実。

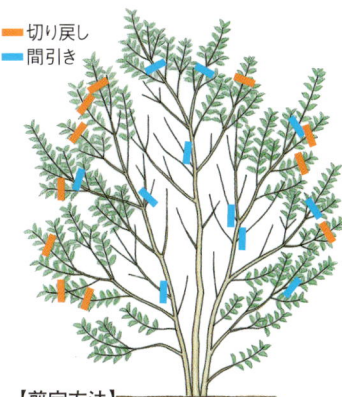

【剪定方法】
剪定は暖かい時期が最適で、開花後に剪定する。
- 切り戻し
- 間引き

木にまつわる伝説も多いギンバイカ。ヨーロッパでは、結婚式の花輪に用いられる。

この木どんな木
ヨーロッパでは縁起のよい神木。自然に樹形が整い育てやすい

【原産地】中近東、地中海沿岸
【日当たり】日向を好む。寒風に弱い
【土壌・土質】肥沃で水はけのよい、やや乾燥した土壌を好む
【用途】シンボルツリー、生け垣
【観賞ポイント】光沢のある葉、真っ白な5弁花

【樹形】2〜3m／2〜3m

【植栽範囲】関東〜沖縄

木の特徴と性質

ギリシャ神話では神木、不死の象徴　ヨーロッパやアラビアでは古くから庭木として栽培され、ハーブとしても利用されています。神話や伝説も多く、神木や不死、復活の象徴とされるほか、別名「祝いの木」とあるように、今でも結婚式の花輪に用いられています。アルハンブラ宮殿のギンバイカの庭は有名です。小さな葉は光沢があって黄緑で美しく、夏から秋にかけて咲く真っ白な花は、長い雄しべが花火のようにも見えます。実は秋に黒青色に熟し、果肉には芳香があり、甘く、食用としても楽しめます。

芳香のある甘い実

[作業]

◎**植えつけ&移植**　植えつけは3〜4月が適期です。移植はやや困難ですが、根まわしをして、5〜6月の暖かい時期に行います。
◎**手入れ**　枝は密生し、自然に整った樹形となります。軽い刈り込み程度でよく、害虫もつきにくく手間いらずの樹木ですが、寒さが厳しい年には防寒が必要です。
◎**肥料**　3月に堆肥や油かすを施します。
◎**病害虫**　特に心配はありません。

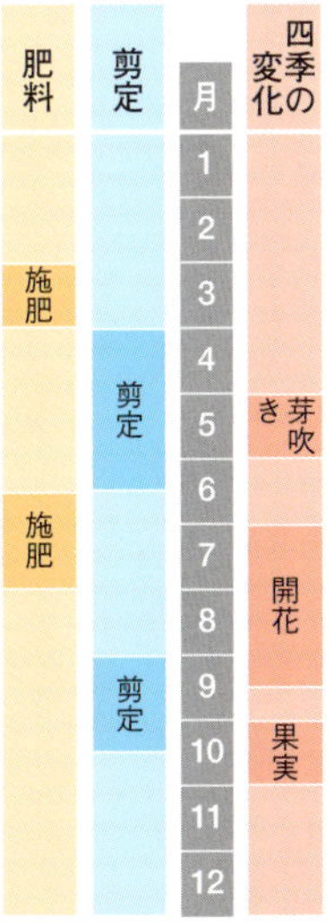

四季の変化

月	四季の変化	剪定	肥料
1			
2			施肥
3			施肥
4	芽吹き	剪定	
5	芽吹き	剪定	
6			
7	開花		施肥
8	開花		施肥
9	果実	剪定	
10	果実	剪定	
11			
12			

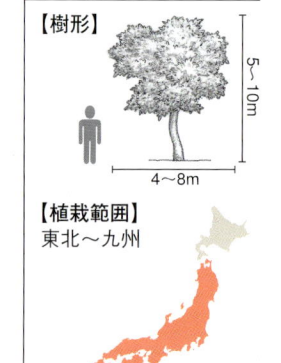

ヤマボウシ
山法師
Benthamidia japonica

ミズキ科ヤマボウシ属　落葉広葉樹　小高木

- シンボルツリー
- 鳥を呼ぶ
- 剪定少
- 病害虫に強い

この木どんな木

頭巾のような白い苞がポイント。食べられる実が秋になる楽しい木

【原産地】日本（東北以南）、中国、朝鮮半島
【日当たり】日向を好むが、半日陰でも生育する。耐寒性がある
【土壌・土質】水はけがよく、適湿で肥沃な土壌を好む
【用途】シンボルツリー、コンテナ
【観賞ポイント】花弁のように見える苞、赤く熟す実
【樹形】5～10m、4～8m
【植栽範囲】東北～九州

花びらのように見えるのは苞（ほう）。

9～11月ごろ熟す実は甘く食用になる。

【剪定方法】
植えたまま放任しても自然に樹形が整うため、特に整枝に必要な剪定はしない。ベランダなどのせまい場所でコンテナなどで栽培する場合は、目的の高さの輪生枝の上で切りつめ、横枝は樹冠の周囲の分枝したところから切るようにする。

― 切り戻し
― 間引き

ヤマボウシはほとんど剪定しなくても、自然に樹形が美しく整う。

[木の特徴と性質]

僧兵の頭巾に見立てた白い苞　6～7月、球状に集まって咲く花の外側に、先端のとがった4枚の白い総苞が花びらのように見えます。中央の黄緑色の小さな花のかたまりを僧兵の頭に、白い総苞を頭巾に見立てたのが名前の由来です。美しい花や鮮やかな紅葉を公園などでよく見かけます。

山の桑の実にたとえられる実　丸い実は直径1～1.5cmになり、赤く熟して食用にもされます。そのことから、山に生える桑という意味で、「ヤマグワ」ともいわれますが、クワ科のヤマグワとは別の種類です。

[作業]

◎**植えつけ＆移植**　植えつけと移植は2～3月が適期です。日当たりと水はけのよい場所に植えつけます。

◎**手入れ**　特に必要ありません。

◎**施肥**　寒肥として根もとに油かすと骨粉をまぜたものを施します。

◎**病害虫**　ほとんど見られませんが、ウドンコ病が発生することがあります。込んだ枝を剪定し、通風・採光を促して予防します。

四季の変化

月	四季の変化	剪定	肥料
1			寒肥
2		剪定	寒肥
3		剪定	施肥
4	芽吹き		施肥
5	芽吹き		施肥
6	開花		施肥
7	花芽分化		施肥
8	花芽分化	剪定（枝が乱れた場合）	施肥
9	果実	剪定（枝が乱れた場合）	施肥
10	果実	剪定（枝が乱れた場合）	施肥
11	紅葉	剪定（枝が乱れた場合）	施肥
12			

リョウブ

令法
Clethra barbinervis
リョウブ科リョウブ属
落葉広葉樹　小高木

- シンボルツリー
- 剪定少
- 日陰OK

【原産地】日本、朝鮮半島
【日当たり】半日陰を好むが、日向でも生育する。西日に弱い
【土壌・土質】土性は選ばないが、水はけのよい土壌を好む。多湿、乾燥をきらう
【用途】シンボルツリー、コンテナ、添景木
【観賞ポイント】穂状の白い花
【樹高】8～10m
【植栽範囲】北海道南部～九州

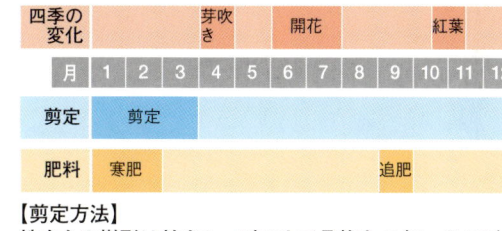

四季の変化			芽吹き		開花				紅葉		
月 1	2	3	4	5	6	7	8	9	10	11	12
剪定	剪定										
肥料	寒肥					追肥					

【剪定方法】
株立ちの樹形は幹を3～5本にして骨格をつくる。ひこばえと強い徒長枝は早めにもとから切りとる。原則として自然形で、中木程度に仕立てるのがよい。

細長い穂状についたリョウブの花。

食用にされる若葉。

滑らかな樹皮。

[木の特徴と性質]

滑らかな幹肌と白い花房

茶褐色の樹皮がまだらに薄くはげ落ち、幹は滑らかです。6月上旬～7月下旬、枝先に小さな白い5弁花を長い穂状に多数つけます。古名の「ハタツモリ（畑つ守）」には、細長い花房の集まった姿を白旗が積もる様に見立てた、また、田畑の面積に応じて植えられたため、畑の見積もりの意味があるなどの説があります。

若葉は加薬飯の材料に

の材料とした令法飯は、若葉をゆでて加薬飯の不作のときの救荒食物として食べられたようです。かたい木部は、床柱、彫り物、上等な薪炭材に使われます。

[作業]

◎**植えつけ&移植**　植えつけは3月の萌芽前、移植は2～3月が適期です。

◎**手入れ**　放任しても樹形は整うので、ほとんど手間はかかりません。幹が西日と風に弱いので、強いときは幹巻きをして保護します。

◎**肥料**　1～2月に寒肥として、9月に追肥として、油かすと骨粉を施します。

◎**病害虫**　まれにカミキリムシがつくことがあります。

アメリカリョウブ

Clethra alnifolia
リョウブ科リョウブ属
落葉広葉樹　低木

- シンボルツリー
- 香り
- 剪定少
- 病害虫に強い

【原産地】北アメリカ東部
【日当たり】半日陰～日向を好む
【土壌・土質】湿った土壌を好む。乾燥には弱い
【用途】シンボルツリー
【観賞ポイント】香りのある白い花
【樹高】2～3m
【植栽範囲】東北～沖縄

四季の変化			芽吹き		開花				紅葉		
月 1	2	3	4	5	6	7	8	9	10	11	12
剪定	剪定										
肥料	寒肥										

【剪定方法】
長くのびた枝を切りつめ、込み枝をすかす。刈り込みにも耐える。花期の終わりに残った未熟な残花はとったほうがきれいに見える。

リョウブに比べ、あまり大きくならないアメリカリョウブ。

[木の特徴と性質]

コンパクトな樹形が魅力

もともとは北アメリカ東部の湿地林や沼地林に生える低木です。日本の山野に自生するリョウブに比べ、ずっと小型で、まとまった樹形になります。自生地の条件から、沼地や海岸付近の植栽にも向くといわれています。

ほのかな香りの愛らしい花

7月ごろに、長さ5～15cmの総状から円錐状に白い花をつけます。花にはほのかな香りがあります。若木のうちから花をつけるのも魅力で、暑さ、寒さにも強く、育てやすい花木です。園芸品種には淡紅色の花などもあり、近年人気が出ている花木です。

[作業]

◎**植えつけ&移植**　植えつけと移植は12～3月の落葉期が適期です。

◎**手入れ**　のびた枝をつめる程度で定期的に行う必要はありません。

◎**肥料**　1～2月に寒肥として有機質肥料を与えます。

◎**病害虫**　特に著しい被害をおよぼすものはなく、リョウブに比べても少なめです。

キンモクセイ

金木犀 【別名】モクセイ、タンケイ（丹桂）
Osmanthus fragrans var. *aurantiacus*
モクセイ科モクセイ属　常緑広葉樹　小高木

- 香り
- 生け垣
- 剪定 少
- 病害虫に強い

秋の花木

ウスギモクセイの花。

ヒイラギモクセイの花。

オレンジ色の花が芳香を放つキンモクセイ。

銀色のギンモクセイの花。

動物のサイの皮膚に似た樹皮。

小さな芽でも、必ずその上で剪定する。

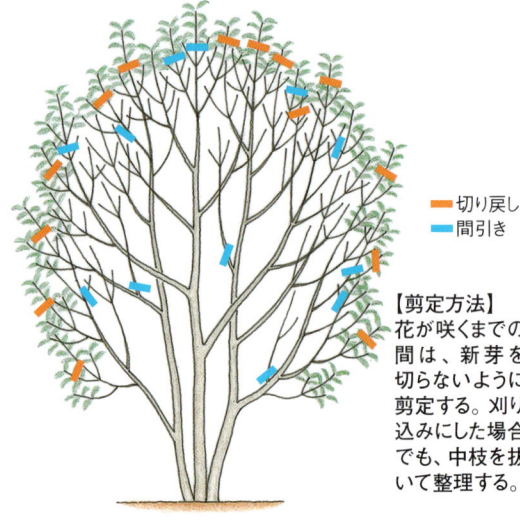

【剪定方法】花が咲くまでの間は、新芽を切らないように剪定する。刈り込みにした場合でも、中枝を抜いて整理する。

■切り戻し
■間引き

この木どんな木
芳香を漂わせるオレンジ色の小花が樹冠を埋める日本の秋の風物詩

【原産地】中国
【日当たり】日向～半日陰を好む。西日はきらう
【土壌・土質】土質は選ばないが、乾かない程度の水はけのよい肥沃な砂質土壌を好む。多湿と乾燥をきらう
【用途】シンボルツリー、生け垣、目隠し、コンテナ
【観賞ポイント】香り高い花、つやのある葉

【樹形】4～5m　3～4m

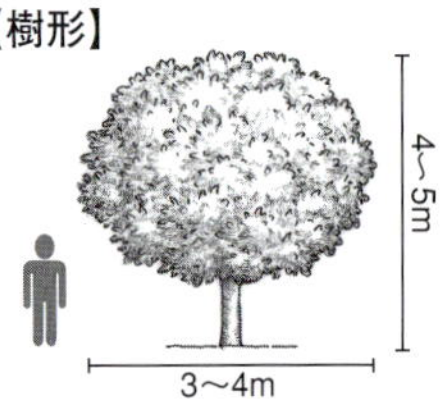

【植栽範囲】東北南部～九州

[木の特徴と性質]

芳香が人気の秋の樹木　樹皮が動物のサイ（犀）の皮膚に似ていることから名前がつけられたモクセイ（木犀）。キンモクセイは、その仲間のうちでもっとも芳香が強く、ジンチョウゲ、クチナシとともに三香木といわれ、人気のある花木です。雌雄異株で、日本では結実しない雄株が広く植栽されています。
9～10月に、葉のつけ根に橙黄色の小さな4弁花を密につけます。散った花は地面をオレンジ色に染め上げます。丈夫な木ですが、排気ガスや煤煙などには非常に弱く、花つきが悪くなるため、大気汚染の指標木ともなります。

大気汚染の指標木　萌芽力にすぐれ、かなり強めの剪定でも芽を吹きます。土壌の過湿と乾燥に弱いので、植える場所に注意します。

土の湿りすぎと乾燥に弱い

[作業]

◎**植えつけ＆移植**　植えつけと移植は、2月下旬～3月上旬、土用芽の出る梅雨明け前の2週間ぐらいが適期です。枝が広がり、葉が茂るので、隣接物から1.5m以上離して植えつけます。

◎**手入れ**　春や秋の好天続きや夏の乾燥時期に水やりをします。放任すると大きくなるの

258

美しく刈り込まれたキンモクセイ。放任すると大きくなるので、剪定は不可欠。

で、剪定は不可欠ですが、新芽が出てからの剪定は芽を切らないように注意します。
◎**肥料** 寒肥として、チッ素分を控えてリン酸、カリ主体の肥料を与えます。
◎**病害虫** ミカンハダニ、ミノガがつきますが、著しい被害はありません。
◎**整枝・剪定のコツ** 芽吹きのよさを利用して、円筒形に丸く仕立てることが多いのですが、花芽が1年枝の先のほうにつくられるので、あるいは2年枝の先のほうにつくられるので、花が咲くまでの間、新芽を切らないように剪定します。花後に形を整える剪定を11月ごろまでに済ませます。刈り込み仕立てが多いので、中枝も整理し、枝抜きを行います。
◎**生長にあわせた作業ポイント** 若木のときには放任してのばし、肥料もたっぷりと施します。好みの大きさに生長したら、剪定（刈り込み）を行うようにします。ただし、寒冷地では植木屋の職人言葉で「風邪をひく」といい、衰弱したり枯れ込むことがあるので、花後すぐか、春先に剪定します。

[**楽しみ方**]
目隠しにして花と香りを楽しむ 西日を避けたり目隠しのための木として、花を愛で、香りを楽しみます。特に夕方から夜にかけて匂いが強くなり、遠くからでも匂うほどです。
コンテナで育てる さし木にしてコンテナで花や香りを楽しむこともできます。さし木は、新芽がかたまった7月の土用前約7日間ぐらいが最適なタイミングです。

四季の変化	月	剪定	寒肥	肥料
	1		寒肥	肥料
	2		寒肥	肥料
	3	剪定		
芽吹き	4	剪定		
芽吹き	5			
芽吹き	6	剪定		施肥
花芽分化	7	剪定		施肥
花芽分化	8			
開花	9			
開花	10	剪定		
	11			
	12			

サザンカ

山茶花
Camellia sasanqua
ツバキ科ツバキ属 常緑広葉樹 小高木

- 香り
- 生け垣
- トピアリー
- 日陰OK

この木どんな木
花の少ない時期に生け垣を彩る。童謡にも歌われ親しまれてきた花木

【原産地】本州（山口県）、四国南西部、九州、沖縄
【日当たり】日向を好むが、日陰でも育つ
【土壌・土質】適湿で肥沃な土壌を好む
【用途】生け垣、トピアリー、シンボルツリー、コンテナ
【観賞ポイント】秋から冬に咲く花、美しい樹形

【樹形】3〜10m／2.5〜8m

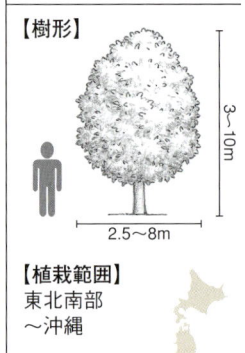

【植栽範囲】東北南部〜沖縄

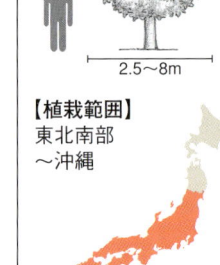

シンボルツリーとして植えられたサザンカ。晩秋の庭を純白の花が彩る。

カンツバキ系の「御美衣（おみごろも）」（左）と「緋乙女（ひおとめ）」（右）。サザンカ系の「三国紅（みくにこう）」（左）と「光源氏（ひかるげんじ）」（右）。

[木の特徴と性質]

花の少ない時期に庭を彩る

10〜12月、枝先に白または淡紅色の5〜7弁の花を開きます。ツバキに似ていますが、新梢に毛があり、葉が小形で花弁が1枚1枚離れていること、子房に毛があり、花にほのかに香りがあることなどが大きく異なる点です。

江戸時代に園芸として発展

栽培歴は江戸時代以前にさかのぼりますが、江戸の園芸として発展し、多くの名花を生んでいます。原種となった野生種は白または淡紅色の一重咲きですが、これから多くの花色や花形が作出されました。現在では、その品種はおよそ300種にものぼり、サザンカ系、カンツバキ系、ハルサザンカ系、ユチャ（油茶）系の4系統に分類され、サザンカ系、カンツバキ系に人気が集まっています。

暖地ならどこでも栽培可能な花木

耐陰性、耐潮性があり、大気汚染にも強く、刈り込みにも耐えるので、庭園、生け垣などに広く植栽されています。生け垣に仕立てたサザンカは、童謡『焚き火（たきび）』にも歌われています。

[作業]

◎植えつけ＆移植　植えつけと移植は3月中旬〜4月中旬、6月中旬〜7月中旬、9月中旬〜10月中旬が適期です。ポット栽培の苗木は酷暑、極寒期以外は植えつけが可能です。植えた年はもちろん、2〜3年生

◎手入れ

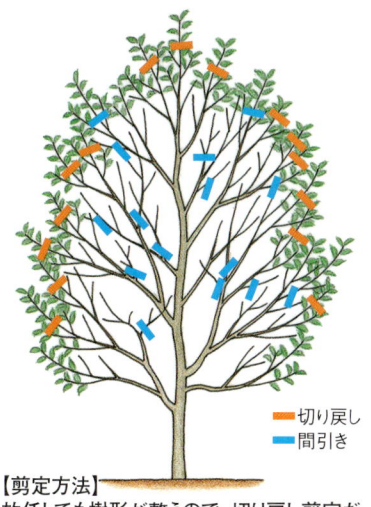

【剪定方法】
放任しても樹形が整うので、切り戻し剪定だけでよい。また、適期以外に剪定すると木が弱りやすくなるので注意する。

切り戻し
間引き

枝を整理するときは、つけ根から切る。

皮がはじけた実。種子が見える。実は翌年の9月ごろに熟す。

の幼苗は地面の凍結や霜に弱いので、防寒対策を十分に行います。

◎肥料　寒肥として、若木は毎年、成木は隔年に堆肥、油かす、骨粉を枝下に埋め込みます。花後と夏期に緩効性化成肥料を施します。

◎病害虫　大敵のチャドクガは葉の食害だけでなく、かぶれやかゆみなどの被害をおよぼすので、幼虫の発生に気づきしだい、葉ごと駆除します。カイガラムシは樹冠内の通風を促して予防します。モチ病と花腐れ菌核病が著しいときは薬剤を散布します。

◎整枝・剪定のコツ　花後の3〜4月上旬に行います。若木では、立ち枝、車枝、ひこばえなどを切除します。

◎生長にあわせた作業ポイント　若木のうちは、つぼみが見えてきたら、なるべく早く摘んで木の生長を促します。また、徒長枝は切りつめ、剪定で枝の充実をはかります。

【楽しみ方】
用途にあわせて品種を選ぶ　花の色、形ともに多彩なので、たとえば、茶庭には清楚な白花を植え、庭では樹形と花を観賞し、生け垣には刈り込みに強い品種を選ぶなど、用途にあわせてさまざまに楽しむことができます。

四季の変化	月	剪定	肥料
	1		寒肥
	2		寒肥
	3	剪定	
芽吹き	4	剪定	
	5		
花芽分化	6	剪定	
	7	剪定	
	8		施肥
	9		
開花	10		
開花	11		
	12		

樹形が整えられたサザンカ。常緑樹に彩りを添えて、秋から冬の庭を飾ってくれる。サザンカはよく芽吹くので、適期には強く剪定できる。

ツバキ
椿
Camellia Spp.
ツバキ科ツバキ属　常緑広葉樹　小高木〜高木

- シンボルツリー
- 生け垣
- 日陰OK

この木どんな木
カメリアと呼ばれ世界各地で愛されている日本原産の花木

【原産地】本州、四国、九州、沖縄、東アジア
【日当たり】幼木は耐陰性が強いが、成木は日向を好む
【土壌・土質】水はけのよい肥沃な土壌を好む。湿気にはやや耐えるが乾燥には弱い
【用途】シンボルツリー、生け垣、添景木
【観賞ポイント】色や形の豊富な花、樹形、常緑の葉

【樹形】6〜18m／2〜6m

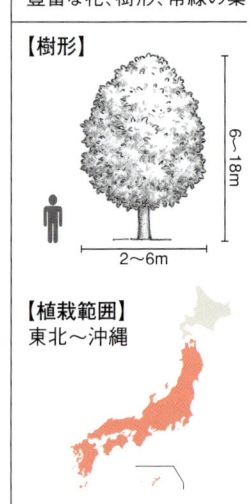

【植栽範囲】東北〜沖縄

ヤブツバキの実（上）と種子（下）。

剪定は、芽の上で切る。

日本に自生しているヤブツバキ。つややかな緑の葉に赤い花が映える。

和風庭園に向く園芸品種の「ワビスケ（侘助）」。

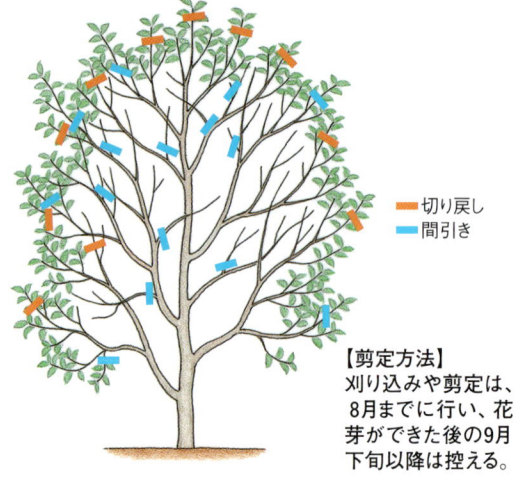

【剪定方法】
刈り込みや剪定は、8月までに行い、花芽ができた後の9月下旬以降は控える。
- 切り戻し
- 間引き

[木の特徴と性質]

世界で愛される日本の花木
ツバキは日本の代表的な花木で、現在では世界各地で愛され、栽培されています。もととなったのが日本に自生するヤブツバキとユキツバキの2系統といわれ、自然交雑や人工交配によって、多くの園芸品種が生み出されました。すでに200種を数え、カメリアと呼ばれ人気が高くなり海外へ紹介され、明治時代には海外へ紹介されました。現在では、さらにサザンカなどの近縁種から、赤、ピンク、白に加え、絞り模様や八重咲きまで、花色や花形のバリエーションは1000種以上といわれます。そのため、種類によって咲く時期が違い、早いものは秋から楽しめ、春咲きは、4月まで庭を彩ります。

花を引き立てるつややかな葉
ツバキの名の語源として「艶葉木（つやばき）」が転じたものとの説がありますが、その呼び名は、光沢がある厚い葉の様子をよくあらわしています。つややかな緑の葉を背景に、花の美しさが際立ちます。

椿油が採取できる種子
種子の油分は、食用のほか、灯油や女性の整髪用に用いられていました。今でも高級食用油として珍重され、また美容用に見直されてきています。

花や実には日当たりが必要
陰でも育ちますが、生長して花が咲き、実がなるころには十分な日当たりが必要です。幼木のころは日陰に見直されますが、日当たりが必要です。

ツバキの生け垣。形を維持し健康に育てるには、刈り込みが必要。

[作業]

◎**植えつけ&移植** 植えつけと移植は、3〜4月と梅雨のころが適期です。

◎**手入れ** 剪定や刈り込みをしなくてもまとまりのある樹形に育ちますが、剪定や刈り込みを行うことで、より美しく樹形が整います。

◎**肥料** 寒肥として油かすや鶏糞などの有機質肥料を鋤き込み、花後にはお礼肥として液肥や化成肥料を少量施します。

◎**病害虫** チャドクガが、5月前後と8月ごろに発生します。放任すると食害を受け、また、チャドクガの毛に触れると危険なので、発見したら葉ごと切りとり、捕殺します。

◎**整枝・剪定のコツ** 不要枝は切り戻し、樹冠を乱す小枝は小すかしや刈り込みを行います。剪定の適期は花が咲き終えるころです。刈り込みは新梢がのびてから8月上旬ごろまでに行います。花芽の形成が終わる9月下旬以降の剪定は控えます。

◎**生長にあわせた作業ポイント** 目的の樹高に育つまでは放任しても、適当な高さに生育したら芯止めを行い、枝幅を整えます。その後は毎年、剪定などを行います。

[楽しみ方]

雰囲気にあわせて品種を選ぶ

和風庭園にはワビスケ類の園芸品種が適します。マツやモチノキなどの主木の添景木としたり、また灯籠などと組み合わせると花や樹形が引き立ちます。色彩や大きさが多様なので、品種を選ぶことで明るい雰囲気も楽しめます。

月	四季の変化	剪定	肥料
1			寒肥
2	開花		寒肥
3	開花	剪定	寒肥
4	開花	剪定	
5		剪定	
6		剪定	お礼肥
7	花芽分化	剪定	お礼肥
8	花芽分化	剪定	
9	果実		
10	果実		
11	開花		
12	開花		

ツバキの園芸品種

日本自生のヤブツバキ、ユキツバキをもとに生み出された多彩な園芸品種は、「カメリア」と呼ばれて世界中で愛され、広く栽培されている。花色、花形のバリエーションは1000種を超える。

赤角倉（あかすみくら）	 胡蝶侘助（こちょうわびすけ）	月光（がっこう）
赤腰蓑（あかこしみの）	 太郎冠者（たろうかじゃ）	曙（あけぼの）
 菱唐糸（ひしからいと）	 白菊（しらぎく）	雪中花（せっちゅうか）
 無類絞（むるいしぼり）	乙女（おとめ）	白聚楽（しろじゅらく）
 明石潟（あかしがた）	初嵐（はつあらし）	蓬莱（ほうらい）

ニシキギ／コマユミ

錦木／小真弓
Euonymus alatus / *Euonymus alatus* form.*striatus*
ニシキギ科ニシキギ属　半常緑広葉樹　低木

- 鳥を呼ぶ
- 剪定 少
- 日陰OK

四季の変化												
月	1	2	3	4	5	6	7	8	9	10	11	12

芽吹き：2〜4月／開花：4〜6月／紅葉：10〜11月／果実：10〜12月
剪定：1〜3月、12月
肥料：寒肥（2月）

【剪定方法】
自然樹形か、刈り込みにして、高木の下木や生け垣にする。

[木の特徴と性質]

錦にたとえられる紅葉

ニシキギは、全国の山野に自生し、秋になると燃えるような鮮やかさで山を染め上げます。その美しさは豪華な錦の織物にもたとえられ、名の由来となっています。

翼を生やしたような枝

枝は緑色で、コルク質の平たい翼のようなものを生じます。5〜6月、葉のつけ根から淡黄緑色の小花を数個つけ、秋に橙赤色の種子が1個あらわれます。変異が多く、いくつかが知られていますが、特に枝に翼がないものをコマユミとして区別しています。実が熟すと裂けて、

枝にできたコルク状の翼。
コマユミの実。枝に翼がない。
燃えるように美しいニシキギの紅葉。

[作業]

◎植えつけ&移植　植えつけと移植は、厳寒期を除く12〜3月が適期です。

◎手入れ　最初に枝を短く整枝し、以降は飛び枝や枯れ枝を切る程度で、管理は容易です。

◎肥料　特に必要ありませんが、勢いが衰えてきたら堆肥などを寒肥として施します。

◎病害虫　葉に糸を張るスガ類の被害があります。発見したら捕殺します。

【原産地】日本、朝鮮半島、中国
【日当たり】日向を好むが、半日陰でも育つ
【土壌・土質】水はけのよい土壌を好む
【用途】シンボルツリー、生け垣、コンテナ
【観賞ポイント】秋の紅葉
【樹高】2〜3m
【植栽範囲】北海道〜沖縄

ツリバナ

吊花
Euonymus oxyphyllus
ニシキギ科ニシキギ属　落葉広葉樹　小高木

- 鳥を呼ぶ
- 剪定 少
- 日陰OK

四季の変化												
月	1	2	3	4	5	6	7	8	9	10	11	12

芽吹き：3〜4月／開花：5〜6月／果実：7〜10月／紅葉：10〜11月
剪定：1〜3月、12月
肥料：寒肥（2月）

【剪定方法】
風情のある自然樹形を基本に整える。枝が対生するので、かんぬき状の太枝は一方を残して切る。花は春にのびる枝の葉腋につくので、枝先を切りすぎないようにする。

[木の特徴と性質]

吊り下がる実と美しい紅葉

5〜6月ごろ、まばらに咲く淡緑色の5弁花は目立ちませんが、9〜10月に実が熟すと一変し、鮮やかな色彩に染まります。5〜8cmほどの果柄に垂れ下がった丸い実は、緑色から橙赤色に変化して熟し、5つに裂開すると、朱赤色の仮種皮のあるたねを出します。名前は実の吊り下がる姿に由来します。

生長とともに趣のある味わいに

若木の樹形は比較的整っていますが、生長とともに多少崩れ、野趣の雰囲気を醸し出し、茶庭に利用されます。

5つに割れた実。
目立たない花。
実が熟すころには葉も鮮やかに紅色に染まる。

[作業]

◎植えつけ&移植　植えつけは10〜11月、2〜3月、移植は2〜3月が適期です。

◎手入れ　自然樹形を保つため、冬期に不要枝を取り除く基本剪定を行います。

◎肥料　2月ごろに腐葉土や鶏糞などを寒肥として鋤き込みます。

◎病害虫　カイガラムシやアブラムシ類、テントウムシ類、カメムシ類がつきます。

【原産地】日本、朝鮮半島、中国
【日当たり】日向を好むが、半日陰でも育つ
【土壌・土質】水はけのよい肥沃な土壌を好む
【用途】シンボルツリー
【観賞ポイント】樹形、下垂する色鮮やかな実、紅葉
【樹高】4〜5m
【植栽範囲】北海道〜九州

ハギ 萩

Lespedeza spp.
マメ科ハギ属　落葉広葉樹　低木

シンボルツリー／剪定少

この木どんな木
小さな赤や白の蝶形花が愛らしくなぜか懐しい秋の七草

【原産地】日本、朝鮮半島、中国
【日当たり】日向を好む
【土壌・土質】肥沃な土壌を好むが、やせた乾燥地にも耐える
【用途】シンボルツリー、コンテナ
【観賞ポイント】蝶形の花

【樹形】3m／3.5m

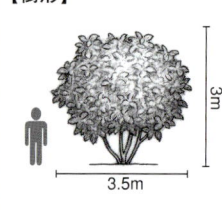

【植栽範囲】東北南部～九州

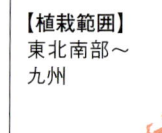

ヤマハギの花。

枝先に花をつけたミヤギノハギ。土地を選ばないので、古くから庭に植えられてきた。

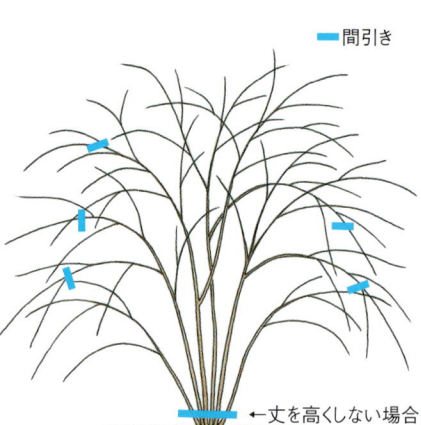

ミヤギノハギ　シラハギ　マルバハギ

【剪定方法】
不要枝を間引く程度でよい。丈を高くしたくないときは、秋から早春に地上部を切りとり、根際から新梢をのばす。キハギを除くすべてのハギに行える。

間引き
←丈を高くしない場合

[木の特徴と性質]

秋萩と呼ばれ、秋の七草のひとつ　ハギは総称として使われますが、ヤマハギの別名でもあり、日本に分布するハギ属には、マルバハギ、ツクシハギ、ミヤギノハギ、キハギなどがあります。日本では多くの種類が、古くから栽培されていました。『万葉集』でも多くの歌に詠まれ、樹木ながら秋の七草のひとつとして知られています。ハギの語源には、「生え芽(はえき)」に由来するという説などがあります。あるいは枝が箒に使われるので「掃き(はき)」に由来するという説などがあります。

さまざまな花色の蝶形花　ハギには、紅紫、濃紅紫、淡紅紫、淡紫白、白など、多彩な花色があります。蝶形の花は、木の種類によって、初夏から秋にかけて長い間見ることができます。

[作業]

◎**植えつけ&移植**　植えつけと移植は落葉期の11～3月ごろが適期です。

◎**手入れ**　ほとんど手入れは不要です。

◎**肥料**　ほとんど必要ありませんが、寒肥に鶏糞などを与えると、生長がよくなります。

◎**病害虫**　ウドンコ病、サビ病、褐斑病などが発生、ヒゲナガアブラムシがつきます。

四季の変化

月	肥料	剪定	
1	寒肥	剪定	
2	寒肥	剪定	
3			芽吹き
4			芽吹き
5			花芽分化
6			花芽分化
7			開花
8			開花
9			開花
10			
11			
12		剪定	

ムラサキシキブ

紫式部
Callicarpa japonica
クマツヅラ科ムラサキシキブ属　落葉広葉樹　低木

- 鳥を呼ぶ
- 剪定 少
- 病害虫に強い

この木どんな木
美しい紫色の実が名前の秘密。寂しい秋の庭を風雅に彩ってくれる

【原産地】日本、朝鮮半島、中国
【日当たり】日向を好むが、日陰でも育つ
【土壌・土質】土質は選ばないが、やや湿り気のある土壌を好む。乾燥をきらう
【用途】根締め、コンテナ、添景木
【観賞ポイント】紫色の実、淡紫色の花

【樹形】1.5～3m／1.5～3m

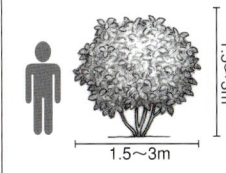

【植栽範囲】北海道南部～沖縄

庭を彩るコムラサキシキブ。ムラサキシキブより実が密につくので、華やかに見える。

コムラサキシキブの実。

ムラサキシキブの花。

ムラサキシキブの実。

【剪定方法】
幹や枝の太いところを切っても萌芽するので、剪定は徒長枝などを切り、樹形を整える程度にする。強剪定すると花芽がつかなくなるので注意が必要。剪定の適期は1～3月、7～8月。鉢植えの場合、1年枝の基部2～3節を残して切り戻すとよい。

[木の特徴と性質]

『源氏物語』とは無関係

ムラサキシキブは『源氏物語』の作者、紫式部を連想させますが、直接の関係はありません。江戸時代に実紫の名前で流通していましたが、商売上、紫式部のほうが美しいということでこの美飾名が広がり、人気が出たといわれています。

美しい紫色の実

6～7月に淡紫色の小さな花を多数開き、10～11月に美しい紫色の実が熟します。少し小型のコムラサキシキブは8月ごろに花が咲き、枝先に花をつけることができます。また、実は鳥の好物です。

[作業]

◎植えつけ&移植　植えつけは10～11月、2～3月が適期です。移植や鉢の植えかえは、厳冬期を除く落葉期に行います。

◎手入れ　のびすぎた枝や衰弱枝などを切りつめる程度の、樹形を整える剪定を行います。

◎肥料　寒肥として鶏糞などの有機質肥料を施します。鉢植えでは、2か月ごとに緩効性化成肥料を施します。

◎病害虫　特にありません。

四季の変化

月	四季の変化	剪定	寒肥・施肥
1		剪定	寒肥
2		剪定	寒肥
3	芽吹き		
4	芽吹き		
5	開花		
6	開花		
7		剪定	
8		剪定	
9			施肥
10	果実		
11	果実		
12			

ガマズミ
莢蒾 【別名】ヨウゾメ、ヨツヅミ
Viburnum dilatatum
スイカズラ科ガマズミ属　落葉広葉樹　低木

- 鳥を呼ぶ
- 剪定 少
- 日陰OK
- 病害虫に強い

この木どんな木
山野で自生する身近な花木。
手間がかからず赤い実は果実酒に

多くの鳥が好む、甘酸っぱい実。

白い花が、木全体の枝先につく。

傘状にびっしりついたガマズミの花。

■ 切り戻し
■ 間引き

【剪定方法】
土地が肥えすぎていると、枝が太く徒長し、樹形が乱れてくる。太く徒長した枝は、なるべく根もとに近い枝から、抜きとるように切る。

【原産地】日本、朝鮮半島、中国
【日当たり】半日陰～日向を好む
【土壌・土質】特に選ばないが、乾いた風をきらう
【用途】シンボルツリー、コンテナ
【観賞ポイント】密に咲く白い花、赤い実

【樹形】2～3m / 2～3m

【植栽範囲】北海道～九州

[木の特徴と性質]

山野で見られる身近な花木　日本の山野でごくふつうに見られ、5～6月になると、白色の小さな5弁花を、その年のびた枝先に傘状にびっしりとつけます。樹木全体に粗い毛がみられ、葉の縁には鋸歯があります。秋には美しく紅葉し、10月には小豆大の実が赤く熟します。熟した実は甘酸っぱく、小鳥を呼び、果実酒にも使われます。和名の由来には、「神つ実」を語源とする説、赤く輝く実という意味の「かがつみ」が変化した説、また、枝が道具類の柄とされることから、ガマは鎌、ズミは酸っぱい実の意味という説などがあります。

真っ赤な実は果実酒に

[作業]

◎**植えつけ＆移植**　植えつけと移植は厳寒期を除く12～3月が適期です。

◎**手入れ**　ほとんど必要ありません。

◎**肥料**　ほとんど必要ありません。葉色が悪くなったら、緩効性化成肥料を少し与えます。

◎**病害虫**　比較的少ないが、ミノムシやハムシ、アブラムシに気をつけます。被害が著しいときは薬剤を散布します。

四季の変化

月	四季の変化	剪定	肥料
1		剪定	
2	芽吹き	剪定	施肥
3			施肥
4			
5	開花		
6			
7	花芽分化		
8			
9	果実		
10			
11	紅葉		
12		剪定	

コバノガマズミ

小葉の莢蒾
Viburnum erosum
スイカズラ科ガマズミ属　落葉広葉樹　低木

- 鳥を呼ぶ
- 剪定 少
- 日陰OK

【原産地】本州（福島県以南）
【日当たり】日向を好むが、西日をきらう。半日陰にも耐える
【土壌・土質】水はけのよい土壌を好む
【用途】コンテナ
【観賞ポイント】白い花、赤い実
【樹高】2〜3m
【植栽範囲】福島〜九州

実はガマズミに似ているが、葉とともに小さい。

花はガマズミに似ている。

[木の特徴と性質]

ビロードの手触りの葉　一見すると葉はオトコヨウゾメに似ていますが、コバノガマズミの葉の両面には特徴的な星状毛が密生し、触ってみるとビロードのような手触りで区別がつきます。ガマズミに比べ葉柄が短く、葉が小さいことから名がつけられました。

赤い実は果実酒に　4〜5月に白い小さな5弁花を枝先に密につけます。5本の雄しべが長く飛び出し、目立ちます。里山でふつうに見られる樹木ですが、小さな鉢植えでも楽しむことができます。秋に赤く色づく酸っぱい実は、生食や果実酒などに利用され、鳥の好物です。

[作業]

○**植えつけ＆移植**　植えつけと移植は落葉期の11〜3月が適期ですが、コンテナ栽培の場合は、真夏と真冬を除けば1年中可能です。

○**手入れ**　ほとんど不要です。

○**肥料**　植えた年や大きく育てたい場合は、秋・冬期に鶏糞などを根もとに施します。

○**病害虫**　サンゴジュハムシがつきます。見つけたら捕殺します。

【剪定方法】のびすぎた枝を切り戻す程度の、軽い剪定にとどめておく。実がたくさんつくようになると、枝がのびなくなり、ほとんど剪定の必要がなくなる。

月	四季の変化	剪定	肥料
1		剪定	施肥
2	芽吹き		
3			
4	開花		
5			
6		剪定	
7			
8	花芽分化		
9			
10	果実		
11			施肥
12		剪定	

オトコヨウゾメ

【別名】コネソ
Viburnum phlebotrichum
スイカズラ科ガマズミ属　落葉広葉樹　低木

- 鳥を呼ぶ
- 剪定 少
- 日陰OK

【原産地】本州、四国、九州
【日当たり】半日陰を好むが、日向でも生育する
【土壌・土質】適湿で肥沃な土壌を好む
【用途】シンボルツリー、添景木
【観賞ポイント】淡紅色をおびた白い花、赤く熟した実、野趣に富む樹形
【樹高】2m
【植栽範囲】東北〜沖縄

やせて食べられない実。

花序が垂れた小さな花。

[木の特徴と性質]

山野に自生するガマズミの仲間　山や野の明るい樹陰下に自生し、5〜6月、枝先から花序が垂れ、淡い紅色を帯びた白い小さな花を咲かせます。

赤い実の垂れ下がる姿が美しい　直径8mmぐらいの小さな実が9〜10月に赤く熟し、垂れ下がる姿が美しく風情があります。名の由来は、中部地方でガマズミのことをヨウゾメと呼び、実がやせて食べられないこの種を男ガマズミと呼ぶことからとする説があります。

寒風に弱い　適湿な半日陰地を好みます。乾いた風を避け、夏の水切れに注意します。

[作業]

○**植えつけ＆移植**　植えつけと移植は、12〜3月の落葉期なら、厳寒期を除きいつでも可能です。移植は容易です。

○**手入れ**　自然樹形を楽しむので、ほとんど手間はかかりません。

○**肥料**　肥料切れをおこした場合、冬の落葉期に少量の緩効性肥料を施します。

○**病害虫**　カイガラムシ、アブラムシ、ハムシがつきます。発見したら捕殺します。

【剪定方法】生長は遅いので、特に手入れはいらない。自然風に樹姿を仕立てあげるときは、中途の太い枝を切るのは避け、なるべくもと枝のほうから枝を抜くように切りとるとよい。絡み枝など不要枝を切る程度。

月	四季の変化	剪定	肥料
1		剪定	施肥
2			
3	芽吹き		
4			
5	開花	剪定	
6			
7			
8	花芽分化		
9			
10	果実		
11			
12		剪定	施肥

冬の花木

ピラカンサ

Pyracantha spp.
バラ科トキワサンザシ属　常緑広葉樹　小高木

- 鳥を呼ぶ
- トピアリー
- 病害虫に強い

この木どんな木
鳥も大好きな赤い実が秋の庭を彩り鉢植えやトピアリーも楽しめる

【原産地】ヨーロッパ東南部〜アジア
【日当たり】日向を好む
【土壌・土質】土質は特に選ばないが、水はけのよい肥沃な土壌を好む
【用途】トピアリー、シンボルツリー、生け垣、フェンス、コンテナ
【観賞ポイント】白い花、赤い実

【樹形】 2〜5m / 3〜6m

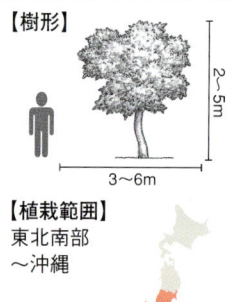

【植栽範囲】東北南部〜沖縄

5〜6月に咲くタチバナモドキの花。

10月ごろにつくカザンデマリの実。

【剪定方法】
生け垣や、樹形を保つには、強めの剪定をすることがポイント。

枝がたわむほどに、鮮やかな赤い実をつけたトキワサンザシ。

[木の特徴と性質]

樹木の特徴をよくあらわす名前　ギリシャ語で「火」(ピル)と「トゲ」(アカンサ)の意味に由来する名のピラカンサは、10月になると鮮やかな赤い実を枝がたわむほどにつけます。

わが国ではおもにトキワサンザシ、カザンデマリ(ヒマラヤトキワサンザシ)、タチバナモドキの3種類がピラカンサと呼ばれて栽培されています。

枝を埋め尽くす花もみごと

[作業]

◎**植えつけ＆移植**　植えつけと移植は3〜4月または9〜10月が適期です。根づきにくいのでポット苗を土つきのまま植えます。

◎**手入れ**　生育がよく、放置すると樹形が乱れます。3〜4月に強剪定をし、それ以外は飛び枝や徒長枝だけを剪定します。

◎**肥料**　1〜3月中旬に油かすなど有機質肥料を施します。鉢植えは3月下旬〜4月中旬と6月、9月に有機質肥料あるいは緩効性化成肥料を施します。

◎**病害虫**　ほとんど心配はありませんが、アブラムシやハマキムシに注意します。

四季の変化

月	果実	芽吹き	開花	花芽分化	果実	剪定	肥料	寒肥
1	●						●	●
2	●						●	●
3		●				●	●	
4		●				●	●	
5			●					
6			●				●	
7				●				
8				●				
9				●			●	
10				●	●			
11					●			
12					●			

カンツバキ

寒椿
Camellia × hiemalis
ツバキ科ツバキ属　常緑広葉樹　低木

【別名】シシガシラ（獅子頭）

■鳥を呼ぶ　■日陰OK

この木どんな木

華やかな紅色の花が
冬から春に
咲き続け
寂しい冬の庭を彩る

散った花びらも美しいカンツバキ。冬の庭に華やかな色彩を添えてくれる代表的な花木。

木立ち性のタチカンツバキ。

カンツバキの名のもととなった「シシガシラ」の花。

【剪定方法】
カンツバキは萌芽力が旺盛で、剪定は容易。6〜7月に形を整え、目的にあった形の刈り込みを行うとよい。あまり遅いと秋に枝が徒長し、寒害を受けやすくなる。8月以降の強い剪定は、花芽がつきにくくなる。11〜12月ごろに形を整えるために軽い剪定を行うとよい。

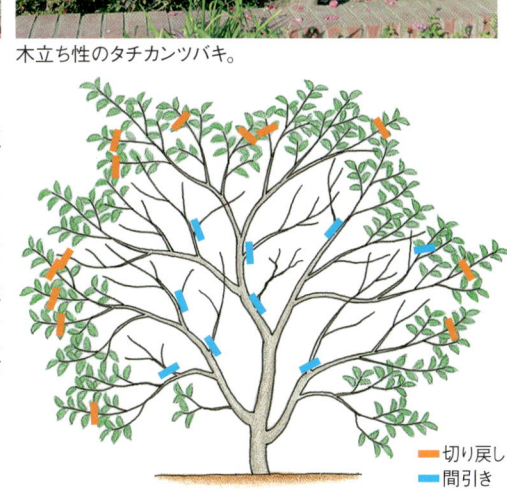

■ 切り戻し
■ 間引き

【原産地】交配品種
【日当たり】日向〜半日陰を好む
【土壌・土質】適湿で肥沃な土壌を好む
【用途】シンボルツリー、根締め、コンテナ
【観賞ポイント】紅色の花、横張りの樹形

【樹形】3m／4m

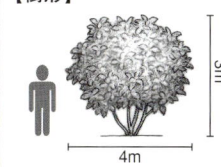

【植栽範囲】東北南部〜沖縄

木の特徴と性質

名はツバキでも、じつはサザンカに近い　カンツバキという呼び名は、サザンカの品種の「シシガシラ（獅子頭）」につけられていたものですが、現在はシシガシラ系の園芸品種の総称となっています。カンツバキは一般に、サザンカとツバキとの交配種といわれており、花は直径5〜6cm、紅色で八重咲きの中輪種で、12〜3月ごろまで咲き続けます。

横張りの樹形は寄せ植え向き　直立せず横張り状に育つ傾向があるので、寄せ植えや根締めに多く利用されています。木立ち性のものはタチカンツバキ（立寒椿）と呼ばれます。

【作業】

◎植えつけ&移植　植えつけと移植は4〜5月が適期ですが、9〜10月ごろも可能です。

◎手入れ　6〜7月、11〜12月に徒長枝の剪定と、花後から6〜7月に整枝を行います。

◎肥料　寒肥は3月までに行い、追肥は6〜9月に数回、緩効性肥料を与えます。

◎病害虫　カイガラムシやチャハマキ、特にチャドクガに注意が必要です。発見したら捕殺し、被害が著しいときは薬剤を散布します。

四季の変化

月	四季の変化	剪定	肥料
1	開花		肥料
2	開花		
3	開花		施肥
4			
5	芽吹き		
6		剪定	追肥
7	花芽分化	剪定	追肥
8			追肥
9			追肥
10			
11		軽い剪定	
12	開花		

エリカ

Erica spp.
ツツジ科エリカ属　常緑広葉樹　小低木〜低木

- 剪定 少
- 病害虫に強い

この木どんな木
樹冠全体が花でおおわれ花期も長いピンクのかたまり

【原産地】南アフリカ〜ヨーロッパ
【日当たり】日向を好む
【土壌・土質】水はけのよい土壌を好む
【用途】シンボルツリー、コンテナ
【観賞ポイント】多彩な色の花

【樹形】20cm〜3m／20cm〜4m

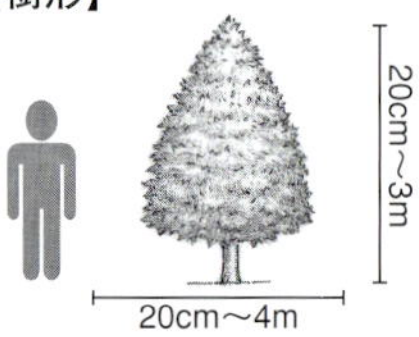

【植栽範囲】関東〜九州

黒い葯が目立つジャノメエリカの花。

【剪定方法】
切り花として利用する場合は、根もと近くから切って毎年更新するようにする。

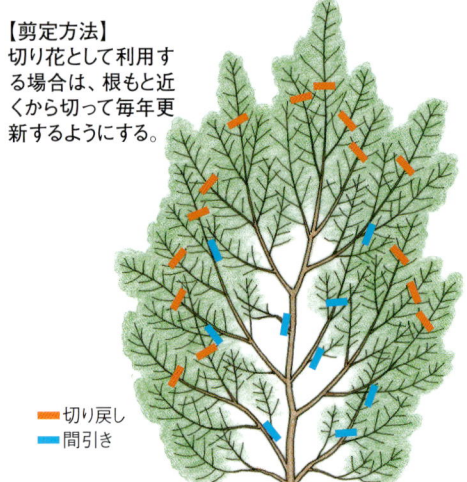

- 切り戻し
- 間引き

約600種のエリカのうちで、日本の気候にあったジャノメエリカ。

日本にあった品種も多くなっている。

[木の特徴と性質]

日本では栽培の難しい種類が多い

エリカの分布の中心は南アフリカで、数百種類の原種が分布しています。暖地性で、日本ではなかなか栽培が難しいようですが、大正年間に導入されたジャノメエリカ（別名クロシベエリカ）が日本の気候にあい、おもに関東以西で庭木として植えられています。

ピンクの傘のようなジャノメエリカ

ジャノメエリカの花は小さな筒状で、冬から春にかけて咲き続け、花色も赤、ピンク、紫、白、黄とさまざまです。ジャノメエリカの名は、ピンクの花と黒色の葯が蛇の目傘のように見えることに由来します。

[作業]

◎**植えつけ＆移植**　植えつけと移植は10〜12月、あるいは3〜4月が適期です。

◎**手入れ**　のびすぎた枝葉を剪定する程度で、水やりも夏の乾燥時以外は必要ありません。

◎**肥料**　酸性土壌を好むので、数年に1回、ピートモスや堆肥を根のまわりに与えます。

◎**病害虫**　まれにアブラムシがつくことがあります。剪定によって通風と採光を促します。

四季の変化	剪定	肥料	月
開花		肥料 お礼	1
開花		肥料 お礼	2
開花		肥料 お礼	3
芽吹き	剪定	肥料 お礼	4
芽吹き	剪定	肥料 お礼	5
芽吹き	剪定		6
花芽分化			7
花芽分化			8
花芽分化			9
花芽分化			10
		施肥	11
開花		施肥	12

272

センリョウ

千両
Sarcandra glabra
センリョウ科センリョウ属　常緑広葉樹　小低木

- 鳥を呼ぶ
- 剪定 少
- 日陰OK

木と木の間に植えて、冬の庭を飾る添景木として昔から愛されてきたセンリョウ。

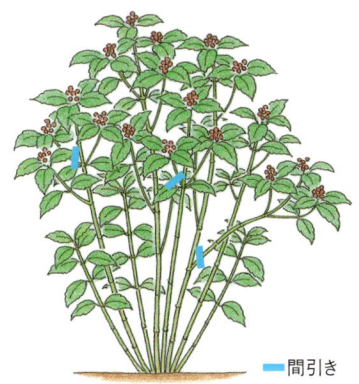

この木どんな木

光沢のある緑の葉と真っ赤な実が美しい、正月に欠かせない縁起もの

【原産地】本州（東海地方、紀伊半島）、四国、九州、沖縄、東南アジア
【日当たり】午前中の木漏れ日程度を好み、特に西日をきらう。耐陰性がある
【土壌・土質】水はけのよい、適湿で肥沃な土壌を好む
【用途】シンボルツリー、コンテナ、添景木、生け垣
【観賞ポイント】赤い実、樹形、つやのある葉

【樹形】50〜90m／50〜90m

【植栽範囲】東北南部〜沖縄

【剪定方法】
長い茎を間引く程度の剪定にとどめる。花は枝先に咲くので、枝先を切りつめるような剪定は避ける。

■ 間引き

黄緑色で目立たない花。

常緑の葉が赤い実を引き立てる。

木の特徴と性質

真っ赤に輝く実が人気

6月ごろに咲く黄緑色の目立たない花に比べ、晩秋から真っ赤な実が鮮やかに色づきます。正月に欠かせない縁起ものです。対句のようにいわれるマンリョウは、植物学上まったく別の科です。

光沢のある葉とまとまった樹形

枝数がたくさん出て、緻密でまとまった樹形になります。また、光沢のある葉は鋸歯に縁どられ、1年中鮮やかな緑の姿を見せてくれます。

ひこばえでふえる

地下茎からひこばえを出してふえます。地面が凍るような場所では、鉢植えで楽しみます。

作業

◎**植えつけ＆移植**　植えつけと移植は3〜4月ごろと梅雨入り前が適期です。
◎**手入れ**　新しい茎が毎年のびるので、古い茎を根もとから切りとって更新します。
◎**肥料**　3月ごろ、根もとに有機質肥料を漉き込みます。
◎**病害虫**　アザミウマ類やカメムシ類、センチュウや白紋羽病に気をつけます。害虫は発見したら捕殺します。

四季の変化

月	四季の変化	剪定	肥料
1	果実		
2	果実		
3	芽吹き	剪定	施肥
4	芽吹き	剪定	
5	芽吹き		
6	開花		
7	花芽分化		
8	花芽分化		
9			
10	果実		
11	果実		
12	果実		

ナンテン

南天
Nandina domestica
メギ科ナンテン属　常緑広葉樹　低木

- 鳥を呼ぶ
- 生け垣
- 剪定少
- 日陰OK

この木どんな木
難を転ずるからナンテン。縁起木の代表として根強い人気を誇る

【原産地】日本、中国、インド
【日当たり】西日の当たらない半日陰を好む
【土壌・土質】やや湿り気味の腐食質に富んだ土壌を好む
【用途】生け垣、シンボルツリー、根締め、コンテナ
【観賞ポイント】光沢のある葉、赤い実、秋から冬の葉色

【樹形】1～2m　80cm～1.5m

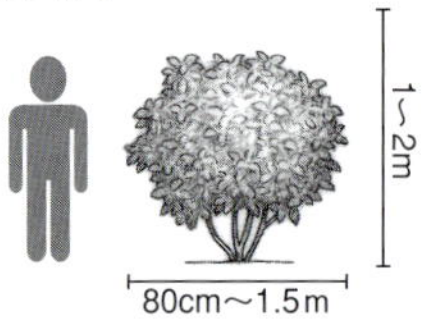

【植栽範囲】中部～沖縄

縁起木のナンテンは、火災除けとして、玄関先に植えられることが多く、根強い人気がある。

鳥も大好きなナンテンの実。

注目されないが、かわいい花が咲く。

【剪定方法】
花後にのびすぎた古い枝や、ひこばえを株もとから切り除く。実をつけた枝は、翌年は開花しないので、正月の花材として切りとる際に低く切りつめる。

四季の変化
月		
1	果実	
2		
3		剪定
4	芽吹き	剪定
5		
6	開花	剪定
7		
8		
9		
10		
11	果実	
12		

肥料：施肥（春）、施肥（秋）

[木の特徴と性質]

「南天が茂ると家が栄える」　名が「難を転ずる」に通じる縁起木（福木）として信じられ、古くから庭木として根強い人気があります。また、正月の床の間に飾られたり、盗難除けや魔除け、火災除けとして戸口や玄関先に、病魔除けとして手水鉢の傍らに植えられてきました。出産祝いの赤飯の上にのせて、子どもの健やかな成長を願う風習もあります。

美しいだけでない鮮紅色の実　秋から冬にかけて熟す赤い実は美しく、鳥の好物で、実物の庭木の代表的存在です。実や葉は薬用成分を含み、実は咳止め、葉は解毒剤として利用されてきました。

病害虫にも強い丈夫な木　日向を好みますが、西日があまり当たらない半日陰が理想的な植え場所です。強健で病害虫もほとんどつきません。実をつけた枝は翌年は開花しません。

[作業]

◎**植えつけ＆移植**　3月中旬～4月、9～10月上旬が適期です。3月下旬に葉を全部切って植えかえると、よく葉をのばし活着します。

◎**手入れ**　古い茎を間引く程度で、ほとんど手入れの必要はありません。

◎**肥料**　冬に堆肥や鶏糞を、夏に過リン酸石灰を、根の周囲に埋め込みます。

◎**病害虫**　カイガラムシがつくことがありますが、著しい被害はありません。

マンリョウ／カラタチバナ／ヤブコウジ

万両／唐橘　【別名】タチバナ、コウジ／藪柑子、紫金牛
Ardisia crenata / Ardisia crispa / Ardisia Japonica
ヤブコウジ科ヤブコウジ属　常緑広葉樹　小低木

- 鳥を呼ぶ
- 剪定少
- 日陰OK
- 病害虫に強い

【原産地】日本、台湾、中国
【日当たり】直射日光の当たらない半日陰を好む。午前中の光が好ましい
【土壌・土質】適湿で腐食質に富んだ土壌を好む
【用途】シンボルツリー、根締め、コンテナ
【観賞ポイント】赤い実

【樹形】
10～30cm
20～90cm
50cm～1m
20～40cm(マンリョウ)
10～50cm(カラタチバナ)
10～25cm(ヤブコウジ)

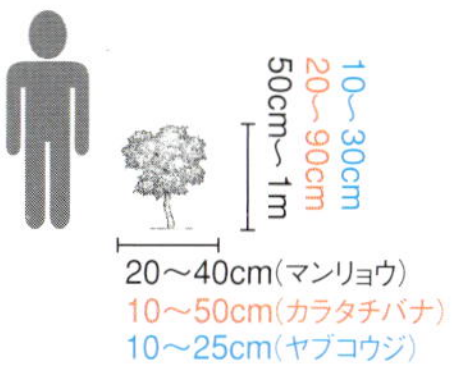

【植栽範囲】関東～沖縄(マンリョウ、カラタチバナ)／北海道～九州(ヤブコウジ)

マンリョウは商売繁盛の縁起木として、長く人気がある。実は半年以上落ちずに楽しめる。

マンリョウと黄色い実のキミノマンリョウ(下)。

マンリョウに似ているカラタチバナ。

実が少ないヤブコウジ。

[木の特徴と性質]

赤い実が冬を彩る縁起のよい木　マンリョウをはじめ、カラタチバナ、ヤブコウジは正月の縁起木や商売繁盛の木として長く人気があります。寒い冬につややかな赤い実をたわわにつけ、冬の寂しい庭に彩りを与えます。マンリョウの実は11月に熟すと翌年の5～6月まで実が落ちず、観賞期間が長いのも魅力のひとつです。カラタチバナの実は赤以外に、白や黄色のものもあります。

センリョウより美しい実　マンリョウは江戸時代から多くの園芸品種がつくられていました。センリョウ(千両)より実が美しく、下に垂れることから名づけられたといわれます。

【剪定方法】

剪定は特に必要なく、大きくなりすぎた場合は低く切りつめ、茎の更新をするとよい。しかし、切りつめると2～3年結実が見られなくなるので注意が必要

[作業]

◎植えつけ＆移植　植えつけと移植は4～9月の真夏を除く期間が適期です。植え穴には腐葉土を元肥として入れて植え込みます。

◎手入れ　生長が遅く、ほとんど剪定する必要はありません。

◎肥料　固形の油かすを年に2、3回与えれば十分です。

◎病害虫　特に病害虫はつきません。

四季の変化	月	剪定	肥料
	1		施肥
果実(マンリョウ)	2		施肥
	3	剪定	
	4		
芽吹き	5		
	6		
開花	7		施肥
	8		施肥
	9		施肥
	10		
果実(マンリョウ)	11		施肥
	12		施肥

ロウバイ

蠟梅 【別名】カラウメ
Meratia praecox
ロウバイ科ロウバイ属　落葉広葉樹　低木

■香り　■剪定少　■病害虫に強い

この木どんな木

蠟細工のような半透明の花が珍しく芳香も人気の冬の花木の真打

【原産地】中国
【日当たり】日向を好むが、半日陰でも育つ
【土壌・土質】土質は選ばないが、水はけがよく乾燥しすぎない肥沃な土壌を好む
【用途】シンボルツリー、コンテナ
【観賞ポイント】早春の黄色の花

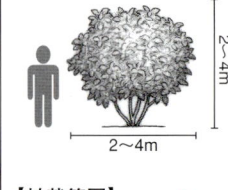

【樹形】 2〜4m / 2〜4m

【植栽範囲】北海道〜中部

中心が暗紫色のロウバイの花。

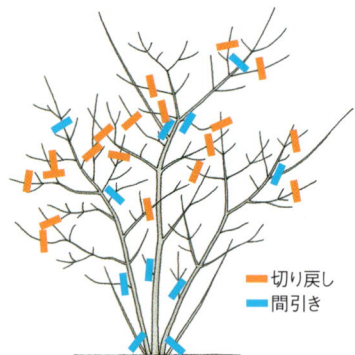

花芯が黄色のソシンロウバイ。

【剪定方法】
花後の2月中旬〜3月下旬ごろに、不要枝と徒長枝の剪定を行う。徒長枝は花芽がつきにくいので、切りつめて翌年に短枝を萌芽させるようにする。花は短枝上につくので、この枝を間違って切ってしまうと、花芽がつかなくなってしまう。根もとからひこばえ、台木からは台芽が出るので、切り除く。

■切り戻し　■間引き

まだ色彩の乏しい早春に、芳香とともに、蠟細工のような花を咲かせるロウバイ。

[木の特徴と性質]

中国からやってきた芳香の花
江戸時代初頭、朝鮮半島経由で渡来しました。中国名の蠟梅の音読みがそのまま和名になったものです。早春に、芳香の強い花を下向きに咲かせます。

透明感のある珍しい花
外側の花弁は黄色で内側の中心は暗紫色、蠟細工のような光沢をもった花は珍しく、また、真冬に咲く花として大切にされてきました。花が大きく、花芯まで黄色で香りがよいソシンロウバイは特に人気があります。

[作業]

○**植えつけ&移植**　厳寒期を除いた11〜2月中旬の落葉中が適期です。成木は移植しにくいので、1年ほど前に根まわしが必要です。

○**手入れ**　花後、不要枝の切りとりや徒長枝の剪定で十分です。

○**肥料**　若木は1月中旬〜2月に寒肥を、8〜9月ごろに追肥として化成肥料と油かすを施します。成木は2月ごろに寒肥を施します。

○**病害虫**　ほとんど心配ありませんが、アブラムシがつくことがあります。発見したらブラシなどで除去します。

月	四季の変化	剪定	肥料
1		剪定	寒肥（若木）／寒肥（成木）
2	開花	剪定	寒肥（若木）／寒肥（成木）
3		剪定	
4	芽吹き		
5			
6	花芽分化		
7			追肥（若木）
8			追肥（若木）
9			追肥（若木）
10			
11			
12	開花		

実と花、ふたつの楽しみがある樹木

果樹

278 果樹の基礎知識
286 果樹

果実になる花芽を知る

果樹の基礎知識 1　花芽のできる時期と場所

花芽には2種類ある

①【純正花芽】 花（つぼみ）だけを含む芽のことをいい、単に花芽と呼びます。花を含まない葉芽に比べ、通常は丸みを帯びて大きく、秋～冬には容易に判別ができます。さらに、ひとつの花芽のなかに1個のつぼみをもつ種類と、複数のつぼみを含む種類があります。前者にはウメやモモ、アンズが、後者にはビワやブルーベリー、セイヨウミザクラ（サクランボ）などがあります。スモモにはひとつの花芽に1個のつぼみをもつもの、2～3個のつぼみを含むものの両方があります。

②【混合花芽】 ひとつの芽の中に枝葉とつぼみ（花）の両方を含んでいる芽のことをいいます。つまり、春に萌芽して枝葉がのび、新梢の葉腋（葉のつけ根）や頂部につぼみを形成する芽のことです。つぼみを含まない芽と見た目の違いはほとんどなく、判別しにくい樹種で、カキやクリ、キウィフルーツ、ブドウ類、カンキツ類などがあります。

花芽のつく位置は3つある

①【先端（頂芽）につくタイプ】 純正花芽ではビワ、混合花芽ではカリンなどがこのタイプです。ビワは前年の枝の先端に花芽がつき、12月に開花。翌年の収穫時期には2年枝に実をつけるということになります。

②【先端とその下につくタイプ】 純正花芽ではブルーベリーがこのタイプで

す。枝の先端の数芽は芽が大きく、葉芽の先端と容易に判別できます。混合花芽をつける種類では、カキやクリなどがこのタイプで、花芽を切り落とすことになります。

③【葉のわきにつくタイプ】 純正花芽ではウメやアンズ、モモなどがこのタイプで、早いものは夏～秋には見分けることができます。混合花芽は判別ができませんが、キウィフルーツやブドウ類などがこのタイプです。このタイプは、実をつける枝が長すぎた場合は、冬期の剪定時に必要な長さに切り戻しができます。

花芽のつき方も3つある

①【前年にのびた枝にできる】 モモやウメなど純正花芽をつける種類は、ほとんどが前年のびた枝に花芽ができ、翌春、前年枝に直接花を咲かせ結実します。

②【前年の枝に混合花芽ができる】 カキやクリ、カンキツ類は前年にのびた枝の先端部分に、キウィフルーツやブドウ類、ブラックベリーなどは前年にのびた枝の葉腋部分に混合花芽が

でき、翌春、混合花芽からのびた新しい枝に開花して結実した新しい枝に実がつく枝という意味で結果母枝といいます。ナシやリンゴの1年枝には花芽がつきにくいのですが、夏、元気な枝を横に誘引すると、1年枝でも花芽を形成します。

③【2年目の枝に混合花芽（短果枝）ができる】 リンゴやナシ、マルメロなどの2年目の枝先は長くのび、基部の部分には短果枝（短い枝）を形成します。短果枝には、混合花芽が形成されます。この短果枝は、上手に管理すると3年ぐらいは利用することができます。

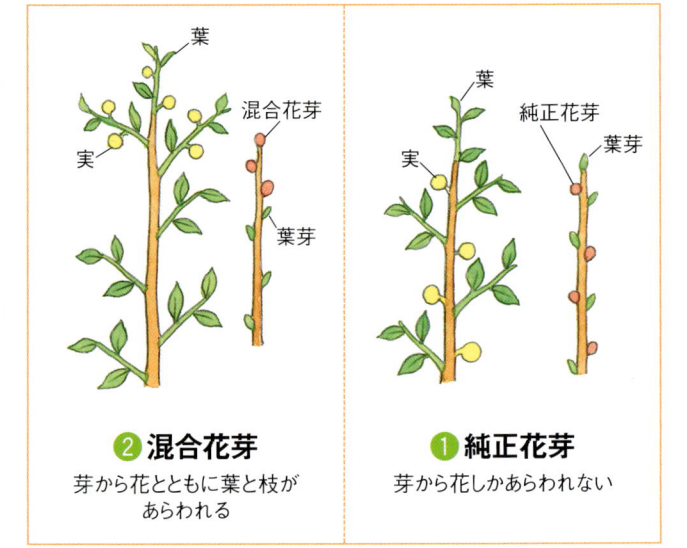

枝の先に花芽がつく
花芽
葉芽

枝の先と、その下に花芽がつく
花芽
葉芽

葉のわきに花芽がつく
葉芽
花芽

❷ 混合花芽
芽から花とともに葉と枝があらわれる

葉
実
混合花芽
葉芽

❶ 純正花芽
芽から花しかあらわれない

葉
実
純正花芽
葉芽

葉のわき	先端とその下	先端	花芽のできる場所

① 前年にのびた枝に 純正花芽

葉のわき: モモ、ウメ、セイヨウミザクラ
先端とその下: ブルーベリー
先端: ビワ

前年にのびた枝に、花だけの芽ができ、その年に果実がなる。

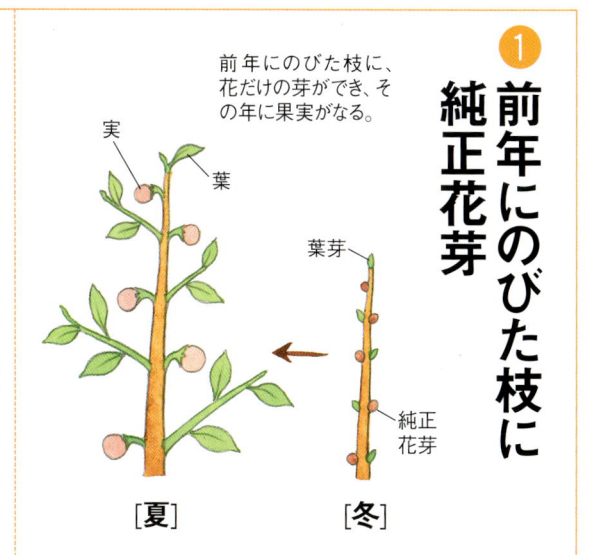

[夏] 実／葉
[冬] 葉芽／純正花芽

② 前年の枝に 混合花芽

葉のわき: キーウィフルーツ、ブドウ類 
先端とその下: イチジク、カキ、カンキツ類 
先端: カリン、クルミ、ザクロ

前年にのびた枝に、花と枝葉になる芽ができ、枝の伸長と一緒に花が咲き、その花が果実となる。

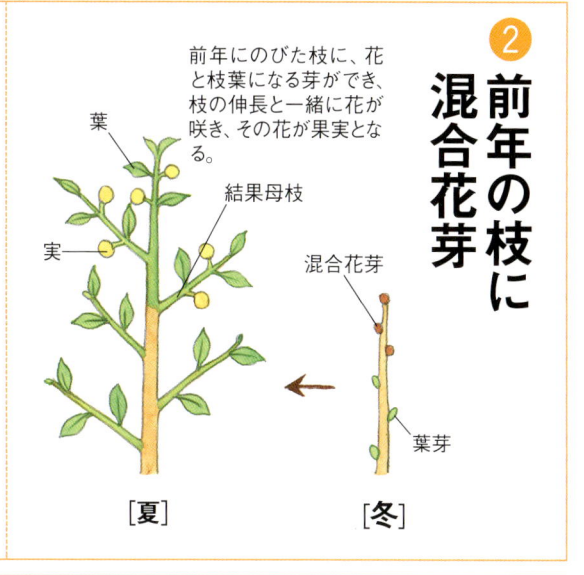

[夏] 葉／実／結果母枝
[冬] 混合花芽／葉芽

③ 2年目の枝に 混合花芽（短果枝）

先端とその下: リンゴ、ナシ

2年目の枝と短果枝に、花と枝葉になる芽ができ、花と枝葉は別に展開し、その花が果実になる。

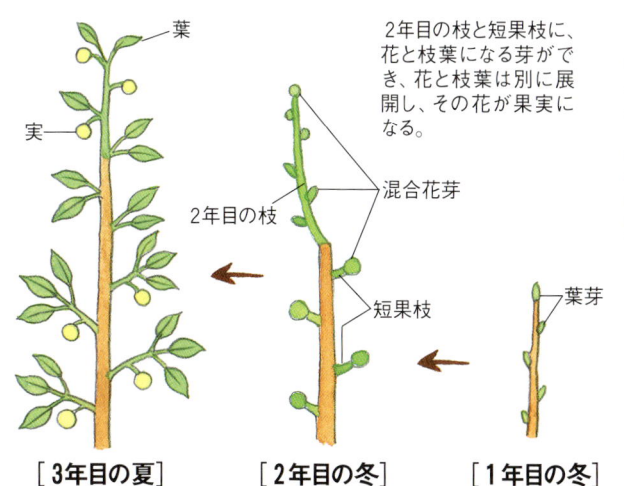

[3年目の夏] 葉／実
[2年目の冬] 混合花芽／2年目の枝／短果枝
[1年目の冬] 葉芽

花芽ができない場合と隔年結果

遅い時期にのびた枝や日陰の枝には、花芽がつきにくくなります。また、花芽分化の大切な時期に剪定をしたり、枝の生長を促すチッ素肥料が多すぎた木には花芽がつきません。そのほか、果実が多くできすぎる木にも、花芽がつかなくなり、翌年には実がつかないことがあります。このような、1年ごとに果実がついたり、つかなかったりすることを「隔年結果」と呼びます。

花芽と剪定の関係を知る

果樹の基礎知識 2　果樹を健康に育てる技術

果樹剪定の基本

一般の庭で果樹を育てる場合は、一定の大きさに樹形を保つことも必要です。剪定では、枯れ枝や病害虫におかされた枝、徒長枝や込み枝を除いて、のびすぎを抑制し、充実した枝をつくり、日当たりや風通しをよくします。

基本的な剪定には、目的によって「切り戻し剪定」と「間引き剪定」のふたつがあります。樹形づくりの剪定はおもに冬に行います。冬といっても、樹液が出やすいキーウィフルーツは2月末まで、寒さの害を受けやすい常緑樹、特にカンキツ類は3月中旬が適期です。

切り戻し剪定

おもに1年生の枝を、枝の途中で切ることをいいます。ウメやモモなどの実をつける枝が長すぎた場合などに行います。切り戻す枝の程度により、残された枝から出る新梢ののび方や花芽のつき方が異なってきます。一般に、切り戻すことにより芽の数が制限されるため、新梢の発育が盛んになります。

間引き剪定

1年生の枝を根もとから切り除く剪定をいいます。枝が込み合った場合に行い、日当たりや風通しをよくすることにより、長枝短枝ともに花芽が多くつき、実がよくなるようになります。落葉果樹でも行いますが、おもにカンキツ類など常緑の果樹で行います。

切り方の種類

木は、枝を深くたくさん切ると、なんとか枝を元の大きさに戻そうと生長が活発になる性質があります。この性質を利用し

同じ木を「切り戻し剪定」と「間引き剪定」した場合

切り戻し剪定

今年
- ここで切る（C、B）
- すべての枝を半分ぐらいの位置で切る。
- 今年のびた枝に純正花芽ができる。（D、A）

翌年
- 新しくのびた枝
- 切ったところから枝が複数出て、のびる。この枝のなかで残す枝を決めて、樹形を整えていく。この枝をもう1度切り戻して、翌年の花芽を形成させる。
- B、C、D、A
- 果実
- 古い枝　古い枝に果実がつく

間引き剪定

今年
- 残す枝と切る枝を決めて、切る枝は枝のつけ根で切る。
- B
- ここで切る　A

翌年
- 新しくのびた枝
- 果実
- B → 古い枝　古い枝に果実がつく　A
- 切り戻し剪定にくらべて、枝は少なくなり花が目立ちやすくなる。間引き剪定では、徒長枝には花芽がつきにくくなる。

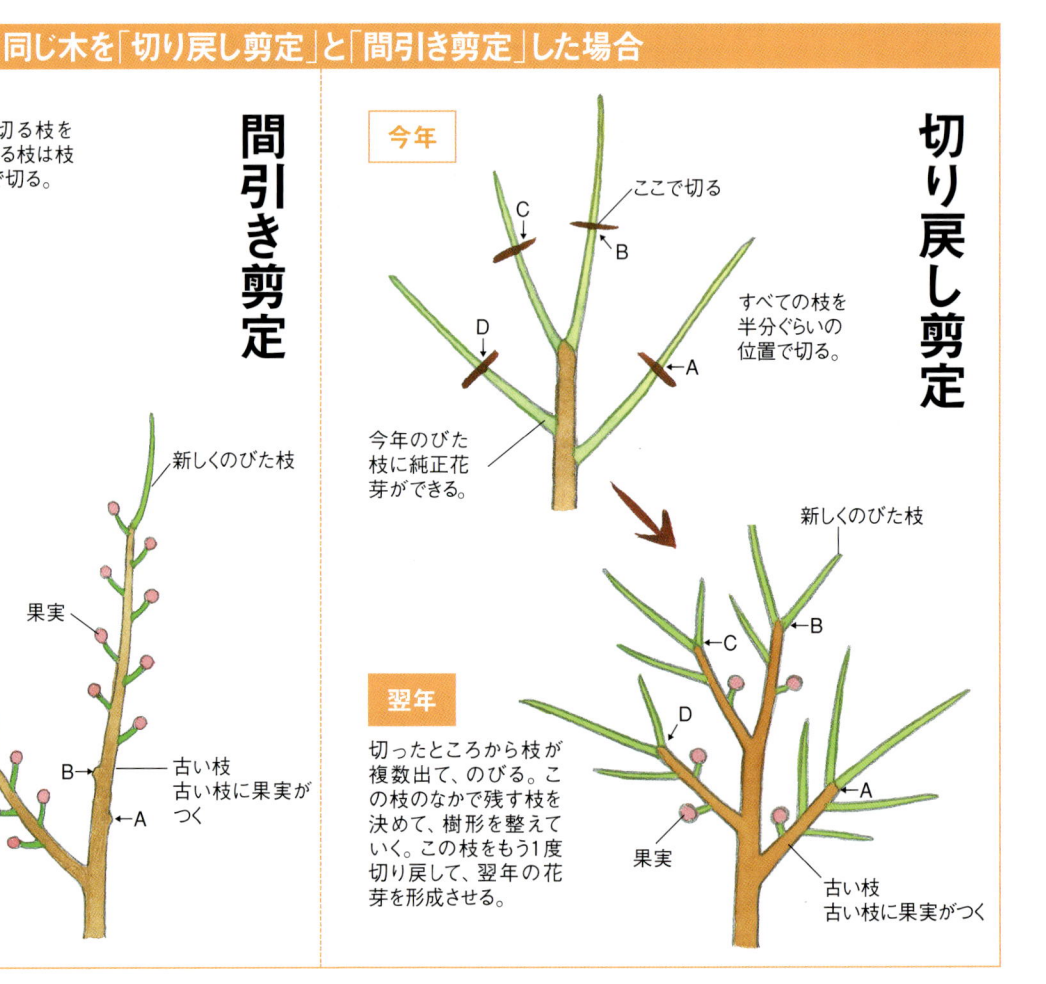

280

太陽の光をいっぱいに浴びて、枝がしなるほどに実をつけたモモ。

て剪定に強弱をつけて切ります。

● **強い剪定（強剪定）**

今年のびた枝の大部分を切り落としたり、太い枝や幹を切断することをいいます。おもに移植や仕立て直しの場合に行います。1年枝の切り戻し剪定でも、3分の2以上を切り除くと強い剪定といえます。残された芽が少ないため、新梢が徒長気味になります。

のび、花芽がつかなくなることがあります。

● **弱い剪定（軽剪定）**

今年のびた1年枝の3分の1以下を切り除く場合の剪定のことをいいます。短い枝が数多く発生して、花芽がつきやすくなりますが、下部は枝の発生が少ないため、枝が上部に偏る傾向になります。

同じ木を「強剪定」と「軽剪定」した場合

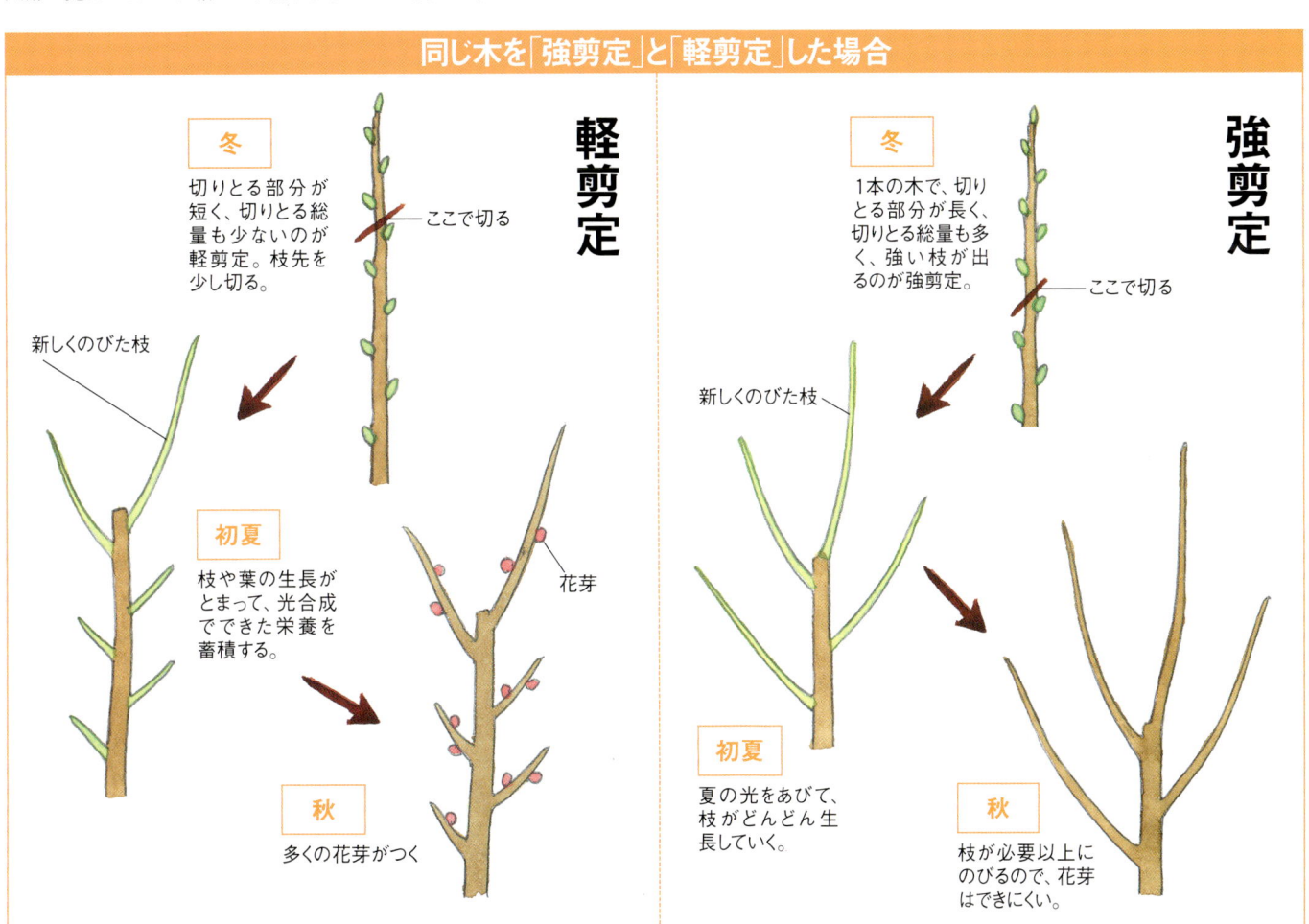

軽剪定

冬：切りとる部分が短く、切りとる総量も少ないのが軽剪定。枝先を少し切る。
ここで切る

新しくのびた枝

初夏：枝や葉の生長がとまって、光合成でできた栄養を蓄積する。

花芽

秋：多くの花芽がつく

強剪定

冬：1本の木で、切りとる部分が長く、切りとる総量も多く、強い枝が出るのが強剪定。
ここで切る

新しくのびた枝

初夏：夏の光をあびて、枝がどんどん生長していく。

秋：枝が必要以上にのびるので、花芽はできにくい。

果樹の剪定樹形を知る

果樹の基礎知識 3 おいしい果実をつくる技術

果樹園の樹形

植物は、太陽の光を葉に受けて光合成を行い生長します。そして子孫を残すために花を咲かせ、たねをつくります。果実の果肉はこのたねを保護したり、鳥や動物に食べてもらい、たねを運んでもらうためのものです。この果肉が人の食用となる果実をつける樹木が、果樹です。

たねのまわりの果肉がおいしくなるには、太陽の光がしっかり当たることが大切です。

果樹園の木は、剪定をして、葉に無駄なく太陽の光が当たるように樹形をつくっています。その果樹園の樹形には、大きく分けて、立ち木仕立てと棚仕立てのふたつのタイプがあります。

棚仕立て

斜立棚（しゃりつだな）
リンゴやナシに用いられる。主幹を切り、枝を斜め左右に立て、ワイヤーなどを張って固定する。

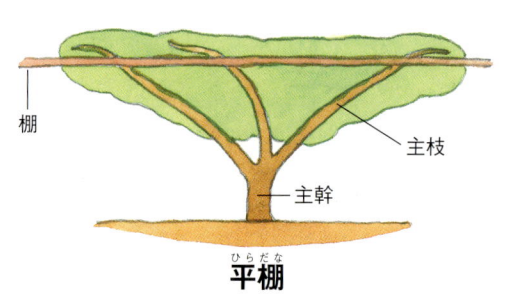

（主枝、主幹）

平棚（ひらだな）
ブドウ類やキーウィフルーツなどのつる性の果樹のほか、果実の落下防止のためにナシにも用いられる。主幹を切り、棚面に枝を水平に誘引して固定する。

（棚、主枝、主幹）

立ち木仕立て

開心形（かいしんけい）
モモ、ウメ、カンキツ類やリンゴの成木に用いられる。主幹を60cm～1mで切り、主枝を3～4本斜めに立てる。中央に光がはいり、放任しても主幹がのびない。この開心形は、幼木のときから仕立てることも多いが、枝が充実するまで、やや時間がかかる。

（主枝、主幹）

変則主幹形
リンゴの若木、カキ、クリの成木に用いられる。主幹を2～3mのところで切り、主枝を3～4本にする。

（主幹、主枝）

主幹形（しゅかんけい）
リンゴ、カキ、クリの幼木期の樹形として、果樹園でも採用される。放任すると、この形のまま大きくなるため、上部の果実がとりにくくなる。主幹が中央に立っているので美しいが、光が樹冠内にはいりにくいという問題もある。

（主幹、主枝）

庭の果樹樹形

果樹を庭に植えるときの樹形は、基本的には自由です。しかし、花や樹形を楽しむのか、またはおいしい果実を収穫したいのかなど、目的をはっきりさせると樹形は決まってきます。

花や樹形を庭木として楽しむなら、282ページの主幹形の自然樹形が最適です。また果実が目的なら、開心形などの樹形がいいでしょう。

ヨーロッパの中世では、庭園で果樹を楽しむための整枝方法が考案されました。花と実の両方を楽しむための方法を、いくつか紹介します。せまい庭でもフェンスや棚、棒を利用して庭で果樹を楽しむことができます。

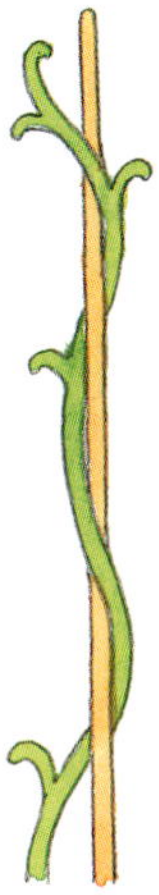

エスパリア［フェンスに使える樹形］

エスパリアは、イタリア語で「支柱」の意味です。ヨーロッパで発達した整枝方法で、フェンスや建物の壁に枝を誘引して、厚みを出さず壁面に張りつくように薄く形をつくります。

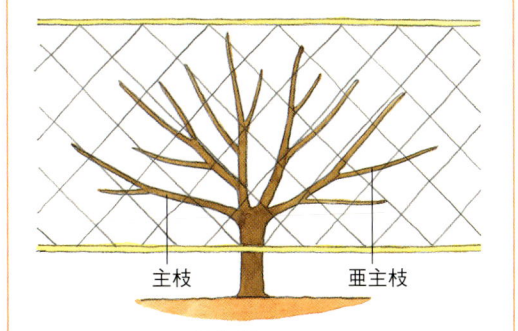

扇状形整枝
主枝や亜主枝をフェンスに扇状に誘引して形をつくる。

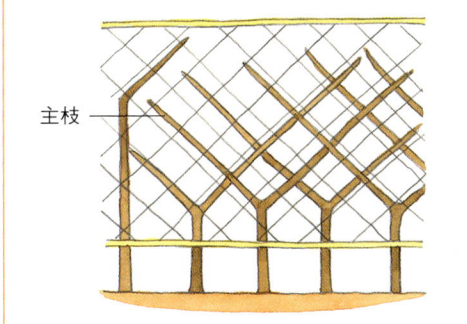

ダイヤモンド整枝
並べて植えた木の主枝が、格子状に重なるようにフェンスに誘引する。

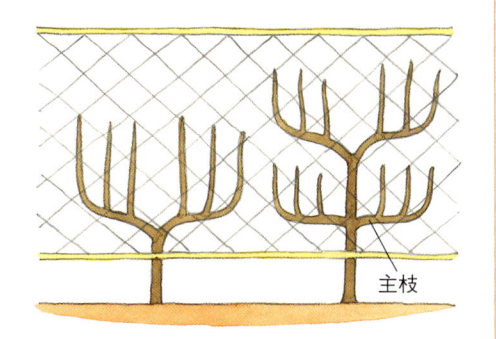

ホリゾンタル整枝
主枝を左右に均等に誘引して、左のような1段か、右のような2段にする。

棒仕立て
つる性の果樹の場合は、支柱に巻きつけて仕立てると直立するので、1本の木のような形にすることができる。

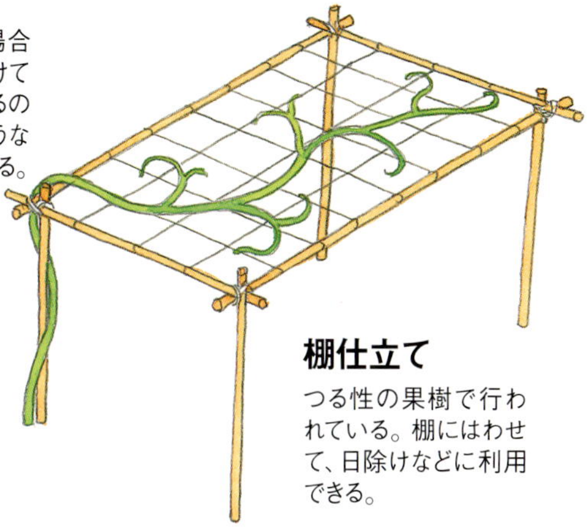

棚仕立て
つる性の果樹で行われている。棚にはわせて、日除けなどに利用できる。

コンテナ・鉢の仕立て

一番大切なことは、木の特性にあわせた樹形にすることです。つける果実の大きさや枝数、主幹が立つのか、つる性かなどによって、形が違ってきます。

模様木仕立て
多くの果樹に使える。果樹を盆栽のように仕立て、樹形を楽しみながら果実も収穫できる。

株仕立て
ブルーベリーなどの低木性の果樹に適し、丸くボリュームのある樹形になる。

行灯仕立て
ブドウ類などのつる性の果樹に利用する。コンテナや鉢に支柱を立て、つるを巻きつけて*行灯（あんどん）のように整枝して仕立てる。

箒仕立て
グミのように枝が細く、枝数の多い果樹に向く。竹箒（たけぼうき）を逆さにしたような樹形に仕立てる。

スタンダード仕立て
ヒメリンゴなど小さな実をつける果樹に向く。直立した幹に樹冠が丸くなるように仕立てる。

＊行灯（あんどん）：照明器具。木などで枠をつくって紙を張り、中に油皿を入れて点灯して使う。

コンテナ果樹園

*屋上やベランダで手軽に楽しめ
手入れが容易で、しかも
おいしい果樹を収穫できる方法*

目と味覚で楽しむ

コンテナとは容器のことで、コンテナ果樹は容器で栽培する果樹をさします。日本では鉢植えといったほうがなじみがあります。欧米ではコンテナ栽培の苗木が盛んに流通しています。日本でも苗木をコンテナで生産するとともに、ミカンなどの場合、果実をつけたままで流通する方法が広がりはじめています。

容器で栽培することの大きな利点は、季節を問わずに移動が容易なことです。室内やベランダなど身近な場所で生長を観賞しながら、完熟した果実を収穫し、食用として楽しめる、二度の喜びを味わうことができます。

場所を選ばない

果樹は、それぞれ生育に適した温度により栽培地域が限定されています。また、日当たりと

水はけがよい肥沃な適湿地では、収量や品質がよくなります。ちょっと目線をかえて、収量や経済性よりも楽しみを優先すれば、コンテナ果樹は小さくつくれるので、限られた空間を利用できます。つまり、マンションのベランダやビルの屋上などの人工地盤の上でも栽培できるのです。亜熱帯果樹は、温帯や寒冷地でも、温室や室内などの冬越しできる場所に移動して保護することで、栽培が可能になります。コンテナ栽培であれば、果樹栽培を楽しむ機会が格段にふえることになります。

管理しやすい

自分で果樹を育てれば、流通しにくい果実や、木でおいしく

なるまで完熟させた果実を食べることができます。さらに、コンテナ栽培では熟期に水やりを控えめにすることにより、もっと甘くしたり、味を濃くすることができます。また、ブルーベリーやセイヨウミザクラのように梅雨時に熟期を迎える品種などは、雨に当たる機会が多く、雨が当たった実は割れやすくなります。ところがコンテナ栽培では、簡単に移動できるので、雨除けが容易にできます。その ほか、水分や養分の供給をコントロールしやすく、実のつく時期を早めたり、病害虫に対する管理や作業が容易になることも大きな特徴です。ただし、夏場の水やりが大切です。忘れないように注意が必要です。

比較的育てやすい果樹

ブルーベリー ———— p.319
ツツジ科スノキ属　落葉広葉樹　低木

多くの品種が出まわり、苗木は入手しやすい。交配のために寒冷地から暖地まで、栽培地に適した2品種以上を選ぶこと。酸性土を好むので、用土は無調整のピートモスを利用する。十分な水やりと施肥、半日以上の日照が必要。

カキ ———— p.300
カキノキ科カキノキ属　落葉広葉樹　高木

甘ガキは関東地方以西が適する。人気が高い「富有」や「次郎」は雌花だけで単為結果するが、落果しやすい。「禅寺丸」や「赤柿」など、雄花をつける品種を近くに栽培して人工授粉を行い、実つきを確実にする。

ラズベリー ———— p.297
バラ科キイチゴ属　落葉広葉樹　低木

枝がつる状にのび、管理しやすいトゲなしの品種が広く出まわる。栽培は日当たりのよい場所で、枝を誘引するフェンスまたは行灯（あんどん）状の支柱が必要。用土は特に選ばないが、水はけをよくする。

非常に難しい果樹	やや難しい果樹	

リンゴ　p.298
バラ科リンゴ属　落葉広葉樹　小高木

生育および果実の品質面からは寒冷地向きだが、暖地でも栽培はできる。自家不結実性が強く、必ず異なる品種を近くで栽培し、授粉昆虫の少ない場所では人工授粉が必要。水分を好み、少しでも不足すると葉焼けがおきる。

モモ　p.296
バラ科サクラ属　落葉広葉樹　小高木

耐寒性はあるが、やや暖地が適地。日当たりのよい場所で、水はけのよい土に植える。空間が限定される場合は、1本でも結果する「白鳳」や「大久保」などの品種を選ぶ。完熟果を収穫するためには、こまめな観察が必要。

ウンシュウミカン　p.309
ミカン科ミカン属　常緑広葉樹　小高木

12月までに収穫でき、ミカンの仲間ではもっとも早い。寒冷地ほど早生（わせ）品種が栽培しやすい。暖地性で、零下5度程度までの低温に耐えるが、冬越しを工夫すれば寒冷地でも栽培が可能。スリット鉢や調整ピートモス用土で栽培が容易にできる。

ナシ　p.294
バラ科ナシ属　落葉広葉樹　高木

零下10度に耐えるが、夏は20度以上になる比較的温暖な地域を好む。リンゴ同様に自家不結実性が強く、授粉樹が必要。生育枝を誘引、短果枝をつくる。摘果や袋がけ、病害虫防除、施肥、剪定などに知識や技術が必要。

ブドウ　p.302
ブドウ科ブドウ属　つるもの（落葉藤本）

耐寒性は大きく、「デラウェア」では零下20度に耐えるが、実をつける枝が充実していないと、暖地でも凍害を受け、発芽しない。枝を支柱に誘引、養生し、翌年に行灯支柱に誘引して結果させる。技術が必要。

カボス、スダチ　p.311
ミカン科ミカン属　常緑広葉樹　低木

耐寒性はユズに次ぎ、零下7度まで耐える。枝にトゲがあるがユズに比べ小さく、扱いやすい。半日陰地に耐える。果汁は料理の薬味として、味に深みを添える。早い時期の青い実から利用できる。

ヤマモモ　p.125
ヤマモモ科ヤマモモ属　常緑広葉樹　高木

庭木だが、果実用品種もあり、雄株の接ぎ木苗も流通する。暖地性だが、成木では零下5度に耐える。積雪地では枝が折れやすく、保護対策が必要。雌雄異株で風媒花。風上に自生または緑化用の植栽があるところ以外では、雄株を授粉樹として植える。

ハッサク　p.310
ミカン科ミカン属　常緑広葉樹　小高木

ウンシュウミカンよりやや耐寒性が劣る程度で、冬は寒風を避ける。自分の花粉では結果しない自家不結実性。授粉樹にナツミカンが必要。木が大きくなりやすく、果実も大きいので、風で倒れない工夫が必要。

キンカン　p.311
ミカン科キンカン属　常緑広葉樹　低木

耐寒性はウンシュウミカン程度。収穫期が遅く、寒さが早い地方では年内は酸味が残る。霜に当たると果実は凍害を受けやすい。冬越しは軒下に置くなど、防寒を工夫すると味がよくなる。たねなし品種の果実は賞味しやすい。

ウメ

梅　【別名】ムメ
Prunus mume
バラ科サクラ属
落葉広葉樹　小高木

シンボルツリー　香り

この木どんな木

芳香のある花も美しく初夏に収穫する果実は梅干し、梅酒、梅酢にと幅広く利用できる

【原産地】中国
【日当たり】日向を好む
【土壌・土質】水はけのよい肥沃な土壌を好む
【用途】シンボルツリー、コンテナ、添景木
【観賞ポイント】芳香のある花、樹形、果実

【樹形】6m／7m

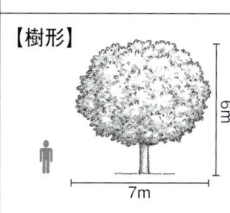

【植栽範囲】北海道南部〜九州

「鶯宿（おうしゅく）」の花。名前は、平安初期の村上天皇が、みごとなウメの木を宮中に運ぼうとすると、「勅なれば いともかしこし 鶯の 宿をと問はば 如何に答えん」（名誉なことですが、いつもやってくるウグイスが、私の宿はどこですかと聞いたらどう答えましょう）という短冊を見て、返上したという故事に由来する。実は中粒。

「南高（なんこう）」の実。和歌山県の県立高校、南部（みなべ）高校の教諭を中心とする園芸科の生徒が、品種を研究し、探し当てたことに敬意を表して命名された。南部高校を地元では「なんこう」と呼んでいたことに由来する。大粒で、皮がやわらかく、果肉が厚いので、梅干しに最適といわれる。完熟すると紅をさすのが特徴。

[木の特徴と性質]

『万葉集』に数多く登場　原産地の中国から前漢〜唐の時代に渡来したと考えられ、奈良時代にはすでに栽培されていたようです。『万葉集』には、ウメの花を詠んだ歌が118首あり、実の収穫だけでなく、花の観賞も目的に栽培されていたことがわかります。

栽培が盛んになったのは江戸時代　果実としての栽培が盛んになったのは戦国時代から江戸時代にかけてで、品種も著しくふえました。その後、梅干し、梅汁、媒染剤としての梅酢などの需要増加につれ、諸藩で梅園を育成することが奨励されるようになりました。梅の名所として知られる水戸偕楽園も、もともとは幕末の水戸藩主徳川斉昭が藩財政の助けとするためにつくったといわれます。

家庭で楽しめる実ウメの品種　果実の収穫を目的として栽培されるものを実ウメといい、現在、約100種あるといわれますが、家庭で栽培しやすい品種としては、「白加賀（しらかが）」「玉梅」「養老（ようろう）」「長束（なつか）」「甲州最小（こうしゅうさいしょう）」「花香実（はなかみ）」などがあります。収穫は6月中旬ごろからで、梅干し、梅酒などに利用します。その他、有名な実ウメとしては、「玉英（ぎょくえい）」「鶯宿（おうしゅく）」「豊後（ぶんご）」「南高（なんこう）」などがあります。

品種によっては授粉樹を必要とする　ウメの多くは自家結実性が低いので、授粉用として、開花期が一致する花粉の多い他品種を植えて

286

「花香実(はなかみ)」。1本の木で、淡い紅色の八重の花とよい香り、中粒の実が楽しめることから、この名前がある。

「長束(なつか)」。中粒の品種で果肉が厚く、梅干しに適している。熟すと淡黄色になる。愛知県を中心に栽培されている。

「白加賀(しらかが)」。大粒の品種で、実をとるウメとしては、全国で一番多く栽培されている。白い花が咲き、江戸時代から「加賀白梅」として知られる。

「豊後(ぶんご)」。全国で栽培されている大分県原産の実ウメ。豊後梅は大分県の県木で、大粒の実がつく。ウメのなかでは遅咲くので、霜の害が少ない。

「甲州最小(こうしゅうさいしょう)」。山梨県原産ではなく、大正時代に奈良県で発見され、静岡県興津の園芸試験場から広まった小粒の品種。

「養老(ようろう)」。淡紅色の花が咲き、大粒の実がつく。江戸時代に紀州(和歌山県)の丁(よぼろ)村から取り寄せ、「ようろう」と呼ばれた。

[作業]

◎植えつけ&移植 実ウメ、花ウメともに、植えつけと移植は落葉期が適期です。

◎手入れ 花ウメと基本的には同じですが、病害虫の防除や駆除に手間がかかります。

◎肥料 冬期に鶏糞などの有機質肥料、果実の肥大期の4月中旬〜5月と、収穫後にお礼肥として化成肥料を与えます。

◎病害虫 春〜夏にアブラムシやケムシ類がよくつきます。特にアブラムシには新芽が開くころから注意が必要です。病害では黒星病やウドンコ病、縮葉病などがあります。

◎整枝・剪定のコツ 基本的に剪定は落葉後から初春に行いますが、実を多くならせるには、長枝を切りつめ、短果枝を多くつくることがポイントです。

◎生長にあわせた作業ポイント 幼木では生長を促すためにチッ素を、成木では実を生産するためにカリを、老木では樹勢維持のためにチッ素を主体に施肥を行います。

[楽しみ方]

果実をさまざまに加工

熟果は梅干しに、青梅は梅酒や梅酢、梅シロップなどに用います。梅酒は暑気あたりや下痢止めに効果があるとされ、梅酢は生姜や茗荷を漬けて食用とします。

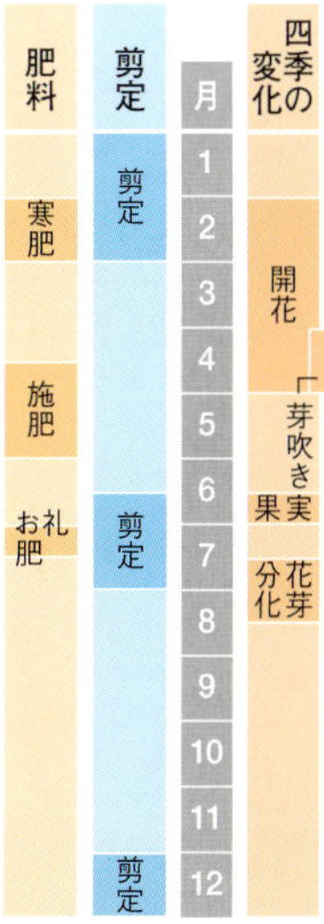

おきます。「白加賀」「玉英」「南高」「鶯宿」「梅郷」「甲州最小」などは自家結実性が低く、一方、「甲州最小」などは自家結実性が高いので授粉樹としても適しています。

四季の変化	月		剪定	肥料
	1		剪定	肥料
	2		剪定	寒肥
開花	3			
	4			施肥
芽吹き・実	5			
果	6		剪定	お礼肥
花芽分化	7			
	8			
	9			
	10			
	11			
	12		剪定	

アンズ

シンボルツリー

杏、杏子 【別名】カラモモ、アプリコット
Prunus armeniaca
バラ科サクラ属　落葉広葉樹　小高木

この木どんな木

生食もよし
ジャムや果実酒も美味。
花風景も美しい
野趣に富んだ果樹

【原産地】中国説や中央アジア説など諸説がある
【日当たり】日向を好む
【土壌・土質】水はけのよい肥沃な土壌を好む
【用途】シンボルツリー、コンテナ
【観賞ポイント】淡紅色の花、果実

【樹形】5～10m　6～12m

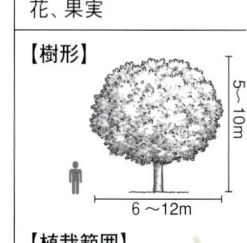

【植栽範囲】北海道南部～九州

4月に咲くアンズの花。

アンズの実。各地で植えられているが、果実の栽培はリンゴの適地とほぼ一致する。

木の特徴と性質

平安時代の呼び名は「唐桃」　薬用植物として中国から渡来し、平安時代は唐桃と呼ばれていました。果樹としての栽培が始まったのは鎌倉時代、杏と呼ばれるのは江戸時代になってからです。

甘酸っぱく美味な果実　4月中旬、ふっくらとした淡紅色の花が美しく咲きます。6月中旬に黄熟する実は、甘酸っぱく美味で、生食や砂糖漬け、ジャム、果実酒などで楽しめます。種子は生薬の杏仁で、咳止め薬の原料となります。家庭向き品種に、「平和」「新潟大実」「甚四郎」「甲州大実」「鏡台丸」などがあります。

【作業】

◎**植えつけ＆移植**　植えつけと移植は落葉後から春の発芽前（極寒期を除く）が適期です。

◎**手入れ**　毎年、剪定が必要です。また、人工授粉を行うと実つきがよくなります。

◎**肥料**　落葉後に鶏糞などの有機質肥料を寒肥として与えます。

◎**病害虫**　黒星病、灰色カビ病、胴枯れ病、コスカシバ、アブラムシなどが発生します。

【剪定方法】

果実栽培が目的の場合は、高さ4m程度の開心形（幹を切断し、主枝を3～4本立て、亜主枝を四方に出して結実面を広くする）に仕立て整枝を行う。果実は短果枝に多くつくので短果枝は残すようにする。

四季の変化	月	芽吹き	開花	果実	剪定	肥料
	1				剪定	寒肥
	2				剪定	寒肥
	3	芽吹き				
	4		開花			
	5					
	6			果実		施肥
	7				剪定	
	8				剪定	
	9					
	10					
	11					
	12				剪定	

シンボルツリー
セイヨウミザクラ

西洋実桜　【別名】カンカオウトウ（甘果桜桃）、サクランボ
Prunus avium
バラ科サクラ属　落葉広葉樹　高木

この木どんな木
初夏に熟す実がサクランボ。
花と実が楽しめるよくばりな果樹

【原産地】西アジア
【日当たり】日向を好む
【土壌・土質】水はけのよい肥沃な土壌を好む
【用途】シンボルツリー、コンテナ
【観賞ポイント】白い花、赤い果実

【樹形】15〜20m／10〜15m

【植栽範囲】北海道〜九州（夏期冷涼地）

白くて美しいセイヨウミザクラの花。

セイヨウミザクラのなかでもっとも糖度の高い「佐藤錦（さとうにしき）」。

【剪定方法】
太い枝を切ると切り口の癒合が悪く枯れ込む性質がある。特に「ナポレオン」はその傾向が強く、3年生以上の枝を切ると枯死することが多い。

家庭での栽培に向いた「ナポレオン」の果実。フランスのナポレオン1世がセントヘレナ島で没したあと、ベルギー王が英雄にちなんで命名したという。

[木の特徴と性質]

北海道から始まったサクランボ栽培　シナミザクラ、セイヨウミザクラ（甘果桜桃）、スミノミザクラ（酸果桜桃）の3つの系統をオウトウ（桜桃）と総称しますが、一般には生食用のセイヨウミザクラか、改良した園芸品種がそう呼ばれます。日本での栽培は、明治初年、北海道開拓使によって始まりました。

2品種以上を植えることが必要　4〜5月に開花する白色花は、自家受粉しないので、2品種以上植える必要があります。果実は5月下旬〜7月上旬に黄赤色から暗赤色に熟します。家庭で栽培するには、肉質がかたく多汁で芳香のある「ナポレオン」が適しています。

[作業]

◎**植えつけ&移植**　植えつけと移植は11月ごろと3月ごろが適期です。

◎**手入れ**　実を多く収穫するには、短果枝に日が当たるように、毎年の剪定が必要です。

◎**肥料**　12〜2月ごろ、鶏糞などを寒肥として与えます。

◎**病害虫**　特に灰星病に注意します。コスカシバ、アブラムシ類などもつきます。

四季の変化	月	剪定	肥料
	1		寒肥
	2		
芽吹き	3	剪定	
開花	4		
	5		
幼果	6		施肥
花芽分化	7	剪定	
	8		
	9		
	10		
	11		
	12		寒肥

スモモ

シンボルツリー ● 香り

酸桃、李 【別名】ジャパニーズプラム
Prunus salicina
バラ科サクラ属　落葉広葉樹　小高木

この木どんな木

白い花が春を告げ
初夏には実が美しい。
成熟させた果肉には
さわやかな酸味

【原産地】日本、中国
【日当たり】強い風の当たらない日向を好む
【土壌・土質】水はけがよく、水もちのよい砂質の土壌を好む
【用途】シンボルツリー、棚仕立て、エスパリア
【観賞ポイント】白い花、赤や黄色の果実、仕立て樹形

【樹形】 5〜6m / 6〜8m

【植栽範囲】北海道〜九州

自分の花粉では結実しないニホンスモモの花。

アメリカで品種改良された「サンタローザ」の果実。完熟すると芳香がある。

[木の特徴と性質]

白い花が美しい里帰りの果樹

4〜5月、葉に先立って短枝の先に白い5弁花が開き、樹冠は白一色に包まれます。モモと同じく古代から栽培されていましたが、酸っぱいモモでスモモ（酸桃）と呼ばれるほど果実の酸味が強く、また病害虫により樹上で果実の成熟するまでに至らず、果物としてはほとんど認知されませんでした。現在栽培されている品種の多くは、明治初年にアメリカに持ち込まれて品種改良され、日本へ逆輸入されたものです。

ニホンスモモの栽培品種

ニホンスモモとセイヨウスモモ（ヨーロッパスモモ、アメリカスモモ）を総称してスモモと呼びます。日本では主にニホンスモモの「ソルダム」や「サンタローザ」「ビューティー」「大石早生（おおいしわせ）」などが栽培され、生食されます。これらは家庭果樹にも向いた品種です。また、ニホンスモモの栽培品種の多くはハタンキョウやボタンキョウと呼ばれることもあります。

乾燥果実としても需要が高い

一般に「プルーン」と呼ばれているセイヨウスモモは、ペクチンの含有量が多く、ジャムやゼリーに適しています。また乾燥果実として食用にも利用されます。

[作業]
◎植えつけ＆移植　植えつけと移植は12〜3月の落葉期が適期です。ニホンスモモの多く

スモモのなかで早く結実するニホンスモモ。ほどよい甘酸っぱさがある。

「ソルダム」の果実。アメリカから日本に逆輸入されたニホンスモモの栽培品種。

西アジア原産とされるセイヨウスモモをアメリカで品種改良した「プルーン」。

「ビューティー」の果実。果肉が赤くなり、甘く、果汁も多い。

[楽しみ方]

果実をよりおいしく味わう

果肉がやわらかくなるまで成熟させてから収穫すると、甘くて果汁がたっぷりある本来の味となります。

生長にあわせた作業ポイント

幼木のころは主幹を芯止めし、日当たりを考慮して、四方に広がる枝をのばします。枝の込みあう部分は大きな枝から間引き、結果枝を多く残すようにします。

長枝は11月中旬〜12月に切り戻し、短果枝を多く発生させるようにします。

整枝・剪定のコツ

樹形は各枝に日が当たることを優先して整えます。前年にのびた短果枝に特によく実をつけるので、果枝を残すようにします。

病害虫

アブラムシ、アメリカシロヒトリ、モンクロシャチホコ、果実の黒斑病やふくろみ病に注意します。

肥料

開花前の1〜2月と、収穫後の9月に速効性化成肥料を、12月に有機質肥料を施します。チッ素は少なめに、リン酸の多い堆肥を根もとに施します。

手入れ

開花枝に日が当たり、作業がしやすい樹形をつくる剪定を行い、おもに開心形（282ページ参照）にします。よい果実を得るには、人工授粉や摘果が必要となります。また、乾燥のしすぎは実のひび割れや樹勢の衰えを招きますので、マルチングや、乾燥する時期の水やりに気をつけます。

は自家受粉しないので、異なる品種を近くに植栽します。

四季の変化	月	剪定	肥料
	1	剪定	寒肥
	2	剪定	
芽吹き	3		
開花	4		
	5		
果実	6		
花芽分化	7	剪定	施肥
	8		
	9		
	10		
	11		施肥
	12	剪定	

■ シンボルツリー　■ 香り

カリン

花梨、花櫚　【別名】アンランジュ
Pseudocydonia sinensis
バラ科カリン属　落葉広葉樹　高木

バラ科マルメロ属のマルメロの実。

カリンより色が淡いマルメロの花。

細長いリンゴのようなカリンの果実。黄色く熟すと芳香を放つ。

光沢のあるカリンの樹皮。

5枚の花弁をもつカリンの花。花にも芳香がある。

この木どんな木

木肌も美しくコンテナ栽培に向く。黄色い大きな果実は熟すと芳香を放つ

【原産地】中国
【日当たり】日向を好むが、耐寒性もある
【土壌・土質】水はけのよい肥沃な土壌を好む
【用途】シンボルツリー、コンテナ
【観賞ポイント】黄色の果実、桃色の花、木肌

【樹形】10m／8m

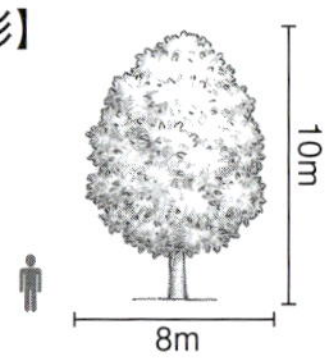

【植栽範囲】東北～沖縄

[木の特徴と性質]

美しい木肌を盆栽で愛でる　樹皮は光沢のある緑褐色で、老木になるとうろこ状にはがれ、美しい木肌を見せます。

かたい実は加工して利用　大きな楕円形の果実は、10～11月ごろ、黄色く熟し芳香を放ちます。果肉は生食には適しませんが、カリン酒やジャム、ゼリー、砂糖漬けなどにして食べます。薄く輪切りにして陰干ししたものは、煎じて喘息などの薬に利用されます。

カリンと混同されるマルメロ　長野県でカリンと呼ばれ生食やジャムにされるものの多くは、同じバラ科のマルメロです。

[作業]

◎**植えつけ&移植**　植えつけは12～3月までの落葉期が適期です。移植は2～3月が適期ですが、落葉期であればほぼ行えます。

◎**手入れ**　主に冬の落葉期に剪定を行います。剪定以外はあまり手間はかかりません。

◎**肥料**　晩秋に寒肥、2～3月には追肥として、堆肥などの有機質肥料を施します。

◎**病害虫**　黒星病、シンクイムシ、カイガラムシに注意が必要です。

【剪定方法】
剪定は冬の12～2月の間に行う。新梢は徒長するので、強めに剪定を行い、花芽の先に葉芽を10芽ほど残して切りつめるとよい。枝は込みすぎないように絡んだ枝を切りとる。

月	四季の変化	剪定	肥料
1		剪定	寒肥
2	芽吹き	剪定	
3		剪定	追肥
4	開花		追肥
5	開花		
6			
7			
8			
9			
10	果実		
11	果実		寒肥
12		剪定	寒肥

ビワ

枇杷
Eriobotrya japonica
バラ科ビワ属　常緑広葉樹　小高木

- シンボルツリー
- 香り
- 剪定 少
- 日陰OK

この木どんな木

黄色の果実はまさに楽器の琵琶。冬にも落葉しない常緑の葉も魅力

【原産地】中国、日本
【日当たり】日向を好み、寒さと乾燥をきらう
【土壌・土質】水はけのよい壌土または粘土質のまじった土を好む
【用途】シンボルツリー
【観賞ポイント】常緑の葉、香りのある白い花、黄色の果実、樹形

【樹形】6〜10m / 6〜8m

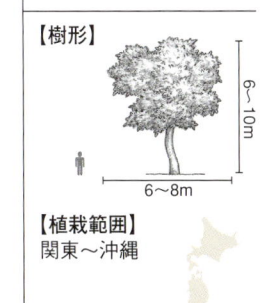

【植栽範囲】関東〜沖縄

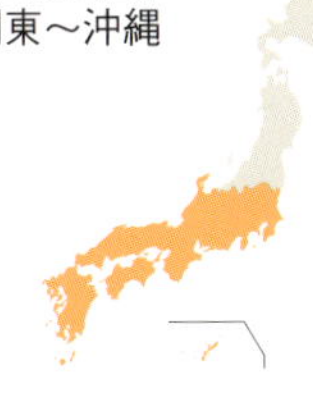

長崎県茂木町原産の茂木ビワ。

千葉県の房総を中心に栽培されている田中ビワ。

【剪定方法】
他の果樹のように整然と整枝されることは少ないが、開張性の強い品種では2〜3段の杯状、直立性の品種では変則主幹形の樹形にするのがよい。剪定の適期は花芽分化後の9月。太い枝の切り口は、がん腫病菌がはいって勢力を弱めるので、若木のときから大きい切り口をつくらないようにする。

ビワは育てやすく、食べたあとの種子をまいても、おいしい果実をつける木が育つ。

[木の特徴と性質]

江戸末期、唐ビワが渡来　もともと日本にも自生していましたが、江戸時代の末、果実が大きく美味な唐ビワが長崎に渡来し、全国に栽培が広がりました。西日本で茂木ビワ、東日本で田中ビワがよく栽培されています。

名前は楽器の琵琶から　11月中旬〜2月下旬、枝の先端に芳香のある多数の白色花が円錐状に開きます。6月に熟す果実は生食や缶詰に、種子は生薬の杏仁の代用として利用されます。名前の由来は、果実または葉が楽器の琵琶の形に似ているからといわれます。

[作業]

◎**植えつけ＆移植**　植えつけと移植は春が適期です。ビワを忌木とする地方もあります。

◎**手入れ**　全部結果させると果実が小さくなるので、摘房・摘花・摘果を行います。

◎**肥料**　お礼肥として、3要素入りの化成肥料を6月中旬〜7月に施します。開花後の2〜3月にも有機質肥料を施します。

◎**病害虫**　がん腫病と白紋羽病、モモチョッキリゾウムシ、ナシミドリオオアブラムシ、ナシヒメシンクイなどに注意します。

四季の変化	剪定	肥料
月		
1 開花		
2		施肥
3	剪定	
4 芽吹き		
5		
6 果実		お礼肥
7		
8 花芽分化		
9	剪定	
10		
11 開花		
12		

ナシ／セイヨウナシ

梨／西洋梨
Pyrus pyrifolia / Pyrus communis
バラ科ナシ属　落葉広葉樹　高木

■シンボルツリー　■コンテナ

［この木どんな木］
手間はかかるが収穫の喜びは大きい。透明感のある青白色の花も人気

【原産地】本州、四国、九州、朝鮮半島、中国（ニホンナシ）／西アジアからヨーロッパ中部（セイヨウナシ）
【日当たり】日向を好む
【土壌・土質】水はけがよく肥沃な土壌を好む。耐湿性はややあるが、乾燥にはやや弱い
【用途】シンボルツリー、コンテナ、エスパリア
【観賞ポイント】白い花、果実

【樹形】10～12m　12m

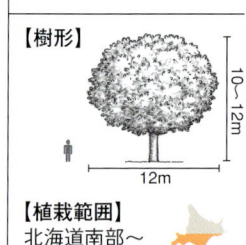

【植栽範囲】北海道南部～九州

サクラの花に似た、大きな5弁のナシの花。ナシは自然受粉が難しいので、実つきをよくするには、人工授粉の作業が必要になる。

［木の特徴と性質］

長十郎は赤梨、二十世紀は青梨

　現在、日本で果実として栽培されるナシには、ニホンナシ、セイヨウナシの2種のほか、チュウゴクナシの3系統が知られています。栽培の歴史は古く、奈良時代にさかのぼりますが、本格的に栽培が始まったのは江戸時代です。明治時代に「長十郎」や「二十世紀」が発見され、セイヨウナシ、チュウゴクナシも導入されましたが、現在では、ほとんどが、20世紀以降につくり出された栽培品種です。ニホンナシには、「長十郎」に代表される赤梨と「二十世紀」に代表される青梨があります。

家庭向きのおいしい品種

　ニホンナシの品種群で、家庭でも比較的容易に栽培できる代表的なものは、早生の「幸水」、中生の「新水」、晩生の「新高」「豊水」「長十郎」「二十世紀」「愛宕」などです。セイヨウナシで育てやすく入手しやすい品種は、生食できる「ラ・フランス」や「バートレット」です。チュウゴクナシとしては、「鴨梨」があります。

［作業］

◎**植えつけ＆移植**　植えつけは10～11月、2～3月が適期です。移植は、根まわしを十分にして、2～3月に行います。

◎**手入れ**　ナシは病害虫が多く、手間がかかり、他の果樹と比べ上級者向きの果樹です。病害虫の防除のほか、人工授粉、摘花、摘蕾・

「愛宕（あたご）」（赤梨）。12月ごろにできる晩生種で、果実が大きい。

「長十郎（ちょうじゅうろう）」（赤梨）。明治時代に発見され、日本全国で栽培されている。

「幸水（こうすい）」（赤梨）。肉質がやわらかく、甘味があって水分に富んでいる。

「ラ・フランス」（セイヨウナシ）。香りがよく、肉質がやわらかい。

「二十世紀（にじっせいき）」（青梨）。千葉県松戸市で生まれ、鳥取県に広まった。

「新水（しんすい）」（赤梨）。果実は小さいが、肉質がよく酸味と甘味がほどよい。

「バートレット」（セイヨウナシ）。世界でもっとも多く栽培されている。

「新高（にいたか）」（赤梨）。果実が大きく、香りがあって肉質もよい。

「豊水（ほうすい）」（赤梨）。果肉がやわらかく、甘味と水分に富んでいる。

[楽しみ方]

おいしく食べるタイミング

自らの手で育てた果実を、もっともおいしく食べるには、収穫のタイミングが大切です。ニホンナシ類は、果実を下から持ち上げて、簡単に枝から離れるときが完熟のときです。セイヨウナシ類は、果皮が黄緑色になってから収穫し、追熟させます。追熟時間は品種によって異なりますが、一般に摂氏0～4度で約1週間冷蔵してから、室内（18～20度）で1～2週間ほどが目安です。

生長にあわせた作業ポイント

若木のときから、将来の樹形をイメージして剪定します。

◎整枝・剪定のコツ　各枝に均等に日が当たり、管理しやすい樹形として開心形や棚仕立てにします。剪定は2～3月に基本剪定を行い、新梢がのびてから不要な芽をかきとります。花芽は短枝の先にあるので、小枝を切りすぎないことが大切です。

◎肥料　11月に秋肥としてチッ素が多めの肥料、2～3月に寒肥、9月にお礼肥を与えます。土壌と樹勢を見ながら施肥をします。

◎病害虫　代表的な病害に赤星病があります。赤星病の中間寄生種となるビャクシン類を、近くに植えないようにします。そのほか、黒斑病、輪紋病、ナシヒメシンクイ、ハマキムシ、ハダニ類などの防除を行います。

摘果、袋掛け、除袋などが省けず、大部分の品種には受粉樹が必要です。セイヨウナシは収穫後に追熟させます。

月	剪定	四季の変化	肥料
1			
2	剪定	芽吹き	寒肥
3			
4		開花	
5			
6	剪定		
7		果実	
8			お礼肥
9			
10			
11			施肥
12			

295　果樹

モモ

桃
Prunus persica
バラ科サクラ属　落葉広葉樹　小高木

■シンボルツリー　■コンテナ

この木どんな木
生長も早くすぐに収穫できる。育てやすい栽培品種を選ぶのがコツ

【原産地】中国
【日当たり】日向を好む
【土壌・土質】土質は特に選ばないが、水はけのよい肥沃な適湿地を好む
【用途】シンボルツリー
【観賞ポイント】豊富な色の花、果実、樹形

【樹形】8～10m／10～12m

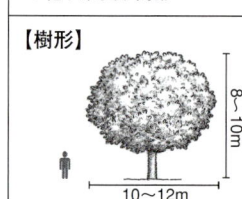

【植栽範囲】北海道南部～九州

「照手水蜜（てるてすいみつ）」の果実。日当たりがよく、風当たりが少なく、水はけのよい場所で、葉25枚に対して果実1個に摘果するとよい。

鉢に植えられた「照手水蜜」。

【剪定方法】
ひこばえや徒長枝の剪定は初夏に、樹形や枝を整える剪定は冬期に行う。庭栽培では、横枝が張らない主幹形に仕立てて、枝が重ならないように整枝する。

優雅で美しいモモの花。

[木の特徴と性質]

庭先果樹には枝垂れ性がおすすめ　つくりやすいのは早生種と矮性種ですが、食味が劣ります。枝垂れ性品種の「照手水蜜」は木を一定の大きさに保ちやすく、管理も容易です。果実は小ぶりですが、香りと味は親の「白鳳」と同様に良好です。花と樹形も楽しめます。

風当たりに要注意　風当たりが強いと細菌性穿孔病にかかりやすく、植え穴に水がたまると、衰弱し枯れやすくなります。

[作業]

◎**植えつけ&移植**　植えつけと移植は厳寒期を除く落葉期が適期です。移植は、前年に根まわしをして2月下旬～3月中旬に行います。

◎**手入れ**　冬期に剪定とカイガラムシなどの防除、施肥、結果後は摘果、袋掛け、春～夏期の病害虫防除、防鳥の網張りを行います。

◎**肥料**　植えつけ時は堆肥と緩効性化成肥料を元肥として施し、冬期に有機質肥料を、収穫後はお礼肥として化成肥料を少量施します。

◎**病害虫**　縮葉病やカイガラムシ類、モモハモグリガ、アブラムシ、シンクイムシ類、モモノゴマダラメイガなどの対策をします。

四季の変化	月	剪定	肥料
芽吹き	1	剪定	寒肥
	2		
開花	3		
	4		
	5	剪定	施肥
	6		
果実	7		
	8		
	9		お礼肥
	10		
	11		
	12	剪定	寒肥

ラズベリー

■ コンテナ

【別名】ヨーロッパキイチゴ（キイチゴ）
Rubus ideaus
バラ科キイチゴ属　落葉広葉樹　低木

この木どんな木
初夏の訪れを告げる色鮮やかな果実。小さなスペースでも簡単に栽培可能

【原産地】ヨーロッパ
【日当たり】日向〜半日陰を好む
【土壌・土質】土質は選ばないが、水はけのよい土壌を好む。夏の乾燥をきらう
【用途】コンテナ、垣根仕立て
【観賞ポイント】彩り豊かな果実、花

【樹形】1〜3m／1.5〜4m

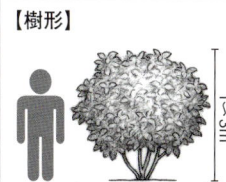

【植栽範囲】北海道〜関東

ラズベリーの果実。収穫適期より早めに収穫されたものが市販されているので、完熟果を味わうには、庭植えが一番。品種を選べば初夏から晩秋まで楽しめる。

【剪定方法】
仕立て方には直立性とスレンダータイプがあるが、どちらもフェンスなどを利用すると比較的楽に樹形がつくれる。6月ごろ、風通しをよくするために込み枝を剪定する。1月ごろには、結実枯死した枝を切りとり、春からの発芽に備える。

[木の特徴と性質]

長い歴史のあるキイチゴの一種

16世紀ごろイギリスで栽培が始まり、ヨーロッパやアメリカでの品種改良を経て、日本には1973年（昭和48）に導入されました。

初夏に熟す色とりどりの果実

5月中旬、薄桃や白い色の5弁花を開花し、初夏、赤・黒・紫・黄などの果実が熟します。多くの品種があり、生食以外にジャム、ジュース、果実酒にと利用できます。場所をとらないので、夏の乾燥に注意しさえすれば栽培は容易です。

[作業]

◎**植えつけ＆移植**　植えつけと移植は発芽前の3月上旬が適期です。無霜地域では11月上旬でも可能です。

◎**手入れ**　根もと周辺にたくさん出る新梢（しんしょう）を切りとる手入れは欠かせません。

◎**肥料**　春先と収穫後に緩効性化成肥料を、11〜12月には有機質肥料を施します。寒冷地では肥料をやりすぎないようにします。

◎**病害虫**　風通しが悪いとウドンコ病が発生することがあります。コウモリガ、マメコガは、見つけたら捕殺します。

四季の変化	剪定	肥料	月
	剪定	寒肥	1
	剪定	寒肥	2
芽吹き			3
芽吹き			4
			5
開花	剪定		6
開花		施肥	7
果実		施肥	8
果実		施肥	9
果実			10
果実		施肥	11
果実		施肥	12

リンゴ

林檎 【別名】セイヨウリンゴ
Malus pumila var. *domestica*
バラ科リンゴ属　落葉広葉樹　小高木

■シンボルツリー　■コンテナ

この木どんな木
樹冠をおおう白花とみずみずしい果実。「禁断の実」は現代でも人気果樹

【原産地】ヨーロッパ、西アジア
【日当たり】日向を好む
【土壌・土質】水はけのよい土壌を好む
【用途】シンボルツリー、コンテナ、エスパリア
【観賞ポイント】薄紅色を帯びた白い花、果実

【樹形】8～10m／10～12m

【植栽範囲】北海道～九州

リンゴの花。放射状に開いた葉の中央に5～6個の花が咲く。自家受粉による結実がしにくいので、開花期が同じ品種を2種類以上植え、互いに交配用とする。

[木の特徴と性質]

智恵の木の実
アダムとイブの「禁断の木の実」で有名なリンゴは、古くから栽培され、人々に親しまれてきました。栄養分を多く含み、消化を助ける滋養のある果実としてもよく知られています。

世界に広がるセイヨウリンゴ
現在食用にされているリンゴの祖先はヨーロッパ原産のセイヨウリンゴで、人類の移動とともに世界各国に広まりました。日本には平安時代に中国起源のリンゴが入ったといわれていますが、本格的には、1872年(明治5)に開拓使によって導入されました。

リンゴ前線の北上
4～5月に、真っ白な花が樹冠いっぱいに開き、南から北へと咲き進みます。花の美しさは庭木としても楽しむことができます。品種には、「つがる」「国光」「祝」「紅玉」「ゴールデンデリシャス」「旭」などがあります。

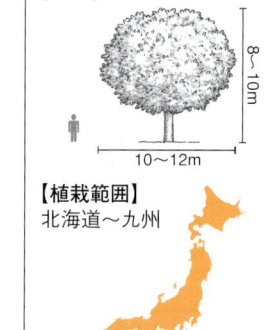

昼夜の温度差を好む
日当たりと風通しがよく、乾燥して昼と夜の温度差の大きい場所を好みます。

[作業]

◎植えつけ&移植　植えつけと移植は12～3月が適期です。葉焼けを防ぐため、夏の強い西日の当たる場所を避けます。

◎手入れ　果実のつきをよくするためには、毎年剪定し、開花枝を育てる必要があります。

「王林（おうりん）」。青いリンゴで、「ゴールデンデリシャス」の交配種。香りがよい。

「祝（いわい）」。甘味も酸味もほどよくあり、青リンゴとして出荷される品種。

「つがる」。「ゴールデンデリシャス」の交配種で、甘味は少ないが果汁が多い。

「アルプス乙女（おとめ）」。食べられるヒメリンゴで、せまい庭でも栽培できる。

「紅玉（こうぎょく）」。果肉はしまり、香りもよく、酸味が強い。お菓子の材料に使われる。

「ふじ」。日本で一番人気があるリンゴ。歯ごたえがよく、甘味が強く果汁も多い。

◎肥料　チッ素肥料を多く与えると収量は増大しますが、果実の品質が低下し、若木では枝が間のびした状態になります。寒肥として12～2月に有機質肥料を施し、6月～7月上旬に速効性肥料を施します。真夏に過剰に施すと、果実の品質が著しく低下します。

◎病害虫　ウドンコ病、モニリア病、斑点落葉病、黒星病などやアブラムシ、ハマキムシ、シンクイムシなど多くの病害虫があります。チッ素の多用を避け、緩効性の有機質肥料で健康に育てて、病害虫が生息できない環境をつくることが大切です。

◎整枝・剪定のコツ　前年にのびた側芽の先端の芽が花芽となるので、主枝や長枝の先端を12～3月上旬に少し切り戻し、短果枝に果実をつけさせるのがコツです。仕立ては、幼木期は主幹形、若木期は変則主幹形、成木期は開心形にします。若木期から日光が内部までよくはいるように整枝します。

◎生長にあわせた作業ポイント　貧弱な花房や、条件の悪い場所の花は摘みとり、花房の中心部の花が結果し、順調に肥大したら、葉50枚に対して1果を目標に摘果します。

[楽しみ方]

ベランダで楽しむ　鉢物、盆栽仕立てにして観賞する楽しみ方もあります。実は小さくなりますが、花や果実の美しい同じリンゴ属のミツバカイドウ、エゾノコリンゴなどが適しています。鉢を日当たりと風通しのよいところに置き、灌水を絶やさないように育てます。

四季の変化	剪定	肥料	月
	剪定	寒肥	1
			2
芽吹き			3
開花			4
		施肥	5
			6
			7
			8
果実			9
			10
			11
	剪定	寒肥	12

299　果樹

カキ

柿 【別名】カキノキ
Diospyros kaki
カキノキ科カキノキ属　落葉広葉樹　高木

- シンボルツリー
- 鳥を呼ぶ
- コンテナ
- 病害虫に強い

この木どんな木

甘ガキ、渋ガキ、それぞれに種類が多い。日本の風土によく適した果樹

【原産地】中国
【日当たり】日向を好む
【土壌・土質】特に土壌を選ばない
【用途】シンボルツリー、コンテナ
【観賞ポイント】黄赤色の果実

【樹形】10〜15m／10〜15m

【植栽範囲】東北〜沖縄

青い秋空に美しく映えるカキの実の色が、日本の秋を彩る。果樹としてだけではなく、観賞用の庭木として植えることも多い。

[木の特徴と性質]

昔はカキといえば渋ガキを指していた

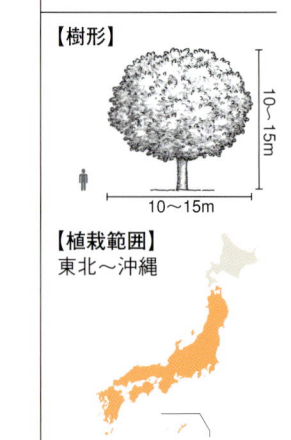

秋の風物詩ともいえるカキは歴史が古く、日本では1000年以上も前から栽培の記録があります。カキには甘ガキと渋ガキがありますが、その区別があらわれるのは中世以降で、それ以前は「柿」とは渋ガキを指し、甘ガキは「木練(こねり)」などと呼ばれていました。

日本の風土に適して繁栄

カキは日本の風土に適し、野生、栽培を問わずよく育つので、代を重ねて各地方にいろいろな品種が作出され、昭和初期には800〜1000種はあると推定されたほどです。今日、家庭の果樹としては、甘ガキの「富有(ふゆう)」や「次郎(じろう)」「西村早生(にしむらわせ)」などと、渋ガキの「平核無(ひらたねなし)」「堂上蜂屋(どうじょうはちや)」などが栽培しやすい品種です。

実の色はカロテンとリコピン

果実はビタミンC、B1やカロテンなどを含み、甘ガキは生食や料理の材料として、渋ガキは干し柿などにして食します。また、ビタミンCの豊富な若葉は柿の葉茶、柿の葉ずしなどに利用されます。若いカキからとる柿渋は防水・防腐用などに、幹は建築材として用いられます。

土地を選ばずによく育つ

日当たりさえよければ土地を選ばずよく育ちます。カキには雌花だけの品種と雌花・雄花の咲く品種があるので、実を収穫するためには2品種以上植えるのがポイントです。

「堂上蜂屋(どうじょうはちや)」(渋ガキ)。樹勢が強く、干し柿に最適の品種。

「平核無(ひらたねなし)」(渋ガキ)。寒さに強く実なりも多い。干し柿に向く。

カキの雄花(上)と雌花(下)。

「西村早生(にしむらわせ)」(甘ガキ)。「富有」からの交配種で、9月下旬から収穫できる。

「次郎(じろう)」(甘ガキ)。熟期は「富有」よりやや早いが、実なりは少ない。

「富有(ふゆう)」(甘ガキ)。関東以西の暖地に向く。寒いと渋が抜けない。

[作業]

◎植えつけ&移植　植えつけと移植は落葉している11〜3月が適期です。ただし苗木の植えつけの場合は3月に行います。大木の移植は困難ですが、行う場合は十分に根まわしをして、移動するときはすべての枝を切り落とし、幹巻きを万全にします。「富有」「次郎」「西村早生」「平核無」は雌花だけの品種なので、受粉を促すために「禅寺丸(ぜんじまる)」などの品種を一緒に植え込みます。

◎手入れ　よい実を収穫するには、結果枝をつくるために剪定の手間がかかります。

◎肥料　植えつけ時には施肥は行いません。7月ごろ、有機質肥料を施します。寒肥を12〜2月に施します。

◎病害虫　カキノヘタムシに注意します。

◎整枝・剪定のコツ　冬の剪定は12〜2月が適期です。込み合ったり絡んだりした枝や、前年に実をつけた枝を切りとり、芽の充実した枝を2本程度残します。夏の剪定では6月下旬〜7月に、実のついていない徒長枝(とちょうし)と日当たりを妨げる枝を切りとります。

◎生長にあわせた作業ポイント　多くつきすぎたつぼみを5月中旬ごろに取り除きます。実つきをよくするには、5月下旬ごろに人工授粉を行います。実がつきすぎたら6〜7月ごろ摘果します。

[楽しみ方]

ベランダで楽しむ　カキの台木(だいぎ)として利用されるヤマガキは、盆栽として楽しめます。

四季の変化

月	四季の変化	剪定	肥料
1		剪定	寒肥
2		剪定	寒肥
3	芽吹き		
4	芽吹き		
5	開花		
6	開花		
7		剪定	施肥
8			
9			
10	果実		
11	果実		
12		剪定	寒肥

ブドウ類

葡萄 【別名】グレープ
Vitis spp.
ブドウ科ブドウ属　つるもの（落葉藤本）

棚仕立て　コンテナ

葉、花、実 すべてが観賞ポイント。フェンスやパーゴラなど仕立てても楽しめる

【原産地】地中海沿岸～中央アジア、北アメリカ～カリブ海沿岸、東アジア
【日当たり】日向を好む。強風をきらう
【土壌・土質】水はけのよい乾燥気味の土壌を好む
【用途】コンテナ、緑陰樹（棚仕立て）、目隠し（垣根仕立て）
【観賞ポイント】緑葉と紅葉、果実

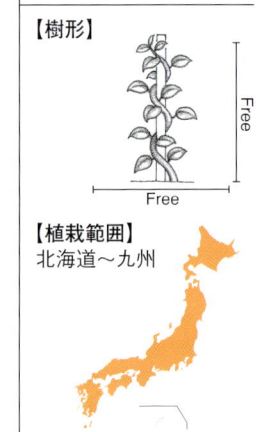

【樹形】

【植栽範囲】北海道～九州

棚からたわわに下がる「甲州（こうしゅう）」。日照時間が長く湿度の低い、開花期に雨が少なく昼夜の気温差が大きい場所でよく育つ。

[木の特徴と性質]

古代エジプト起源の果樹

ブドウはカスピ海南部などを中心に、太古の時代から主にブドウ酒の原料として栽培されてきました。日本では平安時代末期、甲斐国の山中でブドウの木が発見されたのが現在の「甲州」種の始まりといわれていますが、雨が多いわが国では、現在、欧米雑種が広く栽培されています。代表的な品種に、早生種の「デラウェア」（紅色・小粒）、中生種で優良品種の「巨峰（きょほう）」（紫黒色・大粒）、香りがよく酸味の少ない「スチューベン」（紫黒色・中粒）、晩生種で病害に強い「マスカット・ベリーA」（紫黒色・中粒）などがあります。収穫期には濃紫黒・紅赤・黄緑色などそれぞれに色づき、熟した房から収穫して、生食にしたり、果実酒、ジャム、ジュースなどに加工します。

観賞価値が高い果樹

ハート形をした緑葉と、5～6月ごろに房状に咲く淡緑色の花、秋の紅葉、また、果樹のなかでも形や色が多彩な果実と、すべてに観賞価値の高い果樹です。

[作業]

◎**植えつけ＆移植**　植えつけは落葉後から年内が適期ですが、寒い地方では春植えにします。移植は春の芽出し前が適期です。あまり深植えにならないように注意し、植えつけ時には十分に水を与えます。

「巨峰（きょほう）」。甘味が強く、濃厚な味。房は大きく円錐形。果粒は大粒で円形。栽培はとても難しい。

「デラウェア」。たねなしブドウとして市販されている。房は小さく円筒形。果粒は小粒で円形。

黄色い小花が房になるブドウの花。

「マスカット・ベリーA」。気候への適応力が高く、広い庭向き。房は大きく円錐形。果粒は中粒で円形。

「スチューベン」。甘味が強いことで知られる。房は大きく円筒形。果粒は中粒で円形。

「ネオ・マスカット」。マスカット香という特有の香りがある。房は大きく円錐形。果粒は大粒で楕円形。

[楽しみ方]

いろいろな仕立て方を楽しむ

支柱やフェンス、棚を利用して、パーゴラ風にしたりベランダの目隠しにして楽しめます。鉢植えには「デラウェア」などの中～小粒品種が向いていますが、行灯仕立てなどで巨大粒品種を扱うこともできます。

生長にあわせた作業ポイント

植えつけ後2年目以降、希望の樹形に仕立てながら主枝を広げていきます。放任すると、1年枝は長くのびて雑然とするので、毎年、整枝する枝にあわせて、短・長梢剪定を行って切りつめ、細かい枝は切りとります。

整枝・剪定のコツ

剪定には、12月中旬～2月下旬に1年枝の結果母枝を1～2芽残す短梢剪定と、10芽くらい残す長梢剪定があります。整枝方法と組み合わせて使い分けます。果実のつきすぎは成熟の妨げになり、樹勢を弱めるので、開花前の4月下旬に房づくり（花房の整形）を行い、花後、摘房や摘粒を行います。

病害虫

黒痘病やウドンコ病、ブドウトラカミキリなどが発生します。摘房、摘粒後に袋掛けをして病害虫や鳥害を予防します。

肥料

2～3月と収穫後に速効性化成肥料を、12月に有機質肥料およびリン酸とカリ成分の多い化成肥料を施します。

手入れ

交配しなくても単為結果し、実を結びます。剪定は、他の果樹に比べて、切りすぎと思うくらい強めに行います。

四季の変化	月	剪定	肥料
	1		
	2	剪定	施肥
芽吹き	3		
	4	剪定	
開花	5		
	6	剪定	
	7		
果実	8		
	9		
	10		施肥
紅葉	11		施肥
	12	剪定	

イチジク

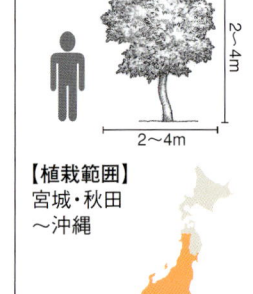

■シンボルツリー ■鳥を呼ぶ

無花果 【別名】トウガキ、ナンバンガキ
Ficus carica
クワ科 イチジク属　落葉広葉樹　小高木

この木どんな木
大きな葉と独特の食感の果実。庭先果樹として昔から見られた木

【原産地】アラビア半島南部
【日当たり】日向を好む
【土壌・土質】適湿で肥沃な土壌を好む
【用途】シンボルツリー、コンテナ
【観賞ポイント】大形の葉、果実

【樹形】 2〜4m／2〜4m

【植栽範囲】宮城・秋田〜沖縄

熟した果実(花托)の断面。果実の上部に雄花、内側の肥厚した花托に雌花ができる。
・ここに雄花ができる
・ここに雌花ができる

葉の横、葉腋(ようえき)についた果実。

オリーブやミカンの栽培ができるような温暖地を好むイチジク。

【剪定方法】
落葉後の12月から翌年の2月ごろまでに行う。夏に結果する品種は、充実した新梢を結果枝として残す。秋に結果する品種は前年の結果枝基部の1〜2芽を残して剪定する。

[木の特徴と性質]

聖書にも登場するイチジク　イチジクの歴史は古く、5000年以上も前から栽培され、温暖な小アジアから地中海沿岸に広がりました。聖書の中でも随所に登場する平和と豊穣の象徴です。日本へは江戸時代初期(寛永年間)に長崎に伝えられ、現在の日本のイチジクとなりました。

「無花果」と書くが、花はある　名は「1月に熟すゆえ一熟」に由来するといいます。漢字では「無花果」ですが、花は肥厚した花托内にあり、果実として食べるのは花托と花軸で、主に生食します。果実は便秘に効きます。

[作業]

◎**植えつけ&移植**　植えつけと移植は厳寒期と盛夏を除けば、いつでも可能です。放置すると大木になり、枝条が乱れるので、毎年1回の剪定・整枝が必要です。

◎**肥料**　寒肥として鶏糞などを、また、好石灰植物なので毎年石灰を与えます。

◎**病害虫**　炭そ病、褐斑病、黒カビ病などが発生し、カミキリムシの幼虫が幹を食害します。被害が著しいときは薬剤を散布します。

四季の変化

月	剪定	肥料	変化
1	剪定	寒肥	
2	剪定	寒肥	
3			芽吹き
4			開花
5		施肥	
6		施肥	果実(夏果)
7		施肥	果実(夏果)
8		施肥	果実(秋果)
9		施肥	果実(秋果)
10			果実(秋果)
11			
12	剪定	寒肥	

イチョウ

シンボルツリー／病害虫に強い

銀杏、公孫樹　[別名]ギンナン
Ginkgo biloba
イチョウ科イチョウ属　落葉広葉樹　高木

この木どんな木

路面を埋める黄葉は日本の秋の風物詩。殻の中のぎんなんは和食の名脇役

黄葉したイチョウの葉。

イチョウの雄花。 　イチョウの雌花。

【剪定方法】
庭木では、一定の大きさになったら幹を止め、側枝をやや裾広がりになるように幹に近いところで切る。毎年（初夏）、切り口近くからでる新梢のうち、生育のよい枝を残して他はもとから切りとる。残した枝も落葉期に切りとり、春に更新して一定の大きさに保つようにする。

イチョウの実。イチョウは育てやすいが、芽吹きがよく、生長も早いため、巨樹になる。庭に植えるには剪定などの管理がとても重要。

[木の特徴と性質]

恐竜時代の生き残り　恐竜の時代に栄えていた多くの裸子植物も、現存するのはイチョウを含むわずかな種類だけです。イチョウは、室町時代には日本でも栽培されていたといわれています。雌雄異株で、4〜5月ごろ、雄花の花粉は風によって飛散し、受精した雌株には、10月中〜下旬になると直径2cmほどの実が熟します。外種皮は黄色の肉質で悪臭があり、触れるとかぶれることがあります。

ぎんなんとして食すのは胚乳　食用にするのは3層の種皮に守られた胚乳で、独特の風味をもち、和食に欠かせない食材です。咳止めや下痢止めなどにも用いられます。

[作業]

◎**植えつけ&移植**　植えつけと移植は、暖地では落葉期が、寒冷地では発芽前が適期です。

◎**手入れ**　せまい場所では、目的の大きさになったら毎年剪定する必要があります。

◎**肥料**　特に必要としませんが、鉢植えではリン酸とカリを多く施すと樹形が締まります。

◎**病害虫**　病気は少ないのですが、若木では紫紋羽病に注意が必要です。

【原産地】中国
【日当たり】日向を好むが、耐寒性もある
【土壌・土質】水はけがよければ土地を選ばない
【用途】シンボルツリー、コンテナ
【観賞ポイント】新緑、黄葉、実

【樹形】30〜45m／20〜30m

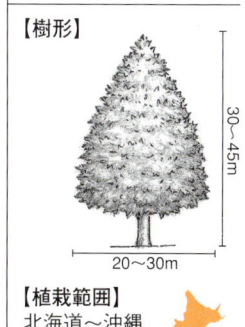

【植栽範囲】北海道〜沖縄

四季の変化

月	四季の変化	剪定	肥料
1		剪定	寒肥
2	芽吹き	剪定	
3			
4	開花		
5			
6		剪定	
7		剪定	
8			
9			
10	果実・黄葉		
11			
12		剪定	寒肥

クルミ

胡桃
Juglans spp.
クルミ科クルミ属
落葉広葉樹　高木

■シンボルツリー　■病害虫に強い

この木どんな木

かたい殻にくるまれた
ナッツは栄養たっぷり。
実をたわわにつけた
樹形はまさに壮観

実をつけたカシグルミの木。

栽培品種の「シナノグルミ」。大粒で果皮が薄い。

【剪定方法】
自然に放任すると枝がよくのびるので、庭植えの場合は新梢の2分の1を切りつめる。切る時期は11～1月。遅れると切り口から樹液が出て樹勢を弱める。苗木を植えて約5年で結実する。

カシグルミの実。果皮の中にかたいクルミがはいっている。

[木の特徴と性質]

名は西方からの渡来をあらわす　4世紀ごろ、中国に西方より渡来したことから、胡桃あるいは呉桃（ごとう）ともいわれ、クルミは呉果（くれか）からきたとの説もあります。

栄養豊富な里の幸　食用とするのはかたい殻に守られた子葉部分で、脂肪やたんぱく質などの各種栄養素を豊富に含んでいます。日本のクルミは、栽培価値の低い野生種と栽培種に大別され、主に栽培されているのはカシグルミ（テウチグルミ）、ペルシャグルミ、カシグルミとペルシャグルミの栽培品種である「シナノグルミ」などです。

[作業]

◎**植えつけ＆移植**　植えつけは12～3月が適期です。樹形が横によくのびるので広い空間が必要です。移植は11～1月が適期です。

◎**手入れ**　新梢が1年間でよくのびるので、落葉時の剪定が欠かせません。

◎**肥料**　寒肥は12～2月に緩効性のものを、6～7月に有機質肥料を施します。

◎**病害虫**　カミキリムシ、炭そ病、枝枯れに注意が必要です。

月	四季の変化	剪定	肥料
1		剪定	寒肥
2		剪定	寒肥
3	芽吹き	剪定	
4	開花		
5			施肥
6			施肥
7			施肥
8			
9			
10	果実		
11		剪定	
12		剪定	寒肥

【原産地】ヨーロッパ南東部～アジア東部
【日当たり】日向を好む
【土壌・土質】土質は特に選ばないが、水はけのよい肥沃な土壌を好む
【用途】シンボルツリー、緑陰樹
【観賞ポイント】羽状複葉の大きな葉、実のついた樹形

【樹形】
30m × 30m

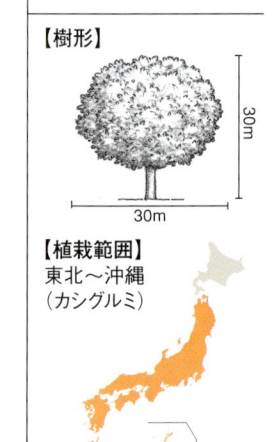

【植栽範囲】
東北～沖縄
（カシグルミ）

クリ

- シンボルツリー
- 剪定 少

栗
[別名] シバグリ、ヤマグリ
Castanea crenata
ブナ科クリ属　落葉広葉樹　高木

この木どんな木

日本人はクリが大好き、縄文人も食べた。イガに守られた実は秋の味覚の代表

【原産地】日本、朝鮮半島
【日当たり】日向を好む
【土壌・土質】水はけのよい肥沃な土壌を好む
【用途】シンボルツリー
【観賞ポイント】イガに包まれた実

【樹形】15〜17m / 11〜12m

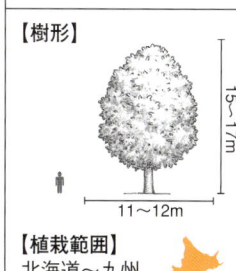

【植栽範囲】北海道〜九州

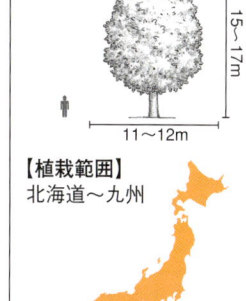

実の収穫用に高さを抑えて樹形を整えたクリの木。

尾状に咲くクリの雄花。

イガに包まれたクリの実（堅果）。縄文時代の遺跡（青森県三内丸山遺跡など）からクリの木が発見されるほど、日本人は古くからクリとともに生活してきた。

[木の特徴と性質]

花は独特の匂い　日本で栽培されるほとんどのクリは、日本原産のシバグリを起源とする品種です。雌雄同株で、初夏にクリーム色の花が尾状に咲き、独特の匂いがあります。イガは総苞が変化したもので、食用とする部分は肥厚した子葉です。

多様な加工法と広い用途　実（堅果）の用途は広く、さまざまな加工法があります。木材にはタンニンが多く含まれ、加工が容易で水湿に耐えるので、建築材などに使用されます。

[作業]

◎**植えつけ＆移植**　植えつけと移植は1月末〜3月中旬ごろが適期です。大木の移植は困難なので、苗木を植えるようにします。

◎**手入れ**　実を収穫するには、主幹を短くして3〜4m程度の樹高にし、枝全体に十分日が当たるように整枝し、枯れ枝や絡み枝を切る程度の剪定を行います。

◎**肥料**　冬期に緩効性の有機質肥料を寒肥として施します。

◎**病害虫**　クリタマバチと、暖地ではカミキリムシ、寒地では胴枯れ病に注意します。

【剪定方法】

自然樹形では、枯れ枝と絡み枝程度の剪定とし、太い枝を大きく剪定しない。実をとるのが目的であれば、植えつけ後5〜7年くらいで芯止めを行い、樹高を高くしないように剪定し、横に広がるように樹形を整える。

四季の変化

月	剪定	肥料	
1		寒肥	寒肥
2	剪定		
3	剪定		
4			芽吹き
5			開花
6			開花
7			
8			
9			果実
10			果実
11			
12		寒肥	

カンキツ類

柑橘類 【別名】ミカン類
Citrus spp.
ミカン科ミカン属（カンキツ属）　常緑広葉樹　低木〜小高木

シンボルツリー｜香り｜コンテナ

この木どんな木
花にも実にもさわやかな芳香。生食、果汁と用途もさまざま

シンボルツリーとして玄関に植えられたナツミカン。常緑のつややかな葉を背景に、太陽のような黄色の果実が明るい印象を与えてくれる。

【原産地】日本、中国、東南アジア一帯、インド北東部
【日当たり】日向を好むが、半日陰に耐えるものもある
【土壌・土質】土質は特に選ばないが、水はけがよく、適湿で肥沃な土壌を好む
【用途】シンボルツリー、コンテナ
【観賞ポイント】果実、樹形、花

【樹形】3〜4m／4〜5m（ウンシュウミカン）

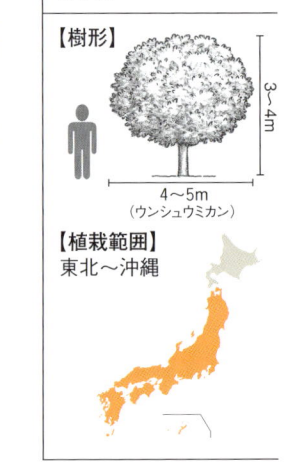

【植栽範囲】東北〜沖縄

[木の特徴と性質]

黄色い果実は太陽の象徴　つややかな葉は常緑で、黄色く熟した果実が年を越すことから、果実は太陽の象徴とされ、古くから神聖な木とされてきました。温帯では低温により生育が抑制され、比較的小型の樹形につきやすく、庭木に向いています。また、3年生程度の若木のうちから実をつける種類が多く、緑に映える黄色く色づいた実は、豊穣の喜びとともに観賞性の高いものがあります。

庭木に適する高い観賞性　従来から、ミカン類は生食やジュースのほか、カボスやスダチは香酸味果実として利用され、すぐれた健康増進効果が明らかにされてきました。近年では、長寿者の多い沖縄特産のシークワーサーが注目されています。

実はすぐれた機能性食品　鉢植えで育てると、水分や肥料の調節が自由にでき、よく熟すまで樹上におけることから、高糖度でおいしい、フレッシュな完熟果を味わえます。

鉢植えならではの甘い完熟果　植栽するときは、冬の寒さを基準に樹種を選びます。

樹種により耐寒性が異なる

[作業]

◎ **植えつけ & 移植**　植えつけは3月中旬〜4月上旬が適期です。成木の移植時期は4月〜梅雨時の暖かい時期に行います。

◎ **手入れ**　他の果樹に比べ管理の手間は少な

ウンシュウミカン／日本原産(鹿児島県)。早生(わせ)ミカン類の代表種で、ユズに次いで耐寒性がある。収穫期は10月上旬の極早生種から12月中下旬の晩生(おくて)種まで品種が多く、寒い地方ほど早生種が向いている。果実は、糖分と酸味のバランスがよく、皮がむけやすくてたねもないので人気がある。

愛らしいウンシュウミカンの花。

徒長ぎみの枝(手前)は剪定する。切るときは、枝のつけ根で切る。

月	四季の変化	剪定	肥料
1	果実(種により異なる)		
2		剪定	施肥
3		剪定	施肥
4			
5	開花		
6			施肥
7			施肥
8			
9	果実(種により異なる)		施肥
10			施肥
11			
12			

[楽しみ方]

さまざまに加工して食す 生食のほか果実シロップ、果実酒、ジャム、マーマレード、オレンジピールなど、樹種により楽しみ方はいろいろです。

ベランダで楽しむ 鉢植えで育てるにはウンシュウミカンやキンカンなどが適します。樹高を鉢の高さの3倍ほどに抑え、枝が重ならないよう側枝を四方に出し、ひもなどで吊り上げるなどします。夏期と開花期は水を切らさず、収穫間際は控えめにし、暖かいところに移して遅くまで樹上に実をつけておくと甘みが増します。

[生長にあわせた作業ポイント]

◎**生長にあわせた作業ポイント** 幼木時代は施肥や整枝をして樹形をつくります。成木は多肥や強剪定を避け、実はやや多めにつけ、果実の生長にあわせて摘果します。

◎**整枝・剪定のコツ** 空間がせまければ主幹形仕立て、余裕があれば円形仕立てにします。成木の剪定は3月に枯れ枝や徒長枝、込み枝などを切り除きます。

◎**病害虫** アブラムシ、ミカンハモグリガ、アゲハチョウ類、ミカンサビダニやミカンハダニなどのダニ類、カイガラムシ類、カミキリムシなどが発生します。成木の施肥は控えめにします。

◎**肥料** 2〜3月上旬に、油かすや鶏糞などの有機質肥料と緩効性化成肥料を施し、葉色や枝のびが悪ければ即効性化成肥料を少量施くてすみます。

カンキツ類の種類

カンキツ類はミカン類ともいい、ミカン科ミカン属（「カンキツ属」）ともいう）、キンカン属、カラタチ属などの総称。日本原生のカンキツ類はタチバナとシークワーサーだけで、その他はすべて外国からの栽培品種だが、そこからさまざまな国産の栽培品種が生まれ、広い範囲で栽培されて今日に至っている。

生食用
果物としてそのまま食べるもの

ハッサク／日本原産種（広島で発見）。幼木時は樹勢が強く旺盛な生育をする。自家受粉しないので、授粉樹としてアマナツミカンを近くに植えるとよい。熟期は2～3月、庭植えは関東以西に適する。サクサクの食感が人気。

ポンカン／インド北部原産で、中国南部および台湾の主要栽培品種。果実は糖度が高く芳香に富む。耐寒性はウンシュウミカンに比べてやや弱い程度なので、関東南部以西で庭植えができる。熟期は12月中～下旬。

デコポン＝シラヌイ／「清見（きよみ）」（ウンシュウミカンとオレンジの交配種）とポンカンの交配種で、デコポンは商標名。収穫時期は2月。樹勢が弱いので枝が下垂しやすい。庭植えは無霜地帯に限定される。糖度と香りが高い。

イヨカン／日本原産種（山口県で発見、愛媛県で栽培普及）。枝葉にわずかにトゲがあり、果実は2～3月に熟す。ウンシュウミカンに比べて耐寒性、樹勢が劣る。ナツミカンの仲間だが甘味もあり、人気もある。

ネーブル／中国原産種。夏涼しく冬暖かい小雨の気候を好む。12月収穫の「吉田」や12月下旬～1月上旬収穫の「森田」が庭植えに向く。神奈川県南部以西の地域に適する。「カンキツ類の王様」といわれるほど、味、香りともによい。

アマナツミカン／山口県原産種であるナツミカンの枝変わり品種「川野ナツダイダイ」の別称。収穫期は2月中～下旬。実は収穫後20日ほど追熟する。庭植えは関東以西の暖地が適し、寒い地方では早く収穫する。さわやかな酸味で人気がある。

果汁用
ジュースにして飲んだり他の食材と組み合わせるもの

レモン／インド北東部ヒマラヤ山系原産。亜熱帯地域では四季成り性で、耐寒性もある。日本では近年、品質のすぐれたユーレカレモンの栽培品種が広まっている。収穫時期は10月～12月。

カボス／大分県原産種。緑果で香りと酸の含有量が最高になる8月中・下旬～10月中旬にかけて収穫し利用する。比較的耐寒性があり、庭植えは関東以西が適している。スダチよりも果汁が多い。

ユズ／中国原産。渡来は古く、「柚」のつく地名があるほど昔から日本で植栽されている。ビタミンCが豊富で、殺菌・防虫作用もある。耐寒性が強く、日当たりと水はけがよければ東北まで植栽可能。7月下旬から収穫できる。

シークワーサー／日本自生のカンキツ類で、沖縄から台湾にかけて分布する。樹勢が強く、病害虫の抵抗性があり、高温を好む。香りがよく、近年は機能性食品として注目されている。

キンカン／ともに中国原産のキンカン（ナガキンカン）と品質のよい「ニンポウ（ネイハ）キンカン」が普及している。生食、調理用、風邪や咳止めなどの薬用と幅広く利用される。庭植えは関東以西が適している。

スダチ／徳島県特産で、耐寒性が強く、病害虫に対し抵抗力があり強健。収穫期は8月下旬～11月上旬で、香味のある幼果は薬味として早くから収穫され、マツタケの土瓶蒸しには欠かせない。庭植えは関東以西が適する。

グミ類

茱萸、胡頽子
Elaeagnus spp.
グミ科グミ属　落葉または常緑広葉樹　低木〜小高木

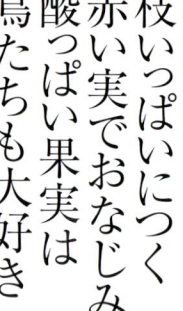

- 鳥を呼ぶ
- 生け垣
- 剪定 少
- 病害虫に強い

この木どんな木
枝いっぱいにつく赤い実でおなじみ。酸っぱい果実は鳥たちも大好き

【原産地】日本、朝鮮半島、中国
【日当たり】日向を好む
【土壌・土質】土質は選ばないが、やや乾燥した砂質土壌を好む
【用途】シンボルツリー、生け垣
【観賞ポイント】緑（銀葉）の葉、赤い実

【樹形】
5〜8m／2〜3m
3〜4m（アキグミ）
4〜5m（ナツグミ）

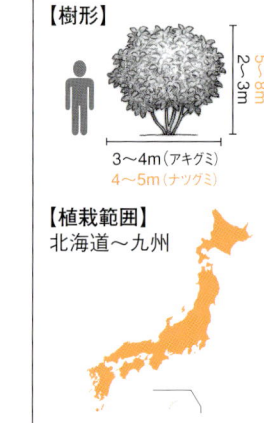

【植栽範囲】北海道〜九州

樹形が美しく、庭木としても利用されるナツグミ。4〜6月に白い花をつける。

冬にも葉が落ちないマルバグミの花。

コンテナに仕立てられたトウグミ。

[木の特徴と性質]

落葉のグミと常緑のグミがある
グミ類はアジア東部の原産で、日本では暖地から寒冷地まで全国に自生しています。実は昔から生食され、庭木や生け垣、盆栽などでも親しまれてきました。グミには、ナツグミやアキグミ、ナツグミの変種のトウグミなど庭木として利用される落葉性のものと、山野に自生して冬に葉の落ちない常緑性のマルバグミなどがあります。

実が夏に熟すナツグミ、秋に熟すアキグミ
ナツグミは4〜6月に花が咲き、1か月ぐらいで実が成熟しますが、アキグミは4〜5月に開花し、10〜11月に実が熟します。それぞれの名は、実が熟す時期からきています。マルバグミのような常緑のグミは、10〜11月に花が咲き、翌年春に実が成熟します。円形または楕円形をした真っ赤な実には、銀白色の斑点が見られます。甘酸っぱい実は、鳥の大好物です。

芳香のある花
グミ類の花は白色または淡黄色で、多くは葉腋から花柄を垂れ下げて咲きます。鮮やかな実と比べると目立ちませんが、鐘形や筒形をした花には芳香があります。

萌芽力があり丈夫
グミ類は総じて萌芽力が旺盛で、丈夫です。なかでもアキグミは、砂質気味でやや乾燥した土地を好み、海岸の砂防用などに植えられることがあります。

312

10〜11月に実をつけるアキグミ。

7月ごろにつくナツグミの実。

ナツグミより大きいトウグミの実。

[作業]

◎**植えつけ＆移植** 落葉性のグミの植えつけと移植は落葉期の12〜3月が適期です。常緑性のグミは春の芽吹き前に行います。どちらも移植は容易です。

◎**手入れ** 自然に樹形が整うので、込みすぎた枝を抜く程度の剪定で十分です。乾燥には強いのですが、水分を切らすと実つきが悪くなります。また、開花後の高い湿度をきらう傾向があります。

◎**肥料** 肥料はほとんど不要です。

◎**病害虫** 新梢にアブラムシが、根もと付近にコウモリガの幼虫やカミキリムシがつきます。発見したら捕殺し、被害が著しいときは薬剤を散布します。

◎**整枝・剪定のコツ** 萌芽力が強く、どこかしら切っても芽吹いてもとどおりになりますが、いくら自然に樹形が整うといっても、やたらに切ると徒長枝が出て収拾がつかなくなり、また、開花結実もしにくくなります。

◎**生長にあわせた作業ポイント** 苗のうちは生長に任せて、目的の大きさになったら剪定をして、樹形を整えます。

[楽しみ方]

緑と赤のコントラストを観賞 生食できる実だけでなく、グミ類は長楕円形をした美しい葉も魅力の樹木です。実が熟した時期に、緑の葉と赤い実のコントラストを観賞するのも楽しみのひとつです。また、グミの葉の独特の緑を好む人も多くいます。

月	1	2	3	4	5	6	7	8	9	10	11	12
四季の変化	開花（落葉）				果実（常緑）		果実（ナツグミ）			果実（アキグミ）	開花（常緑）	
剪定	剪定	剪定	剪定			剪定						剪定
肥料		施肥				施肥						

キーウィフルーツ

■棚仕立て　■コンテナ

【別名】シナサルナシ、オニマタタビ
Actinidia chinensis
マタタビ科マタタビ属　つるもの（落葉藤本）

この木どんな木

よくのびるつるに褐色毛におおわれた果実がぶら下がる。ビタミンCの宝庫

【原産地】中国
【日当たり】日向を好む
【土壌・土質】水はけがよく、適湿で肥沃な土壌を好む
【用途】棚仕立て、コンテナ
【観賞ポイント】果実、仕立て形

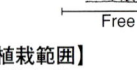

【樹形】Free／Free

【植栽範囲】東北南部〜沖縄

キーウィフルーツの雄花。雌花より少し小さい。

直径が3〜4cmある雌花。

【剪定方法】
台木から出る台芽は早めに切りとる。棚の枝の誘引は6〜9月の適期を中心に行い、実をつけた枝は、実の先に葉を7、8枚残して剪定する。花をつけなかった枝は次年度の開花枝にするため、葉を15枚ほど残して剪定する。剪定後は、枝が重ならないように誘引する。

つるから下がるキーウィフルーツの実。棚仕立てにされることが多い。

四季の変化

月	四季の変化	剪定	肥料
1		剪定	寒肥
2		剪定	寒肥
3	芽吹き		
4	開花		
5	開花		
6		剪定	施肥
7		剪定	施肥
8		剪定	施肥
9	果実		
10	果実		
11		剪定	寒肥
12		剪定	寒肥

[木の特徴と性質]

飛べない鳥キーウィによく似た形　中国原産ですが、果樹として改良されたのはニュージーランドで、実の形や褐色毛におおわれた様子が国鳥のキーウィに似ているので、キーウィフルーツの名がついたといわれています。長さ6〜8mにもなるつるに、9〜10月、成熟した果実がつきます。

ビタミンCが豊富　果実はビタミンCが豊富で、1果で大人1日の必要量を満たすといわれます。収穫後、2週間くらいの追熟をかけて、食用にします。

寒さに耐える　暖地を好みますが、寒さにも強く、東北、北陸地方でも栽培は可能です。

[作業]

◎**植えつけ&移植**　植えつけと移植は、休眠期の12〜3月までに行います。雌雄異株なので雌株と雄株を接近させて植えつけます。

◎**手入れ**　一般に棚仕立てにします。つるの誘引、整枝と剪定が必要です。

◎**肥料**　12〜1月、寒肥として緩効性肥料を、6〜7月上旬に化成肥料を施します。

◎**病害虫**　灰色カビ病、コガネムシ、カイガラムシ、ハマキムシに注意します。

ザクロ

■ シンボルツリー　■ 病害虫に強い

石榴、柘榴、若榴　【別名】セキリュウ、ジャクロ
Punica granatum
ザクロ科ザクロ属　落葉広葉樹　小高木

この木どんな木
絵画の世界では静物画のモチーフ。シルクロード原産の魅惑の果樹

【原産地】イラン、アフガニスタン
【日当たり】日向を好む
【土壌・土質】土質はあまり選ばないが、多湿地と強い酸性土壌をきらう
【用途】シンボルツリー、添景木
【観賞ポイント】赤いつぼみと花、果実、冬の幹木立（特に老成木）

【樹形】6～10m／5～7m
【植栽範囲】東北南部～沖縄

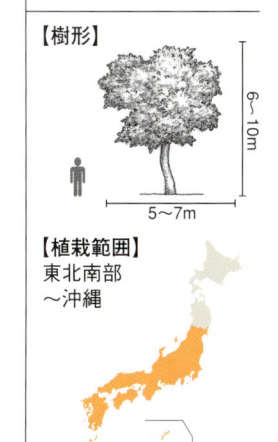

酸味と甘味のあるザクロの果実。

観賞価値の高いザクロの花。

【剪定方法】
ひこばえや徒長枝を枝もとから切り除き、常に整枝を心がける。老木になってからも強剪定は避ける。

ザクロは、若木では不完全花が多く、果実をつけるのに10年かかることもある。

[木の特徴と性質]

多産豊穣のシンボル　古くから果樹として利用され、その種子の多さから、古代ギリシャ・ローマでは豊穣、キリスト教では希望、世界各地で多産のシンボルとされています。品種には、庭木や盆栽にする花ザクロ系、果実を食用にする実ザクロ系、花と実の兼用種があります。よく栽培されている兼用種には、甘味ザクロ、水晶ザクロ、赤身ザクロがあります。5～6月に鮮紅色の6弁花をつけ、果実は9～10月が収穫期です。近年、健康食材として注目されています。地方によっては忌木とされます。

花も実も楽しめる兼用種

[作業]

◎**植えつけ＆移植**　植えつけは厳寒期を除く落葉期、移植は3月上旬～4月上旬が適期です。初めは支柱を立て、まっすぐに育てます。根もとに発生するひこばえは早めに剪定します。

◎**手入れ**

◎**肥料**　苗木を植えたら2～3年は鶏糞や緩効性化成肥料などを冬期に施します。

◎**病害虫**　カイガラムシがつくとスス病を併発しますので、剪定で通風・採光を促します。

四季の変化

月	四季の変化	剪定	肥料
1			寒肥
2		剪定	寒肥
3	芽吹き	剪定	
4	芽吹き		
5	開花		
6	開花		
7			
8	果実		
9	果実		
10	果実		
11			
12			寒肥

グーズベリー

シンボルツリー ■ コンテナ

【別名】スグリ
Ribes spp.
ユキノシタ科スグリ属　落葉広葉樹　低木

この木どんな木

個性的な葉と実が美しく樹冠を彩る。果樹のなかでは初心者向き

【原産地】ヨーロッパ、北アメリカ
【日当たり】冷涼地の日向を好む
【土壌・土質】肥沃で水はけがよければ土質を選ばない
【用途】シンボルツリー、コンテナ
【観賞ポイント】樹形、赤や緑の実、切れ込みのある葉

【樹形】 1.5m / 1ｍ

【植栽範囲】北海道南部～九州

赤く熟したフサスグリの実。

白い縦縞（たてじま）がはいった透き通るようなセイヨウスグリの実。

【剪定方法】
自然樹形を基本に、長くのびる枝や込みすぎている枝を剪定する。徒長枝には花芽がつきにくく、節間が間のびしているので、もとから切るか、数芽を残して切り戻す。花芽は短枝に夏ごろ形成されるので、実を収穫するには、短枝がある枝を切りすぎないようにする。

セイヨウスグリ系の品種「ドイツ大玉」の鉢植え。グーズベリー特有のトゲがある。

【木の特徴と性質】

枝にトゲのあるのがグーズベリー　スグリ属には、枝にトゲがあるグーズベリーと、枝にトゲがなく果実が房状にみのり「カランツ」と呼ばれるフサスグリのふたつの系統があります。グーズベリーはさらに、「赤実大玉」「ドイツ大玉」などセイヨウスグリの品種と、「ハウトン」「ヤングベリー」などアメリカスグリの品種に大別できます。

切れ込みのある葉と愛らしい赤い実　6月ごろから熟す果実は、酸味があって生食できるほか、ジャム やゼリー、果実酒などに利用できます。切れ込みのある葉と赤や緑色に熟す実は、庭木としても観賞価値があります。

【作業】

◎**植えつけ&移植**　植えつけと移植は晩秋と早春が適期で、株分けは10～11月に行います。

◎**手入れ**　落葉期に整枝のための剪定を行うほか、病害虫防除が必要です。

◎**肥料**　2～3月に有機質の固形肥料を少量施します。

◎**病害虫**　ウドンコ病の被害が目立ちます。アブラムシ類やダニ類がつきます。

四季の変化	剪定	肥料	月
			1
	剪定	施肥	2
開花	剪定	施肥	3
			4
			5
果実		施肥	6
		施肥	7
			8
			9
	剪定		10
	剪定		11
			12

ナツメ

シンボルツリー

棗
Zizyphus jujuba
クロウメモドキ科ナツメ属
落葉広葉樹　小高木

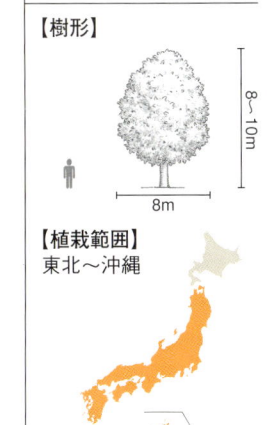

この木どんな木

古くから中国で愛されてきた漢方薬としての効用も大きい果樹

【原産地】ヨーロッパ南東部〜東アジア、南アジア
【日当たり】日向を好む
【土壌・土質】土質は特に選ばないが、通気・透水のよい土壌を好む
【用途】シンボルツリー
【観賞ポイント】赤い実

【樹形】8〜10m / 8m

【植栽範囲】東北〜沖縄

9〜10月ごろ、暗赤褐色に熟すナツメの実。

【剪定方法】
新梢がよくのびるので、込みすぎた枝を間引くように剪定する。また、根もとからひこばえがよく発生するので、はえぎわから切りとる。

[木の特徴と性質]

1000年以上前に渡来

中国では3000年以上も前から、食用、薬用として栽培されています。日本への渡来も1000年以上も前と古く、江戸時代までには家庭果樹として広く普及しました。

初夏に芽吹くことが名の由来

6月ごろに新梢の葉のつけ根に黄白色の花を開きます。夏に芽吹くことによる「夏芽」が名の由来といわれています。実は9月中旬〜10月に、緑色から暗赤褐色にかわり成熟します。成熟した実は甘酸っぱく、生食、乾果、乾果を砂糖や蜂蜜で煮て乾燥させた蜜ナツメなどにして食べます。漢方薬では大棗（おおなつめ）と呼ばれ、健胃、強壮、増血などの効能があります。

[作業]

◎植えつけ＆移植　植えつけと移植は、落葉後の12〜3月までが適期です。

◎手入れ　4〜5mの高さで芯を止め、重なり枝を間引きます。

◎肥料　特に必要ありません。

◎病害虫　大敵のナツメコガの幼虫が発生します。被害が著しいときは薬剤を散布します。

月	四季の変化	剪定	肥料
1		剪定	寒肥
2		剪定	寒肥
3		剪定	
4	芽吹き		
5	開花		
6	開花		
7			施肥
8			施肥
9	果実		
10	果実		
11		剪定	寒肥
12		剪定	寒肥

果樹

フェイジョア

- シンボルツリー
- 生け垣
- 病害虫に強い

【別名】アナナスガヤバ、パイナップルグアバ
Feijoa sellowiana
フトモモ科フェイジョア属　常緑広葉樹　小高木

雄しべが華やかなフェイジョアの花。

玄関先に植えられたフェイジョア。

この木どんな木

華やかな花は熱帯の雰囲気たっぷり。病害虫に強く観賞樹としても人気

【原産地】南アメリカ
【日当たり】日向を好む。耐暑性がある
【土壌・土質】水はけがよければあまり土質は選ばないが、腐食質に富んだ砂壌土が最適
【用途】シンボルツリー、生け垣
【観賞ポイント】白い花弁と濃赤色の雄しべ、緑色の果実、銀白色の葉裏

【樹形】3〜5m／5〜7m

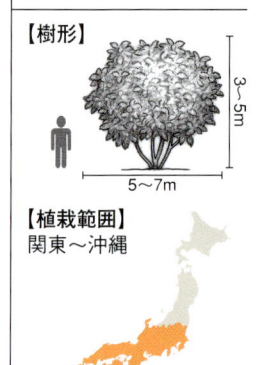

【植栽範囲】関東〜沖縄

フェイジョアの果実。同じ個体の花粉では結実しにくいので、他の株が必要。

[木の特徴と性質]

甘く香りのよい果実　緑色の楕円形をした果実には、パイナップルに似た上品な香りとキーウィフルーツ以上の甘味があります。生食するか、ジャムやゼリーにして味わいます。

エキゾチックな花と葉も美しい　6月に咲く花は、白い花弁に濃赤色の雄しべが華やかで、緑の葉に映えて庭木としても魅力的です。

寒さが厳しいと落葉する　比較的寒さに強いのですが、寒さが厳しすぎると、落葉して翌年の花つきが悪くなります。寒冷地では防寒や霜除け対策をするか、鉢植えにして室内へとり込みます。

[作業]

◎**植えつけ&移植**　植えつけと移植は4月下旬か、6月下旬〜9月上旬が適期です。

◎**手入れ**　根もとからよく枝がのび、樹冠が広がりすぎて枝もとから裂けたりします。とくどき枝を整理し、樹形を保ちます。

◎**肥料**　チッ素肥料はできるだけ避け、カリ肥料を中心に適宜施せば効果的です。施肥は2〜3月上旬と7〜8月に行います。

◎**病害虫**　特に心配はありません。

【剪定方法】
主幹形に仕立てる。枝が密生したら間引き、小枝を剪定する。剪定は3月と7月下旬ごろに行う。日常の整枝は、徒長枝やひこばえ、胴吹き枝を整理する程度。

四季の変化	月	剪定	肥料
	1		
	2		施肥
	3	剪定	
	4		
	5		
開花	6		
	7	剪定	施肥
	8		
	9		
果実	10		
	11		
	12		

ブルーベリー

Vaccinium spp.
ツツジ科スノキ属
落葉広葉樹　低木

- コンテナ
- 剪定少
- 病害虫に強い

この木どんな木
失敗が少なく実つきもよい。春に咲く可憐な花でも人気急上昇中

【原産地】北アメリカ
【日当たり】夏に西日の当たらない日向を好む
【土壌・土質】水はけがよく、湿り気のある酸性砂質土を好む
【用途】コンテナ、添景木
【観賞ポイント】白い花、紅葉、青紫色の果実

【樹形】2〜3m／2〜3m

【植栽範囲】北海道〜関東（ハイブッシュ系）、関東〜沖縄（ラビットアイ系）

果実がついたブルーベリー。結実が早く、苗木を植えてから2〜3年で実がつく。完熟した果実は落ちやすいので、熟したものから朝摘みする。

【剪定方法】
3〜4年目以降になったら、主軸枝を5〜6本とし、木の中央で込んでいる強い枝を剪定する。樹齢が進むと枝が密生するので、古枝を間引く。また、3年ほど実をつけた古い枝はもとから切りとり、新しい枝に更新する。剪定は冬になって葉が落ちた12〜2月が適期。

[木の特徴と性質]

花木としても魅力的な果樹　ブルーベリーは、アメリカの野生種から品種改良された小果樹の仲間の総称です。甘酸っぱいさわやかな果実をつけ、栽培が急増しています。日本ではおもに、栽培が容易な暖地性のラビットアイ系と、大粒ですが乾燥に弱い寒地性のハイブッシュ系の2系統が栽培されています。

目にもやさしい果実　5〜6月、ドウダンツツジに似た小花を開き、初夏にかけて黄緑色から赤、青紫色へと成熟する果実をつけます。この青紫色にはアントシアンという色素成分を含むため、目の疲れに効果があります。

[作業]

◎**植えつけ＆移植**　植えつけは9月中旬〜12月上旬か3月、移植は12〜3月が適期です。植えつけ後の2〜3年間は、剪定は不要枝を取り除く程度にします。

◎**肥料**　芽吹き前と収穫後に速効性化成肥料、チッ素肥料（硫安や硝安）を、12月に有機質肥料を施します。

◎**病害虫**　ほとんどありませんが、果実の成熟期には野鳥が果実をついばみます。

四季の変化

月	剪定	四季の変化	肥料
1	剪定		肥料
2	剪定		施肥
3		芽吹き	施肥
4			
5		開花	
6			
7			施肥
8		果実	
9			
10		紅葉	
11			施肥
12	剪定		

ポポー

■ シンボルツリー　■ 病害虫に強い

【別名】ポポー、ポーポーノキ、アケビガキ
Asimina triloba
バンレイシ科 アシミナ属　落葉広葉樹　小高木

ポポーの花。授粉樹が必要な種類が多い。

独特の風味があるポポーの果実。未熟果は淡緑色。

【原産地】北アメリカ
【日当たり】日向を好む
【土壌・土質】水はけのよい適湿の深層土を好む
【用途】シンボルツリー
【観賞ポイント】黄金色になる果実、樹形
【樹高】10m
【植栽範囲】北海道南部～九州

【剪定方法】
定植後2～3年間は生長が緩慢なので、この間はあまり剪定を行わず、木をのびのび育てる。4～5年経過すると急激に生長を開始し、直幹がのびだすので、その後行われる授粉や収穫などの作業能率を高めるため、この時期に主幹を止め、枝を横へ開張させるように導く。その後は密生してくる部分の枝すかしや弱枝の除去、先端の強い枝を間引く程度にする。

[木の特徴と性質]

導入は明治時代　日本へは明治の中ごろに導入されました。病害虫に強く栽培も容易ですが、果樹園など大規模な栽培までには普及しませんでした。

果実はとろけるような甘さ　秋に熟す果実はアケビに似た形をしていて、美しい黄金色になります。熱帯果実を思わせる独特の強い香りがあり、生食する果肉は甘くクリームのようなやわらかさで美味です。

[作業]

◎**植えつけ＆移植**　植えつけは、暖地では秋の落葉後、寒地では春期が適期です。品種にもよりますが、多くは授粉樹が必要です。移植はほとんど不可能です。

◎**手入れ**　乾燥をきらうので、水はけがよく適湿な状態をつくるようにします。

◎**肥料**　寒肥として、2～3月に有機質肥料を主体に施します。

◎**病害虫**　まれにハマキムシ、ミノムシ、カイガラムシがつきます。

月	四季の変化	剪定	肥料
1		剪定	寒肥
2		剪定	寒肥
3			
4	開花		
5			
6			施肥
7			施肥
8			施肥
9	果実		
10			
11			
12		剪定	

バナナ

■ シンボルツリー　■ コンテナ

甘蕉　【別名】ミバショウ（実芭蕉）
Musa spp.
バショウ科 バショウ属　常緑多年性草本

巨大になるバナナの葉。

赤紫色の苞から顔を出したバナナの花。

バナナの果実。インテリアとしても人気がある。

【原産地】東南アジア
【日当たり】日向を好む
【土壌・土質】腐食質に富む水はけのよい土壌を好む
【用途】シンボルツリー、コンテナ
【観賞ポイント】大きな葉、花、果実、樹形
【樹高】2～5m
【植栽範囲】関東～沖縄の暖かい場所

【剪定方法】
果実収穫後に、更新のために幹を切りつめる。

[木の特徴と性質]

最初に食べたのは信長?　バナナは、バショウ属のうち、果実を食用とするものの総称です。戦国時代にポルトガルの宣教師により織田信長に献上されたのが日本渡来の最初といわれ、輸入されるようになったのは明治時代からです。

大きな苞におおわれて咲く花　茎は多数の葉の葉鞘が互いに抱き合った偽茎といわれるもので、4月中旬～5月ごろに、何枚もの赤紫色の苞におおわれた黄色の花が咲きます。

[作業]

◎**植えつけ＆移植**　植えつけと移植は5～7月が適期です。暖地で地植えにする場合は2.5～3m四方に1本とします。

◎**手入れ**　鉢植えのものは室内でも10～15度の温度が必要ですが、春～夏は屋外でも育てられます。黄色くなった葉は取り除きます。

◎**肥料**　チッ素、カリの化成肥料を施します。

◎**病害虫**　パナマ病、斑葉病、ネマトーダ、バナナセセリなどが発生します。

月	四季の変化	剪定	肥料
1			施肥
2			施肥
3			施肥
4	開花		
5			
6			施肥
7			施肥
8			施肥
9	果実		
10			施肥
11		剪定	施肥
12			施肥

木を育て、庭をつくるための便利帳
大人の園芸ノート

322 病害虫の種類と対策
327 知っておきたい基本用語
334 樹木名索引

病害虫の種類と対策

病害虫に対する考え方は、とても微妙でデリケートです。特に害虫の多くが、昆虫やその幼虫なので、人からみれば害虫に思えても、自然界では貴重な生物なのです。

そこで、それを防除する薬剤に対する考え方も決まってきます。本書では、薬剤を散布して、木のまわりのすべての生き物に影響をあたえることのないように、見つけたらず、対象の虫だけを捕殺することから始めたいと思います。

もし薬剤を使用する場合でも、農薬登録されている薬剤を使うことをおすすめします。直接口にいる果物や野菜に使用する農業用の薬剤は、残留性が少ないなどの利点があるからです。ここでは、より人の身体や環境にやさしい薬剤として、農薬登録がされている薬剤を主体に紹介しています。

薬剤を使用する際には、園芸店などで確認のうえ、説明書をよく読み、十分注意して用法どおりにお使いください。

害虫

五十音順

害虫名	樹種名	症状・被害	主な防除法・薬剤
アオイラガ	エゴノキ、ハクウンボクほか	葉を食べる。	見つけたらすぐに捕殺する。
アオバハゴロモ	ヤマブキ、シロヤマブキ、レンギョウほか	葉や実の汁を吸う。実のつけ根に寄生すると実が落ちることもある。	剪定によって通風と採光をよくし、枝が込み合わないようにする。
アゲハチョウの幼虫（アゲハチョウ類）	サンショウ、カンキツ類ほか	葉を食べてしまう。	幼虫のうちに捕殺する。被害が著しいときはテフルベンズロン乳剤、クロチアニジン水和剤などを散布する。
アザミウマ類	チャノキ、アジサイ、センリョウほか	寄生されると葉が変色して褐色になり、変形することも。花に寄生すると生育不良になる。	種類によりウイルスを運ぶものもあるので注意する。葉や芽が被害にあったら取り除く。農薬での駆除は難しい。
アブラムシ類	ゴヨウマツ、カエデ類、アズキナシ、ウラジロノキ、エゴノキ、ハクウンボク、クコ、アケビ、ムベ、タケ類、ササ類、ツルバラ、サンザシ、オオデマリ、ヤブデマリ、タニウツギ、サルスベリ、バラ、モッコウバラ、ハギ、ウメ、アンズ、セイヨウミザクラ、スモモ、ビワ、モモ、リンゴ、カンキツ類、グーズベリーほか	1000種以上の種類があり、体色は黒や緑で、集団で茎や葉の裏に着生して樹液を吸う。排泄物を付着させるので、植物は汚れ、スス病を発生させる。また、葉や果実を萎縮させ、変形させる。新芽の時期に発生しやすい。	光を反射する素材のシートを地面に敷く。こまめにチェックし、発見したらブラシで除去、または捕殺する。日ごろから水切れに注意し、剪定によって樹冠をすかして通風・採光を促す。チッ素肥料を控える。被害が著しいときはMEP乳剤、フルフェノクスロン乳剤などを散布する。
アメリカシロヒトリ（ヒトリガ類）	シダレヤナギ、ニセアカシア、シマトネリコ、サクラ類、ハナズオウ、ハナミズキ、ネコヤナギ、スモモほか	幼虫は花や葉にクモの巣のような薄い膜をつくり、かたまって着生して食害する。幼虫は淡黄色から灰黒色に変色する。5～6月、8～9月の2期に発生。	被害が広がる前に見つけて捕殺する。大量発生しているときは枝や葉、花ごと処分する。被害が著しいときはペルメトリン、MEP乳剤などを散布する。
イブキチビキバガ（キバガ類）	カイヅカイブキ	葉を折り曲げながら食害し、その中に寄生している。5～10月に発生。	葉を開いて中にいる幼虫を捕殺する。落ち葉などをこまめに拾って成虫の越冬を防ぐ。
エゴノネコアシ	→「アブラムシ類」参照（エゴノネコアシはアブラムシの一種）		
オオスカシバ（スズメガ類）	クチナシほか	幼虫が夏に葉を食害。被害が大きい。年に1～3回発生する。	逃さず見つけて捕殺する。葉の裏もチェックして産卵していたら卵も処分する。
オオミノガ（ミノガ類）	ニオイヒバ、サンゴジュ、カエデ類、ニセアカシア、ガマズミ、ポポーほか	蓑（みの）の中に暮らし、葉を食害する。	蓑（みの）を見つけたら取り除き捕殺する。
オビカレハ（カレハガ類）	ダイオウショウ、ヒマラヤスギ、アカマツ、クロマツ、サクラ類ほか	おもに針葉樹の葉を食害する。春に、枝の分かれ目などに糸で薄い膜状の巣をつくる。	春、群生している時期に捕殺する。秋にこも巻きをして捕殺する。幼虫はマツケムシとも呼ばれる。
オリーブゾウムシ	オリーブ	葉を食べる。	見つけしだい取り除き捕殺する。
カイガラムシ類	ハイビャクシン、ミヤマビャクシン、アオキ、イヌツゲ、モチノキ、セイヨウヒイラギ、カナメモチ、ゲッケイジュ、モッコウ、フジ、ムベ、サンザシ、モモ、シャクナゲ、レンギョウ、サルスベリ、クチナシ、サザンカ、カンツバキ、カリン、カンキツ類ほか	種類が多く（400種以上）、ほとんどの樹木に着生する。体長や形態は種類により異なる。葉や枝、幹に集団で着生する。植物の汁を吸い、また排泄物により二次的な病気を誘発する。	剪定によって通風と採光を促す。発生が少ない場合はブラシでかき落とす。被害が著しいときは冬期にマシン油乳剤、石灰硫黄合剤などを散布する。
カキノヘタムシ（カキミガ）	カキ	幼虫は濃い褐色。果実の中や芽にはいり込んで食害し、へたを残して果実を落としてしまう。	見つけたらすぐに捕殺する。秋に木の幹にむしろを巻き、春にそれを外して一斉処分する方法もある。被害が著しいときはMEP乳剤、ペルメトリン乳剤などを散布する。
カミキリムシ類	アカマツ、クロマツ、カエデ類、シラカバ、エゴノキ、ハクウンボク、カツラ、ケヤキ、ブナ、セイヨウシナノキ、ニセアカシア、ハンカチノキ、ライラック、キングサリ、ブドウ類、イチジク、クルミ、クリ、カンキツ類ほか	幼虫は一般にテッポウムシと呼ばれ、樹木の中で食害するので、着生されると突然、枝が枯れる。成虫は若い枝の皮を食害。幼虫は根もとにはいり込むことがある。	成虫を見つけたらすぐに捕殺する。幹や枝の穿孔（がこう／進入）痕に殺虫剤を注入し、入り口を練った土でふさぐ。被害が著しいときはスタイナーネマ・カーポカプサエ剤などを散布する。

*捕殺（ほさつ）：捕えて殺すこと。殺し方には、指や手、足でつぶすほか、火で焼くなどがある。

害虫名	樹種名	症状・被害	主な防除法・薬剤
カメムシ類	ツリバナ、センリョウほか	葉や茎、実の汁を吸う。花や実は変形し、生育不良になる。	見つけたらすぐに捕殺する。雑草や落ち葉などをこまめに処理し、成虫の越冬環境をつくらないようにする。
カンザワハダニ	→「ハダニ類」参照		
クリタマバチ	クリ	新芽に着生し、新梢を枯らす。	見つけたらすぐに捕殺する。被害が著しいときは薬剤を散布する。
グンバイムシ類	アセビ、ボケ、カルミア、サツキ、ツツジ類ほか	葉の表面が白くなり、裏には黒点がついたようになる。	通風と採光をよくする。葉の白色化に気づいたら裏側もチェックし、見つけたらすぐに捕殺する。被害が著しいときはDBEDC乳剤を散布する。
ケムシ類	ウメほか	毛でおおわれた幼虫が葉を食害する。	見つけたらすぐに捕殺する。
コウモリガ	カエデ類、ハナミズキ、ラズベリー、グミ類ほか	幹に袋状のものをつけ、その中に着生して幹の周囲を食害し、穴をあける。	穴の中に針金などを入れて捕殺する。着生された枝ごと切除する。
コガネムシ類	ユスラウメ、キーウィフルーツほか	幼虫は根を、成虫は葉や花を食害する。	成虫は見つけたらすぐに捕殺する。土を耕すときに幼虫の有無を確認する。有機質肥料をやりすぎない。
コスカシバ	アンズ、セイヨウミザクラほか	幹や枝の形成層を食害する。	見つけたらすぐに捕殺する。
コナジラミ類	トケイソウ、カシワバアジサイほか	集団で葉の汁を吸い、まるで葉に白い粉がついたように見える。4～6月と10～11月に発生。	黄色の粘着テープなどで捕まえて処分する。寒さに弱い。
コマダラカミキリ	→「カミキリムシ類」参照		
ゴマフボクトウ	サツキほか	幹に寄生して、自らの分泌物で塊（かたまり）をつくる。	見つけたらすぐに捕殺する。被害枝を切りとり処理する。
サズカリムシ	キャラボク、キンメキャラノキほか	根を食害する。	見つけたらすぐに捕殺する。
サンゴジュハムシ	サンゴジュ、オオデマリ、ヤブデマリ、コバノガマズミほか	幼虫、成虫ともに葉を食害し、葉に穴をあける。サンゴジュは特に被害が大きい。	見つけたらすぐに捕殺する。銀色の反射板で成虫を寄せつけないようにする。日陰や風通しが悪いところでは被害が著しくなるので、通風と採光をよくする。被害が著しいときはMEP乳剤、アセフェート水和剤、アセフェート・MEPエアゾルなどを散布する。
シンクイムシ類	カリン、ビワ、ナシ、セイヨウナシ、モモ、リンゴほか	果実の芯を食害。穴をあけ、その穴から糞（ふん）を出す。	果実類は袋でおおって守る。被害を受けた部分は切除する。
スガ類	ニシキギ、コマユミほか	新梢を食害する。	見つけたらすぐに捕殺する。
センチュウ類	クレマチス類、センリョウ、バナナほか	土の中で根に着生し、植物の生育を妨げる。根にコブが形成される。	鉢植えは土ごと処分する。鉢植え以外でも土壌を消毒し、その後もセンチュウの生息に向かない乾燥した土壌を利用する。
ダニ類	ツツジ類、カンキツ類、グーズベリーほか	葉の裏に群れて着生する。	見つけたらすぐに捕殺する。
チャドクガ	チャノキ、ヒメシャラ、ナツツバキ、サザンカ、ツバキ、カンツバキほか	4～5月、8～9月に、幼虫が群をなして葉に着生し、葉を食害する。	通風と採光をよくする。幼虫が密集している枝は切りとり焼却する。幼虫も卵も見つけたらすぐに処分する。被害が著しいときはペルメトリン・MEP乳剤、BT水和剤、ビフェントリン、PAP粉剤などを散布する。
チャノキイロアザミウマ	→「アザミウマ類」参照		
チャノホコリダニ（ホコリダニ類）	チャノキ	葉や花、芽に着生する。被害箇所は茶褐色になり、変形することもある。小さくて見つけにくいので被害が広がりやすい。	通風と採光をよくする。見つけしだい防ダニ剤で駆除し、幼虫が密集している枝は切りとり焼却する。被害が著しいときはマラソン乳剤を散布する。
チャノマルカイガラムシ（ホコリダニ類）	→「カイガラムシ類」参照		
チャハマキ	→「ハマキムシ類」参照		
ツツジグンバイムシ	→「グンバイムシ類」参照		
テッポウムシ	→「カミキリムシ類」参照（テッポウムシはカミキリムシの幼虫のこと）		
テントウノミハムシ	→「ハムシ類」参照		
ドクガ類	クレマチス類、ヒュウガミズキほか	幼虫から成虫に至るまでずっと毒針をもつ。葉を食害するが、被害が拡大することはあまりない。	集団で着生しているので、葉ごと取り除いて焼却処分する。被害が著しいときはスミチオン乳剤などを散布する。
トサカグンバイムシ	→「グンバイムシ類」参照		
ナシヒメシンクイ	→「シンクイムシ類」参照		
ナシミドリオオアブラムシ	→「アブラムシ類」参照		

害虫名	樹種名	症状・被害	主な防除法・薬剤
ナツメコガの幼虫	ナツメ	7〜8月に発生する。	見つけたらすぐに捕殺し、被害が著しいときは薬剤を散布する。
ネコブセンチュウ	→「センチュウ類」参照		
ネマトーダ	→「センチュウ類」参照（ネマトーダはセンチュウとも呼ばれる）		
ハダニ類	イチイ、セイヨウイチイ、キャラボク、キンメキャラノキ、ダイオウショウ、アカマツ、クロマツ、クレマチス類、トケイソウ、ツルバラ、サンザシ、ボケ、ヤマブキ、シロヤマブキ、ドウダンツツジ、サラサドウダン、ボローニア類、カシワバアジサイ、カルミア、サツキ、バラ、モッコウバラ、キンモクセイ、ナシ、セイヨウナシ、カンキツ類ほか	はじめ葉に白い斑点ができ、やがて白や黄色に変色する。裏は細かいごみのようなものがつく。	1年中生息するが、特に4〜9月に防除するのが効果的。水洗いするなどして除去する。剪定で通風と採光を確保するとともに、乾燥するとつきやすいので水やりを欠かさない。葉がダニで白っぽくなるようなら、テトラジホン乳剤、マシン油乳剤などを散布する。
バナナセセリ	バナナ	筒状に巻いた葉の中に潜む。	見つけたらすぐに捕殺する。
ハマキガ	→「ハマキムシ類」参照		
ハマキムシ類	イヌツゲ、クロガネモチ、サンゴジュ、セイヨウシナノキ、ナツハゼ、フジ、クレマチス類、タケ類、ツツジ類、カンツバキ、ナシ、セイヨウナシ、リンゴ、キーウィフルーツ、ポポーほか	葉を重ねたり巻き込んだりしてその中に生息し、葉やつぼみを食害する。イヌツゲはこの虫に特に弱い。新葉のころ発生する。	被害葉は除去する。カイガラムシの発生やスス病を併発しないよう、剪定によって通風と採光を促す。被害が著しいときはMEP乳剤、スミチオン乳剤などを散布する。
ハムシ類	ヒイラギ、ネコヤナギ、ガマズミ、オトコヨウゾメほか	幼虫は根を、成虫は葉を食害する。葉は薄く褐色になり、穴があく。5〜8月に発生。	光を反射する素材の板で成虫を寄せつけないようにする。見つけたらすぐに捕殺する。被害が著しいときはMEP乳剤、スミチオン乳剤などを散布する。
ヒゲナガアブラムシ	→「アブラムシ類」参照		
フジシロナガカイガラムシ	→「カイガラムシ類」参照		
ブドウトラカミキリ	→「カミキリムシ類」参照		
ベニモンアオリンガ	ツツジ類、シャクナゲ類、サツキほか	新芽やつぼみを食害する。	見つけたらすぐに捕殺する。
マエアカスカシノメイガ（メイガ類）	ヒイラギほか	葉や実の中にはいり込んで食害する。	実などの中にはいり込んでしまったら実ごと取り除く。早めに発見し駆除するのが効果的。被害が著しいときは薬剤を散布する。
マツカサアブラムシ	→「アブラムシ類」参照		
マツカレハの幼虫	→「オビカレハ」参照		
マツケムシ	→「オビカレハ」参照（マツケムシはマツカレハの幼虫のこと）		
マツノオビカレハの幼虫	→「オビカレハ」参照		
マツノマダラカミキリ	アカマツ、クロマツほか	内樹皮（樹皮の白い部分）や樹皮を食害する。	マツノザイセンチュウを媒介するので必ず捕殺する。枯れたマツ類はマツノマダラカミキリの生息場所になるので、すぐに廃棄処分する。被害が著しいときはスミチオン乳剤を散布する。
マツノマダラメイガ	ゴヨウマツほか	球果（まつぼっくり）を食害する。	見つけたらすぐに捕殺する。発生初期（5〜6月、8〜9月の2回）に薬剤を散布して防除する。
マメアブラムシ	→「アブラムシ類」参照		
マメコガ	ラズベリーほか	葉を食害する。	見つけたらすぐに捕殺する。
ミカンサビダニ	→「ダニ類」参照		
ミノガ類	サンゴジュ、カエデ類、クレマチス類、キンモクセイ、ガマズミ、ポポーほか	蓑（みの）の中に暮らし、葉を食害する。食欲は旺盛。	蓑（みの）を見つけたらすぐに取り除く。
ミノムシ	→「ミノガ類」参照（ミノムシはミノガの幼虫のこと）		
ミカンハダニ	→「ハダニ類」参照		
ミカンハモグリガ	カンキツ類	幼虫が葉の中にはいり込み食害し、葉を変形させる。食害の跡はまるで絵を描いたようなスジになる。	見つけたらすぐに被害葉を取り除く。被害が著しいときはMEP乳剤、MEP水和剤、ペルメトリン乳剤、エトフェンプロックス乳剤、テフルベンズロン乳剤などを散布する。
モミノハダニ	→「ハダニ類」参照		
モモチョッキリゾウムシ	ビワほか	実のついた小枝を皮を残して折るように切り、実に卵を産む。	見つけたらすぐに捕殺する。
モモノゴマダラメイガ	モモ、ゴヨウマツ	果樹型と針葉樹型がある。葉を巻き込んで中にはいり込み食害する。果実の中にもはいって食害する。	葉でも果実でもその中にはいり込んでしまうので、早期に発見し捕殺する。被害が著しいときはスミチオン乳剤を散布する。
モモハモグリガ（ハモグリガ類）	モモ	新梢を食害する。	見つけたらすぐに捕殺する。

害虫名	樹種名	症状・被害	主な防除法・薬剤
モンクロシャチホコ	サクラ類、スモモほか	夏に幼虫が群をなして葉を食害する。食欲が旺盛で、枝だけでなく木全体を食い尽くすこともある。	幼虫の集団を見つけたら枝ごと切除する。被害が著しいときはアセフェート水和剤、BT水和剤、ピリダフェンチオン乳剤などを散布する。
ルリチュウレンジバチ	サツキほか	葉を食害する。	見つけたらすぐに捕殺する。

病気

五十音順

病気名	樹種名	症状・被害	主な防除法・薬剤
赤星病（あかほしびょう）	ハナカイドウ、ナシ、セイヨウナシほか	葉の表面に周囲が赤みを帯びた黄色の病斑ができる。果実にできると腐食する。	ビャクシン属の樹木との混植を避ける。病害葉は取り除き、被害が著しいときはボルドー液、ダイセン水和剤などを散布する。
ウドンコ病（うどんこびょう）	シラカシ、カエデ類、トケイソウ、アケビ、ウメ、ツルバラ、ユキヤナギ、ハナミズキ、ネコヤナギ、サルスベリ、バラ、ハギ、ラズベリー、リンゴ、ブドウ類、グーズベリーほか	うどん粉のような白い粉状のカビが葉や茎に生じ、しだいに広がり奇形を生じたり枯れたりする。梅雨明け後に発生しやすい。	通風と採光をよくする。病害部位は取り除き、被害が著しいときは発芽前後に、ミルディオマイシン水溶剤、イミノクタジンアルベシル酸塩エアゾル、DBEDC乳剤、チオファネートメチル水和剤、硫黄粉剤、トリホリン乳剤、イミベンコナゾール乳剤、イミベンコナゾールエアゾルなどの薬剤を散布する。冬期に石灰硫黄合剤をまく。チッ素肥料は少なめ、カリウムは多めに施肥を行う。
褐斑病（かっぱんびょう）	ハギ、イチジクほか	黒や茶色の斑点が広がり、徐々に葉が枯れる。斑（ふ）はやけたような感じになる。	病斑のできた葉は摘みとって焼却処分する。被害が著しいときは銅水和剤、MEP・チオファネートメチル粉剤を散布する。
がん腫病（がんしゅびょう）	ビワほか	枝や幹に表面がざらついたふくらみができ、だんだん大きなコブになる。ひどくなると木全体が枯れる。	コブのできた枝は切りとる。切り口には癒合剤（ゆごうざい）を塗る。被害が著しいときは銅水和剤を散布する。
黒カビ病（くろかびびょう）	イチジクほか	葉に褐色または黒色のしみ状の斑点を生じ、のちに落葉する。	通風をよくして、病害が発生した芽や枝は早めに切除する。
黒星病（くろほしびょう）	ウメ、アンズ、カリン、リンゴほか	葉にはススカビ状の斑点、新梢や果実にも病斑ができる。葉は落ち、果実は割れることもある。	通風と採光をよくしておき、病斑の生じた葉や枝は焼却する。被害が著しいときは銅水和剤、ジエトフェンカルプ・チオファネートメチル水和剤、クレソキシムメチル水和剤などを散布する。
黒点病（こくてんびょう）	→「黒斑病」参照		
黒痘病（こくとうびょう）	ブドウ類ほか	葉に褐色の病斑ができ、大きくなると穴があく。果実はへこむ。降雨により伝染する。	被害が著しいときは石灰硫黄合剤を散布する。チッ素肥料は控えてカリウムを十分に施す。
黒斑病（こくはんびょう）	ツルバラ、バラ、スモモ、ナシ、セイヨウナシほか	葉の表面に生じる褐色の病斑はやがて黒く変色する。果実は割れてしまう。	病斑のできた葉は切りとって焼却する。被害が著しいときはストレプトマイシン水和剤、オキシテトラサイクリン水和剤、銅水和剤などを散布する。
コブ病（こぶびょう）	ヤマモモ、フジほか	枝や幹に豆粒大のコブができ、年々大きくなる。	コブのできた枝は切除する。コブの切除に使用したハサミは消毒し、別の樹木への感染を避ける。
ゴマ色斑点病（ごまいろはんてんびょう）	カナメモチほか	葉に褐色の病斑が数多くできる。真んなかは黒く、かさぶたのようにかたくなる。	病害葉は除去し、落葉とともに焼却する。被害が著しいときはトップジンM水和剤、ベンレート水和剤などを散布する。
根頭がん腫病（こんとうがんしゅびょう）	カナメモチほか	根の近くの樹皮表面に弾力性のあるコブができ、しだいに大きくかたくなり、取り除いてもまた再生する。	細菌の侵入を防ぐため、茎や根に傷をつけないように気をつける。発病したら廃棄処分し、土壌ごと入れかえるほうがよい。冬期にアグロバクテリウム・ラジオバクター剤を散布する。
サビ病（さびびょう）	ハイビャクシン、ミヤマビャクシン、カイヅカイブキ、フジ、ササ類、ヒュウガミズキ、ハギ、バナナほか	黄色やサビ色の病斑が葉の表面に多く生じ、かたくなったりコブをつくったりする。やがて葉全体が変色して枯れる。寄主の樹木からバラ科の植物（ナシ、ボケ、カイドウなど）に感染すると、赤星病を発生させる。	病原菌は異なる植物の間を行き来するので、症状があらわれたら寄主の樹種を取り除く。被害が著しいときは石灰硫黄合剤、ダイセン水和剤などを散布する。
縮葉病（しゅくようびょう）	ウメ、モモほか	新葉に多く発症する。黄色や赤っぽい斑（ふ）がしだいにふくらみ、のちに白い粉がふいたようになる。葉は変形する。	展葉期から5月ごろにかけて、低温・多雨のときに多発するので、通風と採光をよくしておく。病害葉は取り除き、被害が著しいときは石灰硫黄合剤を散布する。
白絹病（しらきぬびょう）	ジンチョウゲほか	地面近くの幹の部分に白い絹のようなカビが生じ、のちに褐色になる。	発病した木は焼却処分する。被害が地面にまで及んだら、土をひっくり返して表面近くの土を地中深くに埋め込む。土壌の温度が高いと菌は死ぬ。
白紋羽病（しろもんぱびょう）	ジンチョウゲ、センリョウ、ビワほか	根の近くの樹皮表面に白い菌糸の束が付着し、株全体が枯れる。	病原菌は地中でも死なずに生きているので、土壌環境にも気を配って肥培（ひばい）管理を行い、抵抗力をつけるようにする。被害が著しいときはイソプロチオラン粒剤、フルアジナム水和剤などを散布する。
スス病（すすびょう）	モチノキ、ゲッケイジュ、モッコク、ササ類、タニウツギ、ザクロほか	葉、枝、幹にスス状の黒いカビが生じ、全体をおおうように広がる。くすんだように見える。	カビの発生源となる害虫を駆除する。剪定によって通風と採光にも気を配る。病害葉は取り除き、被害が著しいときはトップジンM水和剤を散布する。
穿孔病（せんこうびょう）	モモほか	葉にかさぶたのような斑点ができ、穴があいていく。	病斑のできた葉は見つけしだい取り除く。

病気名	樹種名	症状・被害	主な防除法・薬剤
タケハサビ病	→「サビ病」参照		
炭そ病 (たんそびょう)	ヒイラギ、オリーブ、ニセアカシア、アイビー類、エニシダ、ボタン、アジサイ、キングサリ、イチジクほか	病斑は褐色で、中心は黒い粒のようになっている。果実にできるといずれ腐って落ちる。	病斑のできた部分は取り除いて焼却処分する。果実は開花期と梅雨期の管理が大切である。被害が著しいときは銅水和剤、チオファネートメチル水和剤などを散布する。
テングス病 (てんぐすびょう)	タケ類ほか	枝の一部がふくれてコブ状になり、その先から小枝が不規則に箒(ほうき)状に叢生(そうせい)する。	病枝および病巣の根もとのコブ状のふくらみ付近を健康な部分まで取り除き、焼却する。被害が著しいときは切り口にトップジンMペーストを塗る。切除に使用したノコギリやハサミはよく消毒し、使いまわしをしない。
胴枯れ病 (どうがれびょう)	キングサリ、アンズ、クリほか	枝の分岐部などの樹皮がふくらみ、その後乾くと陥没し、次に突起状になる。小枝には暗褐色の病斑ができる。	発病した部分の枝を切りとり、焼却する。被害が著しいときは切り口にトップジンMペーストを塗る。枝の日焼けや傷に注意する。
灰色カビ病 (はいいろかびびょう)	ボタン、アンズ、キーウィフルーツほか	一般的に存在する菌で、水でにじんだような褐色の斑点が拡大し、症状が進行すると灰色から灰褐色のカビが生じる。	発病した個体は株ごと焼却する。多湿を避け、風通しをよくする。間隔をあけて植えるようにし、剪定はこまめにする。被害が著しいときはイプロジオン水和剤、イミノクタジンアルベシル酸塩水和剤、クレソキシムメチル水和剤などを散布する。肥培(ひばい)管理を行い、抵抗力のある個体にする。
灰星病 (はいほしびょう)	セイヨウミザクラほか	果実に斑点が発生し、広がって腐り、灰色のカビでおおわれて生育が妨げられる。葉や花、新梢にも発生する。	通気をよくしておく。発病した部分は早めに切りとる。被害が著しいときはキャプタン水和剤、チオファネートメチル水和剤、イプロジオン水和剤などを散布する。
花腐れ菌核病 (はなぐされきんかくびょう)	サザンカほか	花弁にたくさんの淡褐色のシミがはいり、しだいに広がって花弁全体が褐色にかわる。	発病した花を除去し、被害が著しいときはトップジンM水和剤を散布する。
パナマ病(ぱなまびょう)	→「サビ病」参照		
葉ふるい病(はふるいびょう)	ニオイヒバ、アカマツ、クロマツほか	針葉に淡褐色の斑点ができ、枯れる。	樹勢を保ち、病巣や落ち葉を焼却する。
斑点性病害 (はんてんせいびょうがい)	→「斑点病」参照		
斑点病 (はんてんびょう)	クロガネモチ、アセビ、ハナゾノツクバネウツギ、リンゴほか	葉や茎に褐色の病斑が生じ、ススカビ状のものがその表面に付着する。葉が落ちたり変形・変色したりする。適度な温度と湿度で繁殖し、梅雨時に大きな被害をもたらす。	病斑のできた葉は取り除き、焼却処分する。被害が著しいときはジネブ水和剤を散布する。
斑点落葉病 (はんてんらくようびょう)	→「斑点病」参照		
斑葉病 (はんようびょう)	バナナほか	葉に大小さまざまで鮮明な白色～黄色の斑(ふ)を生じる。	発病していない穂木、台木を用いて栽培する。さし木、接ぎ木も健康な株を用いて行う。病害葉はすぐに取り除く。
腐朽菌 (ふきゅうきん)	シイほか	若木では比較的発生は少ないが、老木では幹や太い枝に発生し、木を腐らせる。	発病した部分を健康な部分まで含めて削りとり、その部分に防菌剤を塗布または散布する。被害が著しいときはダイボルト水和剤、パルノックス水和剤を散布する。
ふくろみ病 (ふくろみびょう)	スモモほか	落花後に果実が長楕円状に湾曲し、通常の5～6倍にふくれる。	花のついた小枝で病気の特徴を示すものは切除する。
ペスタロチア病 (ぺすたろちあびょう)	アイビー類ほか	灰褐色や灰白色の斑点が葉の裏に生じ、その上に黒点が生じる。被害部はしだいに全体に広がり乾燥する。病原菌はおもに傷口から進入する。	剪定をこまめに行い、通風と採光をよくする。被害が著しいときは銅水和剤を散布する。
紫紋羽病 (むらさきもんぱびょう)	イチョウほか	根・根冠部に赤紫色～赤褐色の菌糸状の束が絡みつく。根ぎわの部分をフェルト状の紫褐色の菌糸層でおおうこともある。	十分に腐熟した有機質肥料を施して、樹勢の維持・増進をはかる。薬剤で土壌消毒を行う。
モチ病 (もちびょう)	サザンカほか	病斑は春の開葉期にふくらんで厚くなり、緑白色やピンク色に変色し、やがて白い粉でおおわれて餅のようになる。	見つけたらすぐに取り除く。被害が著しいときは銅水和剤を散布する。
モリニア病 (もりにあびょう)	リンゴほか	展葉後間もない若葉に発生し、病斑が広がり、やがて褐色になり枯れる。低温・多湿時に発生する。	発病した葉は見つけしだい取り除く。
輪斑病 (りんぱんびょう)	アジサイほか	葉に大小さまざまな円形の病斑が発生する。	開花後から刈り込みをする。発病した葉は切りとり、焼却する。
輪紋病 (りんもんびょう)	ナシ、セイヨウナシほか	葉、果実に生じる病斑は同心円の模様をなす。果実は腐る。	植えつけのとき、間隔を広くあける。葉の部分の通気性をよくする。病斑のできた葉は見つけしだい取り除く。

※本書で紹介した薬剤は、表記が異なる商品名で販売されている場合があります。また園芸専門店やホームセンターで、性質が似ている薬剤を入手することもできます。詳しくは、直接お店におたずねください。

知っておきたい 基本用語

本書で使われている、園芸の分野特有の用語を解説しています。

あ

アーチ つるものをアーチ状の支柱に誘引し、庭の出入り口を強調して見せるために設ける。

油かす【あぶらかす】 ナタネやダイズなどの植物のたねから油を絞った残り。

1年枝【いちねんし】 当年枝ともいう。その年にのびた枝。

腋生【えきせい】 葉がつく腋の部分に花や葉がつくられる。

エスパリア 樹木や果樹の枝、つるなどを支柱あるいは壁面や塀に誘引し、厚みをもたせず平面的に仕立てる方法。

枝抜き【えだぬき】 込みすぎた枝を間引く剪定方法をいう。枝の大きさにより大すかし、中すかし、小すかしに分けられる。

追肥【おいごえ】 たねまきや苗の植えつけ、または移植したあとの生育途中で肥料を施すこと。一般に速効性肥料を使用する。

追掘り【おいぼり】 樹木を移植するとき、幹のまわりを円形に掘り根鉢をつくるのではなく、根に沿って放射線状に掘り、根を切ることなく先端の細根まで掘り出すこと。ガニ鉢ともいう。

大苗【おおなえ】 10月中旬ごろから流通する苗で、接ぎ木した苗を1～2年から数年かけて育てたもの。同じ大きさであれば、ずっしりと重い苗が充実したよい苗とされる。

お礼肥【おれいごえ】 花後や結実後に、樹勢回復と土壌への養分補給のために施す肥料。

か

開張性【かいちょうせい】 枝が大きく開き伸長することで、樹高よりも枝張りが大きく広がる性質。

開心自然形【かいしんしぜんけい】 主幹が短く、あるいは切断し、樹冠の中央が凹んでいる樹形をいう。主幹より2～3本の主枝が分岐して、それぞれの主枝に数本ずつ次の枝が分岐している。

花芽【かが】 芽が発芽後、芽あるいは葉芽原基から葉芽と花芽に分化する。茎頂に対してつくられる芽を頂芽といい、これに対して花芽になる芽を花芽といい、葉芽になる芽を葉芽という。花芽は葉芽よりも丸みがあり大きい。「はなめ」ともいう。

花冠【かかん】 被子植物の花を構成する要素のひとつ。花弁によって、効果の速い速効性肥料と遅い遅効性肥料がある。効果が速くあらわれるが、ゆるやかに長く持続するものを緩効性肥料という。肥料の表面をコーティングして、ゆっくりと溶け出すようにしたものが多い。

花序【かじょ】 花は、植物の種類ごとに一定の方式にしたがってつくが、この花のつき方および花のついた枝全体を花序という。

花穂【かすい】 稲の穂のように、長い花軸にたくさんついた状態のこと。

化成肥料【かせいひりょう】 化学的に合成された肥料。チッ素、リン酸、カリを主体として化成している。

花托【かたく】 花柄（花をつける枝）の末端の部分で、花びら、雄しべ、雌しべ、萼などがつく部分。

活着【かっちゃく】 さし木、接ぎ木、移植などをした植物が、根づいて生長すること。

カバープラント 地表面を低くおおい、地表の浸食、飛砂、泥濘化などを防止し、修景をはかる植物をグラウンドカバープラントと呼ぶが、建物やフェンスにのぼらせるつる性植物も含めて、カバープラントと呼ぶこともある。

株分け【かぶわけ】 植物の親株から子株を分けて植えかえること。

株立ち【かぶだち】 根もとから数本の幹が出ている形の樹木。

花柄【かへい】 花軸から分かれて出て、先端に花をつける小さな枝。

絡み枝【からみえだ】 ほかの枝に絡みつくようにのびた枝。

刈り込み【かりこみ】 庭木の手入れ方法のひとつ。人の意思によって枝葉を切りそろえて、加工、造形し形を整えること。

緩効性肥料【かんこうせいひりょう】 肥料は効果の遅速によって、効果の速い速効性肥料と遅い遅効性肥料がある。

寒肥【かんごえ】 春からの生育期に備えて寒中に施す肥料。

灌水【かんすい】 土壌中の不足した水分を人為的に補給すること。灌水の方法には、ホース灌水、パイプ灌水、底面灌水、点滴灌水などがある。

偽果【ぎか】 果実が心皮（花柱、子房）のみから構成されしないものを真果といい、これに対して、心皮以外の組織が発達して果実の構成要素となるものをいう。イチジク、イチゴなどがそれにあたる。

鋸歯【きょし】 葉の縁がぎざぎざの鋸状になったもの。

強剪定【きょうせんてい】 樹形を小さくするために幹や太い枝などを切除する剪定。萌芽力の強い樹木に行い、一定でないところに出る不定芽が萌芽することで樹形が再生する。萌芽力の弱い樹木や、時期を誤ると、枯れることがある。

切り戻し【きりもどし】 定芽の萌芽を予測して枝の先端を切除する方法をいうが、枝の途中で切除すること全般をさす用語となっている。切り返しともいう。

車枝【くるまえだ】 幹の同じ位置から車軸状に四方へのびる枝。

グラウンドカバー →カバープラント

軽剪定【けいせんてい】 切り戻しによって樹冠を整える程度の弱い剪定をいう。

鶏糞【けいふん】 おもに鶏などの糞を乾燥させて肥料としたもの。

結果枝【けっかし】 開花後に結実し、果実をつける枝をいう。

小すかし【こすかし】 おもに木の不要な枝や葉をのぞき、樹形を維持する方法の剪定をすること。

互生【ごせい】 茎の1節に1個の葉がつく葉序（葉の配置）。茎から互い違いに葉がついているものをいう。

骨粉【こっぷん】 動物の骨を原料としてつくられる肥料。

込み枝【こみえだ】 枝が密集しすぎた状態をいう。枝の先端から多くの萌芽枝が出る樹木で多く発生する。

こも巻き【こもまき】 寒さよけのため、藁を粗く編んだむしろで木の幹や根元を巻くこと。

コンテナ 本来の意味は物を入れる容器をさすが、園芸用語では植物を栽培する容器全体を総称する。従来は植木鉢がおもに用いられてきたが、近年はそのほかにプラスチック、テラコッタ、木箱、金属缶、ソイルブロックなど多種多様な素材の容器が用いられている。

さ

3要素【さんようそ】 一般的に作物の生育に多量に必要であるといわれている3つの元素、チッ素、リン酸、カリをいう。

自家結実性【じかけつじつせい】 自分の花粉で受粉し、実をつけること。

枝条【しじょう】 樹形の基礎となるもので、枝の出方、枝ぶり（配置）、枝の張り方をいう。

ヤマコウバシ	139
ヤマザクラ	174
ヤマツツジ	193
ヤマノヒカリ(山の光)	231
ヤマハギ	266
ヤマブキ	**186**
ヤマフジ	152
ヤマボウシ	**256**
ヤマモミジ	126, 128
ヤマモモ	**125**
ヤングベリー	316
ユーカリグーニー	254
ユーカリノキ	254
ユーレカレモン	311
ユキツバキ	262
ユキヤナギ	**187**
ユズ	311
ユスラウメ	**188**
ヨウゾメ	269
ヨウロウ(養老)	287
ヨーロッパキイチゴ	297
ヨーロッパゴールド	100
ヨーロッパスモモ	290
ヨコハマヒザクラ	172
ヨシダ(吉田)	310

ラ

ライラック	**216**
ラカンマキ	**90**
ラズベリー	**297**
ラ・フランス	295
リトル・ホワイト・ペット	241
リュウキュウツツジ	192
リョウブ	**257**
リラ	216
リンゴ	**298**
リンデンバウム	146
ルイ14セイ(ルイ14世)	240
ルスティカーナ	178
ルビーグロー	204
レイランディー	100
レイランドサイプレス	100, 102
レインボー	250
レッドロビン	113
レモン	311
レモンユーカリ	254
レンギョウ	**217**
レンゲツツジ	190, 193
ロイヤル・ハイネス	240
ロイヤルレッド	252
ロウバイ	**276**

ワ

ワビスケ(侘助)	262

参考文献

『園芸植物図譜』(平凡社)
『園芸植物大事典』(小学館)
『園芸大百科事典 フルール1〜12』(講談社)
『園芸入門 これだけは知っておきたい栽培の基礎知識(別冊NHK趣味の園芸)』(日本放送出版協会)
『ガーデニング花木入門 花・葉・実が美しい木を楽しむ(別冊NHK趣味の園芸)』(日本放送出版協会)
『果樹栽培の基礎 農学基礎セミナー』(農山漁村文化協会)
『家庭果樹(NHK趣味の園芸新園芸相談3)』(日本放送出版協会)
『家庭で楽しむ果樹栽培 おなじみの果物からトロピカルフルーツまで(別冊NHK趣味の園芸)』(日本放送出版協会)
『果物の美術館 ボタニカル・アートと花の名画(Floral Art books)』(集英社)
『原色樹木大図鑑〔新訂〕』(北隆館)
『原色日本植物図鑑 木本編2』(保育社)
『樹種別 庭木の整姿・剪定』(立風書房)
『樹木アートブック1高木編(Expert Series)』(アボック社)
『樹木ガイド・ブック』(加島書店)
『樹木もの知り事典』(平凡社)
『新・園芸クリニック4 庭木・花木・家庭果樹(別冊NHK趣味の園芸)』(日本放送出版協会)
『新樹種ガイドブック 新しい造園樹木』(建設物価調査会)
『新編庭木の選び方と手入れ事典1〜3』(主婦と生活社)
『図解でハッキリわかる落葉樹・常緑樹の整枝と剪定』(永岡書店)
『図解庭木の手入れコツのコツ』(農山漁村文化協会)
『図解落葉樹の庭つくり 四季の野山を楽しむ』(農山漁村文化協会)
『すてきな庭の花づくり大百科 育て方、見分け方のすべてがわかる(主婦と生活生活シリーズ)』(主婦と生活社)
『茶の花・野の花 ベランダにつくる小さな庭』(淡交社)
『庭木1 緑と樹形を楽しむ(カラー版ホーム園芸)』(主婦と生活社)
『庭木2 花を楽しむ(カラー版ホーム園芸)』(主婦と生活社)
『庭木3 実を楽しむ(カラー版ホーム園芸)』(主婦と生活社)
『人気の庭木・花木159種 整枝と管理のポイントがよくわかる』(主婦の友社)
『non・noガーデニング基本大百科』(集英社)
『葉形・花色でひける 木の名前がわかる事典 庭木・花木・街路樹など身近な樹木433種』(成美堂出版)
『はじめての果樹62種 手順がよくわかる庭植え・鉢植えの栽培テクニック』(成美堂出版)
『葉で見わける樹木(フィールド・ガイド22)』(小学館)
『花木・庭木・果樹 家庭で楽しめる(園芸ハンドブック)』(学研)
『花木・庭木の手入れ 整枝・せん定の仕方』(西東社)
『バラのコンテナガーデン 簡単に美しく咲かせる』(小学館)
『フラワー・オアシス〔新装版〕庭木・花木・果樹』(小学館)
『盆栽(NHK趣味の園芸新園芸相談4)』(日本放送出版協会)
『緑のデザイン図鑑 配植のテクニックと作庭の手法』(建築知識)
『もっともくわしい植物の病害虫百科 植物の病害虫その知識と予防』(学研)
『ランドスケーププランツ 景観設計植物』(ワールドグリーン出版)
『緑化樹木ガイドブック』(建設物価調査会)
『わが家の庭を剪定する 枝の切り方、残し方(NHK趣味の園芸ガーデニング21)』(日本放送出版協会)

『月刊 農耕と園芸』(誠文堂新光社)
『週刊 日本の樹木』(学研)
『週刊 花百科59』(講談社)

知っておきたい基本用語

本書で使われている、園芸の分野特有の用語を解説しています。

あ

アーチ つるものをアーチ状の支柱に誘引し、庭の出入り口を強調して見せるために設ける。

油かす【あぶらかす】 ナタネやダイズなどの植物のたねから油を絞った残りかす。

1年枝【いちねんし】 その年にのびた枝。当年枝ともいう。

エスパリア つるなどを支柱をもたせ、枝を間引く剪定方法をいう。枝の大きさにより大すかし、中すかし、小すかしに分けられる。

枝抜き【えだぬき】 樹木や果樹の枝や塀に花や葉がつくこと。

腋生【えきせい】 葉がつく腋の部分に花や葉がつくこと。

追掘り【おいぼり】 樹木を移植するとき、幹のまわりを円形に掘り根鉢をつくるのではなく、根に沿って放射線状に掘り、根を切ることなく先端の細根まで掘り出すこと。ガニ鉢ともいう。

追肥【おいごえ】 たねまきや苗の植えつけ、または移植したあとの生育途中で肥料を施すこと。一般に速効性肥料を使用する。

大苗【おおなえ】 10月中旬ごろから流通する苗で、接ぎ木した苗を1〜2年から数年かけて育てたもの。同じ大きさであれば、ずっしりと重い苗が充実したよい苗とされる。

お礼肥【おれいごえ】 花後や結実後に、樹勢回復と土壌への養分補給のために施す肥料。

か

開花性【かいちょうせい】 枝が大きく開き伸長することで、樹高よりも枝張りが大きく広がる性質。

開心自然形【かいしんしぜんけい】 主幹が短く、あるいは切断して、樹冠の中央が凹んでいる樹形をいう。主幹より2〜3本の主枝が分岐して、それぞれの主枝に数本ずつ次の枝が分岐している。

花芽【かが】 葉を形成する原基(茎の先端)から花あるいは葉芽が発育後、芽は構造により葉芽と花芽に分化する。茎頂に対してつくられる芽を頂芽、これに対して花あるいは葉芽につくられる芽を葉芽といい、花芽になる芽を花芽といい、花芽は葉芽よりも丸みがあり大きい。「はなめ」ともいう。

花冠【かかん】 被子植物の花を構成する要素のひとつ。花弁の集合体。

花序【かじょ】 花は、植物の種類ごとに一定の方式にしたがってつくが、この花のつき方および花のついた枝全体を花序という。

花穂【かすい】 花が稲の穂のように、長い花軸にたくさんついた状態のこと。

化成肥料【かせいひりょう】 化学的に合成された肥料。チッ素、リン酸、カリを主体とする。

花托【かたく】 花柄(花をつける枝)の末端の部分で、花びら、雄しべ、雌しべ、萼などがつく部分。

活着【かっちゃく】 さし木、接ぎ木、移植などをした植物が、根づいて生長すること。

カバープラント 地表面を低くおおい、地表の浸食、飛砂、泥濘化などを防止し、修景をはかる植物をグラウンドカバープラントと呼ぶが、フェンスにのぼらせるつる植物も含めて、カバープラントと呼ぶこともある。

株分け【かぶわけ】 植物の親株から子株を分けて植えかえること。

株立ち【かぶだち】 根もとから数本の幹が出ている形の樹木。

花柄【かへい】 花軸から分かれ出て、先端に花をつける小さな枝。

絡み枝【からみえだ】 ほかの枝に絡みつくようにのびた枝。

刈り込み【かりこみ】 庭木の手入れ方法のひとつ。人の意思によって枝葉を切りそろえて、加工、造形し形を整えること。

緩効性肥料【かんこうせいひりょう】 肥料は効果の遅い遅効性肥料と、効果の速い速効性肥料と遅い遅効性肥料がある。効果が速くあらわれるが、ゆるやかに長く持続するものを緩効性肥料という。肥料の表面をコーティングして、ゆっくりと溶け出すようにしたものが多い。

寒肥【かんごえ】 春からの生育期に備えて寒中に施す肥料。

灌水【かんすい】 土壌中の不足した水分を人為的に補給すること。灌水の方法には、ホース灌水、パイプ灌水、底面灌水、点滴灌水などがある。

偽果【ぎか】 果実が心皮(柱頭、花柱、子房)のみから構成されしないものを真果というのに対して、心皮以外の組織を構成要素とし、心皮以外の花床(花托)、萼、苞、花軸などの周辺組織が発達して果実の構成要素となるものをいう。イチジク、イチゴなどがそれにあたる。

鋸歯【きょし】 葉の縁がぎざぎざの鋸状になったもの。

強剪定【きょうせんてい】 樹形を小さくするために幹や太い枝などを切除する剪定。萌芽力の強い樹木に行い、萌芽力の弱い樹木や、時期を誤ると、枯れることがある。

切り戻し【きりもどし】 定芽の萌芽を予測して枝の先端を切除する方法をいうが、枝の途中で切除して全般をさす用語となっている。切り返しともいう。

グラウンドカバー →カバープラント

車枝【くるまえだ】 幹の同じ位置から車軸状に四方へのびる枝。

軽剪定【けいせんてい】 切り戻しによって樹冠を整える程度の弱い剪定をいう。おもに開花後に結実し、果実を乾燥させて肥料とする。

鶏糞【けいふん】 おもに鶏などの糞を乾燥させて肥料としたもの。

結果枝【けっかし】 開花後に結実し、果実をつける枝をいう。

小すかし【こすかし】 おもに木バサミを用いて庭木の枝先の不要な枝や葉を剪定すること。

互生【ごせい】 茎の1節に1個の葉がつく葉序(葉の配置)。

骨粉【こっぷん】 動物の骨を原料としてつくられた肥料。

込み枝【こみえだ】 枝が密集しすぎた状態をいう。枝の先端から多くの萌芽枝が出る樹木に多く発生する。

こも巻き【こもまき】 寒さよけのため、藁を粗く編んだむしろで木の幹や根鉢を巻くこと。

コンテナ 本来の意味では植物を栽培する容器全体を総称する。従来は植木鉢がおもに用いられてきたが、近年はそのほかにプラスチック、テラコッタ、木箱、金属缶、ソイルブロックなど多種多様な素材の容器が用いられている。

さ

3要素【さんようそ】 一般的に作物の生育に多量に必要であるといわれている3つの元素で、チッ素、リン酸、カリをいう。

自家結実性【じかけつじつせい】 自分の花粉で受粉し、実をつけること。

枝条【しじょう】 樹形の基礎となるもので、枝の出方、枝くばり(配置)、枝の張り方をい

仕立て【したて】 う。枝序ともいう。摘芯、摘芽、剪定、支柱立て、誘引など、枝条を整備し樹形や樹姿を整えること。

雌雄異株【しゆういしゆ】 単性花をつける被子植物で、雄花と雌花が別々の株についている状態をいう。

樹冠【じゆかん】 直立性の樹木の、枝や葉によってつくられる冠状の輪郭をいう。

宿根植物【しゆくこんしよくぶつ】 地上部はその年のうちに枯れるが、地下茎や根などが残って翌年に芽を出す草本植物。

主木【しゆぼく】 →シンボルツリー

壌土【じようど】 粘土の割合が25〜37.5%ぐらいの土壌のことと、砂とシルト(粘土より粗く砂より細かい土)と粘土がほぼ等分に混合している状態。通気と保水性がほどよく耕しやすい。また、粘土の割合で37.5〜50%の土壌を埴壌土といい、壌土と同様、耕作に向くとされる。

新梢【しんしよう】 その年についた新しい枝葉。当年枝、1年枝と同じ意味。

芯止め【しんどめ】 樹冠の先端までのびている伸長力の強い幹や枝を切りつめて、上方への生長を抑制すること。残った枝葉に栄養を充当することを目的とする。

新苗【しんなえ】 前年あるいは当年に栽培され、春から初夏にかけて販売される苗。根が広く深く張っているものがよい苗とされる。

シンボルツリー 庭づくりにおいて、その庭の性格を一番表現している樹木のこと。主木ともいい、庭の中心につきだすように仕立てられる。

新葉がかたまる【しんようがかたまる】 新葉の生長が一段落し、充実して成葉になること。

整枝【せいし】 樹形を整えるために不要枝を切除し、切り戻しや枝抜きを行うこと。

施肥【せひ】 植物の順調な生育のため、また品質の高い生産物を得るために作物に肥料を与えること。肥料を施すときは、その植物、目的、量、時期などを考慮して使用する。

剪定【せんてい】 整姿や生理の調節などを目的として、枝や幹を切ることをいう。剪定はおもに樹木に行う作業に使われる言葉で、樹高や枝幅を制限したり、枝葉を少なくしたり、枝ぶりや造形的樹形をつくることを目的にして行われる。

全縁【ぜんえん】 葉の周縁部(葉縁)の形のひとつで、縁が滑らかなもの。

装飾花【そうしよくか】 雄しべや雌しべが退化し、花びらや萼が発達した花。

草本【そうほん】 木本に対する言葉で、維管束植物のうち、地上茎の基本組織が柔軟で水分が多く、木化することなく、それ以上生長をしない植物をいう。俗にいう草のこと。

側芽【そくが】 枝の側面に形成された芽や、葉のつけ根に形成された芽。「わきめ」ともいう。

速効性肥料【そつこうせいひりよう】 肥料のうちで効果が速くあらわれるものをいう。化成肥料の液体や固形の肥料がこれにあたり、効果の持続は長くない。

た

耐寒性【たいかんせい】 植物が寒さに耐えて生活を継続する性質。

耐暑性【たいしよせい】 植物が暑さに耐えて生活を継続する性質。

対生【たいせい】 茎の節に葉(花葉や鱗片を含む)が向かい合って2枚つく葉序(葉の配置)をいう。

堆肥【たいひ】 肥料の一種。落ち葉、雑草、海藻、ときには排泄物を発酵・熟成させた肥料。完熟したものを使用する。

高植え【たかうえ】 地表よりも根鉢の上端の部分が上に出るように植えつけること。

棚仕立て【たなじたて】 つるものの植物をパーゴラや栽培用の棚に誘引し仕立てたもの。

短果枝【たんかし】 開花し果実をつける結果枝は短い枝ほど結実がよく、この枝を短果枝という。

断根【だんこん】 根を切ることをいう。特に根まわしの一方法として用いる。

頂生【ちようせい】 茎や枝の先端に芽や花などがつくこと。

追熟【ついじゆく】 収穫期に果実が落ちてしまうことなどを防ぐため、早めに収穫して、あと完熟させること。後熟ともいう。

接ぎ木【つぎき】 根のついた木に、別の個体の芽や枝を接いで活着させる方法。

土極め【つちぎめ】 多くの植木は水極めという方法で植む樹木が、乾燥した状態を好む樹種の場合には、水を使わずに土をつきかためるだけで植えつけ、根を植栽地に密着させる方法。

土止め【つちどめ】 土手や斜面などの土が崩れるのを防ぐこと。

つるもの 茎がつる状になり、細い茎が長く地表をはうように、のびる植物のこと。かぎ状のひげや巻きひげ、葉や吸着根などで他のものに巻きつくことで樹木や他の植物を支える。つる性植物、藤本ともいう。

添景木【てんけいぼく】 樹林景(庭全体の風景)を調和・強調させるように植えられる樹木をいう。

摘花【てきか】 着果をよくするためや花形を充実したり大きくするために、つぼみや花を間引くこと。

摘果【てきか】 果樹や果実の果実にも利用する野菜で良質の果実を得るために、結実量を調節し果実の大きさを一定にするよう、果実が幼いうちに間引くこと。

凍害【とうがい】 植物が凍結したときにおこる害。植物体内の水分が冷却されて凍結し、解凍後に壊死や枯れ死する寒害の一種。

当年枝【とうねんし】 その年にのびた枝。1年枝ともいう。

胴ぶき【どうぶき】 幹から発芽し、生育した枝をいう。

藤本【とうほん】 木本のつる植物をいう。

徒長枝【とちようし】 春秋の定期以外に発生する、特に生育が旺盛で強大な伸長枝をいう。樹形を乱しやすいので剪定することが多い。

トピアリー 樹木を人工的に動物や幾何学的な形などに刈り込み、仕立てたことを、あるいは仕立てたものをいう。

飛び枝【とびえだ】 樹冠から飛び出た枝をいう。樹形を整えるため切り落とす。

土用芽【どようめ】 夏の土用のころに樹木の芽が二次的に伸長し萌芽した枝(土用枝)、あるいは夏の芽をいう。「とび」ともいう。

な

根切り【ねきり】 簡易根まわし(移植の準備)法のひとつとして、側根をノコギリでひくか、あるいは株の周囲にスコップを入れて何本かの根を切る方法をいう。コンテナ栽培の植木が根づまり状態になったときに、植えかえにあたり新根を生えさせるため、また苗木が徒長するのを防ぐためなどの理由で行う断根をいうこともある。樹木を若返らせる方法のひとつとしても用いられる。

根締め【ねじめ】 主となる樹木、石、工作物などに添えて、その特徴を生かし、景観を強調するために植える小さい植物をいう。

根鉢【ねばち】 樹木を掘り上げたときに、その樹木の生育に必要とされる範囲に根が広がった全体の土量をいう。

根伏せ【ねぶせ】 根のさし木をいう。根伏せは根ざしともいわれ、根ざしが一般的。ふつう1年生の根を用いて行う。

根まわし【ねまわし】 老木、大木、名木、貴重木などを移植し、安全に根づかせるための予備作業をいう。ふつうは移植する1〜2年前に、鉢まわりを掘って側根と立根を露出させ、四方に張った太い根の皮をはぎ、根鉢のなかに新根を生

は

根焼き【ねやき】 杭などを地中に埋めるとき、埋める部分を焼いて炭化させ、腐りにくくすること。えさせて移植をしやすくすること。

パーゴラ 日陰をつくるために棚状の庇をもつ構造物。つる性の植物などを誘引することが多い。

花がら【はながら】 花が咲き終わったあと、散らないでそのまま残っている枯れた花のこと。

花芽【はなめ】 →花芽

ひこばえ 成熟した木の根もとから生える多数の若い枝のこと。「やご」ともいう。

被子植物【ひししょくぶつ】 種子植物のなかで心皮が子房（たねを包む袋）を形成し、内部に胚珠を包んで保護しているもの。

斑入り【ふいり】 葉、花、茎、種皮などの部分に、白や黄色、赤色などが、個々の植物が本来もつ色とは異なるまだら状、斑状、モザイク状になることをいう。

フェンス 空間を仕切るための柵や垣などをいう。木製や金属製で、枝材によって仕切られた空間の雰囲気が変化するという。

不定芽【ふていが】 芽は、その年に生長した茎や小枝の先端にできる頂芽と、枝に沿ってできる側芽がある。頂芽や側芽のように当年枝の一定の位置にできる芽を定芽というのに対して、定位置以外にできるものを不定芽と呼ぶ。幹や太い枝など、通常は芽のできない位置にもでき、普段は発芽することがない。特に強剪定された場合にはふところに萌芽する。

ふところ枝【ふところえだ】 樹冠（木の輪郭）内の幹の近くに出た枝をいう。短小で弱い枝であり、そのままの状態にしておいても生育の見込みがないものが多く、切っておく。

不要枝【ふようし】 どのような樹形であるかにかかわらず、まず切除すべき不要な枝である。切除しないと樹形の乱れにつながり、木の健康にもよくない枝である。

腐葉土【ふようど】 落ち葉を発酵・腐熟させたもの。通気性、保水性がよく、土中の微生物をふやして土を活性化させる働きがある。

変則主幹形【へんそくしゅかんけい】 主幹が樹冠の途中で切断された樹形で、おもに果樹に用いられる。幹の上部に枝が集まり、上方に向かって伸長する樹種に多く用いられる。

苞【ほう】 通常、葉が変形してできたもので、苞葉の上に花を生じ、これを保護する葉的器官の役目をしているという。

萌芽力【ほうがりょく】 樹木の萌芽が萌え出る力。特に不定芽の萌芽力について用いられることがある。生け垣や海岸近くなどに植えられる木で、樹林を形成する。地方によって防風林に用いられる樹木に特徴がある。

防風樹【ぼうふうじゅ】 風害を防ぐために耕地や屋敷の周囲、あるいは海岸近くなどに植えられる木で、樹林を形成する。地方によって防風林に用いられる樹木に特徴がある。

ポット苗【ポットなえ】 地植えやコンテナ、花壇などに植えることを前提にした容器栽培の苗をいう。多くは黒いビニール製のポットに植えられている。家庭菜園向けの野菜の苗も含めていうこともある。

ま

葡萄枝【ほふくし】 おもにグランドカバープラントや低灌木、日本芝など、地表をはって水平に分枝しながら生育する植物の茎をいう。節から根を出すものが多い。

みどり摘み【みどりつみ】 マツ類の新芽（みどり）を、若葉とともに指先で摘みとること。芽の大きさと数を制限して新梢の大きさを抑える。タケ、ササ類などの芯抜きをみどり摘みということもある。

実物【みもの】 果実の観賞や収穫を主とする樹木をいう。

木本【もくほん】 樹木のこと。

芽吹き【めぶき】 気温の上昇とともに、樹木が春に新芽を萌芽し始めること。

元肥【もとごえ】 植木を植えつける前に施す肥料。あらかじめ肥料を土にまぜたり、根鉢の下に敷いたり埋めたりしておく。

門冠【もんかぶり】 門柱に添えて右または左に木を植え、枝が門の上におおうように伸ばした仕立て方。

もみ上げ【もみあげ】 おもに冬期に、マツ類、ヒバ類の古葉を摘みとったり、手のひらでもんだりして、しごきとる方法をいう。

マルチング 根もとに藁や落ち葉などを敷きつめて、夏に地表の温度上昇や乾燥を抑制したり、冬に地面の凍結や乾燥、また雑草の発生などを防止する目的で地表をおおうことをいう。葉への土はねを防止して病害虫の発生を抑制させるために、枝葉を剪定するときにも用いることがある。

間引き【まびき】 発芽して密生した幼苗を摘んだり、苗と苗の間隔をあけるために、剪定により除去したりすることをいう。採光や通風を促して病害虫の発生を抑制させるために、枝葉を剪定するときにも用いることがある。

や

癒合剤【ゆごうざい】 枝や幹などの切り口や接ぎ木した部分に塗る、殺菌と乾燥防止を目的とした薬剤。傷口保護剤ともいう。ゆるやかに持続する。

葉腋【ようえき】 葉のつけ根の部分、茎と葉柄の境目をいう。

葉柄【ようへい】 葉を構成する要素のひとつ。葉身と茎軸をつなぎ、葉身を支える柄状の部分をいう。生育の過程で日光の差し込む方向に葉身を水平に向けるなどの役目もする。

翼果【よくか】 果皮が伸長してできた翼を有する果実。種子が風に飛ばされやすい形態になっている。翅果ともいう。

両性花【りょうせいか】 種子植物の花で、ひとつの花に雄しべと雌しべがあるものをいう。

緑陰樹【りょくいんじゅ】 夏に枝葉が横に大きく張り、枝葉が茂ることにより、涼しい木陰をつくる樹木。

誘引【ゆういん】 樹形を仕立てるために、支柱や木を止めつける作業。

やご →ひこばえ

有機質肥料【ゆうきしつひりょう】 油かす、魚かす、骨粉、鶏糞、堆肥など、動植物質を原材料にした肥料。土壌中の微生物により分解されたものを植物が吸収するので、効果はすぐにはあらわれないが、長く生長する樹木にはよく、さらに大きく生長する植物。

水極め【みずぎめ】 植えつけるとき、土を埋め戻すときに、水を流し込み、植え穴と根鉢、そして根の間に土がしっかり密着するようにすること。

水やり【みずやり】 気温の高低や空気の乾き具合、光の強さや風の有無などを観察して植物に水をやること。

実生【みしょう】 種子（たね）を土に播きつけて増殖させること。こも巻きも、その一種。

幹巻き【みきまき】 移植時の養生、あるいは夏の西日や冬の寒さなどから幹を保護するために、藁や麻布などを幹に巻きつけたりすることをいう。

わ

矮性種【わいせいしゅ】 大きく生長しない形質を備えた種類。

側枝【わきえだ】 中心の茎軸から側方に出る枝をいう。

側芽【わきめ】 →側芽

ヤマコウバシ	139
ヤマザクラ	174
ヤマツツジ	193
ヤマノヒカリ(山の光)	231
ヤマハギ	266
ヤマブキ	186
ヤマフジ	152
ヤマボウシ	256
ヤマモミジ	126, 128
ヤマモモ	125
ヤングベリー	316
ユーカリグーニー	254
ユーカリノキ	254
ユーレカレモン	311
ユキツバキ	262
ユキヤナギ	187
ユズ	311
ユスラウメ	188
ヨウゾメ	269
ヨウロウ(養老)	287
ヨーロッパキイチゴ	297
ヨーロッパゴールド	100
ヨーロッパスモモ	290
ヨコハマヒザクラ	172
ヨシダ(吉田)	310

ラ

ライラック	216
ラカンマキ	90
ラズベリー	297
ラ・フランス	295
リトル・ホワイト・ペット	241
リュウキュウツツジ	192
リョウブ	257
リラ	216
リンゴ	298
リンデンバウム	146
ルイ14セイ(ルイ14世)	240
ルスティカーナ	178
ルビーグロー	204
レイランディー	100
レイランドサイプレス	100, 102
レインボー	250
レッドロビン	113
レモン	311
レモンユーカリ	254
レンギョウ	217
レンゲツツジ	190, 193
ロイヤル・ハイネス	240
ロイヤルレッド	252
ロウバイ	276

ワ

ワビスケ(侘助)	262

参考文献

『園芸植物図譜』(平凡社)
『園芸植物大事典』(小学館)
『園芸大百科事典　フルール1〜12』(講談社)
『園芸入門　これだけは知っておきたい栽培の基礎知識(別冊NHK趣味の園芸)』(日本放送出版協会)
『ガーデニング花木入門　花・葉・実が美しい木を楽しむ(別冊NHK趣味の園芸)』(日本放送出版協会)
『果樹栽培の基礎　農学基礎セミナー』(農山漁村文化協会)
『家庭果樹(NHK趣味の園芸新園芸相談3)』(日本放送出版協会)
『家庭で楽しむ果樹栽培　おなじみの果物からトロピカルフルーツまで(別冊NHK趣味の園芸)』(日本放送出版協会)
『果物の美術館　ボタニカル・アートと花の名画(Floral Art books)』(集英社)
『原色樹木大図鑑〔新訂〕』(北隆館)
『原色日本植物図鑑　木本編2』(保育社)
『樹種別　庭木の整姿・剪定』(立風書房)
『樹木アートブック1高木編(Expert Series)』(アボック社)
『樹木ガイド・ブック』(加島書店)
『樹木もの知り事典』(平凡社)
『新・園芸クリニック4　庭木・花木・家庭果樹(別冊NHK趣味の園芸)』(日本放送出版協会)
『新樹種ガイドブック　新しい造園樹木』(建設物価調査会)
『新編庭木の選び方と手入れ事典1〜3』(主婦と生活社)
『図解でハッキリわかる落葉樹・常緑樹の整枝と剪定』(永岡書店)
『図解庭木の手入れコツのコツ』(農山漁村文化協会)
『図解落葉樹の庭つくり　四季の野山を楽しむ』(農山漁村文化協会)
『すてきな庭の花づくり大百科　育て方、見分け方のすべてがわかる(主婦と生活生活シリーズ)』(主婦と生活社)
『茶の花・野の花　ベランダにつくる小さな庭』(淡交社)
『庭木1　緑と樹形を楽しむ(カラー版ホーム園芸)』(主婦と生活社)
『庭木2　花を楽しむ(カラー版ホーム園芸)』(主婦と生活社)
『庭木3　実を楽しむ(カラー版ホーム園芸)』(主婦と生活社)
『人気の庭木・花木159種　整枝と管理のポイントがよくわかる』(主婦の友社)
『non・noガーデニング基本大百科』(集英社)
『葉形・花色でひける　木の名前がわかる事典　庭木・花木・街路樹など身近な樹木433種』(成美堂出版)
『はじめての果樹62種　手順がよくわかる庭植え・鉢植えの栽培テクニック』(成美堂出版)
『葉で見わける樹木(フィールド・ガイド22)』(小学館)
『花木・庭木・果樹　家庭で楽しめる(園芸ハンドブック)』(学研)
『花木・庭木の手入れ　整枝・せん定の仕方』(西東社)
『バラのコンテナガーデン　簡単に美しく咲かせる』(小学館)
『フラワー・オアシス〔新装版〕庭木・花木・果樹』(小学館)
『盆栽(NHK趣味の園芸新園芸相談4)』(日本放送出版協会)
『緑のデザイン図鑑　配植のテクニックと作庭の手法』(建築知識)
『もっともくわしい植物の病害虫百科　植物の病害虫その知識と予防』(学研)
『ランドスケープブランツ　景観設計植物』(ワールドグリーン出版)
『緑化樹木ガイドブック』(建設物価調査会)
『わが家の庭を剪定する　枝の切り方、残し方(NHK趣味の園芸ガーデニング21)』(日本放送出版協会)

『月刊　農耕と園芸』(誠文堂新光社)
『週刊　日本の樹木』(学研)
『週刊　花百科59』(講談社)

ヒカルゲンジ(光源氏) … 260	ヘデラ・カナリエンシス … 156	マンサク … 204
ヒガンザクラ(彼岸桜) … 174	ヘデラ・コルシカ … 156	マンリョウ … 275
ヒシカライト(菱唐糸) … 264	ヘデラ・ヘリックス … 156	ミカイドウ … 176
ヒトツバタゴ … **149**	ヘテロヴィラ … 208	ミカンバアジサイ … 221
ヒノキ … 86, 102	ベニカナメモチ … 112	ミクニコウ(三国紅) … 260
ピノノ … 220	ベニシダレ(紅枝垂) … 175	ミズナラ … 142
ヒノマル(日の丸) … 250	ベニヅル(紅鶴) … 171	ミセス・クミコ … 220
ヒバ類 … 86	ベニバナアセビ … 189	ミツデ … 123
ヒマラヤスギ … **94**	ベニバナトキワマンサク … 246	ミツデカエデ … 126, **129**
ヒマラヤトキワサンザシ … 270	ベニバナトチノキ … 245	ミツバアケビ … 161
ビミナリスユーカリ … 254	ベニマンサク … 151	ミツバカイドウ … 176, 299
ヒムロ … 87	ベニヤマザクラ(紅山桜) … 174	ミツバツツジ … 190, **193**
ヒメウツギ … 222	ベニリンゴ … 176	**ミツマタ** … **215**
ヒメシャラ … **130**	ペルシャグルミ … 306	ミネザクラ(峰桜) … 174
ヒメリンゴ … 299	ホウオウチク(鳳凰竹) … 163	ミミエデン … 241
ヒャクジツコウ … 234	ホウスイ(豊水) … 295	ミモザ … 198
ヒュウガミズキ … **203**	ホウライ(蓬莱) … 264	ミモザアカシア … 198
ビューティー … 291	ホーデモンモア … 220	ミヤギノハギ … 266
ビヨウヤナギ … **248**	ホープシー … 102	ミヤコザサ … 164
ヒヨクヒバ … **88**	**ボケ** … **184**	ミヤマザクラ(深山桜) … 174
ピラカンサ … 270	ホザキシモツケ … 243	**ミヤマビャクシン** … **83**
ヒラタネナシ(平核無) … 301	ホソバシャクナゲ … 194	ミヤマ(深山)ベニガクアジサイ … 221
ヒラドツツジ … 192	ホソバタイサンボク … 122	ムーングロー … 101
ビワ … **293**	ボダイジュ(菩提樹) … 146	**ムクゲ** … **250**
ピンクパール … 252	**ボタン** … **214**	ムサシノ(武蔵野) … 171
ピンクマナスル … 221	ボタンキョウ … 290	**ムベ** … **161**
ピンナタ … 208	ホテイチク(布袋竹) … 163	**ムラサキシキブ** … **267**
フィリフェラ・オウレア … 100	**ポポー** … **320**	ムルイシボリ(無類絞) … 264
フェイジョア … **318**	ボローニア類 … 208	メイフラワー … 181
フクリンジンチョウゲ … 201	ホワイトプロフュージョン … 252	メガスティグマ・ルティア … 208
フゲンゾウ(普賢象) … 175	ポンカン … 310	メグスリノキ … 126, **129**
フサアカシア … 198	**マ**	メダケ(女竹) … 164
フサスグリ … 316	マキ … 90	モウソウチク(孟宗竹) … 163
フサフジウツギ … 252	マグノリア … 210	モギビワ(茂木ビワ) … 293
フジ … **152**	マグノリア・エリザベス … 210	**モクレン** … **210**
フジ(ふじ/果樹) … 299	マグノリア・キンジュ … 210	モチギ(餅木) … 139
フジザクラ(富士桜) … 174	マグノリア・スイショウレン(水晶蓮) … 210	**モチノキ** … **109**
ブッドレア … 252	マグノリア・ソランシアナ … 210	モックオレンジ … 224
ブドウ類 … 302	マグノリア・ベティー … 210	モッコウバラ … 242
ブナ … **143**	マグノリア・ローヤル・クラウン … 210	**モッコク** … **120**
フユウ(富有) … 301	マザーローデ … 100	モミジ … 126
フユザクラ(冬桜) … 175	**マサキ** … **124**	**モモ(花木)** … **185**
フユボダイジュ … 146	マスカット・ベリーA … 303	**モモ(果樹)** … **296**
ブラックナイト … 252	マダケ(真竹) … 163	モリタ(森田) … 310
ブラッシノキ … **253**	マダム・ハーディ … 240	**ヤ**
フリーシア … 147	マチルダ … 241	ヤーリー(鴨梨) … 294
ブルーアイス … 102	マメザクラ … 172, **174**	ヤエカイドウ … 176
ブルーエンジェル … 101	**マユミ** … **150**	ヤエベニシダレ(八重紅枝垂) … 172
ブルーカーペット … 100	マリー・パヴィエ … 241	ヤエヤマブキ … 186
ブルースター … 101	マルゴ・コスター … 241	ヤダケ(矢竹) … 163
ブルーヘブン … 102	マルバウツギ … 222	**ヤツデ** … **123**
ブルーベリー … **319**	マルバグミ … 312	ヤブコウジ … 275
プルーン … 291	マルバサツキ … 230	ヤブツバキ … 262
プンゲンストウヒ … 101, 102	**マルバノキ** … **151**	**ヤブデマリ** … **200**
ブンゴ(豊後) … 287	マルバハギ … 266	ヤマガキ … 301
フンショウロウ(紛粧楼) … 240	マルメロ … 292	ヤマグワ … 256
ヘイワ(平和) … 288		

セイヨウシナノキ	146	
セイヨウ(西洋)シャクナゲ	194	
セイヨウスグリ	316	
セイヨウスモモ	290	
セイヨウツツジ	193	
セイヨウトチノキ	245	
セイヨウナシ	294	
セイヨウバイカウツギ	224	
セイヨウヒイラギ	110	
セイヨウベニカナメモチ	112	
セイヨウミザクラ	289	
セッチュウカ(雪中花)	264	
ゼノビア	232	
ゼンジマル(禅寺丸)	301	
センセーション	220	
センリョウ	273	
ソシンロウバイ	276	
ソナレ(磯馴)	83	
ソメイヨシノ	173	
ソヨゴ	108	
ソルダム	291	

タ

ダイオウショウ	93	
タイサンボク	122	
ダイトクジハナガサ(大徳寺花笠)	250	
ダイナゴン(大納言)	134	
タイハイ(大盃)	231	
ダイミョウチク(大名竹)	163	
ダイリ(内裏)	170	
タイリンリョクガク(大輪緑萼)	170	
タウエバナ(田植え花)	228	
タカネザクラ	174	
タギョウショウ(多行松)	96	
タケ類	162	
タチカンツバキ(立寒椿)	271	
タチバナ	310	
タチバナモドキ	270	
ダッチェス・オブ・エジンバラ	158	
タナカビワ(田中ビワ)	293	
タニウツギ	228	
タニノユキ(谷の雪)	171	
タマウメ(玉梅)	286	
タロウカジャ(太郎冠者)	264	
ダンコウバイ	139	
チゴザサ(稚児笹)	164	
チシマザサ	164	
チドリノキ	126, 129	
チマキザサ	164	
チャノキ	119	
チャボヒバ	86	
チュウゴクナシ	294	
チョウジザクラ	174	
チョウジュウロウ(長十郎)	295	
ツガル(つがる)	299	
ツキカゲ(月影)	170	
ツクシハギ	266	

ツクバネウツギ	227	
ツツジ類	190	
ツバキ	262	
ツブラジイ	121	
ツリバナ	265	
ツルバラ	178	
テウチグルミ	306	
デコポン	310	
テッセン	158	
テマリタマアジサイ	221	
デラウェア	303	
テリハノイバラ	178	
テルテスイミツ(照手水蜜)	296	
テンダイウヤク	115	
ドイツオオダマ(ドイツ大玉)	316	
トウカイザクラ	172	
トウカエデ	129	
トウグミ	312	
トウジ(冬至)	170	
ドウジョウハチヤ(堂上蜂屋)	301	
ドウダンツツジ	196	
トウチク(唐竹)	163	
トウバイ(唐梅)	171	
トキワサンザシ	181, 270	
トキワマンサク	246	
トケイソウ	160	
トゲナシニセアカシア	147	
トサミズキ	202	
トチノキ	245	
ドッグローズ	238	
トネリコ	237	

ナ

ナガサキリンゴ	176	
ナシ	294	
ナツカ(長束)	287	
ナツグミ	312	
ナツツバキ	130	
ナツハゼ	148	
ナツボダイジュ	146	
ナツミカン	308	
ナツメ	317	
ナポレオン	289	
ナリヒラダケ(業平竹)	163	
ナンコウ(南高)	286	
ナンジャモンジャ	149	
ナンテン	274	
ニイガタオオミ(新潟大実)	288	
ニイタカ(新高)	295	
ニオイヒバ	89, 100	
ニシキギ	265	
ニジッセイキ(二十世紀)	295	
ニシムラワセ(西村早生)	301	
ニセアカシア	147	
ニッコウ(日光)	231	
ニホンシャクナゲ	194	
ニホンスモモ	291	

ニホンナシ	294	
ニンドウ(忍冬)	159	
ニンポウ(ネイハ)キンカン	311	
ネーブル	310	
ネオ・マスカット	303	
ネコヤナギ	215	
ノイバラ	178	
ノウゼンカズラ	154	
ノダフジ(野田藤)	152	

ハ

バートレット	295	
バイカウツギ	224	
バイゴウ(梅郷)	287	
ハイドランジア	218, 220	
ハイビスカス	249	
ハイビャクシン	83	
ハウチワカエデ	126, 129	
ハウトン	316	
ハカリノメ	135	
ハギ	266	
ハクウンボク	136	
ハクサンシャクナゲ	194	
ハクホウ(白鳳)	296	
ハグマノキ	244	
ハクモクレン	210	
ハタツモリ(畑つ守)	257	
バタフライブッシュ	252	
ハタンキョウ	290	
ハチマキイチゴ	148	
ハチマキブドウ	148	
ハツアラシ(初嵐)	264	
ハッサク	310	
パット・オースチン	241	
ハトノキ	213	
ハナカイドウ	176	
ハナカミ(花香実／花木)	170	
ハナカミ(花香実／果樹)	287	
ハナズオウ	199	
ハナゾノツクバネウツギ	227	
バナナ	320	
ハナホウキモモ	185	
ハナミズキ	206	
ハナモモ	185	
パパメイアン	240	
ハマナシ(浜梨)	183	
ハマナス	183	
ハマビジン	221	
バラ	238	
バレリーナ	182	
ハワイアン・ハイビスカス	249	
ハンカチノキ	213	
ピース	240	
ヒイラギ	110	
ヒイラギナンテン	214	
ヒイラギモクセイ	258	
ヒオトメ(緋乙女)	260	

キョウチクトウ	251	
ギョクエイ(玉英)	286	
キヨスミサワ(清澄沢)	220	
キョホウ(巨峰)	303	
キヨミ(清見)	310	
キリシマツツジ	190, 192	
キリン(麒麟)	190	
キンカン	309, 311	
キングサリ	233	
ギンバイカ	255	
キンメイチク(金明竹)	163	
キンメキャラノキ	82	
キンメツゲ	104	
キンモクセイ	258	
ギンモクセイ	258	
ギンヨウアカシア	198	
グーズベリー	316	
クコ	140	
クサボケ	184	
クジャクヒバ	86	
クスノハカエデ	126, 129	
クダモノケイソウ	160	
クチナシ	236	
クマザサ	164	
グミ類	312	
グラハム・トーマス	241	
グラミス・キャッスル	241	
クリ	307	
グリーンアイス	241	
グリーンコーン	89, 100	
クリスマスホーリー	110	
クリプシー	102	
クルミ	306	
クルメツツジ	190	
クレニュラータ・ピンクパッション	208	
クレマチス・フジムスメ	158, 192	
クレマチス・ボロネーゼ	158	
クレマチス類	158	
グローブルスユーカリ	254	
クロガネモチ	106	
クロシベエリカ	272	
クロチク(黒竹)	163	
クロブナ	143	
グロボーサ	101	
クロマツ	96	
クロモジ	138	
ケイオウザクラ(敬翁桜)	172, 175	
ゲッケイジュ	114	
ケナシヤブデマリ	200	
ケヤキ	141	
ケヤマザクラ(毛山桜)	174	
ゲンペイ(源平)	134	
コウギョク(紅玉)	299	
コウシュウ(甲州)	302	
コウシュウオオミ(甲州大実)	288	
コウシュウサイショウ(甲州最小)	287	
コウスイ(幸水)	295	
コウナンムショ(江南無所)	171	
コウヤマキ	92	
コウリン(光琳)	231	
コーヒーオベーション	241	
ゴールデンジェム	104	
ゴールデンデリシャス	298	
ゴールドライダー	102	
コクテール	178	
ゴセチノマイ(五節の舞)	171	
コチョウワビスケ(胡蝶侘助)	264	
コッコウ(国光)	298	
コデマリ	180, 243	
コナラ	142	
コニカ	101	
コニファー	98	
コノウゼンカズラ	154	
コノテガシワ	100	
コバノガマズミ	269	
コブシ	209	
コマユミ	265	
コムラサキシキブ	267	
ゴヨウマツ	95	

サ

ザ・プレジデント	158	
サオトメバナ	228	
サカキ	118	
サクラ類	172	
ザクロ	315	
ササ類	164	
サザンカ	260	
サツキ	190, 192, 230	
サトウカエデ(砂糖楓)	129	
サトウニシキ(佐藤錦)	289	
サバシコウ(佐橋紅)	171	
サラサウツギ	222	
サラサドウダン	196	
サラソウジュ	130	
サルスベリ	234	
サルフレア	100	
サワラ	87	
サンキスト	89	
サンゴジュ	116	
サンザシ	181	
サンシュユ	205	
サンショウ	144	
サンタローザ	290	
シイ	121	
シークワーサー	308, 311	
シキミ	124	
シシガシラ(獅子頭)	271	
シズオカベニガクアジサイ	221	
シダレカイドウ	176	
シダレヤナギ	145	
シチダンカ	221	
シナノグルミ	306	
シナミザクラ	289	
シナレンギョウ	217	
シマトネリコ	237	
シモクレン	210	
シモツケ	243	
シャクナゲ	194	
ジャノメエリカ	272	
ジャノメマツ(蛇目松)	96	
シャラノキ	130	
ジュウガツザクラ(十月桜)	175	
ジュニペルス	100, 102	
ジュリア	240	
ジューンベリー	182	
シラカガ(白加賀)	287	
シラカシ	122	
シラカバ	133	
シラギク(白菊)	264	
シラヌイ	310	
シラハギ	266	
ジロウ(次郎)	301	
シロカピタン	152	
シロジュラク(白聚楽)	264	
シロナンバ(白難波)	170	
シロバナジンチョウゲ	201	
シロバナハナズオウ	199	
シロバナブラッシノキ	253	
シロバナヤエウツギ	222	
シロブナ	143	
シロミメモドキ	134	
シロモッコウ	242	
シロヤマブキ	186	
ジンシロウ(甚四郎)	288	
シンスイ(新水)	295	
ジンチョウゲ	201	
シンデレラ	241	
スイカズラ	159	
スイシカイドウ(垂糸海棠)	176	
スウェンズゴールド	101	
スヴニール・ドゥ・ラ・マルメゾン	240	
スエシカ	101	
スカイロケット	101	
スズランノキ	232	
スダジイ	121	
スダチ	308, 311	
スチューベン	303	
スマラグ	100	
スミダノハナビ(隅田の花火)	220	
スミノミザクラ	289	
スモークツリー	244	
スモモ	290	
スルガダイニオイ(駿河台匂)	175	
セイカ(聖火)	178	
セイコヤナギ(西湖柳)	145	
セイブロックゴールド	100	
セイヨウアジサイ	218	
セイヨウイチイ	80	
セイヨウカナメモチ	113	
セイヨウキヅタ	156	

333

樹木名索引

*五十音順に配列しています。長音符(ー)は前の音の母音と同じ読みで並べてあります。太文字(ゴチック)は、タイトル(項目)として、詳しく出ている樹種です。

ア

アイスバーグ	241
アイビー類	156
アオキ	103
アカコシミノ(赤腰蓑)	264
アカシア	147
アカシガタ(明石潟)	264
アカシデ	132
アカスミクラ(赤角倉)	264
アカボシシャクナゲ	195
アカマツ	96
アカミオオダマ(赤実大玉)	316
アカメモチ	112
アカラギ	130
アキグミ	312
アケビ	161
アケボノ(曙)	264
アサヒ(旭)	298
アザレア	190, 193
アジサイ	218
アズキナシ	135
アズマシャクナゲ	194
アセビ	189
アタゴ(愛宕)	295
アナベル	220
アベリア	227
アマナツミカン	310
アマノガワ(天の川)	172, 175
アメリカザイフリボク	182
アメリカシャクナゲ	229
アメリカスグリ	316
アメリカスモモ	290
アメリカノウゼンカズラ	154
アメリカリョウブ	257
アラカシ	122
アリゾナイトスギ	100, 102
アルプスオトメ(アルプス乙女)	299
アレティッシモ	178
アワブキ	116
アンズ	288
アンブリッジ・ローズ	241
イヴォンヌ・ラビエ	241
イタヤカエデ	126, 129
イタリアンサイプレス	101
イチイ	80
イチジク	304
イチノタニ(一の谷)	171
イチョウ	305
イトヒバ	100
イヌシデ	132
イヌツゲ	104
イヌブナ	143
イヌマキ	90
イヨカン	310
イロハカエデ	129
イロハモミジ	127, 129
イワイ(祝)	299
イワガサ	243
イングリッシュ・ホーリー	110
ヴァリエガタ	223
ウケザキカイドウ	176
ウズアジサイ・オタフク	221
ウスイロジンチョウゲ	201
ウスギモクセイ	258
ウツギ	222
ウッドブリッジ	250
ウノハナ	222
ウバメガシ	122
ウメ(花木)	168
ウメ(果樹)	286
ウメウツギ	222
ウメモドキ	134
ウラジロウツギ	222
ウラジロノキ	135
ウリハダカエデ	129
ウンシュウミカン	309
ウンリュウヤナギ(雲龍柳)	145
エゴノキ	136
エゾコリンゴ	299
エドヒガン	174
エドワードゴーチャ	227
エニシダ	197
エリカ	272
エレガンティシマ	100
エンジェル・フェイス	241
エンシュウシダレ(遠州枝垂れ)	170
オウゴンシノブ	87
オウゴンヒヨクヒバ	88
オウゴンマサキ	124
オウシュク(鶯宿)	286
オウトウ(桜桃)	289
オウバイ(黄梅)	170
オウリン(王林)	299
オオイシワセ(大石早生)	290
オオサカズキ(大盃)	171
オオシマザクラ	172, 174
オオデマリ	200
オオバクロモジ	138
オオムラサキ	190, 192
オオモミジ	126, 129
オオヤエカイドウ	176
オオヤマザクラ	174
オカメ(おかめ)	172, 175
オカメザサ	164
オトコヨウゾメ	269
オトメ(乙女)	264
オミゴロモ(御美衣)	260
オランダツツジ	193
オリーブ	111
オレンジ・メイアンディナ	238

カ

ガーデニア	236
カイヅカイブキ	84
カイドウ	176
カエデ類	126
カキ	300
ガクアジサイ	218
カクレミノ	123
カゴシマベニ(鹿児島紅)	171
カザグルマ	158
カザンデマリ	270
カシグルミ	306
カシワバアジサイ	226
カスガノ(春日野)	170
カスミザクラ	174
ガッコウ(月光)	264
カツラ	137
カナダトウヒ	101
カナメモチ	112
カフェ	241
カボス	308, 311
ガマズミ	268
カメリア	262
カメレオン・ハイドランジア	221
カラタチバナ	275
カラタネオガタマ	212
カランツ	316
カリン	292
カルミア	229
カワノ(川野)ナツダイダイ	310
カンキツ類	308
カンザン(関山)	175
カンチク(寒竹)	163
カンツバキ	271
カンヒザクラ(寒緋桜)	174
キーウィフルーツ	314
キイチゴ	297
キクモモ	185
キヅタ	156
キハギ	266
キバナシャクナゲ	194
キバナフジ	233
キブシ	212
キミウメモドキ	134
キミノマンリョウ	275
キモッコウ	242
キャラボク	82
キャンテュレリ	208
ギョイコウ(御衣黄)	175
キョウダイマル(鏡台丸)	288

334

大人の園芸
庭木 花木 果樹

協力者&スタッフ一覧

監修
濱野周泰
はまの・ちかやす　東京農業大学地域環境科学部助教授。造園樹木学を専門とする。多くの環境活動NPOの役職につくかたわら、キャンパスや企業敷地の緑地設計や管理を行う。樹木医学会理事、社叢学会理事。博士(生物環境調節学)。

■写真
鈴木庸夫(アントフォト)

金澤篤宏
黒柳了一
森岡 篤

■執筆
新井孝次朗
石井英美
岡部　誠
尾上信行
川原田邦彦
小林　明
西田尚道
山崎誠子

荒井浩樹
井塚靖恵
菊地詩野
佐原まり子
田中佑樹
長井智子
中嶋雅代
中野優子
二階堂由紀
西村直人
牧　昌代
森田泰崇

■アートディレクション
野村里香
■デザイン
川上範子　五味澤英明　吉田さとみ
(node)

■イラスト
江口あけみ

植草桂子
尾形祐子
金子真理
角　慎作

■撮影協力
植島植木有限会社
尾上園
確実園園芸場
三栄ハウス株式会社

アルスコーポレーション株式会社
(株)岡恒
キンボシ株式会社
昭和貿易株式会社
大和産業社
東急ハンズ渋谷店
(株)マキタ

■写真提供
有島　薫
中野泰敬
林　将之
宮崎雅代
(株)アマナ
(株)アルスフォト企画
(株)アルピナ
(株)エフジー武蔵
(株)ゲッティイメージズ
(株)サカタのタネ
フロムネイチャー

■取材協力
井上花子(日本造園組合連合会)
折原美奈子
(株)ケーヨー
(株)コメリ
タキイ種苗株式会社
ドイト株式会社

■編集協力
荒川八重子　勝木友起子　高塩杏子
細萱幸子

小学館クリエイティブ

■プリンティングディレクター
下村啓之(日本写真印刷)
■印刷進行
舩越豊久(日本写真印刷)
■DTP進行
井上健一　谷野文穂(昭和ブライト)

■校閲
小学館出版クォリティーセンター

■宣伝
島田由紀　中沢裕行(小学館)　(有)フラスク
■販売
熊内真弓　原本　茂(小学館)
小学館パブリッシングサービス
■制作
岩重正文　苅谷直子　太田真由美(小学館)

■編集
徳田貞幸　小川美奈子(小学館)
飯田邦幸(小学館クリエイティブ)

大人の園芸
庭木　花木　果樹

発行	2006年3月20日　初版第1刷発行

監修者	濱野周泰
発行者	田中　修
発行所	株式会社 小学館 〒101-8001 東京都千代田区一ツ橋2－3－1 編集 03-3230-5442　販売 03-5281-3555
印刷所	日本写真印刷株式会社
DTP制作	株式会社 昭和ブライト
製本所	株式会社 若林製本工場

●造本には十分注意しておりますが、万一、落丁・乱丁などの不良品がありましたら、「制作局」(☎0120-336-340)あてにお送りください。送料小社負担にてお取り替えいたします。(電話受付は土・日・祝日を除く9:30～17:30までになります)
●本書の全部または一部を無断で複写複製(コピー)することは、著作権法上の例外を除き禁じられています。複写する場合は、小社あてに許諾を求めてください。

Ⓒ SHOGAKUKAN 2006　Printed in Japan
ISBN　4-09-305231-X